Von den südfranzösischen Höhlenmalereien und den astronomischen Errungenschaften der Inkas bis zur Relativitätstheorie und Quantenmechanik des 20. Jahrhunderts reichen die Bilder und Modelle, die sich der Mensch von sich und der ihn umgebenden Welt gemacht hat. Zahllos sind die Anläufe, die Phänomene der Welt in eine Theorie zu fassen. Woran es dagegen mangelt, sind Versuche, Ordnung in diese Vielfalt zu bringen und die Entwicklung von Stufe zu Stufe aufzuzeigen. Genau dies leistet Ernst R. Sandvoss mit seiner Studie *Sternstunden des Prometheus*, indem er eine breit angelegte Geschichte der Weltbilder in den verschiedenen Phasen der Menschwerdung entwirft.

Die immer wiederkehrenden Fragen des Menschen nach der Entstehung der Welt, ihrer Dauer, nach der Herkunft und dem Wesen des Lebens und der Sinnhaftigkeit allen Seins haben in Mythos, Religion, Philosophie und Naturwissenschaften unterschiedliche Antworten erhalten.

Den Schwerpunkt der Studie bietet die Darstellung der wissenschaftlichen Weltmodelle. Ihre Geschichte ist verknüpft mit dem soziokulturellen Umfeld der entsprechenden Zeiten. Entsprechend ordnet Sandvoss den evolutionär aufeinanderfolgenden Gesellschaftstypen Leitbegriffe zu und diesen wieder typische Weltmodelle. Vom Weltbild zum Weltmodell, von der einheitlichen, alles übergreifenden Deutung unseres Kosmos und der Stellung des Menschen in ihm geht der Weg zum instrumentalisierten und funktionalen Modell, zur mathematischen Beschreibung. Eine dem Menschen angemessene Weltsicht aber kommt ohne die Einbeziehung überlieferter Bilder nicht aus. Von der Integration der Vielfalt des Wissens zu einheitlichen Weltmodellen hängt es ab, ob der Mensch die Herausforderungen der Welt bewältigt und seine evolutionäre Existenz langfristig sichert.

insel taschenbuch 2243

Sandvoss

Sternstunden des Prometheus

Ernst R. Sandvoss

Sternstunden des Prometheus

Vom Weltbild zum Weltmodell

Insel Verlag

Für Jesco Frhrn. v. Puttkamer

insel taschenbuch 2243
Erste Auflage 1998

Hinweise zu dieser Ausgabe am Schluß des Bandes
Vertrieb durch den Suhrkamp Taschenbuch Verlag
Druck: Wagner GmbH, Nördlingen
Printed in Germany

1 2 3 4 5 6 – 03 02 01 00 99 98

Inhalt

Einleitung

Der homo sapiens, an sich von der Natur stiefmütterlich ausgestattet und den meisten anderen Lebewesen hoffnungslos unterlegen,[1] verdankt sein Überleben und seinen spektakulären Aufstieg aus dem Tierreich nicht zuletzt einem Überschuß an Phantasie, der in der Hypertrophie des menschlichen Gehirns seinen sichtbaren Ausdruck fand. Die moderne Forschung sieht einen Zusammenhang zwischen den vor etwa zwei bis drei Millionen Jahren einsetzenden Schwankungen des Erdklimas, die zu den bekannten Eiszeiten führten, und dem schnellen Anwachsen des menschlichen Hirnvolumens.[2]

Mit der vor ungefähr 8000 Jahren beginnenden agrarischen Revolution entfaltete sich eine Dynamik soziokultureller Evolution, die alle früheren Phasen der Menschwerdung in den Schatten stellte: »Ackerbau und Viehzucht sind zweifellos die bis heute wichtigsten Erfindungen der Menschheit gewesen.«[3] Durch zunehmend angepaßtes Verhalten gelang es dem Menschen innerhalb einer evolutionär sehr kurzen Zeitspanne, seine Unterlegenheit gegenüber der Außenwelt teilweise in Überlegenheit zu verwandeln. Sein Erfolgsgeheimnis war die Annahme von Herausforderungen der Welt, in der er sich vorfand, zu der er gehörte, von der er ein Teil war, der gegenüber er aber auf diese Weise einen Freiheitsgrad nach dem anderen errang. Die industrielle Revolution, die Industrie- und Informationsgesellschaft setzten den einmal begonnen Weg konsequent und mit immer größerem Erfolg fort.

Allerdings blieb der rasant zunehmenden Menschheit die Erfahrung der Ambivalenz ihrer technischen Erfindungen und Erfolge nicht erspart: aus dem linearen wurde exponentielles und aus diesem stellenweise hyperbolisches Bevölkerungswachstum, aus der Unabhängigkeit von der Umwelt wurde Umweltzerstörung, und auf die Instrumentalisierung der Pflanzen- und Tierwelt folgten Unterwerfung, Instrumentalisierung, Versklavung und Ausbeutung der Mitwelt nach dem Dschungelrecht des Stärkeren: Der Stärkere hat Recht, Macht geht vor Recht, Recht ist, was dem eigenen Volke nützt.

Die Folge dieser Ideologie des Narzißmus und staatlichen Egoismus waren Kolonialismus, Imperialismus, Nationalismus, Rassismus, lokale, regionale und Weltkriege. Der Mensch hatte zwar weitgehend die Natur besiegt, nicht aber sich selbst. Sein Verhältnis zur Welt und zu sich selbst war gestört. Habgier, Machtgier und Ruhmsucht drohten den homo faber in den homo furens zurückzuverwandeln, oder, da dies nicht möglich ist, eine Bestie aus ihm zu machen, womit wir uns mitten im 20. Jahrhundert befinden.

Wie soll es im 3. Jahrtausend n. Chr. weitergehen? Grundsätzlich zeichnen sich zwei Szenarien ab: Das gestörte Verhältnis des Menschen zur Welt verschlimmert sich. Die Umweltprobleme werden immer größer, die Verteilungs- und Umverteilungskämpfe immer erbitterter. Sie gehen schließlich in eine Art Kannibalismus (Fressen oder Gefressenwerden) über, und weitere Weltkriege oder sogar Weltraumkriege mit immer verheerenderen Waffen folgen, bis das Armageddon (Endschlacht) dem homo sapiens ein unrühmliches Ende bereitet, er den Weg aller untergegangenen oder von ihm verdrängten Arten geht und sich Nietzsches Horror-Vision erfüllt:

> In irgendeinem abgelegenen Winkel des in zahllosen Sonnensystemen flimmernd ausgegoßnen Weltalls gab es einmal ein Gestirn, auf dem kluge Tiere das *Erkennen* erfanden. Es war die hochmütigste und verlogenste Minute der Weltgeschichte, aber doch nur eine Minute. Nach wenigen Atemzügen der Natur erstarrte das Gestirn, und die klugen Tiere mußten sterben. Es war auch an der Zeit: denn ob sie schon viel erkannt zu haben sich brüsteten, waren sie doch zuletzt, zu großer Verdrossenheit, dahinter gekommen, daß sie alles falsch erkannt hatten. Sie starben und fluchten im Sterben der Wahrheit. Das war die Art dieser verzweifelten Tiere, die das Erkennen erfunden hatten.[4]

Logik war nie Nietzsches Stärke, aber hier kann schon ein Anfänger in dieser Wissenschaft den Fehler erkennen, der Nietzsches Erkenntnis zugrunde liegt. Wenn *alles falsch* war, was Menschen erkannten, war es diese Erkenntnis auch: der klassische logische Fehlschluß jenes Kreters, der nach Athen kam und dort behauptete: Alle Kreter lügen. Wenn aber alle Kreter lügen, so auch er, und alle Kreter sagen die Wahrheit usw. Offensichtlich projizierte Nietzsche eigene Frustrationen beim Erkennen oder (und) die Weltuntergangsstimmung des ausgehenden 19. Jahrhunderts in seine ›Erkenntnis‹ hinein, schmückte sie rhetorisch aus, verallgemeinerte und verabsolutierte sie und lieferte mit diesem seinem *Vorurteil* gegen die Erkenntnisfähigkeit des Menschen, ohne es zu wollen und zu merken, ein Paradebeispiel unwissenschaftlicher, logisch falscher Argumentation.

Wir können daraus lernen, daß sprachliche Perfektion und Wahrheitsgehalt einer Darlegung sich nicht zu decken brauchen. Im Falle Nietzsches verhalten sie sich sogar umgekehrt proportional. Mit der Falsifizierung von Nietzsches These ist aber noch nicht die Richtigkeit der entgegengesetzten These bewiesen, denn was aus dem homo sapiens letztlich wird, kann nur die Zukunft zeigen, und deren Gestaltung liegt weitgehend bei ihm selbst.

Wenn die Pessimisten, Nihilisten und Aussteiger ihre Meinungen durchsetzen sollten, könnte dieses das Ende des homo sapiens bedeuten, dem weniger wegen seiner vermeintlichen Unfähigkeit zu erkennen das Aus droht, als infolge der Überredungskunst falscher Propheten. Nun gibt es aber glücklicherweise nicht nur décadents und Pessimisten, sondern auch echte Propheten und, wenn nicht Optimisten, so doch zuverlässige Analytiker und zuversichtliche Prognostiker. Mithin läßt sich auch ein anderes Szenarium denken: der homo sapiens setzt unbeirrt seinen Weg der Wahrheitssuche fort, eingedenk der sokratischen Aufforderung zur Selbsterkenntnis und der christlichen Botschaft: »Die Wahrheit wird euch frei machen.«[5] Am Ende dieses Weges stehen, so dürfen wir hoffen, nicht Verzweiflung, Selbstzerstörung und der Fluch auf die Wahrheit, sondern ihre Erkenntnis und, damit verbunden, die Selbstbefreiung der Menschheit von Vorurteilen, falschen Meinungen, Zwangsvorstellungen und pseudoreligiösen Horror-Visionen.

In Sokrates, dem von Nietzsche viel geschmähten Archegeten wissenschaftlichen Denkens, begegnen wir zwar keinem Optimisten, was die Erkenntnis der Natur betrifft, wohl aber einem selbstkritischen Philosophen, der das Verhältnis von Naturerkenntnis und Selbsterkenntnis maßgebend bestimmte:

> Ich vermag noch nicht nach dem Delphischen Spruch mich selbst zu erkennen. Indessen scheint es mir lächerlich, andere Dinge zu betrachten, solange ich dieses noch nicht verstehe. Daher lasse ich also diese Dinge getrost beiseite und nehme das an, was man darüber für wahr hält. Was ich gerade sagte: Ich befasse mich nicht damit, sondern mit mir selbst, ob ich ein Tier bin, gewundener und aufgeblähter als Typhon, oder irgendein zahmeres und einfacheres Lebewesen, das von Natur aus am göttlichen und unaufgeblasenen Sein teilhat.[6]

Noch nie in seiner Geschichte ist sich der homo sapiens der Tragweite seiner Entscheidungen[7] und damit der Notwendigkeit seiner Selbsterkenntnis so bewußt geworden wie im Atomzeitalter, dem Zeitalter der Kybernetik und Informatik, der Spannung von Ökonomie und Ökologie, dem Zeitalter der Ersten, Zweiten und Dritten Welt, kurz, im globalen Zeitalter.[8] Konnte sich der Mensch bisher hinter Gottes Willen und dem Weltlauf verstekken, bleibt ihm heute, nach dem ›Tode Gottes‹ und dem Sieg des modernen Weltverständnisses die Erkenntnis nicht erspart, daß er selbst der Schmied seines Heils oder Unheils ist, daß Macht Verantwortung impliziert und sich die Logik der Tatsachen nicht korrumpieren läßt.

Immerhin war schon Heraklit von Ephesos (um 500 v. Chr.), der modernste der griechischen Philosophen, ähnlichen Problemen seiner Gesellschaft auf die Spur gekommen und trat der Flucht aus der gemeinsamen großen Welt der Tatsachen in die Eigenwelt der Träume mutig entgegen: »Die Wachenden haben eine einzige und gemeinsame Welt, doch im Schlummer wendet sich jeder von dieser ab in seine eigene.«[9]

Das moderne Bewußtsein zeugt nun von einem tiefen Bewußtseinswandel des homo sapiens, der ein Leben in Ungewißheit dem Leben in scheinbarer Gewißheit vorzieht.

Die Heilslehrer, Ideologen, Scharlatane und Traumtänzer haben nach und nach ausgespielt. Der moderne Mensch kann mehr Wahrheit ertragen als seine Großväter. Heute muß sich niemand mehr verteidigen oder wird sogar verfolgt, wenn er Behauptungen anzweifelt, Dogmen und Autoritäten in Frage stellt und selbst denkt, vielmehr trägt der die Beweislast, der eine

Behauptung aufstellt: eine Revolution des Denkens, deren Impakt noch gar nicht ganz begriffen ist.

Das moderne Weltverständnis ist insgesamt sokratischer geworden. Niemand braucht sich mehr zu schämen, der gesteht: ›Ich lebe in einer Welt, deren Ausmaße ich mir nicht vorstellen, deren Sinn ich nicht begreifen und deren Zusammenhang ich nicht durchschauen kann.‹

So gewiß die Welt, der Mensch und die Evolution keine Theorien, sondern Tatsachen sind, so gewiß darf der homo sapiens sein, daß er erst am Anfang und nicht schon am Ende der Erkenntnis angelangt ist. Mehr denn je gilt hier der Satz: Der Weg ist das Ziel, aber das wird den modernen Menschen nicht entmutigen, zu Weltangst, Weltflucht und zu einem falschen Selbstbewußtsein verleiten, sondern er wird um so motivierter die Chance ergreifen, die ihm die Evolution mit ihrem unschätzbaren Erbe von Milliarden Jahren Trial and Error hier auf der Erde bietet und das er schon durch seine Existenz mitverwalten, mitgestalten und mitbestimmen darf.

> Niemand wird behaupten, daß auch nur eine der bekannten großen Evolutionen – Intelligenz, Leben und Materie – wirklich verstanden ist ... Daß wir den Menschen von der Natur abspalten und ihn über die Natur stellen, hat wohl eine seiner Wurzeln im Christentum, das ja den Menschen als etwas ganz Besonderes ansieht: Nur der Mensch hat eine unsterbliche Seele und sonst niemand und nichts, nur er ist Ebenbild Gottes. Den Menschen als etwas so Großartiges aufzufassen, halte ich für einen Irrweg, denn der Mensch ist ein Teil der Natur.[10]

Hier ist die Philosophie gefordert, und zwar als offene und ehrliche Vermittlerin zwischen Religion und Wissenschaft, aber ist sie mit dieser Aufgabe nicht schon überfordert? Namhafte moderne Physiker, so die Nobelpreisträger Richard P. Feynman[11], Steven Weinberg[12] und Gerd Binnig[13], fällen ein insgesamt vernichtendes Urteil über die Philosophie, deren Versagen nicht ganz zu Unrecht angeprangert wird.

Binnig, dem es mehr um einen Brückenschlag zwischen Naturwissenschaften und Philosophie als um deren Verurteilung geht, kritisiert mit Recht die mangelnde Lernbereitschaft und die

Arroganz mancher Philosophen, z. B. Hegels, der wohl nicht zufällig zum Ahnherrn moderner Ideologien avancierte.

> Die Naturwissenschaften rücken gegenwärtig sehr stark zusammen. Nur die Philosophie, so habe ich den Eindruck, steht abseits ... Ich stelle die Frage, ob in den letzten Jahrhunderten, vor allem in diesem Jahrhundert, nicht die Naturwissenschaftler das *philosophische* Denken mehr beeinflußt und verändert haben als die Philosophen selbst ... Ich denke nur, die Naturwissenschaften können ungeheuer viel von der Philosophie lernen und umgekehrt. Es fehlen leider oft die Berührungspunkte und damit die Chance zum Lernen.[14]

Der Verfasser dieser Studie versucht, die Chance zum Lernen zu nutzen und den Mangel an Berührungspunkten dadurch ein wenig zu beheben, daß er die Linien, die zum modernen Weltverständnis führten, nachzeichnet, den Weg vom Weltbild zum Weltmodell als eine Form der Evolution begreift und den Wandel vom statischen zum dynamischen Weltkonzept unterstreicht. Daß die Naturwissenschaftler oft bessere Beiträge zur Philosophie lieferten als beispielsweise Hegel, Nietzsche, Heidegger oder Wittgenstein, ist sicher richtig, nur darf man nicht verkennen, daß der Philosophierende als eine Art *Pfadfinder der Evolution* sozusagen zum Irrtum verdammt erscheint und erst die Bahnen für wissenschaftliches Denken auskundschaftet, die dann von den Wissenschaftlern, oft ohne es zu merken, benutzt und genutzt werden, z. B. Demokrits Atombegriff, die Zahlen-Metaphysik des Pythagoras oder Platons Ideenlehre, die noch lange nicht meditativ ausgeschöpft ist. Man sollte schließlich nicht vergessen, daß es auch bei den Physikern Schaumschlägerei und Scharlatanerie gibt, wie das Gerede von der sogenannten Weltformel, mit der man Physiker und Philosophen über Jahrzehnte zu beeindrucken suchte, hinreichend belegt.

Andererseits trifft die Kritik an einem falschen, durch das Christentum mitverursachten Selbstbewußtsein gewiß einen wunden Punkt, nur sollte man nicht übersehen, daß die Fähigkeit des Menschen zur Distanzierung von der Natur selbst in der Natur wurzelt und, modern ausgedrückt, seine erhöhte Fähigkeit zur Selbsttranszendenz erst ermöglichte. Ohne Selbsttranszendenz, so hoffen wir zu zeigen, keine Evolution, die im menschlichen Bereich wesentlich auf der Wechselwirkung zwischen Erfahrungshorizont und Bewußtseinshorizont beruht, derart daß beide sich komplementär ergänzen, gegenseitig regelkreisartig induzieren und verstärken, so daß die Evolution des homo sapiens eine naturwissenschaftliche und eine bewußtseinsgeschichtliche Komponente aufweist. Verabsolutiert man eine von beiden, wird das evolutionäre Gleichgewicht gestört, und die Ergebnisse werden kontraproduktiv. Hier gilt, was einer der erfahrensten Pioniere der Raumfahrt, Jesco Freiherr von Puttkamer, ein langjähriger Weggefährte Wernher von Brauns, so ausgedrückt hat:

> Nach meiner Erfahrung ist es fast ein ungeschriebenes Naturgesetz, daß man als Mensch für jeden Schritt ins Äußere auch einen Schritt tiefer ins Innere tun muß, um das Gleichgewicht zu behalten und zu verstehen, was passiert. Und um keine Angst vor seinem eigenen Mut zu bekommen. Ich glaube, daß man sich sogar darum nicht einmal Mühe geben muß, sondern daß dieser Schritt ins Innere von allein, daß er als Naturgesetz abläuft. Daß wir uns durch unsere Erforschung der Umwelt und damit auch durch die Erforschung des näheren Weltraums und des äußeren Sonnensystems, wie auch durch die Voyager-Sonden, auch als Menschen zutiefst verändern. Also, wie gesagt: daß durch jeden weiteren Schritt hinaus auch ein tieferer Schritt hinein erfolgt, der zu einer Bewußtseinsänderung führt.[15]

Eines der Hauptziele dieser Studie ist die Herausarbeitung des evolutionären Gleichgewichts von prometheischer Weltgestaltung und sokratischer Selbsterkenntnis in den verschiedenen Phasen der Hominisation oder Menschwerdung.

Welterfahrung führt zum Bewußtseinswandel, Weltorientierung zur Weltgestaltung und Selbstfindung, diese wiederum zu einem Wandel des Verhaltens zur Welt, das neue Erfahrungen ermöglicht und somit die Evolution des homo sapiens vorantreibt. Wohin dieser Weg führt, läßt sich nicht mit Sicherheit sagen, wohl aber, daß der Mensch den Weg seiner Evolution zusehends mehr mitbestimmt. Ob sich Nietzsches Horror-Vision erfüllt oder das prometheisch-sokratische Weltverhalten den einmal eingeschlagenen Weg des homo sapiens zu ungeahnten Höhen konsequent fortsetzen kann, bleibt, wie alle entscheidenden Schritte der Evolution, einstweilen offen. Die schlimmsten Feinde des homo sapiens sind nicht die Außenwelt, Mangel an Energie oder (und) Ressourcen, klimatische Veränderungen auf diesem Planeten, scheinbar unüberwindliche Barrieren des Weltraums und die Schranken der Gene, sondern unkontrolliertes Bevölkerungswachstum, kurzsichtiges Profitstreben, Angst vor dem eigenen Mut, Wissenschafts-, Fortschritts-, Zivilisations- und Vernunftfeindlichkeit, Aussteiger-Mentalität und »die Lust am Untergang.«[16]

Soviel zur allgemeinen Orientierung dieser bewußtseinsgeschichtlichen Studie, deren Verfasser sich um einen Standpunkt jenseits von Faktenkrämerei und Ideologie bemüht, den man, wenn es um eine Etikettierung geht, als skeptischen Realismus oder als evolutionären Sokratismus bezeichnen kann. Wir kommen damit zum speziellen Teil, der Thematik, dem Aufbau und den Aufgaben dieser Studie.

Weltbilder und Menschenbilder gibt es so ziemlich in jeder Phase der Hominisation, angefangen von den südfranzösischen Höhlenmalereien und den astronomischen Errungenschaften der Inkas bis zur Relativitätstheorie und Quantenmechanik des 20. Jahrhunderts. Woran es dagegen mangelt, sind Versuche, Ordnung in diese Vielfalt zu bringen, die Entwicklung von Stufe zu Stufe aufzuzeigen, ohne die Phänomene in ein noch so schönes System zu pressen, die Wechselwirkungen zwischen Welterfahrung und Bewußtsein, Welterkenntnis und Selbsterkenntnis, den Wirkungszusammenhang von Weltorientierung, Weltgestaltung und Weltverhalten, das Beziehungsgeflecht natürlicher und soziokultureller Faktoren zu untersuchen, überhaupt die Welt als Herausforderung für den Menschen zu verstehen, als Außenwelt, Umwelt, Mitwelt und Innenwelt, als Unter- und Überwelt, Vor- und Nachwelt, Lebenswelt, Erlebniswelt und Geisteswelt, als Pflanzen-, Tier- und Menschenwelt, als Weltall, Weltgeschehen und Weltgeschichte, als Inbegriff von Komplexität, Zufall und Gesetzmäßigkeit, Chaos und Kosmos, Sinnlosigkeit und Zweckmäßigkeit, Struktur und Wandel, Werden und Sein, Endlichkeit und Unendlichkeit. Alle diese Komponenten haben bei der Menschwerdung Spuren hinterlassen, Weltgefühle ausgelöst, Weltbilder, Weltvorstellungen, Weltbegriffe und Weltmodelle erzeugt, die man als Antworten der Religion, Philosophie, Kunst, Wissenschaft und Technik auffassen und interpretieren kann.

Nach den mehr grundsätzlichen Ausführungen des ersten Kapitels folgen im zweiten die Antworten des Mythos, nach wie vor eine weltweite Fundgrube für alle weiteren Stufen der geistigen Entwicklung der Menschheit. Von besonderem Interesse sind hier die Kulturzentren der einzelnen Kontinente, der Aufstieg von der Magie zum Mythos, fortgesetzt in den Stufen des Logos, der Ratio und der Metarationalität. Im dritten Kapitel kommen die Übergänge von lokalen zu regionalen und überregionalen Entwicklungen zur Sprache, die religiösen Weltvorstellungen, die sich in den Weltreligionen immer deutlicher manifestieren und zur Ausbildung von Weltkulturen sowie zur Prägung eines Weltbewußtseins beitragen. Dem vierten Kapitel kommt insofern eine besondere Bedeutung zu, als hier der Übergang von den religiösen Weltvorstellungen zu philosophischen Weltbegriffen und damit zu einer Vorstufe des wissenschaftlichen Weltverständnisses aufgezeigt wird. Auch hier werden, wie in den vorhergehenden Kapiteln, interkulturelle Beziehungen, Denkmuster und Konvergenzen berücksichtigt. Der Beitrag der griechischen Philosophie erscheint nach wie vor einzigartig, muß aber in Beziehung zu den Denkweisen anderer Kulturen, vor allem der indischen und chinesischen, gesehen werden. Retrospektiv kulminiert die intellektuelle Evolution des homo sapiens in den Denkmodellen der griechischen Philosophen, prospektiv in ihrer Vorbereitung des wissenschaftlichen Weltverständnisses, das, wiederum einzigartig, in Europa entstand. Im fünften Kapitel werden die bisher viel zu wenig beachteten Beiträge der Künste zum Verständnis der Welt wenn nicht gebührend, so doch programmatisch eingeführt und gewürdigt. Das sechste Kapitel ist den neuzeitlichen und modernen Weltmodellen gewidmet und bildet den Schwerpunkt der Studie. Von besonderem Interesse sind hier die Metamorphosen früherer Errungenschaften in der Evolution des Weltverständnisses. Im Spektrum modernster Weltmodelle kehren rudimentär uralte Fragestellungen und Denkansätze wieder, so daß man fast von einer Archäologie der Denkmuster sprechen kann. Das siebente Kapitel befaßt sich mit weiterführenden Konzepten vor allem integrativen Weltverstehens, wie sie sich in der gegenwärtigen wissenschaftlichen Diskussion darstellen und abzeichnen.

Der Ausblick subsumiert die Quintessenz der Studie unter dem Gesichtspunkt der Selbsttranszendenz und richtet die Aufmerksamkeit auf die Möglichkeiten einer wissenschaftlich fundierten Metaphysik, die schon Kant als ein Desiderat künftigen Philosophierens postulierte.

Soviel zum Aufbau. Wir kommen nun zu den Aufgaben und Methoden.

Es kann nicht die Aufgabe sinnvoller philosophischer Tätigkeit sein, längst Bekanntes zu wiederholen oder mit den Wissenschaften zu konkurrieren, auch nicht, sich in einen elfenbeinernen Turm zurückzuziehen, sich zu verweigern und den Zustand der Welt zu beklagen, oder Philosophie in Philologie zu verwandeln, Faktenkrämerei zu betreiben, Partei zu ergreifen, sich einer Konfession oder Ideologie zu verschreiben, dem schäbigen Konformismus zu willfahren oder dem intellektuellen Hochmut zu frönen. Die Philosophie wird heute mehr denn je herausgefordert. Mithin sollten die Philosophen mehr Flagge zeigen und wenigstens den Nachweis liefern, daß es sie noch oder wieder gibt, daß die Philosophie nicht versagt hat, nicht überflüssig oder überlebt ist, daß sich Philosophen nicht mit der Welt, wie sie ist, zufriedengeben, nurmehr zur Hofnarrenrolle am reich gedeckten Tisch der Industriegesellschaft taugen oder von ihrer großen Vergangenheit zehren, denn: Haben Wissenschaft, Technik und Industrie, haben Religion, Kunst und Politik weniger versagt als die Philosophie? Nach Sündenböcken zu suchen oder sich gegenseitig den Schwarzen Peter zuzuschieben, macht wenig Sinn und nützt niemandem.

Wer Metaphern liebt, könnte den Philosophen als inkarniertes Problembewußtsein nicht nur seines Zeitalters, sondern der Menschheit überhaupt verstehen. Im Aufweis von Menschheitsproblemen bewährt sich beispielsweise der Philosoph des globalen Zeitalters, dessen allgemeine Aufgaben in einem Kanon von 10 Geboten Platz finden:

1. Philosophie sollte von den Wissenschaften ausgehen und zu ihnen zurückführen.
2. Philosophie muß sich an den »maßgebenden Menschen« orientieren: Religionsstifter, Philosophen, Künstler und Wissenschaftler.
3. Philosophie muß vernunftorientiert sein (homo sapiens).
4. Philosophie muß nonkonformistisch sein.
5. Philosophie muß autonom sein.
6. Philosophie muß sich selbst transzendieren.
7. Philosophie muß die spezifischen Herausforderungen ihres Zeitalters erkennen und annehmen.
8. Philosophie muß einen Mittelweg zwischen Wissenschaft und Kunst einschlagen. Mit der Wissenschaft verbindet sie die Methode, mit der Kunst die Intention einer Ganzheit.
9. Philosophie muß der Selbstbefreiungsbewegung der Menschheit dienen.
10. Für die Philosophie gilt in erhöhtem Maß: Der Weg ist das Ziel.

In der vorliegenden Studie wird diesem Kanon Rechnung getragen durch weitgehende Orientierung an den Wissenschaften in Detailfragen, mit der Einbeziehung außereuropäischer Denkerpersönlichkeiten, durch die Einhaltung der Regeln rationaler Argumentation, die Ablehnung von Schulautoritäten, die Selbstbestimmung von Ausgangspunkt, Zielsetzung und Methode, durch die Offenheit für weiterführende Fragestellungen und Konzepte, mit der Verlagerung des Schwerpunktes von der Vergangenheit, Geschichte und Tradition auf die Gegenwart, die als globales Zeitalter verstanden wird, ferner durch eine Kombination von wissenschaftlicher Kritik und künstlerischer Konstruktion, mit Hilfe der Integration philosophischer in übergreifende soziokulturelle Fragestellungen sowie durch den Verzicht auf Verabsolutierungen und überzogene Systematik.

Im 20. Jahrhundert führt der Weg der Philosophie von den Texten zu den Tatsachen, vom Absoluten zum Relativen, vom System zum Problem, von der Fundamentalontologie zum prozessualen Weltverständnis, von der Teleologie zur Teleonomie, vom Kausalismus zur Synergetik, vom Weltgebäude zur »Ordnung durch Fluktuation«, von der Gravitation zur Evolution oder zum »Strom, der bergauf fließt«. Das Zeitalter der Systeme ist vorüber. Nicolai Hartmanns Schwenk vom Neukantianismus zur Ontologie (1909) war ein Epochen-Datum, und so ging es weiter. Nach dem Ersten Weltkrieg konnte man auch in Deutschland niemandem mehr mit einem philosophischen System imponieren.

In einer Studie wie dieser kommt es nicht darauf an, eine Weltanschauung zu propagieren, sondern mit möglichst großer Unvoreingenommenheit die Vielfalt der Ideen, Weltbilder, Weltbegriffe und Weltmodelle zu präsentieren, zu kommentieren und vielleicht gelegentlich zu interpretieren, Denkanstöße, Anregungen und Problembewußtsein zu vermitteln, dem Kenner die Kritik und dem Anfänger die Aneignung zu überlassen, eingedenk der Tatsache, daß bei der heutigen Vielzahl der Ansätze, Theorien und Ideen jeder ein Anfänger ist und zeitlebens bleibt, nach dem Motto Martials: ›Homo bonus semper tiro‹, ›ein guter Mensch bleibt immer ein Anfänger‹.[17] Notfalls darf jeder von seinem Menschenrecht zu irren Gebrauch machen, denn wer wollte es leugnen: errare humanum est. Ein Tor ist nicht primär, wer irrt, sondern wer von seiner Chance zu irren keinen Gebrauch macht. Das Wunderwerk der Evolution, das im nachhinein als die Schöpfung einer überragenden göttlichen Intelligenz erscheint, erweist sich bei genauerem Hinsehen als das Produkt von sehr viel Versuch und viel Irrtum, als »ein Flickenteppich von Provisorien«[18], und auch wenn er die Krone der Schöpfung sein sollte, ist der homo sapiens noch lange nicht besser als die Natur, von der er ein Teil ist.

So ist es denn unvermeidlich, daß auch die Besten, nicht zuletzt die Nobelpreisträger, bisweilen so sehr von einer Theorie oder Sicht der Dinge überzeugt sind, daß sie andere, abweichende Interpretationen der Wirklichkeit kaum mehr wahrnehmen: Newton und Huygens, Einstein und Hubble, Heisenberg und Schrödinger. Hier ist es nun die Aufgabe des Philosophen, nicht für die eine oder andere Seite Partei zu ergreifen, sondern zu prüfen, abzuwägen, richtigzustellen, zu entzerren und, soweit möglich, die Unterschiede zu begründen. Leibniz vertrat zeitlebens die Auffassung, daß es kaum ein Buch gibt, aus dem man nicht etwas lernen kann, und hat sich entsprechend verhalten.

Diese echt philosophische Einstellung muß wieder zu Ehren kommen und, was wichtiger ist, praktiziert werden.

Wir kommen damit zur Methode. Grundsätzlich müssen sich Methoden den Gegenständen anpassen. Eine Vielfalt ziemlich heterogener Gegenstände erfordert daher auch einen entsprechenden Methodenpluralismus. Von den gewohnten und beliebten Methoden der Philosophie reicht hier keine einzige aus. Die dialektische Methode führt zu Ismen, die rein analytische zur Faktenkrämerei, der Reduktionismus etwa Steven Weinbergs eignet sich eher für die Physik als für die Philosophie, Meditation allein führt auch nicht viel weiter und endet gewöhnlich in Zirkeln, die phänomenologische Methode ist schlechter als ihr Ruf und leistet weniger, als Husserl sich davon erhoffte. Alle zusammen, ein Leipziger Allerlei? Eine solche Synthese ist unmöglich. Mithin bleibt es bei der bewährten System- oder Faktorenanalyse, ergänzt durch eine integrative Tendenz auf der Basis von Vergleich, Kombination, Analogie und Synopsie. Dann kann man sich der oben erwähnten Methodenkomponenten wieder kritisch bedienen und sie von Fall zu Fall einsetzen. Insgesamt müssen sich kritische und konstruktive, reduktive und deduktive, analytische und synthetische, meditative, reflexive und spekulative Elemente die Waage halten, was natürlich nicht immer zu erreichen ist.

Kehren wir nach diesen methodischen Reflexionen zum Anfang der Einleitung, zum homo sapiens zurück, so können wir als Ausgangspunkt unserer Studie die Grundlagendiskussion zum Verhältnis Mensch und Welt ansetzen, uns danach dem Bilderreichtum der Frühzeit auf der Grundlage Vergleichender Philosophie zuwenden, dann den Aufstieg vom magischen zum mythischen und von diesem zum Weltverständnis der Weltreligionen wagen, um auf der Ebene der philosophischen Weltbegriffe eine Zwischenbilanz zu ziehen und uns danach, nach einem Abstecher in die Welt der Kunst, unserem eigentlichen Vorhaben, den wissenschaftlichen Weltmodellen, zu widmen, dem weitaus längsten und schwierigsten Teil unserer Ausführungen.

Besondere Aufmerksamkeit »auf dem Weg ins dritte Jahrtausend« verdient dabei die neuzeitlich-moderne Dynamik im Verhältnis Welt und Mensch, Natur und Leben:

> Die Dynamisierung der menschlichen Lebensverhältnisse in der Neuzeit verursacht eine Dynamisierung der Naturbeherrschung. War der Mensch früher, vor dem 16./17. Jahrhundert, noch ein Teil des hierarchischen Aufbaus der Natur, an deren Spitze er laut Kirche gestellt worden war, so sehen wir heute einen dynamischen Wachstumsprozeß, in dem der Mensch die Natur zunehmend als Objekt behandelt und unterwirft. Doch auch hier, welch' Wunder: Gleichzeitig wird uns dabei die Interdependenz aller ökologischen Systeme, einschließlich unserer selbst, bewußt. Der Mensch hat immer schon die Natur transformiert – und sie ihn. Wie können wir als integraler Teil der Natur weiterwachsen, symbiotisch mit ihr lebend und transformierend/evolvierend, ohne unerlaubte Eingriffe in sie vorzunehmen? Welche Eingriffe sind unerlaubt? Ohne konsensuelle ethische Grundsätze stehen wir hier offenbar vor einer kritischen Spaltung.[19]

Die neuzeitliche Dynamik, das moderne Bewußtsein, das globale Zeitalter fordern gebieterisch eine globale, kreative, evolutionäre Ethik, die traditionelle Werte und zukunftsweisende Wertsetzungen in ein funktionales, offenes und operationales Wertsystem integriert. Die vorliegende Studie kann allerdings infolge ihrer thematischen Begrenzung dazu nur vorbereitend und indirekt dienen.

1. Die Welt als Herausforderung des Menschen

Seit Christian Wolff (1679–1754) bietet die Trias Gott, Welt, Mensch eine Groborientierung über die anstehende Thematik,[1] wobei der Gottesbegriff allmählich verblaßt. Anstelle von Welt ist auch von Weltall, Kosmos und Universum die Rede: drei Sammelbegriffe von großer Allgemeinheit, aber mit eigenem semantischem Spektrum, wie schon aus den Zusammensetzungen zu ersehen ist. Während der Begriff Kosmos aus dem griechischen Erfahrungsbereich stammt, sind mundus und universum lateinischen, Welt (world) und Weltall (worldall) germanischen Ursprungs. Die verschiedenen Begriffe setzen spezifische Akzente. Kosmos steht im Gegensatz zu Chaos und bedeutet auch Ordnung, Symmetrie, Harmonie, Regelmäßigkeit und Schmuck.

Pythagoras soll die Welt erstmals als Kosmos bezeichnet haben, womit er seiner Grunderfahrung der Wirklichkeit Ausdruck verlieh: Alles ist Zahl! Heraklit sah im Feuer den Urzustand der Welt und hat damit bis heute recht behalten, ebenso mit seinem prozessualen Weltverständnis, das sich gegen das statisch-ontologische durchgesetzt hat.

Demgegenüber weist Platons Konzeption vom Weltschöpfer (Demiurgen) in die anthropomorphe Richtung. Demokrit unterschied zwischen den Atomen und dem Leeren, eine wegweisende Konzeption, wie die Entwicklung der neuzeitlichen Kosmologie zeigt. Die Stoiker unterschieden dementsprechend zwischen einem Universum (to pan), das den leeren Raum einschließt, und einer Welt (to holon) ohne Weltraum.

Auch die Spaltung in ein naturwissenschaftliches und ein theologisches Weltverständnis ist von griechischen Denkern in gewissem Sinn vorweggenommen. Dort erscheint die Welt als System, hier als Weltseele oder Gott. Der jüdische Philosoph Philon personalisiert die sichtbare Welt als Sohn Gottes, Plotin versteht sie als Emanation der Gottheit, Augustin als Geschöpf Gottes. Albertus Magnus unterschied bereits zwischen dem Glaubensartikel der Weltschöpfung, der philosophisch nicht beweisbar ist, und den philosophischen Lehren der Weltentstehung.

Mit Gassendi betreten wir neuzeitlich-wissenschaftlichen Boden. Nach ihm ist die Welt ein Teil des Universums und ist nicht ewig. Wolff erscheint die Welt als »eine Reihe begrenzter, teils gleichzeitiger, teils aufeinander folgender Dinge, die miteinander verbunden sind.«[2] Nach Kant ist die Welt »das mathematische Ganze aller Erscheinungen und die Totalität ihrer Synthesis.«[3] Später, als die Metaphysik in Deutschland wieder ins Kraut schoß, vermischten sich metaphysische und theologische Spekulationen bis zur Groteske. Gemeinsam ist ihnen durchweg ein kruder Anthropomorphismus: die Welt als Gedanke oder Körper Gottes, als Abdruck des Absoluten, als Ich, Wille oder Bewußtsein.

Durchweg ist der Weltbegriff unwissenschaftlicher als die Begriffe Kosmos oder Universum, aber auch reicher an Bedeutungen, vor allem christlicher Färbung: Frau Welt, als Inbegriff von Sündhaftigkeit, im Gegensatz zum patriarchalischen Gottesbegriff des Weltschöpfers, -vaters, -königs oder -richters. Bei den Komposita wird es noch deutlicher. Weltflucht, Weltfremdheit und Weltfeindschaft ergeben einen (christlichen) Sinn, nicht aber Kosmos- oder Universumflucht. Weltlich und geistlich bilden im christlichen Erfahrungsbereich einen Gegensatz, nicht so kosmisch und geistig im griechischen Denken. Unverkennbar hat das Christentum mit seiner asketischen Moral der Weltverleumdung Vorschub geleistet und das Verhältnis des Menschen zur Welt von Grund auf gestört, wenn nicht zerstört. Allerdings hat diese Tendenz auch (ungewollt) positive Wirkungen gehabt, indem sie der Liebe zur Natur Auftrieb gab, Renaissance und Humanismus hervorrief, die Erforschung der Welt beschleunigte und die Weltentdeckung förderte (christliche Seefahrt). Als positiv dürften auch die Warnung vor der Verfallenheit an die Welt zu verbuchen sein sowie die Verstärkung der Tendenz, sie zu transzendieren. Wieder einmal behielt die antike ›Weltweisheit‹ recht: »Naturam expellas furca, tamen usque recurret« (»Du magst die Natur mit der Gabel austreiben, sie wird doch immer wiederkehren.«)[4]

Die positivste Wirkung der durch das Christentum wenn nicht

induzierten, so doch verstärkten Spannung zwischen Mensch und Welt war eine neue Dynamik in der Wechselwirkung beider Faktoren: Wenn Gott die Welt dem Menschen als Ort der Bewährung (vgl. ›Faust‹!) und Prüfung vorgab, so läßt sie sich als Herausforderung, eine Art Provokation Gottes an den Menschen, verstehen, mit der Welt fertig zu werden, sich die Erde untertan zu machen, sie zu erobern und zu beherrschen, mit all den ambivalenten Folgen, die ein solcher Imperativ nach sich zieht. Gott, Mensch und Welt ergaben in christlicher Sicht einen großartigen weltgeschichtlichen Sinnzusammenhang, was man bei aller berechtigten Kritik am Christentum und seiner unhaltbaren Dogmatik nicht vergessen sollte. Heute ist dieser Sinnzusammenhang geschwunden, und es ist noch sehr die Frage, ob die Menschheit diesen Sinnverlust verkraftet.

Festzuhalten ist, daß die christliche Weltsicht nicht ursprünglich und notwendig weltflüchtig, evolutionswidrig und fortschrittsfeindlich war. Die Idee, daß der Mensch nicht nur ein Teil der Schöpfung ist, sondern *Teilhaber*, Gottes Partner und Mitschöpfer, ist ebenso revolutionär wie die Idee der Transzendenz, desgleichen Lehren wie: Die Wahrheit wird euch frei machen; der Mensch soll seine Talente nicht verkommen lassen, sondern nutzen, soll seine Mitmenschen nicht bekämpfen, sondern lieben.

Wahrheit, Freiheit, Frieden und Kreativität sind bis auf den heutigen Tag zentrale Werte geblieben, die sich nicht im Widerspruch zur Evolution befinden. Die Idee der Transzendenz hat naturwissenschaftliche Fragestellungen ermöglicht, die im antiken Denkhorizont nicht vorkamen. Sowohl für Demokrit als auch für Aristoteles war die Welt ein ewiger Kreislauf des Werdens. Der christliche Gottesbegriff durchbrach die Weltimmanenz und ermöglichte damit ein neues, transzendentes Weltverständnis. Das Jenseits überhöhte das Diesseits. Die Idee des Menschen als Teilhaber, Partner und Mitschöpfer Gottes eröffnete neue Dimensionen im Verhältnis des Menschen zur Welt, bestätigte den von der Evolution initiierten Prozeß der Selbstbefreiung des Menschen aus den Zwängen der Außenwelt und forderte den Menschen zu nie dagewesenen Anstrengungen der Weltgestaltung heraus: Entweder wird die Welt mit dem Menschen oder der Mensch mit der Welt fertig.

Jedenfalls zehren wir noch heute von dem revolutionären Potential des frühen Christentums, das im Verhältnis des Menschen zur Welt und damit in der Menschheitsgeschichte einen ›Quantensprung‹ bedeutet. Dieser Sprung führte zu einer semantischen Explosion des Weltbegriffs, die ein ganzes Netzwerk von Beziehungen des Menschen zur Welt erschloß, eine ungeahnte Komplexität der Bedeutungen, Zeichen und Symbole kreierte sowie einen unermeßlichen Reichtum an Varianten entfaltete, zunächst einmal räumlich und zeitlich.

Durch die Begegnung von drei Kontinenten mit ihren Kulturen stand Europa von Anfang an im Zeichen multikultureller Evolution: Afrika, Asien und Europa; Griechen, Römer und Germanen; Orient und Okzident; Juden, Christen und Mohammedaner; Mittelmeer, Ostsee, Nordsee und Atlantik; Alte und Neue Welt, Amerika, Weltumsegelung, Entdeckung Australiens und Neuseelands. Eine immense Erweiterung des Horizonts war in relativ kurzer Zeit erfolgt. Die Welt war größer, als man angenommen hatte. An die Stelle des Kosmos trat das Universum. Entsprechend dehnte sich der zeitliche Horizont aus. Am Anfang stand die Schöpfung der Welt, am Ende stehen Weltuntergang und Weltgericht. Dazwischen liegen die Welt(zeit)alter.

Die Geschichtsschreiber begnügen sich nicht mehr mit einer Geschichte des Römischen Reiches, von Romulus und Remus bis Augustus, sondern wollen eine Weltchronik geben, eine Welt- oder Universalgeschichte schreiben, die das gesamte Weltgeschehen, Anfang und Ende der Welt umfaßt. Die Philosophen spekulieren über den Aufbau der Welt, das Weltgebäude, Endlichkeit oder Unendlichkeit der Welt. Die Zeit der mythischen Weltbilder ist vorbei, der Glaube an den Weltenbaum oder das Weltenei. Die Weltweisheit verlangt nach einer Weltanschauung, die Geographen entwerfen Weltkarten und gelangen, wie schon ihre antiken Vorgänger, zur Annahme einer Weltkugel, die Physiker suchen nach den Weltgesetzen, Könige und Kaiser träumen von Welteroberung, Weltherrschaft und einem Weltreich, ihre Nachfolger von Weltmacht, Weltstaat, Weltregierung und Weltfrieden.

Bürger der einen und großen Welt entdecken das Weltbürgertum, die Weltwirtschaft, Weltgesellschaft, Weltpolitik und

Weltzivilisation, Weltsprache, das Weltrecht, die Weltkultur, den Welthandel, Weltverkehr, Weltmarkt und die Weltwährung. Weltbevölkerung und Welternährung werden zu Menschheitsproblemen, Weltreligionen und Weltorganisationen bemühen sich um Weltordnung, Weltgemeinschaft, Weltgesundheit und ein Weltethos.

Weltkriege drohen alle diese Bemühungen, Errungenschaften, Ideale und Träume zu zerstören und die Menschheit in den Zustand der Barbarei zurückzuwerfen, Weltrevolutionen erschüttern Systeme, Gefüge, Institutionen und das Selbstbewußtsein der Weltöffentlichkeit. Die Welt ist durch Nachrichtentechnik, Medien, Telegraph, Telephon und Telekommunikation zum globalen Dorf zusammengeschrumpft, die Erde zum engen Raumschiff in einem unermeßlich weiten Universum und die Menschheit trotz oder infolge ihrer Erfolge zu einer vom Aussterben bedrohten Spezies auf einem dem ökologischen Kollaps entgegensteuernden Planeten geworden, der immer mehr zu einer Todesfalle wird.

Die Dynamik des von der Menschheit inszenierten soziokulturellen Geschehens ist unaufhaltsam, beschleunigt ihr Tempo und drängt auf schnellen, revolutionären Wandel, Umdenken und Erneuerung: Hierin stimmen Evolution und modernes, lernfähiges und lernbereites Christentum weitgehend überein. Der aus antiken, christlichen, germanischen, neuzeitlich-europäischen und modern-amerikanischen Komponenten zusammengesetzte Weltbegriff hat, wer will es leugnen, die Welt erobert. Ein Zurück gibt es nicht, ebensowenig einen Stillstand. Dem homo sapiens bleibt also gar keine andere Wahl, als weiter zu evolvieren, und dabei kann ihm die Besinnung auf seinen Ursprung und die Etappen seines Weltverständnisses, seiner Weltorientierung, seines Weltverhaltens und seiner Weltbewältigung nur nützen: Das Drehbuch der Weltgeschichte schrieb bisher immer noch die biologische Evolution, wenn auch die soziokulturelle Evolution beachtliche Fortschritte erzielte und der Mensch mit seinen politischen Geschichten oft die Regie störte.

Weltorientierung

Versteht man die Welt konsequent als Herausforderung für intelligente Lebewesen, sich ihrer zu bemächtigen, sie in der einen oder anderen Weise zu erforschen, zu überwinden und zu bewältigen, hängt der Werdegang des homo sapiens nicht zuletzt von seiner Orientierung in der Welt ab. Das Wort Orientierung ist aus dem Lateinischen abgeleitet. Sol oriens heißt wörtlich die aufgehende Sonne und bezeichnet die östliche Himmelsrichtung. Schon in den Frühkulturen des Orients ist die Unterscheidung von vier Himmelsrichtungen bezeugt. Sie gehört wohl von alters her zum Gemeingut der Menschheit. Die Sprache orientiert hier selbst mit Redewendungen wie: vier Enden, Ecken oder Orte der Welt, vier Winde, Meere, Straßen, Teile der Welt oder Erdviertel.

Der ›Turm der Winde‹ in Athen ordnet den Winden Figuren zu, die durch ihre Attribute den besonderen Charakter der einzelnen Winde darstellen. Ex oriente lux, aus dem Osten kommt das Licht, stimmt mindestens geographisch. Über den metaphorischen Sinn läßt sich streiten, und für manchen Römer zu Beginn der Kaiserzeit, als die Woge orientalischen Aberglaubens Rom überflutete, galt vielleicht eher: ex oriente nox. Neben der Orientierung im Raum gab es von jeher auch die Orientierung in der Zeit. Hier waren die Römer selbst führend, und unser Wort Kalender geht wiederum auf das Lateinische (calendae: der erste Tag des Monats) zurück.

Weiteres verdanken wir den alten Griechen. Schon in den Kulturentstehungslehren der Sophisten erscheinen die Denkmuster, die, wie die Denkmodelle der griechischen Philosophen (Atom, Zahl, Idee), im Prinzip richtig waren und ein hohes Maß von Verständnis der Wirklichkeit aufweisen. Die modernen Wissenschaften haben diese Erkenntnisse der griechischen Denker nur sehr viel sorgfältiger, detaillierter, genauer, mathematischer, technischer, professioneller und – prosaischer formuliert.

Von dem eingangs erwähnten Mythos des Protagoras brauchen wir nur das religiöse und poetische Beiwerk wegzulassen, und wir erhalten eine Fundgrube fruchtbarer und wegweisender

Ideen: die Einbettung des Menschen ins Welt- und Lebensgeschehen, ins Tierreich, seine Nacktheit, mangelhafte Ausstattung und Unterlegenheit gegenüber stärkeren und schnelleren Tieren, seine Krisensituation, dann die Bändigung des Feuers, vielleicht ein Geschenk des Zufalls, die Herstellung von Werkzeugen, Umsicht und technisches Wissen zur Beherrschung der Umwelt, Rücksicht und Weisheit im Verhältnis zur Mitwelt, Glaube, Verehrung und religiöse Scheu gegenüber der Überwelt, die Erfindung der Sprache, die einsetzende Kommunikation, Kooperation und Koexistenz, Gruppenbildung, Sinn für Gemeinschaft, Solidarität, Recht und Gerechtigkeit sowie erste medizinische Kenntnisse: insgesamt eine Fülle von nach wie vor aktuellen Themen, Aspekten und Problemen der biologischen Evolution und soziokulturellen Hominisation. In der Nachbesserung der Fehler des Hinterherdenkers Epimetheus durch den Vorausdenker Prometheus deuten sich sowohl das Prinzip Trial and Error als auch das Planungsvermögen des Menschen an, das ihn wesentlich von den Primaten unterscheidet. Von der Ebene des Überlebens, der Selbsterhaltung hebt sich die Ebene des Über-Lebens, der Selbsttranszendenz ab.

Die fundamentale Bedeutung der Orientierung für beide Ebenen verbindet menschliches Dasein mit tierischem und sogar pflanzlichem. Während aber die Wechselwirkung von Reiz und Reaktion bei den Tieren durch die Automatik der Instinkte fest gekoppelt erscheint, verlor der Mensch, aus welchen Gründen auch immer, diese Instinktsicherheit, die er durch ein neues System ersetzen mußte, wenn er überleben wollte. So ward der Mensch zum Lernen, zu Erkenntnis und Vernunftgebrauch gleichsam verdammt. Der Weg der Evolution führte von den Tropismen festsitzender Pflanzen zu ungerichteten Bewegungen, den Kinesen der Tiere, von da zu Taxien oder gerichteten Ortsbewegungen bis hin zu den höchsten menschlichen Orientierungsleistungen aufgrund von einsichtigen Handlungen.

Auf der Stufe menschlicher Komplexität können wir zwischen Weitsicht, Übersicht, Umsicht, Vorsicht, Voraussicht, Absicht, Nachsicht, Rücksicht und Einsicht unterscheiden. Horizonterweiterung und Weitblick gewann der Mensch mit seinem aufrechten Gang, wobei er beim Übergang vom Wald ins baumlose

Flachland den Überblick der Baumaffen mit der Fernsicht seines neuen Savannendaseins verband. Hier war Vorsicht vor den meistens schnelleren Raubtieren geboten. Umsicht, Vorsicht, Voraussicht, Absicht und immer schärfere Beobachtung zahlten sich durch den Verzicht auf anstrengende, lange und oft erfolglose Verfolgungsjagden aus. Nahm man nach Erlegung der Beute auf die anderen Mitglieder der Horde Rücksicht und verspeiste die Jagdbeute nicht allein, sondern teilte sie nachsichtig mit den Schwächeren und Unerfahreneren, zahlte sich das durch deren Vertrauen, Mitwirkung und Beistand in schwierigen Situationen und Hilfe bei anderen Tätigkeiten in der Regel reichlich wieder aus. Der Mensch gelangte zu der Einsicht, daß aufgeschoben nicht aufgehoben heißt und Solidarität unter Umständen wertvoller ist als Alleinbesitz und Egoismus.

Hatte die neue Orientierung nach der Entkopplung von Reiz und Reaktion in der Welt zu einer Horizonterweiterung des Menschen beigetragen, seinen Erfahrungshorizont vergrößert und ein neues Weltgefühl ermöglicht, legten erste Erfolge in der weiter erschlossenen Welt die Grundlage für ein neues Welt- und Selbstbewußtsein. So hatte der Verlust von Instinktsicherheit nicht nur negative Folgen für den homo sapiens. Nach und nach überwogen die positiven, wenn auch heute noch Instinktlosigkeit, Taktlosigkeit, Geschmacklosigkeit und der fehlende ›Riecher‹ für etwas als Mängel angesehen werden.

Erfahrungshorizont und Bewußtseinshorizont ergänzten sich nicht nur immer wirkungsvoller, sondern steigerten vermutlich auch das Welt- und Lebensgefühl. Hinzu kam die etwa gleichzeitig eintretende Entkopplung von Trieb und Triebbefriedigung. Der Mensch entwickelte sich zu einem Tier, das seine Triebbefriedigung in gewissen Grenzen aufzuschieben vermochte, sofortige Trieberfüllung blockieren, ein Nein zur ungehemmten Trieberfüllung sagen und durchsetzen konnte. Die angestaute Triebenergie konnte er nunmehr gezielt, dosiert und bewußt einsetzen. Zusammen mit der zunehmenden Fähigkeit, Informationen zu speichern, verfügte er damit über ein in der Tierwelt neues Instrument der Selbststeuerung, das viele Vorteile bot, mindestens aber den Aktionsradius des Menschen erheblich erweiterte: Informationen speichern, Energien stauen und Bewegungen steuern wurden zu unschätzbaren Selektionsvorteilen im Kampf der Arten ums Überleben.

Verbunden mit der Erweiterung des Erfahrungs- und Bewußtseinshorizontes bedeutete die Erweiterung des Aktionsradius vor allem einen gewaltigen Fortschritt in der Bewältigung von Raum und Zeit, einem Uranliegen der Evolution, das den Menschen über den Bereich lebender Wesen hinaus mit den Anfängen der chemischen Evolution und damit höherer Komplexität überhaupt verbindet. Am Problem der Überwindung von Raum und Zeit läßt sich eine Art Evidenz der Kontinuität in der Evolution aufzeigen. In der Geschichte zunehmender Komplexität kehren nämlich gewisse Krisensituationen in ungewissen Abständen wieder, so am Ende der chemischen Evolution die molekulare Krise beim Übergang von chemischen Makromolekülen zu biologischen Supermolekülen mit Replikationsmechanismus.[5] Hier drohten den Riesenmolekülen zugleich räumliche Instabilität und zeitlich schneller Zerfall. Die Natur hat diese Probleme, wahrscheinlich durch eine Mischung von Zufall und Einfall, gemeistert. Im Rahmen der biologischen Evolution kehrten mit jeder Zunahme der Komplexität ähnliche Probleme und Problemlösungen wieder bis hin zum homo sapiens und vielleicht sogar darüber hinaus.

In kritischen Situationen spielen heute wie zur Zeit des homo erectus richtige Ortung und richtiges Timing eine lebenswichtige Rolle. Am deutlichsten wird dies im Bereich militärischer Strategie. Im Zweiten Weltkrieg hat das Radar (radio detecting and ranging, eigtl. »Funkermittlung und Entfernungsmessung«) als Mittel zur schnelleren und genaueren Ortung von Flugzeugen und U-Booten den Ausgang des Krieges wesentlich mitbestimmt. Das SDI (Strategic Defense Initiative, seit 1983) war ein Versuch, der Bedrohung durch feindliche Fernwaffen mit Hilfe von Satelliten im Weltraum zuvorzukommen. Der nächste logische Schritt wäre nach dem Bumerang-Prinzip die Umlenkung feindlicher Raketen auf den Angreifer. In der modernen, zunehmend technologischen Kriegführung spielen Sekunden und Bruchteile von Sekunden eine entscheidende Rolle. Bomben und Granaten können heute mit einer Zielgenauigkeit lanciert werden, die der Achills ähnelt, dessen Speer treffsicher eine winzige zuvor erspähte Öffnung in der Panzerung seines Gegners ausnutzte und Hektor tödlich traf.

In seiner einleitend erwähnten trefflichen Studie: ›Der Strom, der bergauf fließt‹ hat der Neurophysiologe William H. Calvin wiederholt[6] auf die Bedeutung des Werfens für die Ausbildung des menschlichen Gehirns hingewiesen: Sequenzierung, Entfernungsschätzung als Vorstufe immer genauerer Entfernungsmessung, immer besseres Timing, immer größere Treffsicherheit aus sicherer Entfernung. Hier führt die Entwicklungslinie von Faustkeil und Bumerang über die Fernwaffen Apollons, seine unfehlbaren, unsichtbaren Pfeile, bis zur modernen Technologie der Entfernungsmessung. Aber auch im nichtmilitärischen Bereich ergeben sich ähnlich revolutionäre Perspektiven, z. B. das COSMIC-Interferometer der Zukunft, das Präzisionsmessungen kosmischer Entfernungen erlaubt, die ans Phantastische grenzen:

> Das COSMIC-Interferometer, bestehend aus zwei COSMICs in einem Abstand von 100 km im All – ein Interferometer mit einer Auflösung von einer Millionstel Bogensekunde (4,85 x 10–12 Radian. [Beispiel: Ein Winkel von 10–12 Radian entspricht einer Bleistiftmine von 0,5 mm Stärke im Abstand von 100 000 km.])[7]

Nimmt man die Messungen der Teilchenphysik hinzu, die die Lebensdauer von Elementarteilchen bis zu Bruchteilen von Billionstel Sekunden errechnen, bekommt Nietzsches Satz vom Menschen: »das ist: der Schätzende«[8] einen überaus präzisen Sinn. Der Weg der Evolution führte hier von der Spirale der Galaxis, einer von vielen Spiralgalaxien, zur Doppelhelix des genetischen Codes auf dem Planeten Erde bis zu den Windungen spiralenähnlicher Zellenbündel im grandios gewundenen und vernetzten Großhirn des homo sapiens, der mit den Vermögen dieses Superinstruments die Spiralen zahlloser Galaxien in der Raumzeit wiedererkennen kann.

Die sogenannte Große Encephalisation, das relativ schnelle Anwachsen des Gehirns im Verlauf der Hominisation, der Übergang vom Instinktverlust zum Intelligenzgewinn, läßt sich als Antwort der Natur auf eine rapide Verschlechterung der Lebensbedingungen, wie sie in den Eiszeiten erfolgte, verstehen und, damit verbunden, auf eine verschärfte natürliche Selektion. Die

Entwicklung menschlicher Embryonen, bei denen der Kopf anfänglich viel größer im Verhältnis zum übrigen Körper ist als in den späteren Stadien, kann zur Veranschaulichung der Problematik dienen, der sich die Natur bei der Gehirnbildung des Menschen gegenübersah. Instinktverlust auf der einen Seite und Horizonterweiterung auf der anderen, infolge der Transzendenz lokaler und regionaler Umweltbegrenzungen, erforderten ein neues Orientierungssystem, das den Informationszuwachs verarbeiten konnte. Der Ausbildung dieses neuen Orientierungssystems der psychonoetischen Evolution waren aber durch die Anatomie der Mutter enge Grenzen gesetzt, so daß die Vergrößerung des durch die harte Hirnschale gut geschützten Speichers (größer, klüger, besser) nicht unbegrenzt weitergehen konnte und sich die Natur zu einer Selbstkorrektur ihrer explosiven Wachstumstendenz genötigt sah. Die Unterscheidung einer psychonoetischen, spezifisch menschlichen Evolutionsphase, die die biologische nicht ablöst, sondern fortführt und mit der soziokulturellen Phase verbindet, in der sie natürlich weiterläuft, erscheint mir ebenso zweckmäßig wie bewußtseinsgeschichtlich naheliegend.[9]

War das neue Orientierungssystem, das die wachsende Informationsmenge immer schneller, genauer und dauerhafter verarbeiten mußte, nicht einfach durch Vergrößerung der Speicherkapazität zu erreichen, mußte die Natur, wie bei der Helix, gewundenere Pfade einschlagen und das System verkleinern.

Vor einem ähnlichen Problem standen anfangs die Computerkonstrukteure. Sie lösten es, indem sie die Arbeitsweise der Natur nachahmten. So führte der Weg der Informationsspeicherung von der Gen- zur Hirnbibliothek, dem Gedächtnis, von dort zur Buch- und zur Chip-Bibliothek, und zwar nach dem Prinzip: immer mehr Orientierung auf immer weniger Speicherfläche, zugleich bessere, schnellere, dauerhaftere, übersichtlichere und präzisere Aufbewahrung, Vergegenwärtigung und Haltbarkeit der Eindrücke, deren Fixierung in der Philosophiegeschichte gelegentlich mit Eintragungen auf einer leeren Tafel (tabula rasa) oder einer Wachstafel verglichen wurde (Aristoteles, Locke).

In der Fliegerei unterscheiden wir zwischen Sichtflug und

Instrumentenflug, VFR und IFR, visual flight rules und instrumental flight rules, wobei der Instrumentenflug das Orientierungsfeld des Sichtflugs weit übertrifft. In gewisser Weise entspricht der Instinkt dem Sichtflug, das Gehirn dem Instrumentenflug, denn es ist abstrakter, weitreichender und exakter. In gewissen Situationen ist der Pilot, der nach IFR fliegt, aber auf VFR angewiesen, vor allem bei der Landung auf Flugplätzen, die über keine elektronischen Landehilfen (bei dichtem Nebel) verfügen.

Ganz ohne Instinkt und nur nach seinem Gehirn könnte der Mensch wahrscheinlich auch nicht überleben, zumindest in Gefahrensituationen, die schnelle Entscheidungen erfordern, wo also keine Überlegungen mehr möglich sind. Mancher Bergsteiger hat übrigens solche Situationen erlebt und nur dank seiner gut funktionierenden Instinkte überlebt.

Der große Erfolg des homo sapiens beruht auf seiner Fähigkeit, sich Mechanismen, Strategien und Methoden der Evolution in großem Umfang anzueignen und nachzuvollziehen. Der Mensch erscheint, so betrachtet, als Muster-Schüler der Evolution, die ihm dafür als Prämie die Freiheit schenkte und eine begrenzte Autonomie verlieh: homo liberans liberatus, der befreiend befreite Mensch, der sowohl in der Nachahmung der Evolution als auch in der Überschreitung natürlicher Grenzen sinnvoll seine Freiheit gebraucht und als homo imitans, transcendens zum homo inveniens, imaginans, cogitans und sapiens wird, zum erfindenden, phantasierenden und denkenden Wesen, zum Feinschmecker, denn sapere heißt zunächst schmecken, was an die Instinktphase erinnert, als in der Orientierung Berührung, Geschmack und Geruch dominierten, wie heute noch bei vielen Tieren. Versteht man die Geschichte der Menschheit dynamisch, erscheint sie als ein immer weiter ausgreifender, die Natur nachahmender und die Evolution fortsetzender Selbstbefreiungsprozeß, dem prinzipiell keine Grenzen gesetzt sind, es sei denn die, welche der homo sapiens sich selbst setzt: Trägheit, Dummheit, Bosheit und Verkommenheit, wobei letztere in der Bejahung und Pflege ersterer besteht.

Die Orientierung menschlichen Lernens an der Evolution zeigt sich in mehr als einer Hinsicht:

1. In der Kombination von Altem und Neuem, Instinkt und Vernunft, VFR und IFR, in der Übernahme von Brauchbarem aus dem alten System in das neue, wobei, wie in der Evolution, bisweilen Überflüssiges mitgeschleppt wird. Selbst in den Wissenschaften sind die Auswahl des Wesentlichen, die Fokussierung auf das Wichtige, die Unterscheidung von Wertvollem und Sinnlosem gewaltige Probleme, die heute noch lange nicht bewältigt sind. Die Informationslawine, Überinformation und abundante Information bergen große, zum Teil noch gar nicht erkannte oder unterschätzte Gefahren. Als Meister der Kombination wird der Mensch zum homo syntheticus.

2. In der Geschwindigkeit der Kommunikationstechnik hat der Mensch seine Lehrerin, die Evolution, sogar teilweise durch den Einsatz elektronischer Geräte übertroffen. Die elektrische Nachrichtenübermittlung arbeitet mit Lichtgeschwindigkeit, indem der Mensch akustische und optische Mitteilungen codiert und sie einem schnelleren Boten, den elektrischen Wellen, anvertraut, die sich geschwinder als seine Stimme und weiter, als sein Sehvermögen es vermag, ausbreiten. In der Schnelligkeit ist die Elektrotechnik den Neuronen weit überlegen, nicht dagegen in der Verknüpfung von Informationen und Informationsebenen, in der Vernetzung und Verzweigung. Die Evolution bevorzugt den vielfältigen Informationsaustausch, die Querverbindungen und Hintertüren, nicht den Dienstweg der Hierarchie und Bürokratie. Die Natur befolgt das Gesetz der Transparenz durch Transzendenz und der Transzendenz durch Transparenz, der Mensch behindert sich dagegen selbst durch Geheimnistuerei, Spionageangst, individuellen und kollektiven Egoismus, Prestigegefühle, Ehrgeiz und Machtstreben so sehr, daß seine technische Überlegenheit nicht voll zur Wirkung kommt. Ohne diese Hemmnisse könnte die Menschheit viel weiter sein, schneller vorankommen und besser zusammenleben.

3. Der Mensch hat von der Evolution die Arbeitsteilung übernommen, aber auch die Tendenz, sie nicht zu weit zu treiben, ferner funktionelle (umweltorientiert oder antrainiert) Anpassung, Differenzierung, Funktionserweiterung, Funktionswechsel und Multifunktionalität.

4. Bei den Entscheidungsprozessen tastet sich die Evolution

langsam voran, mit sehr viel Versuch und viel Irrtum, Überfluß und Selbstkorrekturen, sie mäandriert, macht Schnitzer und Seitensprünge[10], aus denen oft Erstaunliches hervorgeht (Emergenzen), verfährt gar nicht zielbewußt, eindimensional oder linear fortschreitend, sondern eher zweifelnd, zögernd und behutsam, aber kaum widerruflich, wenn sie sich entschieden hat. Quintus Fabius Maximus Cunctator rettete mit einer ähnlichen Strategie Rom, Descartes begründete das Wissen auf dem Fundament des Zweifels, und Shakespeare erfaßte in seinem unsterblichen ›Hamlet‹ einen Grundzug evolutionären Verhaltens.

5. Der Mensch vermag auch hier die Evolution nicht nur nachzuahmen, vielmehr mindestens grundsätzlich sie an Effizienz zu übertreffen, indem er einen Regelkreis aufbaute, der sich aus vier Hauptkomponenten zusammensetzt: Information, Dezision, Aktion und Kondition. Wir können dieses System nach den Anfangsbuchstaben der Module IDAK-Modell nennen. Die Information, zu der noch die Motivation kommt, gibt den Input der Orientierung, die Dezision fokussiert und selektiert den Input. Information und Dezision verhalten sich wie unterscheiden und entscheiden, discernere und decernere. Auf die Entscheidung folgt in der Regel die Aktion, Tat oder Handlung. Wie schon Aristoteles bemerkte, wird der Mensch erst im Handeln (energeia) zu dem, was er ist und kann, er erlangt Kondition oder verbessert sie, womit wiederum eine Zunahme von Motivation, Erfahrung, Bewußtsein und Information verbunden ist oder sein kann, und damit beginnt der Prozeß von neuem, geht weiter, führt voran, steigert sich und verstärkt das System.

6. Hier liegt auch einer der Gründe, warum Demokratien prinzipiell totalitären Systemen, Monarchien, Despotien, Diktaturen und Tyranneien überlegen sind, in denen einer oder einige wenige das Sagen haben: die Entscheidungsprozesse, vor allem in Krisen, überfordern die Gehirnkapazität einzelner und führen über lang oder kurz zu schwerwiegenden Fehlern. Nachdem Hitler, der ›größte Feldherr aller Zeiten‹, den militärischen Oberbefehl übernommen hatte, folgte eine Fehlentscheidung auf die andere, bis hin zum bitteren Ende. In freiheitlicheren Staaten, vor allem also in demokratisch regierten Ländern, nehmen mehr

unabhängige und kritische Geister an der Entscheidungsfindung teil, Komitees, Kommissionen, brain trusts, Berater und Sachverständige, ganz ähnlich wie es im evolutionären Geschehen, speziell in der psychonoetischen Evolution, also im menschlichen Gehirn auch zugeht, wo »neurale Komitees«[11] an Entscheidungsprozessen mitwirken.

7. Indem der Mensch, mehr als andere Primaten, den Spuren, Strategien und Mechanismen der Evolution folgte, kam es nicht nur vereinzelt zu Quantensprüngen, Emergenzen neuer Eigenschaften und Innovationen der Natur, sondern zu Folgen, Serien, wenn nicht zu einer Kettenreaktion von Quantensprüngen, die einander bedingten, forderten und gleichsam vorprogrammierten, bis hin zur Raumfahrt, die ja im Grunde nur eine konsequente Fortsetzung evolutionärer Eroberung des Raumes oder Transzendenz von räumlichen Schranken darstellt: lokale ökologische Nischen, Regionen und Territorien, Kontinente, Überwindung von Gebirgsbarrieren und Weltmeeren mit Hilfe immer besserer Informationen, Techniken und Technologien, immer schnellerer Verkehrsmittel, immer präziserer Navigationshilfen und immer effizienterer Planung. So kompensierte der Mensch nach und nach natürliche Unterlegenheit, Langsamkeit, körperliche Schwäche und Defizite seiner Ausstattung, wie schon Platon in seinem ›Protagoras‹ bemerkte. Hier braucht man nur die Götter aus dem Spiel zu lassen, und man erhält den homo compensans.

8. Vom Gen zum Mem. Wie bei der Ausbildung des Gedächtnisses (memory) beruht auch die Erfindung der Sprache auf der Imitation evolutionärer Grundprinzipien: Repetition (Wiederholung), Sequenzierung, Musterbildung, Reproduktion, Präsentation, Repräsentation, Prägung, Einprägung, Imagination, Simulation, Assoziation, Information, Identifikation und Wechselwirkung, Kommunikation. Die Phantasietätigkeit überbrückt räumliche und zeitliche Schranken, ähnlich wie im Traum, und der Mensch wiederholt die erfahrene Wirklichkeit in seinem Inneren. Zudem kann er dieser neuen wiedererlebten, erinnerten Wirklichkeit durch die Kunst Ausdruck verleihen, sie in Bildern bannen, fixieren und damit, auf der Stufe des magischen Bewußtseins, Macht über die Wirklichkeit gewinnen. Gewiß ist die

Sprache ein Kunstwerk, wie denn auch die Künste Sprachen zum Ausdruck von Erlebtem, Verinnerlichtem, Enträumlichtem und Entzeitlichtem sind.

Begriffe sind letztlich nichts anderes als Merk-Male wahrgenommener, erfahrener, erlebter oder gedachter Wirklichkeit.

Für den Urmenschen waren Merkmale zur Orientierung in einer mehr oder weniger fremden Umwelt lebenswichtig. Vergaß er die Merkmale, konnte das sein Ende bedeuten. Erinnerung an Vergangenes verband sich mit Voraussicht auf Zukünftiges. Differenzierung des Raumbewußtseins und Differenzierung des Zeitbewußtseins gehören essentiell zur Menschwerdung. Hielt der homo sapiens die Dinge nicht auseinander oder brachte sie nicht richtig zusammen, identifizierte und behielt er sie nicht, sondern verlor sie aus der Erinnerung, verlor er oft sein Leben. Für den Urmenschen bestand also ein existentieller Zwang zum Behalten, Erinnern, Begreifen und zur Enthaltung bei triebhaften Reaktionen auf Umweltreize. Identifikation und Kommunikation bedeuteten für ihn nicht selten Rettung oder Untergang. So ergänzte der Mensch die Palette der biologischen Evolution, bestehend aus Adaption, Mutation und Selektion, durch seine Emergenzen der psychonoetischen Evolution: Identifikation, Information, Imagination, Simulation und weitere, bereits bekannte Muster des Erkennens, Erlebens und Verhaltens.

9. Zum aufrechten Gang mit seiner Horizonterweiterung kamen in der aquatischen Phase die ökologische Erweiterung, gleichsam die Verdopplung der Existenzmöglichkeit auf der Erde und im (seichteren) Wasser, mit der Herstellung von Werkzeugen und Fernwaffen die Bewältigung der Außenwelt und die Absicherung vor kräftemäßig überlegenen Angreifern, die Große Encephalisation, die rapide Zunahme des Gehirns in Zeiten äußerer Not, verbunden mit einer Intensivierung des Phantasielebens und der Imagination in Mußezeiten (Winter), die Fähigkeiten der Bezeichnung, Einprägung und Mitteilung mittels der Sprache, der Imitation in der Kunst und der Vision in der Religion. Dienten Waffen und Werkzeuge zum Überleben in der Außenwelt und zur Bewältigung der Umwelt, verstärkten Gehirn und Sprache die Bindungen zur Mitwelt und erschloß die Kunst die Innenwelt, so schlug die Religion die Brücke zur

Überwelt und faßte damit alle Bereiche der Wirklichkeit, Himmel und Erde, die acht Welten: Außenwelt, Umwelt, Innenwelt, Mitwelt, Überwelt, Unterwelt, Vorwelt und Nachwelt zu einer allumfassenden magisch-mystisch-mythischen Einheit zusammen.

In der Naturreligion der Hindus war für die Weltentstehung Vishnu (oder Brahma), für die Welterhaltung Brahma (oder Vishnu) und für die Weltzerstörung der Gott Shiva zuständig, in der Offenbarungsreligion der Christen für die Weltschöpfung Gottvater, für die Welterlösung Gottsohn und für das Weltverständnis der Heilige Geist: zwei Religionen und zwei Weltbilder, die aber in der Trinität ihrer Gottheiten, in ihrer Mythologie konvergieren und Ansätze für ein philosophisch-logisches Verständnis der Welt liefern, das wiederum die Grundlagen für eine wissenschaftlich-rationale Weltanschauung bietet.

10. Den Weltbildern entsprechen Menschenbilder, und zwar individualistische und kollektivistische. Als homo imaginans, cogitans und inveniens, als phantasierender, denkender und erfindender ist der Mensch allein und auf sich gestellt, benötigt andere kaum und läßt sich als vernünftiges Tier definieren (Aristoteles: anthropos, zoon logon echon), als homo communicans, cooperans und coexistens gewinnt er eine Beziehung zur Gemeinschaft (anthropos, zoon politikon). Als Erkennender verwirklicht der Mensch das theoretische Leben (bion theoretikon), als Handelnder das praktische (bion praktikon) und als Schaffender das künstlerisch-technische (bion poietikon). Für den Philosophen Aristoteles hat natürlich die Erkenntnis den Vorrang, was ja auch stimmt, denn die Erkenntnis bezieht sich auf alle Welten, die Handlung beschränkt sich dagegen auf die Mitwelt und die Gestaltung auf Außen- und Umwelt. Im Hinblick auf Natur und Evolution erscheint der Mensch als homo imitans, combinans und syntheticus, als Nachahmer, Verknüpfer und Synthetiker, im Hinblick auf die Überwelt als homo transcendens und venerans, als Grenzüberschreiter und Verehrer, im Hinblick auf die Außenwelt als Inbegriff von Objekten (Objektwelt) als homo obiciens und damit zugleich als subiciens oder als dasjenige Objekt, das sich der Umwelt als homo opponens und resistens entgegenstellt, widersetzt, opponiert und so

zum Subjekt wird, zu einem Bezugssystem (der Mensch ist das Maß aller Dinge) oder zu dem Objekt, relativ zu dem alle Objekte Objekte sind. Als Herausforderer der Welt wird das von der Welt herausgeforderte Menschtier zum Menschen, zum Initiator, Macher, Akteur, Subjekt und Schöpfer. Dem entspricht sein Bild, seine Vorstellung, sein Begriff von Gott: allgegenwärtig, ewig, allwissend, allgütig und allmächtig. Allgegenwart und Ewigkeit bedeuten Überwindung der Raumzeit, Allwissenheit die perfekte und vollständige Erkenntnis immer und überall, Allgüte die vollendete Tugend und Allmacht, das unbegrenzte Vermögen zu schaffen, zu erhalten und zu vernichten. Ist der Mensch ein Ebenbild Gottes oder Gott ein Idealbild des Menschen? Im Verhältnis zur Welt, in der Wechselwirkung mit ihr und im Verhalten zu ihr konvergieren Ebenbild und Idealbild.

Die großen maßgebenden Menschen wie Buddha, Konfuzius, Sokrates und Jesus haben den richtigen Weg gewiesen, aber die Geschichte der Menschheit, verstanden als Selbstbefreiung, hat gerade erst begonnen und kann, darf und wird sich nicht auf den Planeten Erde beschränken. Der Countdown der Evolution läuft weiter, unumkehrbar, unerbittlich und ohne Rücksicht auf extravagante Ambitionen, Bedürfnisse und Interessen des homo sapiens. Bewährt er sich weiterhin als Musterschüler der Evolution, wird er ihr Erbe antreten können, autonom, bewußt und in eigener Regie, nicht mehr opportunistisch, sondern zielstrebig, ökonomischer, effizienter, schneller, präziser und – besser als seine Lehrerin. Ob dazu allerdings sein Gehirn ausreicht, oder ob die »Darwin-Maschine« durch eine neue Konstruktion, etwa den Silico sapiens ersetzt werden kann oder muß, ist ungewiß.

Grundfragen und Antworten

Man kann immer wieder vernehmen oder lesen, daß die philosophischen Fragen nach dem Ursprung der Welt und dem Sinn des Lebens die Menschheit seit ihren Anfängen beschäftigt hätten, ohne daß sich jemand die Mühe machte, diese Fragen zu differenzieren und im Rahmen der Überlieferung zu überprüfen. Tut man das, so ergibt sich, wie beim Weltbegriff und den Orientierungsproblemen, ein sehr viel komplexeres Bild. Es lassen sich nämlich auf Anhieb nicht nur 2, 3 oder 7 Grundfragen unterscheiden, sondern sehr viel mehr. Wir begnügen uns hier aus methodischen und Platzgründen auf 17 Grundfragen und weitere elf ihnen untergeordnete.

Erst in dem 1882 erschienenen Buch »Die sieben Welträtsel« unternahm E. Du Bois-Reymond (1818-1896) den Versuch, die seiner Meinung nach unlösbaren »tiefliegenden« philosophischen Probleme aufzuzählen: 1. Das Wesen von Materie und Kraft. 2. Der Ursprung der Bewegung. 3. Der Ursprung der Wahrnehmung. 4. Die Entstehung des Lebens. 5. Die Anpassungsfähigkeit der Organismen. 6. Die Entwicklung von Vernunft und Sprache. 7. Die Willensfreiheit.

Du Bois-Reymond glaubte, daß diese Probleme nie zu lösen seien, und prägte dafür die Formel: »ignoramus et ignorabimus«, »Wir wissen nicht und wir werden nicht wissen«. ›Sag niemals nie!‹ gilt auch hier, denn, obgleich auch heute noch keines dieser Probleme völlig gelöst ist, sind die zuständigen Wissenschaften in den letzten 100 Jahren doch, wenigstens bei einigen, der Lösung ziemlich nahe.

Von den 28 Grundfragen, die wir unterscheiden, ist auch noch keine einzige definitiv gelöst, aber etliche sind fast gelöst. Da natürlich in den frühen Mythen nicht philosophisch gefragt wurde, müssen wir von den gegebenen Antworten ausgehen und die zugehörigen Fragen selbst formulieren. Dann ergibt sich aber eine erstaunliche Kontinuität der Probleme von den frühesten Visionen der Mythologen bis zu den Vorstellungen moderner Wissenschaftler.

1. Ist die Welt endlich oder unendlich?

Geistesgeschichtlich gehört das Problem endlich/unendlich in den Bewußtseinshorizont der Neuzeit, weist aber auf das ältere Begriffspaar begrenzt/unbegrenzt zurück, das schon bei dem ionischen Naturphilosophen Anaximander (611-546 v. Chr.) erscheint. Folgen wir der Sprache, so gelangen wir über unbegrenzt, grenzenlos, endlos zum Unendlichen. In der germanischen Mythologie begegnen wir einer wegweisenden Vorstellung:

> Einst gab es eine Zeit, da alles nicht war. Nicht Erde und Meer noch der Himmel darüber mit seinen unzähligen Sternen. Da war nichts als ein ungeheurer, finsterer Abgrund: Ginnungagap, die gähnende, lautlose, tote Kluft. Aber in dem grenzenlosen, schweigenden All lebte Fimbultyr, der geheimnisvolle, große und allmächtige Weltgeist, den nie ein Auge gesehen.[12]

Wichtig ist die Trennung räumlicher Grenzenlosigkeit von der Zeit, die schon vor der Weltentstehung angenommen wird. Das hier intuitiv erfaßte Problem ist auch heute noch nicht gelöst. Die Annahme eines Weltgeistes ist natürlich anthropomorph, aber auch Hegel war noch nicht viel weiter.

2. Hat die Welt einen Anfang und ein Ende?

Hier tritt die Dimension der Zeit in Erscheinung. Nach Augustin (354–430 n. Chr.) schuf Gott die Zeit mit der Welt. Aber wer oder was schuf Gott? Das Problem wird verschoben, aber nicht gelöst: eine Scheinlösung. Zeitlosigkeit ist unvorstellbar. Die Vertreter der Urknall-Theorie ringen weiter mit dem Problem.

3. Gibt es eine oder mehrere Welten?

Bereits Demokrit (ca. 460-370 v. Chr.) nahm in seiner Kosmologie eine Vielzahl von Welten an. Ob er damit eine unendliche Zahl von Welten oder nur viele Weltsysteme meinte, bleibt unklar. Giordano Bruno (1548-1600) endete auf dem Scheiterhaufen, weil er nicht bereit war, seine Lehre von der Unendlichkeit des Universums und der Vielzahl der Welten zu widerrufen. In der mythischen Kosmologie der Hindus werden viele Welten vorausgesetzt. Wichtig ist, »daß die Mayas schon tausend Jahre, ehe sich die Europäer von der biblischen Idee freimachten, die Welt sei nur ein paar Jahrtausende alt, in Zeiträumen von Jahrmillionen und die Inder sogar von Jahrmilliarden dachten.«[13]

4. Wie entstand die Welt?

Weltentstehungslehren kommen in ziemlich allen großen Mythen der alten Kulturen vor: Ägypten, Babylonien, Israel,

Kleinasien, Iran, Indien, Indonesien-Ozeanien, Ostasien, Sibirien, Nord-, Mittel- und Südamerika, Afrika, Hellas, Germanien, Finnland. Teilweise gab es sogar mehrere Konzeptionen, wie in Ägypten, wo drei Versionen verbreitet waren, die aber alle im Urzustand göttliche Wesen voraussetzten. Die Griechen verbanden Kosmogonien mit Theogonien, Geschichten von der Weltentstehung mit denen der Götterentstehung. Homer und Hesiod verwenden den Sukzessionsmythos, der eine Abfolge kennt: Die Urwesen Chaos Gaia (Erde), Erebos/Nyx (Unterwelt/Nacht), Aither/Hemere (Himmel/Tag), Gaia/Uranos (Uraniden), Titanen Kronos Zeus. Die ionischen Naturphilosophen, Kosmologen oder Vorsokratiker grenzen sich zwar gegen die mythischen Spekulationen ab, übernehmen aber noch manche Vorstellungen von den Mythologen. Neu sind bei den Philosophen Entpersönlichung, Abstraktion und begriffliche Präzision.

4a. Wie entstand die Erde?

Himmel und Erde, Sonne und Mond sind den Mythologen begreiflicherweise vertrauter als die weiter entfernten Sterne, die aber auch gelegentlich in die Darstellung einbezogen werden. Für uns sind Sonne, Mond und Sterne bereits zum gewohnten Denkschema geworden. Ein indonesischer Mythos sucht den Wechsel von Tag und Nacht auf die Trennung von Erde und Himmel zurückzuführen, »denn früher lag der Himmel auf der Erde, und alles war Finsternis.«[14] Ein chinesischer Mythos geht von einer Zeit aus, als es immer Tag war und keine Nacht gab. Er läßt dann den Mond aus der Sonne entweichen, wodurch die Sonne geschwächt wurde und nur am Tage schien, der Mond bei Nacht: eine Art Teilchenspaltung. Ein anderer chinesischer Mythos nimmt zwei Sonnen an. Ging die eine unter, ging die andere auf. Heute wissen wir, daß Doppelsterne keine Seltenheit sind.[15]

4b. Wie entstand die Sonne?

Im Land der aufgehenden Sonne erschienen eines Tages neun Sonnen am Himmel, aber nur eine von ihnen war echt. Die anderen waren Krähen, welche die Gestalt von Sonnenscheiben angenommen hatten. Der Kaiser ließ sie abschießen, fand aber in ihren Köpfen Juwelen, die er seinem Schatz einverleibte.[16] Eine primitive Theorie von der Entstehung des Sonnensystems, fliegende Untertassen oder reine Phantasie?

4c. Wie entstand der Mond?

Nach Meinung aztekischer Mythologen wurden Sonne und Mond in Teotihuacan erschaffen. Daher wurden die beiden größten aztekischen Pyramiden nach Sonne und Mond benannt. Die größere Sonnenpyramide entstand etwa um Christi Geburt.[17] Bekanntlich wurden hier auch Menschenopfer gebracht, um die Himmelskörper auf ihrer Bahn zu halten. Wie meistens in der Mythologie geht ahnungsvolle Intuition mit krudem Aberglauben Hand in Hand. Das Naturgesetz der Gravitation war natürlich unbekannt und wurde nur geahnt. Die Menschenopfer waren barbarisch und hatten gewiß nicht den geringsten Einfluß auf den Lauf der Himmelskörper.

Germanische und finnische Mythologen kamen der Wahrheit ein paar Schritte näher. Nach germanischer Auffassung haben die Asen Sonne, Mond und Sterne geschaffen, was natürlich nicht stimmt, aber die Lenkung von Sonne und Mond wurde einem Geschwisterpaar übertragen. Das Mädchen fuhr den Sonnenwagen, der Knabe den Mondwagen.[18] Daß Sonne und Mond die terrestrischen Verhältnisse wesentlich beeinflussen, steht auch heute außer Frage. Der Mythologe ahnt diesen Zusammenhang, möchte ihn reglementieren und sucht daher nach einem Naturgesetz, das er, was für die Mythopoiie typisch ist, personalisiert.

Der finnische Mythos geht von sieben Eiern einer Wildente aus, davon 6 aus Gold und eins aus Eisen. Das (Welten-)Ei ist übrigens ein beliebtes mythologisches Motiv. Wir finden es auch bei den Orphikern, einer griechischen Sekte im Grenzbereich von Religion und Philosophie. Aus den goldenen Eiern der Wildente entstanden Erde, Sonne (Dotter), Mond (Eiweiß), das Himmelsgewölbe und die Sterne (Splitter der Eischale), aus dem eisernen die grauen Wolken.[19]

4 d. Wie entstanden die Sterne?

Wie der finnische Mythologe es sich vorstellte, haben wir erfahren. Naturgemäß stehen dem primitiven Weltverständnis Erde, Sonne und Mond näher als die Sterne. Entsprechend weniger kümmerten sich die Mythologen um sie. Für die am Mythos orientierten Griechen waren die Himmelskörper beseelt. Sogar Platon nahm noch Gestirnseelen an, nachdem Demokrit und Anaxagoras schon lange über dieses Stadium hinauswaren. Bei den Babyloniern, die ja für ihre astronomischen Kenntnisse und astrologischen Spekulationen schon in der Antike bekannt waren, erschuf und ordnete Marduk die Sterne und legte ihre Bahnen fest.[20] Was die Anordnung der Galaxien betrifft, tappt auch die moderne Wissenschaft noch ziemlich im dunkeln. Bei den Indern ist die Welt, wie bei den Germanen, dem Werden und Vergehen unterworfen: »Nicht ewig ist diese Welt, sondern Brahma bestimmt ihr Zeitalter, und wenn ein großes Zeitalter zu Ende geht, beginnt der große Schlaf Brahmas, und die Welt geht unter.«[21] Wie man in der germanischen Mythologie mit sehr viel Phantasie sogar die Vorstellung vom Schwarzen Loch antizipiert sehen kann (Rachen des Fenriswolfs), so kann man das Einschlafen Brahmas mit dem Nachlassen der Expansionskraft des Universums vergleichen, das sich dann wieder kontrahiert, um schließlich zu kollabieren.

Daß berühmte Menschen (Herakles) oder auch Gegenstände, wie das Schiff der Argonauten (Argo) an den Sternhimmel versetzt werden, ist ein weit verbreitetes Mythologem.

Eng damit zusammen hängt der Glaube der Hellenen und anderer Völker an die Weltseele oder Gestirnseelen.

Einem südamerikanischen Mythos zufolge wuchs ein Wurm zu einer Schlange heran, die sich von den Herzen anderer Tiere und sogar von Menschenherzen ernährte, schließlich zu einer Riesenschlange wurde, die sich von der Erde zum Himmel erhob und dort als Milchstraße zu sehen ist.[22] Blanker Unsinn? Nicht ganz, wenn man sich die Form der Milchstraße etwas genauer ansieht. Auch die Inkas waren hervorragende Astronomen, allerdings mit mehr Phantasie als moderne Wissenschaftler. Wenn der Mensch aus dem Staub der Sterne entstanden ist, warum sollen dann nicht auch Sterne aus dem Staub von Menschen entstehen? In der germanischen Mythologie wurde aus dem Fleisch des Riesen Ymir die Erde geschaffen, aus seinem Schweiß die See, aus dem Gebein die Berge, aus dem Haar die Bäume und aus der Hirnschale der Himmel. Im primitiven Bewußtsein verschwimmen die Grenzen von Welt und Mensch, Leben und Tod, Realität und Illusion zu einer umfassenden Symphonie der Träume und Tatsachen.

4e. Welche Kräfte wirken in der Welt?

Grundsätzlich werden die Kräfte, welche die Welt zusammen- bzw. auseinanderhalten, im Mythos als Götter, Dämonen oder wenigstens als göttliche Kräfte vorgestellt. So konnte Thales von Milet (642-562), der erste abendländische Philosoph, der an der Grenze von Asien und Europa lebte und an der Grenze von Mythos und Logos philosophierte, sagen, alles sei voller Götter.[23] Heute unterscheiden wir vier bzw. drei Arten von Wechselwirkungen, die alle physikalischen Prozesse des uns bekannten Weltgeschehens umfassen: die starke Wechselwirkung, zuständig für Quarks und Atomkerne, die elektromagnetische Wechselwirkung, die das Kräftegleichgewicht zwischen Atomkern und Elektronenhülle erhält, die schwache Wechselwirkung, die bei radioaktivem Zerfall und im Sterninneren wirksam wird und mit der elektromagnetischen neuerdings zur elektroschwachen Wechselwirkung zusammengefaßt wird, sowie schließlich die Gravitation, die im makrokosmischen Bereich dominiert.

Zwischenstufen zwischen diesen Ebenen des Verstehens sind die Weltseele, das dynamische Konzept des Empedokles (ca.490-430), der Liebe und Haß für die Expansion und Kontraktion der Weltkugel verantwortlich machte, die aristotelische Theorie vom ersten Beweger (Gott, Geist) und Leibnizens Monadenlehre, die auf der Annahme von individuellen Kraftzentren beruht.

5. Wann entstand die Welt?

Mit der Frage nach dem Wie, Wo und Warum ist die Frage nach dem Wann untrennbar verknüpft. Hier divergieren die Ansätze zwischen 4004 v. Chr. und 20 Mrd. Jahren. 1654 schrieb der irische Bischof James Usher nach sorgfältigem Bibelstudium: »Die Welt ist am 26. Oktober 4004 v. Chr. um 9 Uhr morgens erschaffen worden.«[24] Nach Rechnung der jüdischen Weltära fand die Erschaffung, von heute aus gerechnet, vor 5756 Jahren statt. Evolutionstheoretiker kalkulieren zwischen zwölf und 20 Mrd. Jahren (seit dem Urknall). Angesichts solcher Spielräume sind der Spekulation Tor und Tür geöffnet, was wir hier nicht fortsetzen wollen. Festzuhalten ist, daß das Alter der Erde mit zunehmender wissenschaftlicher Erkenntnis immer größer wurde. Wie im Falle des Planeten Erde, hatte man die räumliche Größe und das Alter des Universums in der Regel gewaltig unterschätzt.

5 a. Entstand die Welt in der Zeit oder die Zeit mit der Welt?

Diese Frage hat I. Kant (1724-1804) in seiner ›Kritik der reinen Vernunft‹ gründlich untersucht. Er kam zu dem Schluß, daß die menschliche Vernunft in dieser wie in einigen anderen Fragen notwendig in Widersprüchen endet und somit eine Lösung des Problems unmöglich ist. Während die alten Griechen, sofern sie nicht von der Ewigkeit der Welt ausgingen, die Welt in der Zeit beginnen ließen, behauptete Augustin, daß Gott sie zusammen mit der Welt geschaffen habe. Moderne Theoretiker neigen zu der Auffassung, »daß die Zeit mit dem Urknall beginnt – in dem Sinne, daß frühere Zeiten nicht definiert sind.«[25] In einem Universum, das sich nicht ausdehnt, gibt es keinen physikalischen Grund für einen Anfang. Expandiert es jedoch (Urknall), könnte es physikalische Gründe für einen Anfang geben. Dieses Modell schließt einen Schöpfer nicht aus, grenzt aber den Zeitpunkt seiner Schöpfung ein. Faßt man das Universum als eine Art Blase eines Megauniversums auf, ist die Raumzeit zufällig und verweist auf eine übergeordnete andere Art der Dimensionalität. Das Problem verschiebt sich damit und wird noch unlösbarer.

5 b. Wie alt wird die Welt werden?

Nach antiker, kyklischer Auffassung wiederholen sich Weltentstehung und Weltuntergang unzählige Male, nach christlicher, linearer Auffassung endet die Welt mit der Weltvernichtung durch den Weltschöpfer, worauf dann das Jüngste Gericht folgt. Es läßt sich aber auch ein Fall denken, in dem unser Universum zur Zeit eine Art Evolutionsphase durchläuft, auf welche eine nächste folgt. Auch hier verschiebt sich das Problem. Der zur Zeit ablaufende Expansionsprozeß wird auf ein Vielfaches der bisherigen Expansionszeit nach dem Urknall geschätzt, etwa auf einige hundert Mrd. Jahre. Vielleicht expandiert das Universum jedoch ins Unendliche, was jede zeitliche Fixierung ausschließen würde.

6. Woraus besteht die Welt?

Sofern die Mythologen nicht Götter als Weltschöpfer einführen, lassen sie entweder, in anthropomorpher Sicht, die Welt aus einem (getöteten) Urwesen hervorgehen, oder sie legen, in vorwissenschaftlicher Intuition, Elemente zugrunde, aus denen sich der heutige Zustand entwickelte, meistens das Wasser, so daß Thales als erster abendländischer Philosoph logisch und kontinuierlich an diese mythische Tradition anknüpfen konnte, indem er das Wasser zum Urstoff aller Dinge und Wesen erklärte. Heute erscheint weniger tiefschürfenden Autoren der Wasserstoff als Urelement[26], anderen die Quarks oder sogar die um einige Zehnerpotenzen kleineren Strings.[27] Davon später!

7. Welche Gestalt hat die Welt?

Die Mythologen sprachen von Weltenbäumen und Welteneiern, Philosophen sprechen vom Aufbau, von der Struktur oder den Schichten im Weltaufbau, andere von Makrokosmos und Mikrokosmos und wieder andere vom Chaos, womit alte mythische Konzeptionen wieder modern werden und zu neuen Spekulationen reizen. Ein Musterbeispiel davon lieferte schon Platon in seinem ›Timaios‹, einem der meistgelesenen Dialoge im Mittelalter, worin die Welt als ein Megatier (zoon) erscheint. Die Strukturen der Galaxien im Universum, vor allem die sogenannte Große Mauer, ein cluster von Galaxien, geben immer wieder Rätsel auf. Mir erscheint die Frage vom gegenwärtigen Stand unseres Wissens einfach verfrüht.

8. Wie entstand das Leben?

Auf die Entstehung des Lebens geht der ägyptische Osiris-Mythos ein. Die Vorstellung einer Selbsterzeugung weist auf die moderne Thematik der »Selbstorganisation des Universums«[28] voraus und folgt dieser Linie: »Selbst erzeugte ich mich aus dem Urwesen, mein Name ist Osiris, das Urwesen aus dem Urstoff.«[29] Das Wasser erscheint auch hier, wie bei Thales, als das Urelement. Die Reihenfolge der Entwicklung von der Pflanzenwelt zur Menschenwelt stimmt prinzipiell mit der Evolutionstheorie überein, ebenso der Gedanke der Artenvielfalt oder einer Vorstufe dazu.

8 a. Wie entstanden die Pflanzen?

Auch diese Geschichte stammt aus Afrika und hat geradezu ökologische Relevanz. Die Tiere sahen sich mit einer kahlen Umwelt konfrontiert: kein Baum, kein Strauch, kein Gras. Ein altes Weib mit triefenden, übelriechenden Augen versprach Abhilfe, wenn die Tiere ihr Gesicht lecken und sie dadurch gesund machen wollten. So geschah es, und die Alte schüttete viele Kalebassen mit Samen über dem nackten, kahlen Boden aus, woraufhin alle möglichen Kräuter, Büsche und Bäume aus dem Boden hervorsprossen.[30] Die Moral von der Geschichte? Wenn es der Industriegesellschaft gelingt, die üblen Gerüche lebenstötender Abgase, Abwässer und Abfälle zu entsorgen, der Natur ihre Wunden zu lecken, sie zu heilen, beginnen Wiesen, Wälder und Felder wieder zu grünen und Früchte zu tragen. In der Erdgeschichte gab es nicht nur Sintfluten, sondern auch Dürreperioden, die das Leben auf diesem Planeten in Frage stellten. So starben beispielsweise in der Perm-Periode vor etwa 250 Mio. Jahren mehr als die Hälfte der damals lebenden Arten aus.

8 b. Wie entstanden die Tiere?

Die Geschichte von der großen Flut und der Arche Noah ist allgemein bekannt. Mit ihr beginnt aber höchstens ein neues Kapitel der Tiergeschichte. Tiere hatte es auch vorher schon gegeben. Gibt der Mythos eine Antwort auf die Frage nach ihrer primären Entstehung? Ein nordamerikanischer Mythos hilft hier ein Stück weiter. Seine Botschaft lautet: Im Anfang war das Tier, und zwar der Rabe, aber kein gewöhnlicher Vogel, sondern eine heilige Lebenskraft, aus der die Welt des Lebendigen entstand, Pflanzen, Tiere und Menschen. Der Rabe erschien bald als Tier, bald als Mensch. Zwischen Menschen und Tieren bestand kein großer Unterschied, und Tiere konnten Menschen, Menschen Tiere werden. Zuerst krochen auch die Menschen auf allen Vieren, erst dann lernten sie den aufrechten Gang, was ja den Tatsachen entspricht. Nur einen Haken hat die Geschichte: Der Rabe mußte feststellen, daß vor ihm schon ein Sperling da war! Was soll diese verwickelte Geschichte verdeutlichen? Wenn der Rabe den in allem Lebendigen gegenwärtigen genetischen Code symbolisieren sollte, könnte der Sperling auf die Evolution des Codes, seine Vorstufe deuten. Eine solche Vorstufe wird von namhaften Evolutionsforschern angenommen.[31]

8 c. Wie entstand der Mensch?

Da die biblische Version hinlänglich bekannt ist, brauchen wir nicht weiter darauf einzugehen, aber es gibt auch phantasievollere Versionen, z. B. in der babylonischen Mythologie:

> So wurden die Menschen aus Götterblut und Erde erschaffen, den Göttern zu Liebe, und ihre vornehmsten Pflichten bestehen darin, die Hacke zu ergreifen, den Tragkorb auf die Schulter zu nehmen und Tempel zu erbauen, in denen die Götter verehrt werden. Ferner sollen sie den Boden kultivieren, Kanäle anlegen, Grenzsteine setzen und Kornspeicher erbauen. Sie sollen alles dies tun, um den Göttern zu huldigen, denn darin liegt ihre Lebensaufgabe und zugleich ihr Heil.

Kultur und Zivilisation als Sorge für das eigene Heil und zugleich als Gottesdienst: fürwahr ein Umwelt, Mitwelt und Überwelt umspannendes Programm der Sinngebung menschlichen Daseins. Aber auch die germanische Mythologie hat zu diesem Thema nennenswerte Beiträge geliefert:

> Eines Tages gingen Odin, Hönir und Loki am Meeresstrande entlang und kamen zu zwei Bäumen, der Esche und der Ulme. ›Aus diesen beiden Bäumen‹, sprach Odin zu seinen Brüdern, ›lasset uns Menschen machen, auf daß Midgard, die schöne fruchtbare Erde,

von ihnen und ihren Nachkommen bewohnt und bebaut werde und wir an ihrem Tun und Treiben, Ringen und Streben, Blühen und Gedeihen Freude haben!‹ So sprach Odin, der Allvater, und sie schufen aus der Esche einen Mann und aus der Ulme ein Weib. Odin verlieh ihnen Geist und Leben, Hönir gab Verstand und Bewegung hinzu, Loki spendete ihnen die Sinne, Gefühle, blühende Farbe und Sprache. So stand das erste Menschenpaar vor den Göttern, und Odin streckte seine Hand aus über Midgard und sprach zu den Neuerschaffenen: ›Seht! Dies Land ist eure Heimat! Hier sollt ihr fortan wohnen, Tiere züchten und zähmen, das Land bebauen und die Früchte der Bäume und des Feldes essen – ihr und eure Kinder und Kindeskinder!‹[32]

Babylon und Germanien: Zwei Konzepte, die manches gemeinsam haben, ein Ja zu Kultur, Zivilisation und friedlichem Zusammenleben, viel intuitive Einsicht in den Gang der Evolution, ein lebenfüllendes und -erfüllendes Programm der Weltgestaltung und des Weltverhaltens, das so gar nicht zu dem nationalistischen Klischee vom kriegerischen Germanen passen will.

8 d. Was geschieht nach dem Tod?

Ist mit dem Tod alles aus oder erwartet den Menschen ein neues Leben? Führt er zum Reich oder zur Reise ohne Wiederkehr oder kehrt der Verstorbene, seine Seele oder sein Geist in diese Welt zurück? Sollte Luigi de Marchi[33] mit seiner These vom Urschock des Urmenschen recht behalten, der zufolge die Erfahrung des Todes letztlich für die psychonoetische und soziokulturelle Evolution des Menschen verantwortlich ist? Ist der Mensch zum homo sapiens geworden, als er dem Tod zu entrinnen suchte? Stellen sich all sein Tun und Treiben, die Annahme der Herausforderung der Welt, sein Orientierungsdrang, sein Wille, die Welt zu gestalten, sein Weltverhalten als Flucht vor dem unvermeidlichen Ende heraus? Haben Kunst, Religion und Philosophie hier letztlich ihre gemeinsame Wurzel, im Eskapismus? Ist der Gedanke zu sterben für Lebewesen mit Bewußtsein unerträglich? Werden sie zwischen Furcht und Hoffnung aufgerieben? Profitieren von ihrer Angst ganze Kasten von Schamanen, Priestern, Scharlatanen und Parasiten? Wiederum hat dem Menschen seine Phantasie weitergeholfen, und er hat den Tod wenigstens imaginativ bezwungen, bei den Ägyptern, indem sie ihn durch Riesenmonumente, mit einem titanischen Aufbäumen des Lebenswillens, zu bannen suchten, bei den Griechen, indem sie, vornehm und human, den Tod als Gefährten des Schlafs darstellten, bei den ruhelosen Germanen, indem sie die Milchstraße als Weg deuteten, auf dem die Seelen himmelwärts ziehen. Jesus von Nazareth fand die erlösende Formel, mit der er die Welt eroberte: ›Ich habe den Tod besiegt‹. Kann so jemand sprechen, der nicht Gottes Sohn ist, oder ist dieser Satz eine Botschaft an die Menschheit, sich vor dem Tod nicht zu fürchten, die Herausforderung der Welt anzunehmen, sie zu überwinden, zu gestalten und zu bewältigen, ein Versprechen, daß das Leben einen Sinn hat, nicht umsonst war und der Tod nur ein Tor zur Ewigkeit, zu einem höheren Leben und zu unendlicher Freiheit ist?

9. Hat die Welt eine Seele?

In seiner Altersphilosophie hat Platon daran geglaubt. Seine Lehre von einer guten und von einer bösen Weltseele ist oft kommentiert, interpretiert und mißverstanden worden. Dabei zieht sie nur die Summe aus einem lebenslangen Ringen um Weltverständnis, Selbsterkenntnis und Selbsttranszendenz. Natürlich können wir nicht mehr wie er an die Beseelung der Sterne glauben und die Welt als ein Megatier betrachten, aber was Elementarteilchen, Elementarprozesse und Elementarkräfte letztlich sind, wissen wir heute so wenig wie er damals. Seele ist schließlich auch nur eine Metapher für Unsichtbares, Unerkanntes, Transzendentes und Rätselhaftes, und niemand kann von sich behaupten, er habe dieses Rätsel gelöst. Der Glaube an eine gute und eine böse Weltseele folgt konsequent aus Platons Idee des Guten, wie er sie in seinem ›Staat‹ entwickelt. Ist die Seele der Werteträger, der Mensch im Menschen, muß in ihr der Gegensatz von gut und böse erscheinen und in der Weltseele wiederkehren, denn Mikro- und Makrokosmos lassen sich nach griechischer Welterfahrung nicht trennen. Aus heutiger Sicht setzt die Auseinandersetzung des Menschen mit der Welt ein wertendes Weltverhalten des Menschen voraus. Anders hätte es nie eine Evolution zum homo sapiens gegeben. Das Reich der Werte ist unwandelbar. Wert, Sein und Sinn gehören untrennbar zusammen. Was sich wandelt, ist das Wertbewußtsein, und nur in diesem Sinn läßt sich von einem Wandel der Werte reden. Die großen Werte der Menschheit, wie Wahrheit, Freiheit, Frieden und Gerechtigkeit, sind im Sein, im Kosmos, in der Welt verwurzelt. Sie sind eine Chiffre der Transzendenz und lassen sich weder umkehren noch umwerten, weder entwerten noch abschaffen, ersetzen oder verletzen: nichts anderes besagt Platons überzeitliche Lehre von der Weltseele.

10. Was ist die Seele?

Eine Theologie ohne Gott, eine Naturwissenschaft ohne Natur, eine Logik ohne Wahrheit und eine Psychologie ohne Seele: Das paßt zu einer Zeit der verwirrten Begriffe und des verirrten Geschmacks, denn über Geschmacksrichtungen läßt sich streiten, nicht aber über Geschmacklosigkeit, und davon gibt es mehr als genug. Der Glaube, Begriffe wie Seele, Geist und Gott auf dem geistigen Abfallhaufen der Wegwerfgesellschaft deponieren zu können, zeugt nur von jener gefährlichen Überheblichkeit der Konsumgesellschaft, die dem kapitalistischen Bankrott der Begriffe, Werte, Werthaltungen und Artenvielfalt vorausgeht. Wer an Gott glaubt, kann heute kein Theologe mehr werden, wer die Wahrheit sucht, kein Philosoph, wer die Natur liebt, kein Naturwissenschaftler, und wer von einer Seele spricht, kein Psychologe, womit wir beim praktizierten Nihilismus sind, dem Zwillingsbruder des Kapitalismus, verstanden als Ideologie und totalitäre Lebensform. Die Seele ist gewiß nicht empirisch gegeben, wohl aber aufgegeben als Chiffre der Selbsttranszendenz, Selbstsuche und Selbstfindung im Sinne Heraklits, des größten Psychologen des griechischen Altertums, der im Rückblick auf sein Leben sagte: »Ich habe mich selbst gesucht« (Fragment B 101), und im Hinblick auf die Seele: »Die Grenzen der Seele würdest du wandernd nicht herausfinden, und wenn du jeglichen Weg entlangschrittest; einen so tiefen Grund (logon) hat sie« (B 45). In einem anderen Satz wird die unendliche Eigendynamik der Seele erkannt: »Die Seele hat einen Grund, der sich selbst vermehrt« (B 115). Entsprechendes gilt von Gott, der Wahrheit und der Natur, von der Freiheit nicht zu reden. Die Antworten des imperialistischen Zeitalters sprechen für sich: Gott ist tot; die Wahrheit ist ein Archaismus; die Natur wird zerstört; die Freiheit ist ein Schlagwort.

Wir setzen dagegen: Die Wortführer und Machthaber des imperialistischen Kapitalismus sind paranoid.

11. Was ist der Geist?

Geist ist nicht gleich Vernunft, Vernunft ist nicht gleich Verstand, und Verstand ist nicht gleich Intelligenz.

Indem Platon vom noûs kybernetikós sprach, nahm er die von Norbert Wiener geprägte Konzeption der Kybernetik in den Grundzügen vorweg. Neben vielen anderen Bedeutungen ist der Geist (noûs) das oberste Steuerungsvermögen des homo sapiens. Prometheus, der, nach dem griechischen Mythos, maßgebend zur Hominisation beitrug, indem er dem Menschen das Feuer brachte, zeichnete sich im Gegensatz zu Epimetheus, dem Hinterherdenker, durch Vorausdenken (pronoia) aus, oder, um mit Auguste Comte (1798-1857) zu sprechen: ›savoir pour prévoir‹, ›wissen, um vorherzusehen‹. Geist in diesem ursprünglichen Sinn ist also Spürsinn auf höherer als Instinktebene, vorausschauende, planende, steuernde Erkenntnis. Die Vernunft vernimmt dagegen, wägt den Informationsinput des Geistes ab und reflektiert auf das Heil, die Werte, zunächst das Überleben, dann das Über-Leben.

Intelligente Lebewesen ohne Verstand, Vernunft und Geist wären, wenn es sie in Reinkultur gäbe, Monster, Roboter, Maschinen mit Computer-Gehirn und keiner menschlichen Regung, keines Gefühls und keiner Liebe mehr fähig. Sie wären keine Pronoiker, sondern Paranoiker, Vorbeidenker, vorbei an der Welt, den Mitmenschen, an Werten und Idealen, vorbei an Sinn und Sein, vorbei am Leben, eiskalte Egozentriker, Machtnaturen, Narzißten, die geborenen Killer: Pronoia oder Paranoia, das ist heute das Problem des homo sapiens. Der Nobelpreisträger Elias Canetti hat die Paranoia als *die* Krankheit der Macht definiert und damit einen Zusammenhang aufgedeckt, der für unser Zeitalter schicksalhaft ist: Diktatoren, Terroristen, Sektenführer.

> Der Paranoiker will der einzige sein, der auf einem riesigen Leichenfeld noch lebend steht, und dieses Leichenfeld enthält alle anderen Menschen. Darin erweist er sich nicht nur als Paranoiker; es ist die tiefste Tendenz in jedem ›idealen‹ Machthaber, als der letzte am Leben zu bleiben. Der Machthaber schickt die anderen in den Tod, um selbst vom Tod verschont zu bleiben: Er lenkt ihn von sich ab. Nicht nur ist ihm der Tod der anderen gleichgültig; es treibt ihn alles dazu, ihn auf massenhafte Weise herbeizuführen ... Das Religiöse durchdringt sich hier mit dem Politischen, sie sind unzertrennlich, Welterlöser und Weltherrscher sind *eine* Person. Die Begierde nach Macht ist von allem der Kern. Die Paranoia ist, im buchstäblichen Sinne des Wortes, eine *Krankheit der Macht*.[34]

Die Paranoia als Krankheit der Macht ist mit Hitler nicht ausgestorben. Sie kann jederzeit wieder ausbrechen, nur daß den Machtkranken heute viel schlimmere Mittel der Weltzerstörung zur Verfügung stehen. Vielleicht hat der Wettlauf der Paranoiker um den Endsieg erst begonnen, der darin besteht, die Schöpfung oder wenigstens die Krone der Schöpfung zu beseitigen und damit über Gott oder die Evolution zu triumphieren. Der Anthropologe Loren Eiseley (1907-77) hat das Problem erkannt:

> Sollte sich zeigen, daß wir unser Leben verpatzt haben, wie es mehrere Zivilisationen vor uns getan haben, wäre es nur schade um das Veilchen und den Baumfrosch, die wir in unseren Untergang hineinziehen würden. Dieser letzte Akt der Bosheit erscheint maßlos und unerträglich. Wir würden uns am geheimen Sinn des Universums selbst vergreifen und nicht nur den Menschen, sondern das Leben insgesamt in den endgültigen Holocaust hineinziehen – es wäre ein Akt verstockter, mutwilliger Gotteslästerung.[35]

Allerdings darf man bei Paranoikern sowie boshaften Nihilisten und Zynikern keine Rücksicht auf den Sinn des Universums, das Schicksal des homo sapiens oder seinen Schöpfer voraussetzen, und damit wird aus dem moralischen ein medizinisches Problem.

12. Gibt es Götter?

Aber wer sagt, daß wir nicht die Boshaften, Kranken und Verbrecher sind und die Paranoiker sich einer höheren Gesundheit erfreuen, von der Nietzsche im Hinblick auf sich selbst, die Übermenschen und seine Künstler-Tyrannen schwärmte? Philosophie und Wissenschaft helfen hier nicht mehr weiter, und es beginnt die Logik der Tatsachen, der Selbsterhaltung und des Überlebens. Wenn Francis Bacon (1561-1626), der Denker, auf den der für die Neuzeit schicksalhafte Satz: »Wissen ist Macht« zurückgeführt wird, sagt: »Wer das Dasein Gottes leugnet, zerstört den Adel der Menschheit«, oder wenn der Spötter Voltaire (1694-1778) zu dem Ergebnis kommt: »Wenn Gott nicht existierte, müßte man ihn erfinden«, so sollte uns das zu denken geben. Die Erfindung der Götter, die von Priestern und Politikern später instrumentalisiert und mißbraucht wurde, dürfte zu den großen Errungenschaften des homo sapiens gehören, denen er seine Evolution zum Herren der Erde mitverdankt. Es geht also gar nicht um die Frage, ob Gott existiert, ob die Bibel oder irgendein anderer Text, der dies behauptet, recht hat, sondern darum, ob der Glaube an Gott dem Menschen förderlich oder abträglich ist.

13. Sind Götter unsterblich?

Es geht nicht um die Frage, ob sie es *sind*, vielmehr darum, ob es sinnvoll erscheint, sie uns als unsterblich vorzustellen.

Traditionell wurden die Götter als die Stärkeren, Überlegenen, Besseren und Unvergänglichen vorgestellt. Eine solche Konzeption hat viele Vorteile. Sie gibt dem homo sapiens ein Ideal, an dem er wachsen, reifen und besser werden kann. Welcher Sportler würde auf einen Trainer verzichten, der ihn fördern, voranbringen und zum Gewinner machen kann? Identifiziert sich der Mensch mit seinem Ideal, kann ihm das nur nützen: Es macht ihn stärker, besser und schließlich auch ›unsterblich‹, wenn nicht wörtlich, so doch im übertragenen Sinn. Jesus als Bezwinger des Todes vermittelt denen, die an ihn glauben, Unsterblichkeit, das ewige Leben, ewige Seligkeit. Was soll dieser Mythos im Zeitalter der Wissenschaft? Er leistet etwas, das Philosophie und Wissenschaft nicht vermögen: er ermutigt, verleiht Hoffnung und Selbstvertrauen, und das kommt indirekt auch den Wissenschaften zugute. Das Genom-Projekt, der titanische Versuch, den Bauplan des Menschen noch bis zur Jahrtausendwende zu dechiffrieren[36], könnte der erste Schritt auf dem Weg zur Realisierung der Unsterblichkeit des homo sapiens sein, der damit seinem göttlichen Ideal ähnlicher wird. Namhafte Forscher unserer Zeit schließen dies nicht mehr aus.[37] Kant entschied sich für den richtigen Weg, indem er auf die Vernunft setzte.

Wenn es der Philosophie nicht so gehen soll wie der zum Dogmatismus erstarrten Religion, sollte sie schleunigst den Spuren Kants folgen und die Denkansätze moderner Naturwissenschaftler weiterdenken.

14. Wird die Welt erneuert?

Der Glaube an die mögliche, notwendige und erreichbare Erneuerung der Welt verbindet die Religion der Germanen mit dem frühen Christentum, als in ihm der Glaube noch Wunder bewirkte und Berge bewegte. Eine Erneuerung der Welt ist aber auf diesem Planeten nur unter Mitwirkung der Menschheit möglich, sofern sie sich selbst zu erneuern vermag. Sinnvolle Weltgestaltung und Selbsterneuerung sind zwei Seiten einer Medaille. Beide setzen ein ungestörtes Verhältnis zur Überwelt voraus, denn ohne sie ist Selbsttranszendenz nicht möglich. Im globalen Zeitalter hängt dies vor allem von der Lösung zweier Aufgaben ab: der Lösung des Bevölkerungsproblems und des Umweltproblems.

Der Papst hätte eine Chance, seine Kultur des Lebens gegen die Kultur des Todes durchzusetzen, wenn er mit seiner Forderung nach ungehemmter Expansion des Lebens auch die Expansion in den Weltraum befürworten würde, denn nur so ist sein Konzept realisierbar.

Hier wären zehn Wissenschaften zu nennen, die Zehn Großen, die eine Welterneuerung ermöglichen können: verstärkte Raumfahrt, intensivierte Teilchenforschung, Kernenergie, Molekularbiologie, Gentechnologie, Ethik, Künstliche Intelligenz, Kommunikationstechnologien, Informatik und Kybernetik. Der Raumfahrt gebührt der erste Platz, da nur sie verhindern kann, daß die Erde zur Todesfalle für den homo sapiens wird. Außerdem vermag nur die Raumfahrt den Überblick (overview effect) über eine sinnvolle Neugestaltung der Umwelt zu verschaffen.

Alle übrigen der genannten Großen Zehn sind untereinander so vernetzt, daß sie nur im Verbund die Situation bewältigen können. Geschieht das, so setzt sich die Bewegung, die mit der agrarischen Revolution begann, zur industriellen Revolution und zur ›ersten globalen Revolution‹[38] führte, evolutionsgemäß und sinnvoll fort. Findet diese Wende nicht statt, oder setzen sich sogar die Paranoiker durch, wird weder die Welt noch der Mensch zum Besseren verändert werden. Da aber auch nichts auf die Dauer beim alten bleiben kann, wird dann der homo sapiens von einer Katastrophe in die andere taumeln und am Ende das Schicksal der von ihm ausgerotteten Arten teilen.

15. Hat die Welt einen Zweck?

Die Frage nach einem Zweck der Welt hängt sehr eng mit den Fragen nach dem Sinn des Lebens und dem Zweck menschlichen Daseins zusammen. Auf der mythischen Reflexionsstufe gibt es noch keine direkten Antworten auf diese Frage, wohl aber eine Fülle von Hinweisen, die eine Beantwortung ermöglichen. Die Ägypter suchten durch Einbalsamierung der Leichen und titanische Bauwerke dem Sog der allesverschlingenden Zeit zu entgehen, glaubten an eine Fortexistenz nach dem Tod und an eine andere Welt. Die Babylonier verbanden die Sinnfrage mit der Weltorientierung, Astronomie mit Astrologie. Was der Zweck der Welt ist, wissen die Götter. Gehorcht der Mensch ihnen, erfüllt er ihre Gesetze, dient er auch der göttlichen Weltordnung. Gottesdienst wird zum Symbol richtigen Weltverhaltens. Die iranische Mythologie versetzt den Menschen zur Bewährung in die Welt, um am Kampf des Guten gegen das Böse teilzunehmen, sich zu reinigen. Die Läuterung des Menschen deckt sich mit der Läuterung der Welt. Der Glaube an ein neues Weltzeitalter der Erfüllung dieses Weltgesetzes, der die Form einer Zukunftsvision annimmt, läßt sich als Chiffre für Selbsttranszendenz verstehen. In Indien symbolisiert der Mythos den Prozeß menschlicher Selbstbefreiung aus dem Kreislauf von samsara und karma, von Verstrickung ins Weltgeschehen und der Handlungskausalität. Die chinesische Religion des Universismus suchte die Wechselwirkung von Erde, Mensch und Himmel und damit den verborgenen Weltsinn zu enträtseln. Die Inkas beobachteten die

Sterne sehr genau, um den Lauf der Welt besser zu verstehen, und opferten sogar Menschen zwecks Erhaltung des Gleichgewichts von Umwelt und Menschenwelt. Afrikanische Eingeborene glaubten, daß am Anfang und am Ende des Weltgeschehens Himmel und Erde ganz dicht aneinanderrücken, in der Zwischenzeit aber die Seelen der Menschen ihre Reise durch das Diesseits machen müssen, was an die Expansion und Kontraktion des pulsierenden Weltalls in der modernen Kosmologie erinnert. An die Relativitätstheorie erinnert der Glaube der Kelten, daß in der »Anderswelt« die Zeit anders verläuft als auf der Erde: »Wenn lebende Menschen sie besuchen, bleiben sie für die Dauer ihres Aufenthalts jung, wenn sie aber nach Hause zurückkehren, holt ihr irdisches Alter sie ein.«[39] Der Zweck dieser Welt liegt nicht in ihr selbst, sondern sie wird erst sinnvoll im Bezug zu einer anderen Welt. Ebensowenig ist diese Welt für die Germanen ein Selbstzweck. Diese Welt wird sich erneuern, einer besseren Welt weichen. Ragnarok, Weltuntergang und Götterdämmerung sind unausweichlich, aber sie bedeuten kein absolutes Ende, sondern nur einen Übergang. Wenn die moderne Kosmologie an einem Ereignis keinen Zweifel aufkommen läßt, so am Untergang von Erde und Sonne. Ragnarok findet statt, aber der homo sapiens hat die Chance zu überleben, wenn er früh genug Vorsorge trifft: *Daseinsvorsorge.* Alles andere wäre das Ja zum absoluten Untergang, das Nein zur Evolution, wäre frivol, frevelhaft und verbrecherisch, ein, wie Eiseley sagt, »Akt verstockter, mutwilliger Gotteslästerung.« In der griechischen Mythologie verkörpert Odysseus den Willen zum Überleben, den Pionier des hellenischen Entdeckungszeitalters, oder Jason, der mit seinen Argonauten bis ans Ende der Welt vordringt, um das Goldene Vlies, ein Symbol des Lebens, der Entwicklung und der Unsterblichkeit, heimzuholen. Im Mythos des griechischen Nationalhelden Herakles zeigt sich der ungeheure pädagogische Impakt der Mythen, die dem Menschen zwar keine direkte Antwort auf die Frage nach der Zweckmäßigkeit der Welt und dem Sinn des Lebens geben, wohl aber ihm Wege weisen, Vorbilder aufzeigen und Hinweise zuspielen, denen er folgen kann, wenn er will. Die Römer, die mehr Sagen als Mythen hervorgebracht haben, beantworteten die Frage nach dem Zweck der Welt nicht philosophisch, sondern eher praktisch, politisch, juristisch, historisch, indem sie sich eine Identität gaben und, Ostrom mitgerechnet, das dauerhafteste Weltreich der Menschheit schufen. Ihre Antwort lautet: Der Zweck der Welt liegt im Weltfrieden (Caesar, der »Wegbereiter Europas«), in der Zivilisation (Vergil) und in den Menschenrechten (Seneca). Vergleicht man damit die Geschichte nicht des deutschen Volkes, sondern seiner Machteliten, also der Hohenstaufen, Hohenzollern und Hitlerdeutschlands, so erscheint sie wie eine Serie von Attentaten auf alle diese Werte, als Akte mutwilliger, verstockter Gotteslästerung, als Lust am Untergang, Ja zur (Selbst-)Zerstörung, als ein höhnisches Nein zur Evolution und zum Überleben des homo sapiens, und was noch schlimmer ist: es scheint sich an dieser Grundtendenz der Machtelite nichts ändern zu wollen:

> Die Masse des deutschen Volkes aber scheint sich des Ausmaßes dieser Katastrophe weder im Osten noch im Westen bewußt geworden zu sein ... Die Drohung mit der Revolution und die Furcht vor ihr, die Drohung mit dem diktatorischen Polizeistaat und die Furcht vor ihm spielen also ihr teuflisches Spiel miteinander. Es ist schwer zu sagen, ob die Dynamik dieser Schraubenbewegung bereits den Punkt erreicht hat, von dem es keine Rückkehr mehr gibt. Ich hoffe, daß es noch an der Zeit ist, die Bewegung in diese Richtung zu bremsen. Wenn nicht – armes selbstzerstörerisches Deutschland.[40]

(Selbst-)Zerstörung ist tatsächlich die einzige Alternative zur Bejahung eines Weltzwecks, zu Lebensbejahung und Evolution.

Auf der philosophischen Reflexionsstufe erscheinen die mythischen Hinweise auf eine Zweckmäßigkeit der Welt klarer formuliert und begrifflich vermittelt. Hier führt die Linie im Osten von der Ethik des Konfuzius mit der universalen Chiffre li, von der Metaphysik der Inder mit ihrem Konzept der Selbstbefreiung, im Westen von Heraklits Konzeption des Spiels: »aiôn pais paizôn« (B 52), »die Weltzeit ist ein spielendes Kind« und dem stoischen Ideal des Weisen zu Kants Idee vom Reich der Zwecke, in dem Natur, Kultur und Geschichte, mechanische Kausalität und die Gesetzmäßigkeit der Freiheit versöhnt erscheinen. Kants Gleichnis vom bestirnten Himmel über ihm und dem moralischen Gesetz in ihm weist hier den Weg.

Auf der modernen Reflexionsstufe hat der Soziobiologe R. Dawkins das Zweckprinzip in seinem Konzept vom egoistischen Gen rehabilitiert.[41] Danach benützen die Gene die individuellen Hüllen nur, um sich Unsterblichkeit zu verschaffen, das Überleben sicherzustellen. Schon Aristoteles erkannte, daß der Mensch nur indirekt der Unsterblichkeit teilhaftig werden kann. Ob der Eros ihn nun zur Fortpflanzung seiner Gene bewegt oder zur Kreation von Memen, Leistungen auf soziokulturellem Gebiet: Der Zweck ist der gleiche, nur die Mittel unterscheiden sich. Die Natur hält sich bedeckt, das wußte schon Heraklit: »physis kryptesthai philei« B 123), »Die Natur liebt es, sich zu verbergen.« Der homo sapiens muß ihre Botschaften Zug um Zug dechiffrieren, und dabei entdeckt er immer mehr von seiner Natur, von sich selbst. Eine dieser Botschaften lautet: Die Welt hat einen Zweck.

16. Hat das Leben einen Sinn?

Letztlich kann diese Frage nur jeder einzelne selbst und für sich beantworten. Hätte das Leben keinen Sinn, hat der homo sapiens immerhin die Chance, ihm einen zu geben, die Chance seiner Existenz, und in dieser Richtung muß jede weiterführende, kreative und evolutionsorientierte künftige Ethik operieren. Wer das Leben grundsätzlich für sinnlos hält, hält auch den Holocaust nicht für sinnwidrig, sondern steht ihm gefühllos, gleichgültig und teilnahmslos gegenüber, zynisch, frivol, nihilistisch und blasphemisch: ein armseliges Produkt am Ende einer Evolution von 3,5 Mrd. Jahren, gemessen an dem Kapital von Zeit, Aufwand, Mühe, Erfindung und Weisheit, das die Natur in ihn investierte. Aber Paranoiker lassen sich nicht überzeugen: ein verhängnisvoller und gefährlicher Irrtum christlicher Ethik.

17. Wozu lebt der Mensch?

Buddha wollte die Haftung des Menschen an die Welt überwinden, verstanden als Inbegriff materieller Güter und zügelloser Triebbefriedigung, Konfuzius riet zu bedingter, besonnener und vernünftiger Anpassung an die Welt, Sokrates bestand auf dem Primat der Selbsterkenntnis vor jeder anderen Art von Erkenntnis und Jesus von Nazareth forderte, man solle sein Herz nicht an irdische Güter hängen: Der Mensch lebt nicht vom Brot allein. All diese Antworten konvergieren, wenn man sie nicht aus ihrem Kontext reißt oder überinterpretiert, zum Postulat der Offenheit für Selbsttranszendenz, eines Über-Lebens, ohne das das Überleben nicht gelingt. Ob man dieses Über-Leben ins Jenseits verlegt oder, wie Buddha und Sokrates, sich aller Spekulationen darüber enthält, oder ob man es in eine metaterrestrische, kosmische Zukunft des homo sapiens verlegt, erscheint nicht ausschlaggebend. Entscheidend ist sein Ja zu Evolution, zum Überleben seines Über-Lebens in einer sich ständig verändernden Welt. In der Weltbejahung, in der Annahme der Herausforderung seitens der Welt, in seiner Existenz und der Wechselwirkung mit ihr identifiziert sich der homo sapiens mit sich selbst, mit seiner mehr oder weniger ruhmreichen, gleichwohl gelungenen terrestrischen Vergangenheit und öffnet sich damit selbst das Tor zu einer neuen Phase der Hominisation, in der er weitere Aufgaben der biologischen Evolution in eigener Regie übernimmt, bewußt fortsetzt, vielleicht sogar verbessert und sich damit der Erfüllung seiner Bestimmung weiter annähert.

Kants vier Fragen: Was kann ich wissen?, Was soll ich tun?, Was darf ich hoffen? und Was ist der Mensch? erschöpfen so wenig das philosophische Problembewußtsein wie die sieben Fragen von Du Bois Reymond den wissenschaftlichen Fragehorizont des 19. Jahrhunderts oder unsere 17 Haupt- und elf Nebenfragen den Wissensdurst des 20. Jahrhunderts, aber vielleicht zeigen alle diese Versuche, daß es so etwas wie eine Kontinuität des Fragens, eine Konvergenz der Antworten und einen Fortschritt des Denkens gibt.

Waren die beiden ersten Abschnitte dieses Kapitels der Grundorientierung und den Grundfragen gewidmet, wenden wir uns in den beiden folgenden den Grundmustern des Weltgestaltens und des Weltverhaltens zu.

Weltgestaltung

Hatte der aufrechte Gang des homo erectus seinen Horizont erweitert, der Informationszuwachs die Zunahme des Gehirns bewirkt und zu einer Grenzüberschreitung seiner Umwelt geführt, aus ihm den homo transcendens gemacht, so ging mit der Welterweiterung, der Entdeckung einer größeren, weiteren und neuartigen Welt die Entwicklung einer neuen Lebensform Hand in Hand. Zwischen Erfahrungs- und Bewußtseinshorizont entstand eine Art Rückkopplung, ähnlich zwischen Sprache und Denken, Verbesserung der Werkzeuge, Bevölkerungswachstum, Hordenbildung, Arbeitsteilung, sozialer Struktur und ökologischer Expansion. Jeder Weltgestaltung muß die Weltentdeckung vorausgehen, diese aber setzt Umwelttranszendenz voraus, die wiederum die Selbsttranszendenz der evolvierenden Natur fortsetzt. Indem der Mensch einen zentralen Mechanismus der Natur nach dem anderen kopierte, wuchsen seine Überlegenheit über die Tiere und seine Fähigkeit zur Weltbewältigung. Stellte der homo sapiens seine Umwelterlebnisse und Jagderfolge in der Kunst dar, erfüllten ihn die Größe der Welt, rätselhafte Naturgewalten, Träume und nicht zuletzt der Tod mit einem ehrfürchtigen Schauder vor der Überwelt.

Wie in der biologischen Evolution bestanden auch in der Hominisation alte Lebensformen neben den neuen weiter. Nicht alle Menschen überschritten in gleichem Maß ihre Grenzen. Die meisten blieben in einigermaßen wirtlichen Ökonischen zurück, einige suchten nach immer besseren Plätzen. Vom homo transcendens, dem Grenzüberschreiter, Pionier, Entdecker und Abenteurer, spaltete sich der homo remanens, der zurückbleibende Mensch, ab: Bleibe im Lande und nähre dich redlich! Die Abenteurer zog das Fernweh immer weiter in die endlos weite Welt hinaus. So wurde allmählich die Erde entdeckt und besiedelt. Amerika wurde dreimal entdeckt, einmal von den Ureinwohnern, die von Asien über eine Landbrücke kamen, dann von den Wikingern, die über den Atlantik segelten, und schließlich von Kolumbus. Eine natürliche Grenze nach der anderen fiel: Flüsse, Wüsten, Meere, Gebirge, die Atmosphäre. Der Besteigung des höchsten Berggipfels der Erde (1953) folgt fast synchron der Sputnik (1957). Nordpol und Südpol sowie die größte Meerestiefe werden im 20. Jahrhundert vom Menschen erreicht. 1969 folgte die Mondlandung, der eigentliche Beginn der Menschheitsgeschichte, verstanden als Quantensprung des homo transcendens. Zeitrechnungen gibt es mehr als genug, keine ist unumstritten und wird allgemein anerkannt. An der bis auf die Minute präzisierbaren Mondlandung läßt sich nicht rütteln. Neil Armstrong betrat am 21. 7. 1969 n. Chr., 03.56 Uhr MEZ als erster Mensch den Mond und kommentierte dieses Ereignis treffend: »Für einen Menschen ist es ein kleiner Schritt, für die Menschheit aber ein gewaltiger Sprung.« Der Astronaut setzte eine Entwicklungslinie fort, die wahrscheinlich in der Olduwai-Schlucht in Tansania begann, als der Mensch die Grenzen seiner Urheimat überschritt und danach einen Kontinent nach dem anderen entdeckte, besiedelte, erschloß und gestaltete.

Einstweilen lassen sich drei Phasen in der Weltbewältigung und Hominisation deutlich unterscheiden:

1. Die durch den Menschen relativ unbehelligte Naturlandschaft mit den nicht sehr zahlreichen Sammlern und Jägern.

2. Die vom Menschen geschaffene Kulturlandschaft, neben der von Menschen unberührte Gebiete zwar fortbestehen, aber immer seltener werden. Es ist die Welt der Ackerbauern und Viehzüchter, der Land- und Forstwirte.

3. Die Industrielandschaft, die sich deutlich von der Natur- und Kulturlandschaft abhebt und am stärksten vom Menschen geprägt ist. Es ist die Welt der Stadt- und Massenmenschen.

Wie wird die Landschaft im postindustriellen Zeitalter aussehen? Darüber lassen sich zur Zeit nur Vermutungen anstellen. Vielleicht ist es eine Integrations- oder Transformationslandschaft, in die alle bisherigen Typen integriert sind und umgeformt werden, vielleicht aber auch eine Mondlandschaft, wenn die Paranoiker die Oberhand gewinnen und das Leben auf diesem Planeten auslöschen.

In Europa hat die Verwandlung der Natur- in eine Kulturlandschaft Jahrhunderte gedauert. Es gibt dazu einen klassischen Text von dem amerikanischen Kulturhistoriker Will Durant, der in keinem europäischen Geschichtsbuch fehlen sollte:

> In harter Arbeit und mit verbissenem Mut ... ernährten die Bauern Europas sich selbst und ihre Herren, ihre Soldaten, Geistlichen und Könige. Sie legten Sümpfe trocken, schütteten Dämme auf, rodeten Wälder, gruben Kanäle, bauten Häuser, trieben die Grenzen der Zivilisation vor und gingen siegreich aus dem Kampf zwischen Urwald und Mensch hervor. Das heutige Europa ist ihre Schöpfung. Wenn wir heute auf die gepflegten Hecken, die geordneten Felder sehen, dann vermögen wir die Jahrhunderte der Plackerei und Not, der gebrochenen Herzen und gekrümmten Rücken nicht mehr zu erkennen, welche die Rohstoffe der widerstrebend fruchttragenden Natur zu den wirtschaftlichen Grundlagen unseres Lebens umgestalteten. Auch die Frauen waren Soldaten dieses Krieges; ihre geduldige Fruchtbarkeit war es, welche die Erde eroberte; Mönche kämpften eine Zeitlang so tapfer wie die anderen, setzten ihre Klöster als Außenposten in die Wildnis, schmiedeten aus dem Chaos eine Volkswirtschaft und stampften Dörfer aus den Einöden. Zu Beginn des Mittelalters war der größte Teil Europas noch unbekanntes Ödland und unbewohnter Urwald, am Ende des Mittelalters war der Erdteil der Zivilisation erschlossen. Richtig betrachtet, war dies wohl der größte Feldzug, der edelste Sieg, die wichtigste Leistung des Zeitalters des Glaubens.

Entsprechen die Erfindungen zur Gestaltung der Umwelt nach Menge und Gewicht der Zunahme der Bevölkerung, bei der man von einem linearen, exponentiellen und hyperbolischen Wachstum ausgeht? Tatsächlich erfolgen Erfindungen in vor- und frühgeschichtlicher Zeit ziemlich zufällig und sporadisch, ganz ähnlich wie in der biologischen Evolution, dann, z. B. im Zeitalter des Hellenismus und des Römischen Reiches, häufiger und schließlich, seit Beginn der Neuzeit und des technischen Zeitalters, massiert, systematisch und fast nach Art einer Kettenreaktion. Heute gibt es weltweit mehrere Millionen Patente, und sie nehmen weiter zu. Nach zuverlässigen Untersuchungen ist eine Extrapolation des menschlichen Fortschritts möglich, so nach der Prognose Stanley Livingstons vom Lawrence Berkeley-Laboratorium, der die Entwicklung bei der Teilchenbeschleunigung untersuchte.

> Wenn die Livingston-Beziehung weiterhin gilt – und die Tatsache, daß sie aus Erfahrung gewonnen wurde, spricht eher dafür –, haben wir die Chance, die Energiekrise sowie Umweltprobleme zu lösen, die uns heute, am Ende des 20. Jahrhunderts, so sehr belasten. Vor allem aber besagt die Kurve, daß wir optimistisch sein können, daß die zivilisierte Gesellschaft rechtzeitig die technologischen Voraussetzungen zu ihrem eigenen Überleben schaffen kann – und damit auch die politischen Probleme lösbar sind ... Wenn man davon ausgeht, daß der technologische Fortschritt in den nächsten zwei Jahrhunderten derselben Gesetzmäßigkeit folgt, sollten um das Jahr 2150 im Labor Planckenergien erreicht werden. In solchen Experimenten könnten sogar neue inflationäre Universen entstehen. (Es wäre ein reizvoller Gedanke, daß auch wir nur aus Experimenten bei Planckenergien in einem anderen Universum hervorgegangen sein könnten.)[42]

Was hier aus der Sicht eines Nobelpreisträgers der Physik als möglich erscheint, wird durch die Überlegung eines Pioniers der Raumfahrt ergänzt, der vor Denkfehlern in der Abschätzung zukünftiger Entwicklungen warnt:

> Unsere Zukunftsbilder leiden darunter, daß wir in ihnen den Menschen von heute statisch in die dynamisch hochgerechnete Welt von morgen setzen und dann natürlich über dieses Bild erschrecken. Aber das ist ein Denkfehler. Man muß doch auch den Menschen hochrechnen! Im Jahr 2010 gehen nicht mehr *wir*, sondern andere Menschen mit der Technik um. Eine ungefährliche Technik zum Wachstum gibt es prinzipiell nicht, also sollten wir auch nicht nach ihr suchen.[43]

Gegenüber solchen empirisch fundierten Stellungnahmen verblassen die Horror-Szenarien demagogischer Politiker und pseudoreligiöser Obskuranten, aber sind sie auch historisch zu begründen?

Aus dem andauernden Lamento über das Tempo des wissenschaftlichen und technischen Fortschritts wird zusehends die Frage, ob Wissenschaft und Technik schnell genug sind, die Folgen der Bevölkerungsexplosion in den Griff zu bekommen, und bei der Wissenschaftspolitik unserer Regierungen wird es fraglich, ob die an sich berechtigte Zuversicht Ledermanns und v. Puttkamers aufrechtzuerhalten ist.

Spezielle Errungenschaften. Da die Zunahme an wissenschaftlichen Disziplinen und Erkenntnissen in dem Zeitraum von 1850 bis 1950 nicht nur anhielt, sondern wuchs, verzichten wir hier auf eine Ordnung nach Disziplinen und heben nur, in lockerer Reihenfolge, die Jahrhundertereignisse hervor: Elektrische Glühlampen verwandeln Nächte fast zu Tagen; die Spektralanalyse bedeutet einen Meilenstein in der physikalischen Chemie; Zahnradbahn und Drahtseilbahn erschließen schwer zugängliche Gebirgsregionen; Schreibmaschine und Telephon revolutionieren die Kommunikationstechnologie; James Clerk Maxwell (1831-79) faßt die elektromagnetischen Phänomene in einer mustergültigen, der Newtonschen Mechanik ebenbürtigen Theorie zusammen; Gregor Johann Mendel (1822-84) legt mit seiner Vererbungslehre den Grundstein für die moderne Genforschung; Alfred Nobel (1833-96) entdeckt einen revolutionierenden Sprengstoff und stiftet den nach ihm benannten Nobelpreis; Joseph Monier (1823-1906) erfindet den Eisenbeton; Ferdinand Lesseps (1805-94) leitet den Bau des Suezkanals, der, nach den Plänen A. v. Negrellis ausgeführt, 1869 eröffnet wurde; Dimitrij I. Mendelejew (1834-1907) konzipierte das Periodische System der Elemente, den Ausgangspunkt für ein vertiefendes Verständnis der Materie; dem Chemiker Adolf v. Bayer (1835-1917) gelang die Indigo-Synthese, ein Meilenstein der synthetischen Chemie; Nikolaus A. Otto (1832-91) konstruierte den Viertakt-Motor (1876), Werner v. Siemens die elektrische Lokomotive (1879) sowie die Straßenbahn (1881) und Hermann Hollerith (1860-1929) die Lochkartenmaschine (1880). Robert Koch entdeckte 1882 den Tuberkel-Bazillus, Heinrich Hertz 1888 die elektromagnetischen Wellen, Otto Lilienthal 1890 den Gleitflug, Wilhelm Röntgen 1895 die nach ihm benannten Strahlen und Henri A. Becquerel 1896 die Uran-Strahlen. Mit dem Namen Marie Curies verbindet sich das Radium, mit dem Guglielmo Marconis die drahtlose Telegraphie, mit dem Rudolf Diesels der nach ihm benannte Motor und mit dem Ferdinand Zeppelins das nach ihm benannte Luftschiff.

Damit haben wir das 20. Jahrhundert erreicht, für das neue Kriterien und Schwerpunkte aufgestellt wurden.[44]

1900-1914: Grundlagen der Antriebstechnik.
1914-1945: Militärtechnik und Elektronik.
1945-1965: Steuerung und Regelung.
1965-1975: Großindustrie und High-Tech.
1975-1985: Physik der Werkstoffe.
1985-1995: Ökologie und Biotechnik.

In der ersten Phase beginnt der Übergang von der herkömmlichen Fabrik zum modernen Industriebetrieb. Grundlagenforschung verbindet sich mit der Entwicklung von Dampf- und Elektroantriebsformen und der Verbesserung von Werkzeugmaschinen. Wissenschaft und Technik kooperieren.

In der zweiten Phase dominieren militärische Erfindungen und Entwicklungen: Giftgas, U-Boot, Jäger, Bomber, Panzer, Radar, Elektronik, Roboterbomben. In der dritten Phase beginnt die Automation. Neben die Technik tritt die Technologie und schließlich die High-Tech. Die Erforschung von Regelungsmechanismen kommt den Steuerungssystemen zugute. Speicherung und Steuerung spielten bekanntlich, neben der Stauung von Triebenergien, in der Hominisation eine wichtige Rolle. Der Mensch als Regler, Steuermann und Selbstkontrolleur erweist sich als ein gelehriger Schüler der Evolution. In der vierten Phase treten Einzelerfindungen gegenüber industrieller Großforschung zurück (small versus big science): Mikroelektronik, Hochleistungsgeräte, Roboter, Produktionsverfahren. Die fünfte Phase zeichnet sich durch erhöhte Organisation der Forschung (teams) aus, ferner durch umfassende Materialanalyse und -bearbeitung: Supraleiter, Keramik, Raumfahrt. Die sechste Phase verstärkt die Tendenz zu Großprojekten auf Kosten der Einzelforschung, die sich in Bereiche der Biotechnik und Ökologie zurückzieht, dort aber z. B. als Bionik der Großforschung wieder Ideen zuführt und damit den Kreis der Evolution von der teleologisch orientierten Erforschung des Lebendigen zur Mechanik und von dort zurück zum Leben wieder schließt.

Das 20. Jahrhundert beginnt im Zeichen des Motorflugs über wenige Kilometer und endet im Zeichen von Raumschiffen mit atomarem Antrieb auf dem Flug zu anderen Planeten. Schon im Jahr 1923 hatte der Lehrmeister Wernher von Brauns, Hermann Oberth, in seinem wahrhaft prophetischen Buch: ›Die Rakete zu den Planetenräumen‹ der wissenschaftlichen Theorie der Raumfahrt den Weg gewiesen, und schon zwei Generationen später beherrschte der Mensch nachrichtentechnisch die Dimensionen seines Planetensystems,[45] doch hier zunächst noch einige Stadien, Meilensteine oder Sternstunden auf dem Weg dahin!

1900: M. Plancks Quantentheorie erschließt ein neues Naturverständnis.
1903: Motorflug der Gebrüder Wright.
1905: A. Einsteins Spezielle Relativitätstheorie ermöglicht ein neues Zeit- und Weltverständnis.
1912: C.T.R. Wilsons Nebelkammer eröffnet den Blick in die Welt der Elementarteilchen.
1913: N. Bohrs Atom-Modell vermittelt ein neues Weltbild.
1915: A. Einsteins Allgemeine Relativitätstheorie enthüllt die Grundgesetze des Makrokosmos.
1919: E. Rutherford erforscht den Atomkern und entdeckt das Proton (1920).
1924: L. de Broglie und E. Schrödinger konzipieren die Wellenmechanik.
1925: W. Heisenberg konzipiert die Quantenmechanik.
1927: Ch. Lindbergh überfliegt den Atlantik von New York nach Paris.
1929: Das Luftschiff ›Graf Zeppelin‹ umfliegt die Erde.
1930: E. Lawrence baut das erste Zyklotron.
1932: J. Piccards Stratosphärenballon erreicht eine Höhe von 17000 Metern.
1933: E. Ruska u. a. entwickeln das Elektronenmikroskop.
1938: O. Hahn und F. Straßmann gelingt die Künstliche Kernspaltung.
1939: I. Sikorsky konstruiert einen Helikopter.
1942: W. v. Braun konstruiert eine Fernrakete.
1942: E. Fermi konstruiert einen Kernreaktor.
1945: R. Oppenheimer u. a. konstruieren die erste Atombombe, die den Zweiten Weltkrieg beendet.

Mit diesem Epochendatum sind wir an einer Wende der Weltgeschichte angelangt und schalten auf eine neue Gangart um, die Einteilung in Dekaden. Charakteristisch für die Entwicklung des Wissens in diesem Zeitraum sind: zunehmende Differenzierung der Disziplinen, die Erweiterung des Energiespektrums von der Dampf- und elektrischen Energie zur Kernenergie, die stufenweise Eroberung des Luftraumes, das Vordringen der Erkenntnis in den makrokosmischen und in den mikrokosmischen Bereich sowie der Kampf der Ideologien.

1945-1955. Übergang von der kriegerischen zur friedlichen Nutzung der Atomenergie; Kybernetik; Informatik; Künstliche Intelligenz erscheint möglich; Überschreitung der Schallmauer mit Raketenflugzeugen; Erfindung des Transistors; Farbfernsehen; Blasenkammer zur Ortung von Elementarteilchen; Desoxyribonucleinsäure-Modell (Doppelhelix); Entdeckung des Antiprotons und somit der Antimaterie.

1955-1965. Erstes Kernenergie-Kraftwerk in Calder Hall; erster künstlicher Erdsatellit (Sputnik); CERN: 28 GeV-Protonensynchrotron zur Erforschung der Elementarteilchen; erster bemannter Weltraumflug (Gagarin); Achtfach-Weg-Modell der Elementarteilchen; Weltraum-Paarflug; erster Mensch frei im Weltraum; Besteigung des höchsten Berges der Erde.

1965-1975. Sowjetische Raumsonde landet auf der Venus; Senkrechtstarter DO 31; Entdeckung der Hintergrundstrahlung (Nachwirkung des Urknalls); US-Marssonden; Mondlandung; Fortschritte der Molekularbiologie und der Genforschung; US-Merkursonde; Weltraumatlas; Marsgloben.

1975-1985. Erforschung der Quarks, die, neben den Leptonen, als Urbestandteile der Materie erscheinen, aber nicht isoliert vorkommen; Kosmische Flaschenpost mit Nachrichten über terrestrische intelligente Lebewesen; Folge von 5375 DNS-Bausteinen identifiziert; Entdeckung des Hyperzyklus wirft neues Licht auf die Entstehung des Lebens; Entdeckung von interstellaren, teilweise organischen Molekülen, was auf die Möglichkeit von außerirdischem Leben im Universum hinweist; die Wichtigkeit von Beschleunigern wird erkannt; viele extreme Unternehmungen werden erfolgreich durchgeführt (1978);

US-Jupitersonden; Pionier 10 sendet noch brauchbare Signale aus 29-facher Sonnenentfernung; Vorstoß in Bereiche außerhalb des Sonnensystems; US-Raumfähre Columbia fertiggestellt, danach Challenger und Discovery; Viking-Sonden zum Mars; Periodisches System der Elementarteilchen zeichnet sich ab; Quasar in 14,5 Mrd. Lichtjahren Entfernung ausgemacht; Superelektronenmikroskop; Aussagen über die Expansion des Universums.

1985-1995. Bilder vom Uranus; sowjetische Raumstation MIR; Schwarze Löcher; gibt es mehrere Universen? Ist unser Universum nur eine Blase von einem Megauniversum? Raster-Tunnel-Elektronenmikroskop; Entdekkung des Nichts; Erweiterung unseres astrophysikalischen Wissens durch Beobachtung von Röntgen- und Gammastrahlen; Chaos-Forschung; Komplexitätstheorie; Raumfahrtprogramm der USA bis weit über das Jahr 2000; Meeresbergbau; gab es vor dem genetischen einen älteren Code für das Leben? Erste kontrollierte Kernfusion; Computer-Verbund verarbeitet 1 Mrd. bits; Nanotechnologie für Dimensionen unterhalb eines Milliardstel Meters; Reibungsmikroskopie enthüllt atomare Strukturen; Chromo-Dynamik: Präzisierung der Quarktheorie; auf einem Gigabytechip lassen sich 60 000 Seiten Schreibmaschinen-Text speichern.

Charakteristisch für diesen Zeitraum ist die Expansion in Bereiche jenseits des Sonnensystems, und zwar kurze Zeit nachdem die Dimensionen des Planetensystems nachrichtentechnisch erschlossen sind. Hier scheinen sich Mechanismen der Evolution, nur vom Bewußtsein des Menschen gesteuert, auszuwirken: das Interesse für fernere Bereiche beginnt ziemlich synchron, teilweise schon vor der erreichten Orientierung über den Nahbereich: homo transcendens et providens (Prometheus).

Charakteristisch ist aber auch das Vordringen in den Mikrobereich, die Vergangenheit des Menschen und des Lebens auf der Erde. So wird die Zahl der Arten, die je auf der Erde lebten, auf maximal 50 Mrd. geschätzt. Nur ein Tausendstel dieser Menge existiert heute. Unverkennbar hat jedoch in unserer Zeit das größte Artensterben in der Geschichte des Lebens auf diesem Planeten begonnen, und der Mensch, dessen hyperbolische Bevölkerungszunahme immer mehr außer Kontrolle gerät, erscheint als Verursacher dieser verhängnisvollen Entwicklung.

Elementare Verhaltensweisen

Dem ungeheuren kreativen Potential der Weltgestaltung, das vor allem im neuzeitlichen Europa freigesetzt wurde, steht ein nicht geringeres Potential an gutem Willen gegenüber, das sich im Verlauf der Hominisation, ungeachtet aller Widerstände, allmählich entfaltete. Dieses sich in elementaren Verhaltensweisen manifestierende Potential fand seinen mehr oder weniger angemessenen Ausdruck in den Geboten der Religionen, Normen der Sittlichkeit, Prinzipien der Moral, Wertsystemen der Ethik und in den Regeln des zivilisierten Verhaltens, z. B. in Platons achtfachem Wertekanon der ›Gesetze‹, im Dekalog der Bibel, in den Lehren der hinduistischen Philosophie, in den drei Fahrzeugen des Buddhismus oder in dem Verhaltenskodex (li) des konfuzianischen China. Grundsätzlich lassen sich dabei vier Orientierungsbereiche unterscheiden: Umwelt, Mitwelt, Überwelt und Eigenwelt. Jedem dieser Bereiche lassen sich fünf elementare Verhaltensweisen zuordnen: Gegenüber der Um- bzw. Außenwelt: Erkennen, Erfinden, Entdecken, Arbeiten und Schaffen; gegenüber der Mitwelt: Handeln, Kämpfen, Kooperieren, Achten, Lieben; gegenüber der Überwelt: Verehren, Fürchten, Dienen, Glauben, Hoffen; gegenüber der Innenwelt: Selbstliebe, Selbstbeherrschung, Selbsterziehung, Selbstachtung und Selbsterkenntnis.

Der Erkenntnis kommt, der Existenzform des homo sapiens entsprechend, eine universale Bedeutung zu, was sich schon in der Schließung des Kreises von Erkennen und Selbsterkenntnis ausdrückt, dann in der traditionellen Zweiteilung von Theorie und Praxis (Erkennen und Handeln), in der Polarisierung von Wissen und Glauben sowie schließlich in der Vollendung des Erkennens in der Selbsterkenntnis. Erfindungen und Entdeckungen haben die Vorherrschaft des homo sapiens im Bereich der

Arten begründet, Arbeit und schöpferische Tätigkeit die Verwandlung von Natur- in Kulturlandschaften. Tritt der Mensch der Außenwelt primär erkennend, objektivierend, wirkend, produzierend und konsumierend gegenüber, so der Mitwelt tuend und lassend, handelnd und behandelnd. Äcker werden gepflügt, Güter hergestellt, Tiere gezüchtet und Menschen so oder so behandelt. Instrumentalisiert der Mensch seine Mitmenschen, behandelt sie also wie Werkzeuge, Objekte, versklavt sie, beutet sie aus oder versucht, sie wie Pflanzen und Tiere zu züchten (Rassismus), verstößt er gegen fundamentale Gebote der Religion, Prinzipien der Moral, Regeln der Sittlichkeit, des Anstandes und des zivilisierten Verhaltens. Der Weg führte hier von der Tötung des Gegners in Konflikten zur Versklavung, von dort zu Kooperation, Achtung und, auf höchster moralischer Ebene, zur Nächstenliebe.

Die spezifische Tugend des Menschen gegenüber der Überwelt ist die Frömmigkeit, ein unersetzbarer Bestandteil der Hominisation. Der Mensch erscheint nicht nur als schätzendes und schenkendes, sondern auch als verehrendes Wesen: »Mensch, das ist: der Schätzende«; »eine schenkende Tugend ist die höchste Tugend«; »der Mensch ist ein verehrendes Tier«.[47] Zu Frömmigkeit und Verehrung gehören nach wie vor Gottesfurcht und Gottesdienst. Tritt an die Stelle des Dienens das Verdienen, werden Religion, Moral und die menschliche Gemeinschaft korrumpiert. Wer Gott nicht fürchtet, kann auch nicht auf ihn hoffen. Glaube, Liebe und Hoffnung erscheinen als die christlichen Kardinaltugenden. Selbstliebe, Nächstenliebe und Gottesliebe müssen nach Augustin in einem ausgewogenen Verhältnis stehen. Wertmäßig steht die Gottesliebe an erster Stelle, genetisch die Selbstliebe. Auch hier wird die Dreieinheit von Überwelt, Mitwelt und Eigenwelt erkennbar, die sich alle drei nur in der Raumzeit der Außen- bzw. Umwelt entfalten können.

Gegenüber der Innen- oder Eigenwelt, in der auf unterster Ebene Selbstliebe, Selbstsucht, Egoismus und Narzißmus regieren, verhält sich der Mensch nur dann sinnvoll, kann überhaupt erst zum Menschen werden, wenn er seine Triebe, Bedürfnisse, Neigungen und Interessen erforscht, beherrscht, kontrolliert und in einem nicht immer leichten Prozeß der Selbsterziehung übergeordneten Zielvorstellungen unterstellt. Nur so vermag der Mensch seine Menschwerdung zu fördern, Selbstachtung zu gewinnen und, auf der höchsten Stufe, zur Selbsterkenntnis gelangen, womit sich der Kreis von Erkenntnis der Außenwelt und Einsicht in die Innenwelt schließt. In der indischen Philosophie der Upanishaden kommt dieser Zusammenhang mustergültig in der sogenannten Identitätsthese zum Ausdruck: Atman ist brahman; das bist du.

Mit dem notwendigsten theoretischen Rüstzeug zur Beantwortung der Grundfragen, zur Weltorientierung, Weltgestaltung und zum Weltverhalten ausgestattet, können wir somit im folgenden Kapitel der Erarbeitung der mythischen Weltbilder auf globaler Grundlage nähertreten.

2. Mythische Weltbilder

Im ersten Kapitel kamen bereits mythische Motive von allgemeinem Interesse zur Sprache, ohne daß dieses näher begründet wurde. Das soll hier, beim Eintritt ins Detail, in aller gebotenen Kürze nachgeholt werden. Es wäre weit gefehlt, eine geradlinige Entwicklung des Bewußtseins von der Magie zum Mythos, vom Mythos zum Logos und vom Logos zur Ratio anzunehmen. Nicht minder unangemessen wäre es jedoch auch, gar keine Entwicklung des menschlichen Bewußtseins vorauszusetzen. Tatsache ist, daß Spuren von Logik und Rationalität schon auf der Ebene der Magie zu beobachten sind, aber auch Spuren von Magie und Mythos im modernen Bewußtsein. Der Szientismus hat magische Züge, und in der modernsten Kosmologie ist im Hinblick auf die Theoriebildung zu den Anfängen des Universums mit Recht von einer Mythen- und Märchenära die Rede.[1] Richard Feynman hat in seinem Begriff der »Cargo-Kult-Wissenschaft« die einschlägige Problematik auf den Punkt gebracht:

> In der Südsee gibt es bei bestimmten Völkern einen Cargo-Kult. Während des Krieges sahen sie, wie Flugzeuge mit vielen brauchbaren Gütern landeten, und nun möchten sie, daß das wieder geschieht. So sind sie übereingekommen, Landebahnen anzulegen, seitlich der Landebahnen Leuchtfeuer anzuzünden, eine Hütte aus Holz zu bauen, in der jemand mit einem hölzernen Apparat sitzt, der wie ein Kopfhörer aussieht und in dem Bambusstöcke als Antennen stecken – das ist der Fluglotse –, und sie warten darauf, daß die Flugzeuge landen. Sie machen das jede Nacht. Die Form ist perfekt. Es sieht genauso aus, wie es früher aussah. Aber es funktioniert nicht. Es landen keine Flugzeuge. All das nenne ich Cargo-Kult-Wissenschaft, weil es anscheinend allen Rezepten und Formen der wissenschaftlichen Forschung folgt, aber etwas Wesentliches verfehlt, denn die Flugzeuge landen ja nicht.[2]

Magische Beschwörungsformeln und -riten haben sich über das mythische, religiöse, philosophische bis ins wissenschaftliche Zeitalter erhalten, ja, spielen selbst in der gegenwärtigen Wissenschaft und Politik eine Rolle.

Die Entwicklung von der Magie zur Ratio verlief also alles

andere als geradlinig, vielmehr ganz so wie in der Evolution üblich: Auf eine Fülle von vergeblichen Ansätzen folgt irgendwann der Durchbruch, der Quantensprung, ohne daß das Überholte zu existieren aufhörte. Wer hier weiterkommen will, darf nicht in jedem Mythologem eine ewige Wahrheit suchen. Das Meiste ist unbrauchbar, taubes Gestein, das man vergessen kann. Wer etwas finden will, muß sich der mühsamen Kleinarbeit der Goldsucher unterziehen und wird dann allerdings bisweilen mit großartigen Funden belohnt. Die Mythen der Völker dieser Erde sind unerschöpfliche Fundgruben für Wissenswertes und Weiterführendes, denn sie repräsentieren auf elementarer Ebene die ganze Komplexität der psychonoetischen Evolution.

Afrika

Bis vor kurzem verschwammen die Konturen afrikanischer Völker und Kulturen noch zu einem Klischee des primitiven Daseins, allenfalls der *négritude*, oft als Inbegriff rassischen Hochmuts. Seitdem R. Leakey und R. Lewin den Ursprung des homo sapiens in Südostafrika ansetzten[3], ist man etwas vorsichtiger geworden. Was Afrika betrifft, sollte man grundsätzlich die Gebiete nördlich und südlich der Sahara unterscheiden[4], dann die Gebiete zwischen Sahara und Sambesi sowie das südliche Afrika und Madagaskar. Schon die ethnische Vielfalt fasziniert: die Völker des Horns von Afrika, ein Medium der Begegnung afrikanischer und asiatischer Kulturen, das stolze und listenreiche Volk der Amhara in Äthiopien, die harten und kriegerischen Danakil im Französischen Afar- und Issa-Territorium, die leidgeprüften Somal in Somalia und Kenia, die Sudanvölker (Nuba, Shilluk und Fulbe), von jeher prädestiniert und aufgeschlossen für kulturelle Begegnungen, die Völker Westafrikas, die viel zur Verbreitung des Begriffs *négritude* beitrugen, die Aschanti in Ghana, gekennzeichnet durch den Goldenen Stuhl, ein Symbol des Ursprungs und der Ahnenverehrung, aber auch durch Ansätze zu Matriarchat und Demokratie, die nach der Sklavenbefreiung aus humanitären Gründen rückgesiedelten Americo-Liberianer in Liberia, die sich aber in Afrika gar nicht mehr wohlfühlten, die eher patriarchalisch gesinnten Anlo-Ewe in Ghana und Togo, die künstlerisch hoch begabten Yoruba in Nigeria, die Dogon in Mali und Obervolta mit ihrem Reichtum an Mythen, in denen der Fuchs eine besondere Rolle spielt, die Völker des Kongobeckens, vor allem die hervorragend an das Leben im tropischen Regenwald angepaßten und kontaktfreudigen Pygmäen, die Völker im Gebiet der Seen und Hochländer Ostafrikas, bekannt durch Ahnenkult, aber auch Aufgeschlossenheit gegenüber der Zivilisation, die kriegerischen und stolzen Masai in Kenia und Tansania, die sich für das auserwählte Volk Ostafrikas ansahen: »Am Anfang schuf Gott die Masai. Und dann schuf er die Rinder, damit die Masai leben konnten – ihnen gehören nach göttlichem Recht alle Rinder auf der Welt.«[5] Über dem auserwählten Volk erhebt der Kilimandscharo majestätisch sein schneebedecktes Haupt. Anthropomorphismus, Ethnozentrismus und Narzißmus gibt es also nicht nur in Europa. Die Kikuyu in Kenia, anpassungsfähig, geschäftstüchtig, freiheitsliebend und geistig rege, leben in einem milden Klima und in einer schönen Landschaft, die sie selbst sehr schätzen. Wie sie sich dem christlichen Dogmatismus widersetzten, so auch den deutschen Eroberern im Ersten Weltkrieg. Für die Völkergruppe der Karamojong in Uganda ist die Viehzucht lebenswichtig.

> Ein reicher Herdenbesitzer *zählt* seine Rinder nicht, er *überblickt* sie; selbst wenn es sich um Hunderte handelt, merkt er instinktiv, wenn auch nur eines fehlt. Er tötet Rinder zur Nahrung, für den Gott, aus Reue oder Freude…
>
> Die nomadischen Stämme der Karamojong-Gruppe trotzen jeder fremden Autorität. Die Ankunft des weißen Mannes beunruhigte sie, entmutigte sie aber nicht. Sie wissen, daß ihre Kultur bedroht ist, und viele halten sie bereits für verloren. Dennoch sind sie auch heute noch stark und geeint und bleiben die unerschrockenen Kriegerhirten Afrikas.[6]

Eine ähnliche, wenn auch anders geartete ethnische und kulturelle Vielfalt zeigt sich im südlichen Afrika und in Madagaskar. Auch hier haben Umweltbedingungen das Leben der Stämme von Grund auf geprägt. Auf gesellschaftlichem Gebiet haben sich die rigorose christliche Monogamie und die Diffamierung der Sexualität in den meisten Regionen Afrikas kaum durchsetzen können.

Wenn irgendwo, so strafen die Tatsachen europäischen Hochmut gegenüber den Zulus in Südafrika Lügen. Über die Zulus berichtet ein Augenzeuge, Nathaniel Isaacs, der in der Regierungszeit des großen Herrschers Chaka (1816-28) dort lebte, sie seien die schönsten Menschen, die er je gesehen habe, hochgewachsen, athletisch, wohl proportioniert, mit ebenmäßigen Gesichtszügen, großen Anstrengungen gewachsen und »unvorstellbar gewandt«.

Die Zulus besaßen nicht nur eine Kosmologie mit Ansätzen zu einem evolutionären Weltverständnis, sondern auch eine an Maß und Toleranz orientierte Ethik.

> Am Anfang gab es nur das Höchste Wesen, dem die Himmelskönigin folgte; später trieb ein am Fluß wachsendes Schilfrohr eine Knospe und brachte den Menschen hervor. Die Menschen vermehrten sich, und das Höchste Wesen sandte ein Chamäleon aus, um ihnen sagen zu lassen, daß sie unsterblich seien. Dann sandte es die Eidechse mit der Botschaft aus, die Menschen seien sterblich. Die Eidechse war schneller als das Chamäleon, das sich unterwegs damit aufgehalten hatte, rote Beeren zu fressen. Als das Chamäleon schließlich doch seine Botschaft: ›Die Menschen werden nicht sterben‹ überbrachte, weigerten sich die Menschen, ihm zu glauben, weil sie die Worte der Eidechse für die Wahrheit hielten. Und so kam es, daß die Menschen sterblich wurden.[7]

Wie das Christentum die Religion der Zulus verdrängte, zwangen die weißen Eroberer ihnen auch ihre gesellschaftlichen Maßstäbe auf:

> Die Zulu leiden unter dem Konflikt zwischen ihrem überlieferten kulturellen Erbe und den modernen Kultureinflüssen. In der Zulu-Gesellschaft gilt Mäßigung als das Ideal. Ein Mensch sollte, nach Meinung der Zulu, weder zu viele noch zu wenige der von ihm erstrebten Dinge im Leben erlangen, und er soll seine Nahrung ebenso wie sein Glück mit anderen teilen. Selbst als die Macht der Zulu ihren Höhepunkt erreicht hatte, gerieten diese Grundsätze nicht in Vergessenheit. Der Eroberer Chaka unterwarf seine Feinde, aber er versklavte sie nicht. Der Adel und das einfache Volk ernährten sich von der gleichen Kost und unterstanden den gleichen

> Gesetzen. Die den Zulu aufgezwungene Herrschaft der Weißen mit ihren vom Konkurrenzdenken beeinflußten Wertmaßstäben widerstrebt nicht nur der Lebensauffassung der Zulu, sondern auch ihrer Vorstellung von kollektiver Verantwortung. Sie wurden gezwungen, Werte anzuerkennen, die ihren eigenen Traditionen völlig widersprechen. Ungeachtet all dieser Belastungen ist ihre Kultur noch sehr lebendig.[7]

In Südafrika hat der Freiheitswille der Eingeborenen nach langen, schweren Kämpfen gegen Kolonialismus, Rassismus und Apartheid doch endlich gesiegt und, mit Unterstützung der vernünftigen Weißen, die Vorherrschaft der unbelehrbaren Weißen beendet. Deren unersättliche Habgier hat im Bergbau, in der Suche nach Gold und Diamanten, der Natur tiefe Wunden zugefügt und die schwarze Bevölkerung wenn nicht versklavt, so doch weitgehend instrumentalisiert. Ob die Weißen mit all ihren Schätzen dabei glücklicher lebten als ihre in Ghettos zusammengepferchten Lohnsklaven, läßt sich kaum sagen, aber mindestens haben sie ihnen einen bleibenden Eindruck von weißer Glückseligkeit vermittelt. In Sambia haben die Lozi den Überschwemmungen des Sambesi getrotzt, vorbildliche ökologische Arbeit geleistet und in ihrer Mythologie Unterlegenheit gegenüber der Natur in geistige Überlegenheit verwandelt. Im östlichen Südafrika haben die Xhosa, neben Pondo, Tembu und Swasi, eine beachtliche Lebensphilosophie entwickelt, von der mancher Weiße noch lernen kann und die sich in der Quintessenz mit Kants Moralphilosophie vergleichen läßt: »Umntu ngunatu ngabantu«, »Der Mensch verdankt seine Existenz als Person anderen Menschen« oder: »In jeder Lebensphase soll der Mensch dem Mitmenschen mit Achtung begegnen, um auch von ihm geachtet zu werden.«[8]

Die Simbabwe-Kultur zeugt von hoher technischer Begabung ihrer Schöpfer. Auf Madagaskar haben die Tanala, Antankarana, Vezo und Merina interessante Kulturen hervorgebracht, in denen sich afrikanische und indonesische Bestandteile vermischen, später von islamisch-arabischen und Suaheli-Einflüssen überlagert. Die Tanala oder Waldmenschen zeichnen sich durch Achtung und Höflichkeit aus:

> Förmlichkeit und gegenseitige Achtung kommen nirgends besser zum Ausdruck als bei den höflichen Begrüßungsszenen der Zafimaniry. Trifft ein Mann einen anderen, den er lange nicht gesehen hat, so begrüßt er ihn mit einer wohlgesetzten Rede, worin er alles ausdrückt, was in der Zwischenzeit geschehen ist. Dann muß der Angesprochene alles, möglichst wörtlich, wiederholen, um seine Achtung und sein Interesse kundzutun. Erst nach diesem Beweis seiner Aufmerksamkeit darf er vorbringen, was er selbst in der Zwischenzeit erlebt hat. Dies wiederum muß der Gesprächspartner wörtlich wiederholen. Eine derartige förmliche Begrüßung kann Stunden währen und ist ein eindrucksvoller Nachweis guten Betragens und gegenseitiger Rücksichtnahme.[9]

Daraus könnten einige Moderatoren noch manches für ihre Talk-Shows lernen, in denen ein ›Experte‹ oft dann schon Glück gehabt hat, wenn der andere ihn einen Satz ausreden läßt. Die Eingeborenen am Lac Sacré geben eine ebenso sinnreiche wie evolutionskonforme Erklärung für die Reptilien-Vergangenheit ihrer Spezies, wenn sie glauben, daß die Krokodile ihre Ahnen seien, die einst, als sie einem Fremden einen Trunk Wasser verweigerten, in Krokodile verwandelt wurden.[10]

Die Vezo, ein relativ unbekanntes Fischervolk an der Westküste Madagaskars, zeichnen sich nicht nur durch Geschicklichkeit in der Handhabung ihrer schnellen Auslegerboote aus, sondern auch durch eine bilderreiche, musikalische Sprache, phantasievolle, oft asymmetrisch gezeichnete Muster, den fady, einen Moralkodex von Verboten, einen ausgeprägten Totenkult sowie Sinn für Schmuck und Körperpflege.

Der grazile Körperbau der Merina oder Reisesser weist auf indonesischen Ursprung. Beim Hausbau spielen die Himmelsrichtungen eine wichtige Rolle. Im Inneren ist die Nordostecke der Ahnenverehrung vorbehalten. An der Nordostwand schläft das Familienoberhaupt, südlich und westlich davon schlafen Frau, Kinder und Personal. Die Herdstelle liegt an der Südseite. Neben dem Sinn für Orientierung verfügen die Merina über Sinn für Dichtung, Redekunst und höhere Bildung. Infolge ihrer Anpassungsfähigkeit fanden sie leicht und schnell den Zugang zu Christentum und westlicher Lebensart.

Hatten die Herero in Südwestafrika zuvor mit ihren Nachbarn, den Nama-Hottentotten, fließende Grenzen, da beide Viehzüchter waren und daher das verfügbare Weideland benötigten, wurde alles anders, als 1884 die Deutschen kamen, die sogleich versuchten, die Grenzen zu fixieren und den Eingeborenen ihre Ordnung aufzuzwingen.

> Sie schürten politische Zwistigkeiten und bestraften kurzerhand jene Häuptlinge, die ihnen nicht gehorchten. Diese Politik erwies sich schon nach wenigen Jahren als Fehlschlag, als die afrikanischen Volksgruppen sich gegen die Kolonialmächte erhoben. Die beiden denkwürdigsten Aufstände waren die der Nama und der Herero ... Gegenüber allen in Südwestafrika zurückgebliebenen Herero wandte von Trotha eine Vernichtungspolitik an. ›Auf deutschem Gebiet‹, verkündete er, ›wird jeder Angehörige des Herero-Volkes, ganz gleich ob er bewaffnet oder unbewaffnet ist, erschossen.‹ Als General von Trotha im Jahre 1905 (aus politischen Gründen) abberufen wurde, hatten bereits 80 Prozent der Herero den Tod gefunden.[11]

Die Herero haben das Massaker überlebt und ihre Tradition weiterhin gepflegt: ihren Schöpfungsmythos und die Verehrung des Heiligen Feuers als Inbegriff der Fruchtbarkeit. Dieses Feuer ist auch heute noch nicht erloschen und ist zum Symbol für den Fortbestand des Herero-Volkes geworden. Es ließen sich gewiß noch viele Beispiele für das Scheitern des hybriden Kolonialismus mit seiner Kulturheuchelei finden, aber dies mag genügen, wenn es auch nur dazu dient, ähnliche Verhaltensweisen in Zukunft zu vermeiden.

Fassen wir, bevor wir uns der Hochkultur Ägyptens zuwenden, die Ergebnisse unseres kurzen Streifzuges durch die unbekannteren Regionen des schwarzen Erdteils zusammen!

Die afrikanischen Mythen weisen eine komplexe, ja, üppige Bildervielfalt auf, deren Motive und Thematik ein vages Weltverständnis erkennen lassen, in dem sich die Konturen von Umwelt, Mitwelt, Innenwelt, Überwelt, Unterwelt, Vor- und Nachwelt abzuzeichnen beginnen: Weltentstehung, Verbundenheit des Daseins mit der Natur, der Tier- und Pflanzenwelt, ökologischer Instinkt, Verehrung von Sonne, Mond und Sternen, Himmel und Erde, vorsichtige Trennung von Götter- und Menschenwelt, Ahnenkult, Seelenwanderung, Zusammenhang von Leben und Tod. All dies kehrt in der Mythologie der Ägypter wieder, wenn auch meistens auf ungleich höherem Niveau. Die westlichen Schablonen und Klischees, wie Primitivismus, Animismus, Totemismus, Tabuismus, Mystizismus und Magie erweisen sich als viel zu primitiv, um dem mythischen Weltverständnis gerecht zu werden, von dem der moderne Mensch in seiner Industriegesellschaft noch manches lernen könnte. Nicht zuletzt konfrontiert uns der Impakt ökologischer Probleme mit unseren Versäumnissen, Einseitigkeiten und Fehleinschätzungen von Um-, Mit-, Innen- und Überwelt, mit unserem psychologischen Slum als Folge von Ökonomismus, Kolonialismus, Rassismus und Imperialismus.

Die ägyptische Mythologie enthält, neben der exotischen Bildervielfalt des übrigen Afrika, »Mythen des höheren Bewußtseins«[12], die eine Auslese aus der Materialfülle bieten, den Weizen gleichsam von der Spreu trennen, zum Kern afrikanischer Welt- und Lebensanschauung führen und damit eine bessere Übersicht über die einschlägigen Probleme ermöglichen.

Die ägyptischen Mythen verknüpfen die Bereiche der Umwelt und Gesellschaft systematischer und lassen ein Grundmuster der Wirklichkeit erkennen, das hieratische, statische, monolithische, überzeitliche Züge enthält und in literarischen Texten Gestalt annahm, z. B. in den Pyramidentexten, der frühesten Sammlung religiöser Texte. Damit betreten wir historischen Boden. In der Theogonie von Memphis verbinden sich religiöse mit dynastischen Aspekten.

Ähnlich wie in China vermischen sich Herrscherkult und Naturverehrung, ein erster Schritt zur bewußten Weltgestaltung, die zugleich Gesellschaftsgestaltung ist.

Die Pyramiden, Gräber der Pharaonen, werden zu Denkmälern der Unsterblichkeit, schlagen eine Bresche des Menschen und des Lebens in die tödliche Einöde der alles erdrückenden Wüste, versuchen die Unterlegenheit und Vergänglichkeit alles Lebendigen angesichts der Zeit umzukehren und in einen Sieg des Menschen über die Materie zu verwandeln. Ein arabisches

Sprichwort drückt das so aus: ›Die ganze Welt fürchtet die Zeit, aber die Zeit fürchtet die Pyramiden.‹[13]

Herodot und Platon hatten eine hohe Meinung von der ägyptischen Weisheit, nicht zuletzt wegen ihres Alters. Die Abhängigkeit des Mythos von der Umwelt zeigt sich in den Rollen, welche die Sonne und der Nil in ihm spielen. Die ägyptische Kosmogonie errät teilweise die tatsächlichen Phasen des Universums: Grenzenlosigkeit (Quantenära), Licht (Photonenära), Strukturen (Baryonenära). Die Gefahr einer Flutkatastrophe erzeugte bei den alten Ägyptern eine Grundangst. Der ägyptische Glaube, daß der Sonnengott sich selbst erzeugte, findet in der modernen Konzeption von der Selbstorganisation des Universums sein Analogon. Der Stellenwert der Sonne für alles irdische Leben drückt sich im Sonnenkult aus. Atum, das höchste göttliche Wesen, umfaßt alle Elemente und Kräfte: Teilchen und Wechselwirkungen. Im Gegensatz zur indogermanischen Mythologie sahen die Ägypter die Erde als männliches und den Himmel als weibliches Prinzip an: (anthropomorphe) Polarität. Die Unterscheidung von vier Elementen bei den ionischen Naturphilosophen findet sich im Prinzip auch bei den Ägyptern. Der Vogel Phönix (Benu) wurde zum Symbol der Auferstehung von den Toten, ewiger Erneuerung und ewigen Lebens. Der Beginn des Johannes-Evangeliums erscheint als »Widerhall« einer philosophischen Konzeption aus dem Kreis der Priester von Memphis.[14]

Bekannt ist die im alten Ägypten weit verbreitete Vergöttlichung von Tieren, die der allgemeinen Verbundenheit der Menschen- mit der Tierwelt in Afrika entspricht. Auch auf der Stufe des höheren Bewußtseins verleugnet das Weltverständnis der alten Ägypter offensichtlich seine Verwurzelung im Elementaren nicht.

Asien

Asien wird in ethnographischen, anthropologischen oder kulturgeschichtlichen Darstellungen gewöhnlich in Regionen eingeteilt: Vorderasien oder Vorderer Orient, Mesopotamien, Persien, Zentralasien, Indien, China, Japan oder Südasien, Südostasien und Ostasien. Natürlich ist es hier nicht einmal möglich, alle diese Gebiete gleich ausführlich im Hinblick auf ihre Mythopoiie zu untersuchen, so daß wir Schwerpunkte bilden und selektiv verfahren müssen. Die Auswahlkriterien richten sich mehr nach kosmologischen und anthropologischen als nach theologischen Gesichtspunkten.

1. Vorderasien

Dazu gehören die Türkei, die arabische Welt und Israel. Wer Istanbul ein wenig kennt, in den Basaren eingekauft und stundenlang beharrlich bei Tee oder Kaffee um den Preis einer Ware gehandelt hat, wer gar mit dem Auto über die Bosporusbrücke Europa verläßt, merkt sogleich den Unterschied der Welten: hier beginnt Asien, und das kann und sollte man mindestens einmal erlebt haben. Asien besitzt nicht nur eine andere Atmosphäre als das hektische Mittel- und Westeuropa, sondern auch ein grundverschiedenes Verhältnis zur Zeit. Stellenweise mutet es so an, als sei Alexander der Große hier erst vor ein paar Wochen, Monaten oder Jahren mit seinem Heer durchgezogen, als stünde der Mond über dem einsamen, hügeligen und dann bergigen Anatolien für immer still und als seien die Menschen uralt und blutjung zugleich, meistens fremdenfreundlich und interessiert, selten zugeknöpft und abweisend.

An der Westküste Kleinasiens lag Troja, das angeblich 1184 v. Chr. von griechischen Heerscharen erobert wurde, vor dessen Mauern Achill gegen Hektor kämpfte und, von unsäglichem Zorn erfüllt, dessen Leichnam durch den Staub schleifte. Hier soll Alexander am Grab des Achill dem homerischen Helden ein Opfer dargebracht und seinen Siegeszug durch Asien begonnen haben, und hier haben die ersten ionischen Naturphilosophen die Nabelschnur zum Mythos durchtrennt und dem Logos zum Sieg über Magie und Aberglauben verholfen.

Im Vorderen Orient trafen drei Kontinente mit ihren Religionen und Kulturen aufeinander, aus deren Begegnung viel Heil, aber auch Unheil für die Menschheit entstand. Immer wieder hat der Orient den Westen fasziniert, das alte Rom, das fromme Mittelalter und die wißbegierige Neuzeit, die nicht genug von den Abenteuern aus ›Tausendundeine Nacht‹ bekommen konnte, ihre Wohnräume mit Orientteppichen auslegte und von der Seligkeit der Harems träumte. In den Bergen und Höhlen Kappadokiens, wo einst der sagenhaft reiche König Kroisos herrschte, erlebte das Christentum seine erste große Blüte. Byzanz wurde zum Mittelpunkt einer seltsam hochstilisierten, starren Kultur, und später beherrschte der Islam das Feld. Kreuzritter durchzogen das Land, um das heilige Grab aus den Händen der Ungläubigen zu befreien, und auf einem dieser Kreuzzüge ertrank Kaiser Friedrich I. Barbarossa, dessen Leichnam man nicht finden konnte, dessen Seele aber im Kyffhäuser weitergeistern soll.

Weiter führt uns der Weg, an den Ruinen der Hethiter in Boghazköy vorüber, durch das wilde Kurdistan und über die Pässe des Pontusgebirges nach Mesopotamien, vorbei an den Ruinen von Babylon, wo der persische König Kyros 536 v. Chr. die Juden aus der babylonischen Gefangenschaft befreite, die dann ihre Erlebnisse in Ägypten und Mesopotamien in der Bibel verewigten, und darauf nach Bagdad, der Stadt der Kalifen, wo zur Zeit Karls des Großen der sagenumwobene reiche Harun ar Raschid herrschte.

Uralte Mythen haben sich in diesen Ländern mit historischen Erinnerungen vermischt und eine faszinierende Märchenwelt geschaffen, die auch den phantasielosesten Spießer nicht unbeeindruckt lassen dürfte.

Neben dem Gilgamesch-Epos und zahlreichen anderen Mythen[15] ist hier zunächst einmal das Schöpfungsepos aus Mesopotamien zu nennen. In diesen Mythen wird von kosmischen Ereignissen berichtet, dem Sieg der Ordnung über das Chaos, von Ischtars (Göttin der Fruchtbarkeit) Fahrt in die Unterwelt und Etanas (Halbgott) Himmelfahrt, vom Streben des Menschen nach Unsterblichkeit, von der großen Flut. Es wird aber auch der Versuch unternommen, die kosmischen Prozesse mit moralischen Prinzipien und deren Verletzung zu verknüpfen, den Sinn des Weltgeschehens zu ergründen und die Rolle des Menschen in ihm zu bestimmen, den durchweg ein Hauch von Tragik umgibt (Gilgamesch).

Auf die Schöpfungsmythen der biblischen Genesis weisen letztlich alle kosmologischen Theorien zurück, die eine Schöpfung aus dem Nichts (creatio ex nihilo) annehmen. Den Griechen lag diese Sicht fern. So stellte bereits der Dichter Alkaios (ca. 590 v. Chr., Lesbos) die These auf, an der die griechischen Philosophen durchweg festhielten: Aus Nichts wird Nichts, oder in etwas freierer Version: Von nichts kommt nichts. Den Juden blieb nicht nur der radikale Monotheismus vorbehalten, sondern auch die radikale und folgenschwere Trennung von Natur und Gott. Für die israelische Mythologie ist ferner die geringe Rolle der Tiere bezeichnend. Ausnahme: die Schlange, die den Menschen zum Bösen verführt. »Verwandlungen sind ebenfalls kaum anzutreffen.«[16]

Die Verknüpfung von menschlichem Versagen (Sündenfall) mit Mißgeschicken im Leben zeigt die Neigung zu strenger Gesetzmäßigkeit und Kausalität. Einstein: Gott würfelt nicht. Man kann daraus ersehen, daß auch die hochentwickelte moderne Naturwissenschaft von ideologischen Einflüssen und Credos nicht völlig frei ist. Die Geschichte vom Turmbau zu Babel oder der Satz: Gott läßt die Bäume nicht in den Himmel wachsen, sind von einem tiefen Mißtrauen in menschliche Kreativität geprägt, die sich, vermittelt durch das Christentum, in Vernunft- und Fortschrittsfeindlichkeit niedergeschlagen hat. Die besonders in Deutschland verbreitete Technikfeindschaft scheint hier eine ihrer verhängnisvollen Wurzeln zu haben.

Daß Gott unter den Menschen Sprachverwirrung stiftet, weil er sie um ihr Können und ihre Eintracht beneidet, erscheint bei allem Respekt vor dem konsequenten Monotheismus als eine ziemlich anthropomorphe Annahme.

2. Persien und Zentralasien

Gewiß haben die Juden nicht nur von den Ägyptern und Babyloniern, sondern auch von den Persern gelernt. Entscheidend ist, was sie daraus machten, und das zeichnet sich durch Reinheit, Strenge und Konsequenz aus.

Echt persisch ist der weltbewegende Dualismus von Gut und Böse. In der modernen Kosmologie kehrt dieser Dualismus als Symmetriebruch, Polarität, Teilchen- und Welle-Dualismus sowie jüngst in der Einteilung der Teilchen in Leptonen und Quarks wieder. In der persischen Mythologie werden die Prinzipien Gut und Böse mit Licht und Finsternis verbunden, diese wiederum mit Himmelsrichtungen: das Böse kommt vom Norden.

> Die alten Iraner glaubten, daß der Himmel der Teil der Welt war, der als erster geschaffen wurde. Ursprünglich stellte man sich ihn als eine Art Schale aus Bergkristall vor, die sich nicht nur über, sondern auch unter der Erde wölbte. Später glaubte man, daß er aus Metall sei. Nach dem Himmel wurde das Wasser geschaffen und dann die Erde. Es folgten die Pflanzen und danach die Tiere. Die Menschen entstanden durch einen sechsten Schöpfungsakt und das Feuer wahrscheinlich durch einen siebenten und letzten.[17]

Ansätze zur evolutionären Betrachtungsweise sind zu erkennen, und gegen die Reihenfolge läßt sich kaum etwas einwenden, außer was das Feuer betrifft. Hier dürfte Heraklit der Wahrheit näher gekommen sein.

Folgen wir der Richtung der iranischen Mythologen: Alles Böse kommt vom Norden, so gelangen wir nach Zentralasien, dem Land der Schamanen, Magier und Zauberpriester, des Geisterglaubens und der Dämonen. Auch hier finden wir eine große Vielfalt von durch Umwelt, Klima und Sprache geprägten Mythologemen vor, wobei die Altsibirier ihren vorchristlichen Glauben vielleicht am reinsten bewahrten.

Bei ihnen erscheint der Rabe als Schöpfergott. Aus der nordischen Mythologie sind ja Raben als Begleiter Odins nicht ganz unbekannt. Sie symbolisieren Gedanke und Erinnerung und informieren Odin über das Weltgeschehen. Bei den Griechen und Römern waren Raben als Begleiter Apollons oder des Sonnengottes Helios als Tiere der Weisheit und Weissagung hoch angesehen; ganz anders bei den Juden und Christen: Rabeneltern, Ungläubige. In der Schöpfungsgeschichte des sibirischen Raben spiegeln sich Natur- und Kulturgeschichte in einer bizarren Folge von phantastischen und teilweise skurrilen Einfällen, die den harten Kampf ums Überleben unter sibirischen Lebensbedingungen ziemlich gut veranschaulichen.[18]

Heutige Völker dieser Region sind die Usbeken, Kirgisen und Tadschiken in der ehemaligen Sowjetunion, die Pathanen und Nuristaner in Afghanistan und die Hunza in Pakistan.

Die Usbeken haben nicht vergessen, daß ihre Vorfahren als gefürchtete Reiterkrieger unter Dschingis Chan die damalige Welt (13. Jh.) in Schrecken versetzten. Ungeachtet ihrer sunnitischen Konfession, gibt es noch Schamanen bei ihnen, die in Trance Geister erleben und von ihnen Informationen über die Zukunft bekommen. Andere deuten sich als Seelengefährten von Tieren, was die Verwobenheit der Innen- mit der Umwelt erkennen läßt.

Die Kirgisen, ein wilder, freiheitsliebender Stamm, haben noch viel von ihrem nomadischen Erbe bewahrt, das auch die Sowjets nicht auszurotten vermochten. In ihren Epen leben die Heldentaten ihrer Vorfahren fort, z. B. deren Sieg über die buddhistischen Uiguren (840 n. Chr.). Hier zeigt sich, daß religiöser Fanatismus, Fundamentalismus und Radikalismus schon eine lange Tradition haben:

> Wie ein reißender Gebirgsstrom stürzten wir hinab, wir stürmten gegen die Städte, zerstörten die Tempel der Götzendiener und beschmutzten ihre Götzenbilder mit unserem Kot.[19]

Die Tadschiken, ein Mischvolk aus Europäern und Asiaten, ähneln äußerlich den Usbeken. Der Islam konnte bei ihnen weder Magie, Hexerei und Heiligenverehrung noch Homosexualität und außerehelichen Verkehr völlig unterbinden.

Im Gegensatz zu den liberaleren Tadschiken verfügen die in Afghanistan und Pakistan nomadisierenden Pathanen über einen minuziösen und strengen Verhaltenskodex. In ihren Zelten aus schwarzem Ziegenhaar (Kizdey) ziehen sie in den wärmeren Jahreszeiten umher und zeigen sich Fremden gegenüber eher aufgeschlossen, meistens zum Plaudern und Handeln aufgelegt, aber peinlich genau in ihren religiösen Pflichten. Läßt sich beispielsweise ein Durrani-Mädchen aus der Oberschicht von einem Nicht-Durrani entführen und wird gefaßt, muß es mit der Hinrichtung rechnen.[20]

In das Land der Nuristaner, auch Kafiristan, Land der Heiden, genannt, gelangten die Briten erst 1885. Nach der Bekehrung zum Islam hieß ihr Land Nuristan oder Land des Lichts. Der schottische Arzt George Scott Robertson hat unter den Nuristanern gelebt und ihre Lebensweise in seinem Buch: ›The Kafirs of the Hindu Kush‹ beschrieben: ein stolzes, streitbares, aber auch gastfreundliches Volk, das seine Freiheit lange gegen Moslems und andere Eroberer verteidigte, zuletzt mit der erbeuteten Kalaschnikow.

Um jedes ihrer Dörfer findet man Bewässerungssysteme und Terrassenkulturen, eine ›alpine Wirtschaftsverfassung‹, mit deren Hilfe sie der kargen Umwelt ihre Nahrung abringen. Auf der Grundlage der Arbeitsteilung lösen Ackerbau und halbnomadischer Weidewechsel einander ab. Im wirtschaftlichen Wettbewerb suchen sie Überschüsse zu erzielen und begnügen sich nicht mit dem Lebensnotwendigen.

Die Überproduktion gelangt jedoch nicht auf den Markt zum Verkauf, sondern wird den Bedürftigen zugeführt: ein für die Überlegenheit des homo sapiens über andere Arten charakteristisches soziales Urverhalten, dem man vielleicht etwas Allgemeines über die Hominisation entnehmen kann. Unter schwierigen natürlichen Verhältnissen entwickelte der homo sapiens einige seiner besten Tugenden.

Bei der Regelung von Konflikten beweisen die Nuristaner ihre Friedfertigkeit. Sie kennen Beweisaufnahme und sogar mehrfache Zeugenbefragung. Angesehenen Schiedsrichtern gelingt meistens die Beilegung des Streits. Man zahlt die auferlegte Buße, und das Leben geht weiter. Es scheint eine Relation zwischen äußerer Not und innerem Frieden zu bestehen, oder auch zwischen Überfluß und Streitsucht.

Die Hunza in Pakistan sind in Bergsteiger-Kreisen als Träger wegen ihrer Belastbarkeit beliebt und wegen ihrer Unberechenbarkeit gefürchtet.

> Hunza liegt im äußersten Nordwesten des Himalaya, wo die Gebirge des Karakorums auf die Ketten des Hindukushs und Pamirs stoßen. Sie bilden einen Knoten, den die Bewohner des Hunza-Tals treffend das ›Dach der Welt‹ nennen; Pakistan grenzt hier an China und Afghanistan, und die ›ehemalige‹ Sowjetunion ist nicht weit. Das zerklüftete Land wird von engen Hochtälern voll Felsengeröll durchschnitten, die in weißen Gletschern enden... Um die Hunza hat sich ein Mythos gebildet, der sie als ein altes Volk voller Weisheit hinstellt, das weder Streitigkeiten noch Krankheiten kennt, dessen Angehörige vielmehr innerhalb einer vollkomme-

> nen Gesellschaftsordnung in Frieden und Wohlstand ein hohes Alter erreichen. Nahezu alle, die die Hunza aufgesucht haben, berichten von ihrer Heiterkeit, Höflichkeit und Duldsamkeit und vor allem von ihrem Gemeinschaftssinn; dieser mußte sich jedoch im Kampf bewähren, in einer Umwelt, die im Laufe des letzten Jahrhunderts umwälzende Wandlungen durchgemacht hat.[21]

Hunzas haben zahllose Expeditionen von Bergsteigern begleitet, zum Nanga Parbat, dem deutschen Schicksalsberg, zu Reinhold Messners Arena der Einsamkeit und zum K 2, einem der schönsten, höchsten, aber auch gefährlichsten Berge der Erde. Sie haben, neben den berühmten Sherpas aus Nepal, einen erheblichen Anteil an den Siegen des Alpinismus am ›dritten Pol‹ der Erde. Die Hunzas liefern ein klassisches Beispiel für die Wechselwirkungen zwischen Umwelt, Weltorientierung, Weltbewältigung und Weltverhalten.

3. Südasien

In Südasien ist Indien, das Land der 200 Sprachen und der 62 Theorien über die Seele, das mythenreichste Land. In seiner ethnischen und kulturellen Vielfalt gleicht es eher einem Kontinent als einem Nationalstaat. Aus dem Grenzbereich zwischen Religion und Philosophie stammt ein Mythos des Rigveda, der in dichterischer Form von der Erschaffung der Welt handelt:

> Da war nicht Nichtsein, und da war auch Sein nicht.
> Nicht war das Luftreich noch der Himmel drüber.
> Was regte sich dort? Wo? In wessen Obhut?
> Gab es das Wasser und den tiefen Abgrund?
>
> Nicht Tod und nicht Unsterblichkeit war damals,
> nicht gab's der Tage und der Nächte Anblick.
> Von keinem Wind bewegt das Eine atmet'
> aus eigner Kraft. Nicht andres war als dies nur.
>
> Von Finsternis verborgne Finsternisse,
> ein lichtlos Wogen war dies All im Anfang.
> Von Öde zugedeckt das leere Eine:
> durch innrer Gluten Kraft ward es geboren.
>
> Wer weiß in Wahrheit, wer vermag zu künden,
> woher sie ward, woher sie kam, die Schöpfung?

die Götter reichen nicht in jene Ferne –
wer ist's der weiß, von wo sie ist gekommen?

Von wannen diese Schöpfung ist gekommen,
ob sie geschaffen, ob sie ungeschaffen –
das weiß nur er, der Allbeschauer droben
am höchsten Himmel – oder weiß auch er's nicht?[22]

Da ist nichts, was der modernsten Kosmologie zuwiderliefe. Hier werden auch keine Dogmen präsentiert, sondern es werden im Sinne des Sokrates, der Philosophie und der Wissenschaft Fragen gestellt, das Nichtwissen wird nicht geleugnet, überspielt oder durch Scheinwissen verdeckt, sondern rückhaltlos zugestanden. Der Ursprung des Universums liegt jenseits von Sein und Nichtsein, transzendiert die menschliche Begriffswelt und den Erfahrungshorizont endlicher Intelligenzen. Die moderne Theorie des Urknalls deckt sich im Prinzip mit dieser Aussage. Die Elemente waren anfangs noch nicht entstanden. Auch dieses entspricht der modernen Forschung. Den Tod gab es anfangs nicht. Die biologische Evolutionstheorie bestätigt dies, mithin auch keine Unsterblichkeit als Gegenbegriff zum Tod. Das All war zunächst finster, undurchsichtig: auch dies trifft zu. Der Gedanke des Leeren kehrt bei Demokrit wieder und führte zu modernen Theorien des Vakuums. Daß das Universum aus der eigenen Gluten Kraft entstand, ist, soweit wir sehen können, richtig und deckt sich sowohl mit Heraklits Konzeption vom Urfeuer als auch mit der modernen Vorstellung einer Selbstorganisation des Universums. Auch die Götter vermögen über den Urzustand der Welt keine Auskunft zu geben: eine sehr vernünftige Ansicht im Vergleich zur naiven Annahme eines Schöpfergottes, mit der alle Probleme scheinbar gelöst sind. Ob die Welt geschaffen ist oder nicht, wissen wir heute genau so wenig wie der Verfasser dieser genialen Verse. Stephen Hawking schwankte zwischen beiden Annahmen und neigt heute mehr der aristotelischen Konzeption von der Ewigkeit des Kosmos bzw. des Universums zu.

Auch hier hilft die Reflexion auf die Umweltmitbedingtheit von Theorien und Grundeinstellungen weiter.

> Die Menschen in Indien haben gelernt, mit dem Leid zu leben, das ihnen ihre Umwelt auferlegt. Sie betrachten ihre Naturkatastrophen als etwas, das im täglichen Leben inbegriffen ist; darüber hinaus finden sie ihr Glück in dem Guten, das der Monsun bringt. Sie würden das Wüten der Natur nicht mehr in Frage stellen als den Zorn Gottes. Alle Naturerscheinungen haben zwei Seiten – eine überwältigend wohltuende, aber auch eine zuweilen zerstörende, und in beiden ist Schönheit.[23]

Der westlichen Theologie ist es nicht gelungen, Ungereimtheiten des Monotheismus, wie den Zorn Gottes und andere anthropomorphe Züge, aus ihrem Gottesbegriff zu entfernen, und die Überlegenheit dieses Modells gegenüber einer Sicht, die die Ambivalenz des Weltgeschehens unumwunden anerkennt, ist alles andere als selbstverständlich. Die indische Göttertrias Brahma, Vishnu und Shiva steht der unvoreingenommenen, wissenschaftlichen Betrachtungsweise näher, und am Ende ist es den christlichen Theologen mit ihrem Trinitätsdogma, einer offensichtlichen Mystifikation, selbst nicht gelungen, den strengen jüdischen und islamischen Monotheismus durchzuhalten.

In eine ganz andere, aber deswegen nicht weniger indische Gedankenwelt führen uns die kriegerischen, mobilen und dynamischen Sikh im Pandschab. An eine rauhe Welt der Tatsachen und schneller Veränderung gewöhnt, messen sie den Wert eines Menschen nicht nach seinen Ideen, seinen Worten und seiner Autorität, sondern nach seinem ethischen Verhalten, Tun und Sein. Die Werte der Sikh sind Ehre, Freundschaft und Treue. Bei der Verletzung dieser Werte werden sie zu erbitterten, unversöhnlichen Feinden.

Eine mildere, malerische, fast märchenhafte Umwelt prägt dagegen Leben und Verhalten der Kaschmiri. Über das Land Kaschmir soll ein großer Mogulkaiser gesagt haben: »Wenn es tatsächlich den Himmel auf Erden gäbe, dann ist er hier!«[24]

Die Engländer liebten diese Gegend, besonders als Urlaubsziel. Im Gegensatz zu den Sikhs erscheinen die hinduistischen Kaschmiri weniger starr, eher aufgeschlossen, wandlungsfähig und phantasiebegabt, was sich schon in ihrer reichen philosophischen und literarischen Tradition zeigt, die viele bedeutende

Gelehrte und Dichter, schöne Sagen und Mythen sowie religiöse Vielfalt aufzuweisen hat.

4. Südostasien

Dazu gehören: Hinterindien, Malaiischer Archipel und die Philippinen. Vietnam wurde 111 v. Chr. dem chinesischen Reich einverleibt. Die vietnamesische Kultur ist dagegen viel älter, vielleicht schon 4000 Jahre alt, und kann sich altersmäßig mit den Kulturen Ägyptens und Mesopotamiens messen. Die Existenz der Vietnamesen, die sich vor allem in Flußdeltas und an der Küste ansiedelten, war häufig durch Dürren und Überschwemmungen bedroht. Die Kultivierung des Landes erforderte ungewöhnliche Anstrengungen, was dazu beigetragen haben mag, daß die Vietnamesen nunmehr zu den besten Reisbauern der Erde zählen. 37 offiziell anerkannte Minoritäten in Nordvietnam sorgen für eine beachtliche Vielfalt der Lebensformen. So zeigen die Thai viel Sinn für Kunst und Literatur, die Yao, die im 14. und 15. Jahrhundert aus China einwanderten, einen starken Freiheitsdrang, was sich in ihrem Verhalten sowohl gegenüber den Chinesen als auch gegenüber Franzosen und Amerikanern bemerkbar machte. Saigon entwickelte sich nach und nach zum »Treffpunkt der Kulturen«, hat aber auch, neben den sozialen, mit schweren Verkehrsproblemen zu kämpfen.

Die Bevölkerung Kambodschas ist durch die Roten Khmer in Verruf gekommen. Die Vorfahren der Khmer haben zwischen 802 und 1432 n. Chr. das mächtigste Reich Hinterindiens errichtet. Der Buddhismus wurde zur Staatsreligion und half wohl auch bei der Überbrückung starker sozialer Gegensätze. Die Stellung der Frau im gesellschaftlichen Leben ist vergleichsweise angesehen.

> Die Khmer sind, wenigstens in Friedenszeiten, ein heiteres Volk. Sie haben einen bemerkenswerten Sinn für Humor, sie lachen oder lächeln leicht. Sie haben eine Vorliebe für Lieder und Geschichten, vor allem aber feiern sie gern ... Trotz der Sinnlichkeit, die viele ihrer Sprichwörter, Erzählungen und Lieder kennzeichnet, sind die Khmer – wie die meisten Asiaten – im Grunde prüde.[25]

Wie Vietnamesen und Khmer vorwiegend durch westliche Einflüsse in Verruf gerieten, so auch die Moral der Thailänder, obwohl 80% der Bevölkerung fernab der Vergnügungszentren auf dem Lande lebt. Dort zeigt sich dann wohl auch die eigentliche, unverdorbene Lebensart einer liebenswürdigen, gastfreundlichen, höflichen, aber eher zurückhaltenden Bevölkerung:

> Ob es sich um einen reichen oder armen Gastgeber handelt, der Fremde erhält kühles Wasser aus einem irdenen Topf, Betel zum Kauen oder selbstgezogenen Tabak. Man sitzt auf dem Boden auf Matten, die zu Ehren des Gastes ausgebreitet werden. Die Thai haben ein hochentwickeltes, feines Empfinden für sprachlichen Ausdruck und Anstand. Die Männer sitzen ordentlich im Schneidersitz, die Frauen seitlich auf den Hüften; beide bemühen sich, ihre Füße nicht zu zeigen, die innerhalb des Hauses stets nackt sind. Es ist ungehörig, höher zu stehen oder zu sitzen als ein angesehener Gast oder diesem etwas in anderer Haltung als mit einer Verbeugung und ausgestreckten Armen zu reichen.[26]

Bei den Birmanen hat sich der Festzyklus dem jahreszeitlichen Rhythmus von Regenzeit, kühler und heißer Jahreszeit angepaßt und ist tief von buddhistischer Frömmigkeit durchdrungen. Der Buddhismus kam als Wanderreligion von Indien und Ceylon hierher, der technische Fortschritt aus China. Hinzu kamen später europäische Einflüsse, vor allem von Portugiesen, Franzosen und Briten. Aus einheimischen und fremden Elementen entstand auf diese Weise eine philosophisch orientierte Religion und Kosmologie, die auch die gesellschaftliche Wirklichkeit nicht vernachlässigt und politische Theorie, Architektur und Kunst in ihren weltanschaulichen Horizont einbezieht.

Die Bevölkerung Malaysias scheint nicht nur eine große Vergangenheit, sondern auch eine entsprechende Zukunft zu haben. Die englische Sprache bildet das kommunikative Band zwischen Malaien, Indern und Chinesen. Zu den Proto-Malaien, deren Vorfahren etwa um 2000 v. Chr. aus Yünnan einwanderten, kamen schon seit dem ersten Jahrhundert n. Chr. die Inder, von denen sie den Hinduismus, den Buddhismus und zwischen 1400 und 1600 den Islam übernahmen. Die kulturellen Einflüsse aus Europa blieben dagegen gering.

Während die traditionelle Religion ausstirbt, herrscht in Singapur bei den Chinesen eine Mischung aus Taoismus, Buddhismus und Konfuzianismus vor.

> Es gibt eine Geschichte von drei Weisen, die auf die Merdeka-Brücke zuwandern. Der erste ist Konfuzius, der zweite Laotse, der Begründer des Taoismus, und der dritte Amithabha, ›der Buddha, der das Westliche Paradies regiert‹. Jeder preist seinen Glauben. Konfuzius tritt für die Beseitigung der gesellschaftlichen Gegensätze ein. Laotse hält dieses Problem für unlösbar und befürwortet die Anarchie. Amithabha beschwört seine Gefährten, sich auf das Nirwana in der nächsten Welt, also auf den Zustand des Nicht-Seins und der absoluten Glückseligkeit, vorzubereiten. Während sie die Brücke überschreiten, erhebt sich ein Unwetter. Als der Regen sich verzieht, erblickt man nur einen Mann, der keiner von den dreien ist; die Deutung lautet: In Singapur sind die drei Religionen zu einer einzigen verschmolzen.[27]

Die Geschichte illustriert beispielhaft einen gleichsam archetypischen Mechanismus der Evolution, der sich von der Nukleosynthese in den Anfängen des Universums bis zur subtilsten Form geistiger Komplexität, vom Quark bis zum Jaguar, nach dem gleichen Prinzip vollzieht: das Zusammenwachsen, Verschmelzen, die Synthese. Wenn Singapur heute die sauberste Stadt in Asien ist, dank seines eisernen Fleißes wohlhabender als viele andere Metropolen geworden ist und, falls es so weitermacht, einer großen Zukunft entgegensieht, verdankt es das nicht zuletzt dem Geist der chinesischen Ethik, der sich auf zwei Buchstaben reduzieren läßt: li.

Noch bildhafter, ursprünglicher und mythischer veranschaulicht ein philippinischer Schöpfungsmythos den Zusammenhang von Umwelt, Tierwelt und Menschenwelt, von kosmischer, biologischer und soziokultureller Evolution:

> Eine philippinische Schöpfungslegende erzählt von einer Welt, die nur aus Wasser und Himmel und einem einzigen Lebewesen, einem Vogel, bestand. Viele Jahre lang flog der Vogel über Wellenberge und -täler und fand keinen Platz, sich auszuruhen. Todmüde vom

> ziellosen Umherfliegen, stiftete der Vogel Unfrieden zwischen Himmel und Wasser und zog sich zur Beobachtung des Kampfes an einen entfernten Punkt zurück. Die See tobte und schleuderte hohe, schäumende Wellenkämme gegen den Himmel, während der Himmel aufheulend ein Donnergrollen nach dem anderen über das Wasser rollen ließ. Der Kampf wurde immer heftiger, die See immer wilder, und der Himmel schleuderte Blitze, Fels- und Erdbrocken gegen das Meer, bis sich schließlich einige Stücke Land über die Wellen erhoben. Nachdem wieder Ruhe eingekehrt war, flog der schlaue Vogel zum neu erschaffenen Land hinunter und landete auf den Philippinen, die aus mehr als 7000 wild zerrissenen Inseln bestehen.[28]

Natürlich dominieren in den Mythen dieser Region der Himmel und das Wasser, die für das Überleben der Inselbewohner ausschlaggebend sind. Die Thematik der Mythen rankt sich um die Grundpfeiler ozeanischer Existenz: Erschaffung der Welt, der Sonne und des Mondes, Entstehung der spezifischen Pflanzen- und Tierwelt, vor allem aber des Meeres, der großen Fluten, der Meereserscheinungen und Meeresungeheuer. Von den Fidschi-Inseln ist beispielsweise eine Flutmythe überliefert, welche die Flut auf eine von den Menschen verhöhnte große Schlange zurückführt, mithin auf ein falsches Überlegenheitsgefühl gegenüber den Naturmächten.

In solchen auf den ersten Blick unsinnigen Erzählungen findet der sorgfältige Betrachter, neben der Intuition für das Naturgeschehen, verblüffende psychologische Einsichten, um die wir die Mythenerfinder nur beneiden können. Natürlich sind nicht alle Geschichten sinnträchtig und von gleicher Qualität, und man kann sich daher nie genug vor falschem Tiefsinn und Überinterpretation hüten.

Die Balinesen besitzen eine uralte Kultur, in der ganz moderne Erkenntnisse, wie Ambivalenz, Komplexität und Gleichgewicht der Kräfte ansatzweise auftreten. Neben Sonne, Erde und Wasser als Lebensquellen werden hier wasserspendende Berge als Quellen der Fruchtbarkeit verehrt. Während gute Götter und Geister die eine Seite, die Überwelt, bevölkern, hausen auf der anderen Seite, in der Unterwelt, böse Geister und Dämonen. Da das tägliche Leben beiden Kräften ausgesetzt ist, muß man die einen verehren, die anderen besänftigen und so ein ›fließendes Gleichgewicht‹ herstellen, das durch ein komplexes System von Ritualen und Zeremonien erhalten wird, in dem jeder genau seinen Platz und seine Rolle kennt:

> Die meisten Balinesen führen ein sehr aktives Leben. Die Religion und die Gemeinschaft geben auch den Ärmsten die Möglichkeit zu einem erfüllten Dasein. Darin liegt die Schönheit von Bali und die mächtige Anziehungskraft, die es auf die industrialisierte Welt ausübt.[29]

5. Ostasien

Hierher gehören vor allem China, Korea und Japan. Daß China ein mythenarmes Land ist, ist eine Halbwahrheit, die aber seit der Zeit des deutschen Idealismus in ein Vorurteil überging, so bei F. W. J. Schelling, der von den Chinesen behauptete: »Es ist ein absolut unmythologisches Volk.«[30] Schon ein Blick auf die chinesische, naturorientierte Religion straft diese Übertreibung Lügen. Was die Chinesen allerdings von Indern und manchen Indonesiern unterscheidet, ist die Disziplinierung ihrer Phantasie, ein altes konfuzianisches Erbe, das die Chinesen wenn nicht zu Positivisten, so doch zu erstklassigen Mathematikern und eher zu Historikern als zu Mythologen erzog. In der Zeit der großen chinesischen Dynastien qualifizierten sich die Staatsmänner weniger durch technisches Wissen als durch literarisches Können.

Zum Handwerk des Politikers gehörten Dichtung, Philosophie und historische Bildung. In seinem Buch: ›Das Antlitz Chinas‹ (1990) hat Wolfgang Bauer, anhand einer Geschichte der autobiographischen Selbstdarstellung in der chinesischen Literatur, wesentliche Aspekte chinesischer Welt- und Lebensanschauung ans Licht gebracht:

> Vielleicht war gerade der stark historisch orientierte Geist, der seit frühesten Zeiten den überwiegenden Teil der chinesischen Intelligenz auszeichnete, dafür verantwortlich, daß in China die Einheit von dem Ich und der Rolle in seiner Umgebung stärker empfunden wurde als im Abendland.[31]

Man darf also von vornherein die chinesischen Mythen nicht am Maßstab griechischer oder indischer Mythologie messen. Die chinesischen Geschichten ranken sich oft um mehr oder weniger historische Persönlichkeiten. So geraten wir in ein eigenartiges geistiges Feld zwischen Religion, Geschichte und Dichtung, das uns zunächst fremd anmutet, aber dann vertrauter wird, wenn wir uns etwa an die Römer erinnern, denen auch Geschichte mehr bedeutete als Mythologie.

> Ehe Himmel und Erde sich getrennt hatten, war alles ein großer Ball von Wasserdunst, der hieß das Chaos. Zu jener Zeit formten sich die Geister der fünf Grundkräfte, und es wurden fünf Alte daraus. Der eine hieß der gelbe Alte, das war der Beherrscher der Erde. Der zweite hieß der rote Herr, das war der Beherrscher des Feuers. Der dritte hieß der dunkle Herr, das war der Beherrscher des Wassers. Der vierte hieß der Holzfürst, das war der Beherrscher des Holzes. Zuletzt kam die Metallmutter, die Herrin der Metalle.[32]

In dieser etwas prosaisch anmutenden Aufzählung verbinden sich chinesischer Geister- und Ahnenkult sowie die Ehrfurcht vor dem Alter mit dem auch für die chinesische Philosophie typischen Herrschaftswissen, wobei der praktische Zug (Holz, Metall) nicht zu verkennen ist. Ob man sich den Ball am Anfang der Welt als Wasser- oder Feuerball vorstellt, interessiert hier weniger, ist doch auch in der modernen Kosmologie von Urknall, Ursuppe und Photonensee die Rede. Im Gegensatz zum Inselvolk der Japaner und den Anwohnern des Atlantik entwickelten die Bewohner des Reichs der Mitte nie ein besonderes Verhältnis zum Meer, was zu einer für China folgenschweren Vernachlässigung der Seefahrt führte. Die Liste der Elemente deckt sich nur teilweise mit der der ionischen Naturphilosophen: Erde, Feuer, Wasser. Holz und Metall gehören nicht dahin und zeigen eine zutreffendere Orientierung des Westens, aus der dann auch eine Naturphilosophie und Naturwissenschaften erwuchsen, denen die Chinesen nichts Gleichwertiges entgegenzustellen hatten. Die Mythen aus Formosa, die sich mit Himmelserscheinungen oder der großen Flut befassen, ähneln denen Chinas und Japans und interessieren hier nicht weiter. In soziokultureller Beziehung erscheinen Korea und China eng verbunden:

> Die Koreaner haben Bildung stets als äußerst wichtig betrachtet. Wenn ein Koreaner früher keinen akademischen Grad vorwies, der eine gute Kenntnis der chinesischen Klassiker erforderte, konnte er kein Beamter werden. Nur die Arbeit eines Beamten war eines Gentlemans würdig. Obwohl die Bauern im Konfuzianismus theoretisch geachtet waren, wurden sie in Wirklichkeit verachtet und ausgebeutet. Auch jede andere Beschäftigung, angefangen vom Soldaten über den Kaufmann, Arbeiter und Schreiber bis zum Schlachter, Schauspieler oder Schamanen, betrachtete man als unter der menschlichen Würde stehend. Diese traditionelle Ansicht hat ihren Stempel hinterlassen, und noch heute schätzen die Koreaner Bildung hoch ein.[33]

Die Mythen der Japaner wurden im achten Jahrhundert aufgezeichnet (Kojiki, Nihongi), stammen aber aus älterer Zeit. Hervorzuheben sind die Ainu, die Ureinwohner Japans, deren Mythen einerseits den sibirischen, andererseits denen der nordamerikanischen Urbevölkerung ähneln. Manches davon, so die Geschichte vom Himmelsmädchen, ist in die Weltliteratur eingegangen. Zentral für das japanische Selbstverständnis ist der Mythos von der Entstehung der Insel. Die Gottheiten Izanagi und Izanami erhielten von den Himmlischen den Auftrag, Japan zu gestalten:

> ›Schaffet, befestiget und vollendet dieses umhertreibende Land!‹ Sie gaben ihnen einen himmlischen Juwelenspeer. Die beiden Gottheiten standen nun auf der schwebenden Brücke des Himmels, stießen den Juwelenspeer nach unten und rührten damit herum. Und als sie die salzige Flut gerührt hatten, bis sie sich zäh verdickte, und den Speer dann heraufzogen, häufte sich die von der Speerspitze herabträufelnde Salzflut an und wurde eine Insel.[34]

Gewiß eine rührende Geschichte, aber nicht zu phantastisch?

Kaum weniger phantastisch, sollte man meinen, als die von renommierten modernen Kosmologen (F. Hoyle, Ch. Wickramasinghe) vertretene Eisennadeltheorie, der zufolge der Kosmos mit Eisennadeln angefüllt war, um die herum sich das Universum dann gebildet hat (Steady-State-Modell)[35], wobei die japanische Version mindestens den Vorzug hat, weniger prosaisch zu sein. Andere japanische Mythen erzählen von Izanagis Unterweltsfahrt, dem Raub der Sonnengöttin oder dem Ursprung der Stechmücken.

> Eine der grundsätzlichen Vorstellungen der Religion der Ainu war diejenige, daß alle Lebewesen und Naturerscheinungen *Kamui* sind. Der Begriff ähnelt dem japanischen Wort *Kami* beträchtlich, das im Schintoismus die Gottheiten bezeichnet. Die einzelnen Tiere wurden als *Kamui* behandelt, und man stellte sie sich gleichzeitig als Bestandteil des großen *Kamui* vor, des ›Wächters‹ und der Substanz der gesamten Art.[36]

Einen ähnlichen Glauben an die Göttlichkeit der Tiere, den man hier als primitiv ansieht, sucht man in der Bibel vergebens. Australische Mythologen machten sich Gedanken darüber, woher der Frost kommt und wie die Blumen wieder in die Welt kommen könnten, nachdem die Erde einmal verödet war. Die Industriegesellschaft, die das größte Artensterben der Erdgeschichte verursacht, kümmert sich mehrheitlich den Teufel um die Kassandrarufe der Ökologen.

Polynesien besitzt einen großen Schatz von Mythen, die sich auch mit dem Weiterleben nach dem Tod befassen. Ein ganzer Mythenzyklus rankt sich um Maui, den Stammvater und Kulturheros der Maori auf Neuseeland. Er soll einst die Nordinsel Neuseelands mit dem Fischhaken aus dem Meer gezogen und die Sonne zu einer langsameren Gangart bewogen haben. Gegen die Göttin der Unterwelt und den Tod vermochte jedoch auch er nichts auszurichten. Die Mythenerfinder rangen also mit den gleichen Problemen wie heute die Kosmologen, Geowissenschaftler, Biologen und Evolutionstheoretiker. Die Antworten änderten sich, die Fragen blieben die gleichen.

Europa

In Europa lassen sich sechs Mythen-Bereiche unterscheiden:

Griechenland, Rom, Irland und Britannien, Germanien, Finnland und Rußland bzw. Osteuropa. Eine andere Einteilung kommt mit vier Gruppen aus: Griechische, Römische, Keltische und Nordische Mythen. Die griechische Mythologie ist die reichhaltigste und läßt den Übergang zur Philosophie besonders gut erkennen. Bei Hesiod (um 750 v. Chr.) erscheinen Kosmogonie und Theogonie miteinander verknüpft. Weltzeitalter werden deutlich unterschieden, ebenso Götter, Dämonen und Heroen. Von den großen Sagenzyklen erfreuen sich besonders folgende großer Beliebtheit: Kreta, Theben, Argonauten, Herakles, Troja. Außerdem gibt es noch reichlich lokale Sagen, Märchen und Romane. Römische Mythen, Sagen oder Legenden zeigen einen starken historischen Einschlag und ranken sich um die Geschichte Roms: Aeneas, Romulus und die römischen Könige, Helden der Republik, einheimische und importierte Götter, das Pantheon, Kulte und Feste, Ovids ›Metamorphosen‹, ein mythologisches Kompendium in eleganten Hexametern. Zu den Keltischen Mythen werden der Ulster-Zyklus gezählt, einige ältere walisische Mythen, kosmische Mythen, Tiergeschichten sowie Erzählungen von Tod, Wiedergeburt und der Anderswelt, zu den Nordischen Mythen die Erzählungen von den Asen, Wanen, bedeutenden Königen und Helden, von Odin und Thor, Balder und Loki sowie ebenfalls kosmische Mythen.

1. Griechenland

Das Weltbild, das die ältesten griechischen Mythologen ihren Geschichten zugrunde legten, kennt die Randgebiete dreier Kontinente, Afrikas, Asiens und Europas. Der Horizont geht nicht weit über die Ägäis und das östliche Mittelmeer hinaus. Alles, was jenseits davon liegt, verschwimmt im Nebel des Unbekannten. Im Süden bilden Nordafrika, also Ägypten, Libyen und Äthiopien die Grenze, im Westen die Säulen des Herakles (Gibraltar). Das westliche Mittelmeer, Italien und Sizilien sind weithin unbekannt, von dem Gebiet nördlich der Alpen nicht zu reden, wo die Nordleute oder Hyperboreer wohnen. Das Schwarze Meer, der Kaukasus, der Iran und Arabien sind Randgebiete in diesem Weltbild, und diese Welt wird rings vom Okeanos umflossen.

Im frühesten Weltbild erscheint zu Beginn das Chaos. Nachdem sich Erde, Über- und Unterwelt getrennt hatten, desgleichen Licht und Finsternis, begann, so würden wir sagen, die Erdgeschichte. Für die Mythologen waren bei der Erdgestaltung wilde

Kräfte, in Gestalt von Giganten, Titanen, Göttern und Dämonen am Werk, die um die Vorherrschaft rangen. Schließlich siegten die ordnenden Kräfte, der kreative Eros, und es entstand der Kosmos, die geordnete, gesetzmäßige und geregelte Welt mit Zeus an der Spitze. Drei Hauptgötter teilten sich die Weltherrschaft:

> Die siegreichen Olympier, Poseidon, Hades und Zeus, teilten nun die Welt unter sich auf: Poseidon wurde Herr der Gewässer, Hades erhielt die Unterwelt und Zeus, der jüngste der Brüder, herrschte seitdem über Himmel und Erde, Blitz und Donner. Zu recht überragte er seine Geschwister an Macht, tat er sich doch in den noch folgenden Kämpfen gegen die Giganten und den feuerspeienden Typhon erneut hervor wie kein zweiter. In einem aber waren die beiden großen Mythensänger der Griechen uneins: Homer sah in der Moira, dem Schicksal, eine konkurrierende selbständige Macht, während Hesiod die Moiren Zeus als Töchter unterordnete.[37]

Die Mythe entspricht dem Grundmuster der Evolution weitgehend: Von ungeordneten zu geordneten Zuständen, sowohl in der kosmischen und biologischen als auch in der soziokulturellen Evolution. Die stärkste Ordnungskraft setzt sich durch und beherrscht den größten Teil der Welt, sei es, daß diese Herrschaft unpersönlich (Homer: Moira), sei es, daß sie persönlich (Hesiod: Moiren) vorgestellt wird. In dem Ordnungshüter Zeus treffen sich beide Konzeptionen. Im Eros kommt die dynamische, kreative Komponente zur Wirkung, die im Weltbegriff des Empedokles und in Platons Dialog ›Symposion‹ wiederkehrt. Hier könnte man mit genügend Phantasie sogar schon die vier Ursachen des Aristoteles ansiedeln: Chaos für Stoff, Ordnung für Form, Eros für Bewegung und Zeus für den Lenker, das Zweckprinzip oder den unbewegten Beweger.

2. Rom

Die Römer, von jeher mehr an der soziokulturellen als an der biologischen Evolution interessiert, haben die Lehre von den Zeitaltern aufgegriffen und ausgestaltet. 700 Jahre nach Hesiod hat der geniale Ovid, dem die Verse nur so aus der Feder flossen:

»Was immer ich zu sagen versuchte, es wurde ein Vers daraus«, die Lehre von den Zeitaltern aus römischer Sicht in Verse gesetzt. Prometheus erscheint im Goldenen Zeitalter Saturns (Kronos) als Schöpfer des Menschen. Damals lebten die Menschen in Muße und ewigem Frühling sorglos dahin, ohne Richter und Gesetze zu benötigen. Als aber Jupiter im Silbernen Zeitalter zur Weltherrschaft gelangte, führte er vier Jahreszeiten ein und verdammte die Menschen zu harter Arbeit, zu Ackerbau und Viehzucht. Im Ehernen Zeitalter, das dem Silbernen folgte, nahmen die Menschen das Ruder in die Hand. Aus Pflugscharen schmiedeten sie Schwerter und begannen Kriege zu führen. Noch schlimmer wurde es nach Ovid im Eisernen, seinem Zeitalter, als Betrug, Habgier, Untreue und Verrat anfingen, das Feld zu beherrschen. Es folgen einige Verse aus seiner Darstellung des Goldenen und des Eisernen Zeitalters:

> Während die anderen Wesen gebückt zur Erde sich neigen,
> ließ er den Menschen das Haupt zum Himmel emporrichten:
> er sollte den Blick nach oben, zu den Sternen erheben.
> Also war nun die Erde verwandelt: soeben noch formlos, roh,
> ward sie geschmückt nun mit Menschengestalten, den neuen.
> Und es entstand die erste, die goldene Zeit ...
> Nun aber herrschen Betrug, Habgier und Verrat vor:
> Nur vom Raub wird gelebt. Der Freund ist vor dem Freund nicht mehr sicher, der Schwiegervater nicht vor dem Schwiegersohn, auch Bruderliebe ist selten.[38]

Ovid (43 v.–18 n. Chr.) hatte den Übergang von der Republik zum Prinzipat miterlebt und war nach dem fernen Tomi am Schwarzen Meer verbannt, von wo er in seinen ›Tristien‹ wehmütig nach Rom und auf die ›gute alte Zeit‹ zurückblickte. Für den wahren Römer folgte aus der Bevorzugung des Menschen vor den anderen Lebewesen die Verpflichtung zur Weltgestaltung. Kaisertum, Dominat und Imperialismus ließen sich mit den alten Idealen kaum mehr vereinbaren, und viele ehrenwerte Römer (Brutus, Cicero) zerbrachen an dieser Wende zum Schlechteren.

3. Die Kelten

Die Keltische Kultur gehört zu den von Römern, Galliern und Germanen verdrängten Kulturen. Auf den britischen Inseln haben einige ihrer Reste in Sprache und Kultur relativ unbeschadet überlebt. Auf das an den Zeitbegriff der Speziellen Relativitätstheorie vorausweisende Zeiterleben der Kelten und ihre Vorstellung von der »Anderswelt« wurde bereits im ersten Kapitel hingewiesen. Hier noch einige weiterführende Ergänzungen zu diesem Thema:

> Ein seltsames Merkmal der die Anderswelt bewohnenden Wesen ist, daß sie manchmal auf die Hilfe der Sterblichen angewiesen sind, ohne die sie bestimmte Handlungen nicht ausführen können ... Archäologische Funde deuten darauf hin, daß die Kelten bestimmte Glaubensansichten über den Tod hatten, und es gibt Hinweise darauf, daß sie durch Rituale mit den Mächten der Unterwelt Kontakt aufzunehmen versuchten ... Das eindringlichste Symbol für Erneuerung und Regeneration, das sowohl in der irischen als auch in der walisischen Mythologie vorkommt, ist der ›Kessel der Wiedergeburt‹ ... Ein Aspekt der keltischen Anschauungen über Tod und Wiedergeburt kommt in dem Motiv der göttlichen Jagd zum Ausdruck. Da bei der Jagd durch Blutvergießen – also Tod eines Geschöpfes – Nahrung und damit Leben für andere Geschöpfe entsteht, wurde sie zum Sinnbild für Auferstehung ... Vögel, die sich im Flug von der Erde erheben können, wurden mit der nach dem Tod eines Menschen vom Körper befreiten Seele identifiziert – eine Vorstellung, die sich bis in die christliche Symbolik des Mittelalters erhalten hat ... Gottheiten der Anderswelt standen oft zu Vögeln in Beziehung ... Mit Hirschen verband sich die Vorstellung von Wiedergeburt, weil sie ihr Geweih abwarfen und dieses dann neu wuchs. Das ließ an das Absterben der Natur im Winter und ihr Wiederaufblühen im Frühjahr denken ... Auch Bäume waren Sinnbilder für Erneuerung ... Bäume galten auch als Bindeglieder zwischen Leben und Tod, der Ober- und der Unterwelt, weil ihre Äste in den Himmel ragten, während die Wurzeln tief ins Erdreich drangen.[39]

Waren die Kelten mit ihren teilweise seltsam anmutenden Vorstellungen zu weit hinter der Zeit und unter dem Niveau der Römer zurück, oder ihnen zu weit voraus? Auch das wäre in der

Evolution denkbar. Ihre Vorstellungen von Anderswelt (Transzendenz), Regeneration, (ansatzweise) Nahrungskette und Verflochtenheit alles Lebendigen erscheinen im gegenwärtigen Zeitalter der Evolution und Ökologie kaum mehr als archaisch, primitiv oder exotisch. Auf jeden Fall dürfte es sich lohnen, ihren lange vernachlässigten Bildern, Vorstellungen und Motiven nachzugehen und sie genauer zu erforschen.

4. Nordeuropa

Wir fassen hier die finnischen, germanischen und nordischen Kulturkreise aus Platzgründen, nicht wegen ihrer Verwandtschaft, zusammen. Insgesamt sind sie besser erforscht oder wenigstens bekannter als die keltischen Traditionen. Da im ersten Kapitel schon ausführlicher von nordischen Mythen die Rede war, beschränken wir uns hier auf einige Ergänzungen.

Auf die Fragen nach Entstehung und Alter der Welt antwortet der Mythos aus dem Erfahrungshorizont der Nordvölker: In der Nordhälfte der Welt herrscht Eiseskälte. Diese unwirtliche Gegend heißt Nebelland oder Niflheim. In einem anderen Teil der Welt, in Muspell, wo Flammen hoch auflodern, ist es dagegen schrecklich heiß. Dort, wohin die Funken aus Muspellsheim gelangten, schmolz das Eis, aus dessen Schmelzwasser der Frostriese Ymir und das Geschlecht der Frostriesen entstanden. Aber wovon lebte Ymir? Von der Milch einer Kuh, die auch bei der Eisschmelze entstanden war. Und wovon lebte die Kuh?

> Sie beleckte die Eisblöcke, die salzig waren, und den ersten Tag, da sie die Steine beleckte, kam aus den Steinen am Abend Menschenhaar hervor, den andern Tag eines Mannes Haupt, den dritten Tag war es ein ganzer Mann ... und der zeugte einen Sohn namens Bur. Dieser heiratete eine Riesin, mit der er drei Söhne hatte – Odin, Wili und We.[40]

Dann folgt, aber anders als bei den Griechen, nicht Zeus, sondern die Ära Odin, der ein Auge einbüßte, weil er nur einen Schluck aus der Quelle der Weisheit trank: das könnte man mit der Instinktschwächung infolge der Gehirnzunahme in Verbindung bringen. Es zeigt aber auch, wie schwer den Barbaren der

Weg zur Vernunft fiel. Die Geschichte Europas liefert einen Bilderbuch-Kommentar zu diesem Sachverhalt.

Vernunftfeindschaft begegnen wir nicht nur bei Luther, Rousseau und Nietzsche, sondern sie erreichte im 20. Jahrhundert in Deutschland ihren bisherigen Höchst- bzw. Tiefstpunkt. Die Bezeichnung ›Barbaren‹ wertete Nietzsche lange vor Hitler auf, der sie dann zur Auszeichnung erhob.

Die finnischen Mythen berichten vom ewigen Kampf des Lichts mit der Finsternis und spiegeln so die Problematik einer Umwelt, die vom Sonnenlicht stiefmütterlicher bedacht wurde als andere Weltgegenden. Sie lassen auch etwas von der Bedeutung des für die Menschheit lebenswichtigen Feuers erahnen, das den Helden des Mythos entglitten war und das sie nun wieder einfangen müssen.

> Immer weiter eilte das Feuer nach Norden und hinterließ überall nur Asche. Ilmarinen und Wäinämöinen folgten ihm, und als es an das Meer kam und auf dem Steingeröll des Ufers nicht genug Nahrung fand, gelang es Wäinämöinen, es einzufangen. Nun konnten die Menschen wieder am warmen Ofen sitzen und beim Licht des flackernden Kienspans ihre Arbeit verrichten. Allein der Himmel blieb finster. Matt schimmerten die Sterne, die Saaten verkümmerten, die Vögel sangen nicht mehr, das Vieh magerte ab. Niemand wußte mehr, ob es Morgen oder Abend sei. Da befragte Wäinämöinen das Los und erfuhr, daß Louhi Sonne und Mond gefangenhalte. Lange schon hatte er es geahnt.[41]

Den Helden gelingt es dann, Sonne und Mond wieder aus der Gefangenschaft der bösen Herrscherin des Nordens zu befreien. Man fühlt sich sogleich an die Sherpas in Nepal erinnert, die eine Mondfinsternis ähnlich interpretieren.

5. Osteuropa

Wie das Beispiel des Dionysos zeigt, kennt der Mythos nicht nur Helden, Heil- und Kulturbringer, sondern auch Kulturzerstörer, Mächte des Unheils und des Wahnsinns. Die erste europäische Dichtung, Homers ›Ilias‹ (6,128–140), erwähnt beiläufig den Kampf des thrakischen Königs Lykurgos gegen den Dionysos-Kult in seinem Land, der von den Griechen als fremd und gefährlich empfunden wurde, ähnlich wie der aus Afrika stammende Voodoo-Kult, die Aum-Sekte in Japan oder die Satansanbeter in Europa. Lykurgos vertrieb zwar den Gott, der ins Meer sprang, und sein Gefolge, aber er wurde seines Sieges nicht froh und fand ein frühes Ende.

Einen Schritt weiter aus dem Halbdunkel der Vorgeschichte ins Licht der Geschichte und auf den Boden der Tatsachen führt uns der griechische Historiker Herodot (4,78–80), der von einem skythischen König namens Skylas in Olbia am Dnjepr berichtet, der sich in die dionysischen Mysterien einweihen ließ und sich danach wie ein Wahnsinniger aufführte. Der griechische Tragödiendichter Euripides behandelte das Thema in seiner letzten großartigen Tragödie, den Bakchai, und verlegte den Schauplatz des grausigen Geschehens nach Griechenland. Auch hier versucht ein König (Pentheus) vergeblich, den Wahnsinn zu bekämpfen, und wird von seiner eigenen Mutter und einer Schar rasender Frauen in Stücke gerissen.

Im 19. Jahrhundert fand der Gott des Wahnsinns und des Todes in Zarathustra-Nietzsche einen neuen Apostel, der sich sogar mit Dionysos identifizierte, ihn gegen den Gekreuzigten ausspielte und schließlich das Schicksal des Gottes seiner Wahl teilte und in geistige Umnachtung verfiel. A. Rosenberg, der Papst der Nazis und Verkünder der Herrenrasse, setzte Nietzsches Verrat an den christlichen und humanistischen Idealen in seinem ›Mythos des 20. Jahrhunderts‹ fort, an dessen Ende der Holocaust und die größte Katastrophe der deutschen Geschichte stand.

Mythen können in der Geschichte offensichtlich wie Dynamit wirken und zu Rückfällen des homo sapiens in eine grauenvolle Vergangenheit des Hordendaseins, blutrünstiger Orgien, des Kannibalismus oder des furor teutonicus führen.

Mythen sind also ambivalent und offen zum Heil wie zum Unheil. Die ethnische Säuberung der Panslawisten in Jugoslawien ist ein weiterer Ausbruch solchen Wahnsinns, ganz in der Nähe seines Ursprungslandes. Eine gewisse Kontinuität, nicht nur der Vernunft sondern auch des Wahnsinns, läßt sich wohl kaum leugnen. Von der Evolution zur Pronoia auserkoren, gerät der homo sapiens immer wieder einmal in den Bann der Paranoia.

Amerika

Die Szenarien der Mythologie decken sich geographisch mit der allgemein üblichen Einteilung in Nord-, Mittel- und Südamerika, wobei die Besiedlung wahrscheinlich vom Norden her erfolgte, wenn auch Kontakte Südostasiens über den südlichen Pazifik mit Südamerika nicht ausgeschlossen erscheinen.

1. Nordamerika

In den vor allem im Osten verbreiteten Mythen der Eskimo spielen das Meer, die Erschaffung der Welt und die Flut eine Rolle, ferner die Meeresgöttin Sedna sowie der Rabe und der Adler als Heilbringer, daneben Schamanismus, Magie und Seelenglaube. Die Religion der nordamerikanischen Indianer wurzelt in Animismus, Totemismus und Nagualismus, dem Glauben an einen Schutzgeist, der, oft in einem Tier verkörpert, den Menschen von der Jünglingsweihe an zeitlebens begleitet. Die Zahl ›vier‹ hat in ganz Amerika symbolische Bedeutung. Mehrere Weltzeitalter werden unterschieden, von Sonne und Mond, Fluten und Wanderungen ist in den Mythen die Rede, von Heilbringern, ihrem Auftreten, ihren Kämpfen und ihrem Verschwinden. Eine ausführlichere Kosmogonie findet sich bei den Pueblo-Indianern Neumexikos. In der Mythologie der Eskimos lebt die Erinnerung an die Eiszeit fort:

> Die erste Erde, die entstand, hatte weder Meere noch Gebirge, sondern war ganz glatt. Ihm da droben gefielen die Menschen auf dieser Erde nicht, und er zerstörte die Erde. Sie zerbarst. Die Menschen fielen in die Spalten und wurden Geister der Unterwelt. Wasser überströmte alles. Dann entstand die Erde von neuem und war mit einem großen Eisgletscher bedeckt. Der verschwand allmählich, und vom Himmel kamen zwei Menschen herab, von denen die Erde bevölkert wurde. Jahr um Jahr nimmt der Eisgletscher ab, und an vielen Orten sieht man noch Zeichen aus der Zeit, da das Meer über den Bergen stand.[42]

Eine Kosmogonie der Indianer enthält einige mit modernen Weltmodellen durchweg kompatible Vorstellungen: Raumzeit, Vakuum, Übergang von der Dunkelheit zum Licht, Kompaktifizierung, Aggregatzustände, Ideen, die Gestalt annehmen, zentrale Bedeutung der Sonne, Entstehung der Meere:

Vor dem Anbeginn aller Dinge hatte allein Awonawilona, der Schöpfer und Allerhalter, Wesenheit. Sonst gab es nichts durch den weiten Raum der Zeiten, als allenthalben schwarze Dunkelheit und öde Leere. Da faßte Awonawilona bei sich einen Gedanken, und der Gedanke nahm Gestalt an und trat in den Raum hinaus, wodurch Wachstumsnebel, Dämpfe voll Kraft des Werdens, sich entwickelten und emporstiegen. Der Allerhalter aber verwandelte sich vermöge des in ihm wohnenden Wissens in Gestalt und Wesenheit der Sonne, die unser aller Vater ist. Und als sie erschien, erfüllte der Raum sich mit Licht, und die Nebel verdichteten sich und sanken, wodurch Wasser sich niederschlug und das weltumspannende Meer entstand.[43]

2. Mittelamerika

Von den zahlreichen Kulturen dieser Region haben besonders drei geschichtliche Bedeutung erlangt, die der Tolteken, Azteken und der Maya. Charakteristisch für die toltekisch-aztekische Religion war das hohe Niveau von Astronomie, Mathematik und historischer Chronologie. Es wurden mehrere Epochen der Erd- und Menschengeschichte unterschieden, ja sogar neun Himmel und drei Totenreiche. Andere Themen sind die Erschaffung der Welt, der Ursprung des Menschen und der Nahrungspflanzen, die Wanderung der Azteken, der Ursprung der Kultur, die Lebensläufe der Kulturbringer, das Reich der Götter und der Untergang der Welt.

Mesoamerikanische Kalendersysteme dienten keineswegs nur der Abmessung bestimmter Zeitabschnitte des alltäglichen Lebens, wie etwa der dreizehntägigen Wochen, zwanzigtägigen Monate und der 365-Tage-Sonnenjahre, sondern man unterschied mit ihrer Hilfe Perioden, in denen heilige und oft gefährliche Kräfte besonders wirksam waren. Die Völker des alten Mesoamerika waren auch aufmerksame Himmelsbeobachter und bewanderte Astronomen und nutzten den Kalender, um Sonnen- und Mondfinsternisse, die Position der Venus, den Umlauf der Gestirne und andere Himmelsereignisse vorauszusagen.[44]

Neben der Astronomie gab es natürlich, wie in Babylonien, auch Astrologie. Glaube und Aberglaube, Mythos und Mathematik, Dichtung, Philosophie und erste Ansätze wissenschaftlichen Denkens lassen sich nicht immer genau trennen. Die umfangreichste Quelle ist das ›Popol Vuh‹, ein Epos, das erst gegen Ende des 16. Jahrhunderts von einem Quiche-Maya verfaßt wurde. Das Werk enthält neben Naturkundlichem auch Kritik an der feudalen Gesellschaft seiner Zeit, Verhaltensregeln für Herrscher und Beherrschte und philosophische Fragen nach dem Sinn menschlichen Daseins. Wesentlich ist der Glaube an mehrere, aufeinander folgende Welten, an die Komplementarität von Gegensätzen, an die Polarität von Tag und Nacht, an die Verflechtung mit der Um-, vor allem der Tierwelt, an eine Schöpfung gleichsam auf Raten und an die Fähigkeit des Menschen, die Welt zu bewältigen und die Zukunft zu meistern.

3. Südamerika

In den südamerikanischen Mythen kehren zahlreiche Motive nord- und mittelamerikanischer Erzählungen wieder: Anfang der Welt, die große Flut, Sonne und Mond, Herkunft des Menschengeschlechts, Leben und Tod. Tiere, die in den Mythen besonders oft vorkommen, sind: Jaguar und Hirsch, Schlange und Kaiman. Das Reich der Inka, das mehrere ältere Kulturen überlagerte oder umspannte und den Hauptteil südamerikanischer Kulturtradition bildete, erstreckte sich im 15. Jahrhundert von Südkolumbien bis nach Mittelchile.

> Der bedeutsamste Grundzug in der Mythologie der Anden führt die Ursprünge der Hochkulturen stets auf einen bärtigen Kulturbringer mit hellem Gesicht namens Huiracocha zurück. Alle Überlieferungen im Hochland stimmen darin überein, daß seine erste Wohnstätte auf einer Insel im Titicacasee war. ›Er war sehr klug und weise und sagte, er sei das Kind der Sonne‹. Die Ruinen der Pyramiden und Tempel, die über die gesamten Anden verstreut sind, werden ihm und seinen Nachfolgern zugeschrieben. Es war Huiracocha, der die Menschen lehrte, wie sie diese Denkmäler bauen sollten. Er war es auch, der sie die Sonnenanbetung

lehrte, die in fast allen vorkolumbianischen Andenkulturen verbreitet war. Später segelte er nach Westen fort.[45]

Über die Geschichte der Vor-Inka-Kulturen, wie Nazca, Chimu, Aimara, Tiahuanaco, Quechua, gehen die Meinungen und Methoden der Gelehrten, wie in solchen Fällen üblich, ziemlich weit auseinander. Die einen nehmen an, daß die Kulturen von Nicht-Indianern als Kulturbringern in relativ kurzen Zeiträumen eingeführt und aufgesetzt wurden, woraufhin die Ureinwohner die Kultur übernahmen und weiterentwickelten, die Kulturbringer dagegen nach Polynesien weitersegelten, zumal man auf der Osterinsel ähnliche Mythen und Denkmäler findet. Es wäre daher auch möglich gewesen, die Andenkulturen in dieser Studie an die Behandlung Ostasiens anzuschließen und Europa ans Ende zu stellen, aber die Chronologie spricht für den hier eingeschlagenen Weg. Die anderen, die sich mehr an archäologische Fakten halten, neigen zu der Auffassung einer kontinuierlichen Entwicklung der Andenkulturen aus einem autochthonen Kern, was dann eine Folge von mindestens zehn Kulturen in der ganzen Region ergibt. Die Abhängigkeit der Kulturen von Umweltfaktoren, aber auch von ökonomischen, führte jedoch auch hier wie in Europa und anderswo zu ›Quantensprüngen‹ in der Evolution.

> Die Archäologie hat festgestellt, daß das Leben der Andenvölker seit 7000 v. Chr. relativ unverändert geblieben war durch größere Fortschritte im Ackerbau, Veränderungen von Werkzeugen und Webereiverfahren. Zu Beginn des achten Jahrhunderts v. Chr. wandelte sich das Leben dieser Menschen grundlegend. Mais, der wahrscheinlich ursprünglich aus Zentralamerika oder jedenfalls von irgendwoher aus dem Norden kam, wurde Bestandteil der Ernährung. Die Herkunft dieser wertvollen Getreidepflanze, die für die Indianer so lebenswichtig werden sollte, daß sie sie als eine mythische Mutter oder Schwester betrachteten, hat die botanische Forschung bisher noch nicht eindeutig geklärt. Mit dem Anbau von Mais trat ein jäher Umschwung in der kulturellen Entwicklung der Andenvölker ein.[46]

Kontinuität und Diskontinuität oder Diskretheit spielen hier wie in anderen Bereichen der Evolution ihre auf den Zeitablauf bezogenen komplementären Rollen: keine Symmetrie ohne Asymmetrie, keine Teilchen ohne Wellen, keine Materie ohne Antimaterie, keine positive ohne negative Ladung, keine Folgen ohne Intervalle, keine Energie ohne Quanten und keine Entwicklung ohne Schübe und Sprünge. Erst beide Komponenten machen Sinn, ergeben ein Konzept der Kreativität und Komplexität, ein Konzert der Natur und ein genuines Muster der Evolution.

Konvergenzen

Es wäre mehr als naiv anzunehmen, man brauche nur die Entwicklungslinien der Mythen in Afrika, Asien, Australien, Europa und Amerika zusammenzufassen und gelange dann von selbst zu einer Art von globalem Mythos der Menschheit. Wie schon gesagt: der weitaus größte Teil der Mythen ist taubes Material, untauglich zur Erforschung der Evolution des Weltverständnisses und höchstens für die Kulturanthropologie, speziell für die Mythenforschung von Belang. Viele Entwicklungen auf dem Gebiet der Mythologie laufen nicht nur in den Kontinenten parallel, sondern bisweilen sogar in einem Kontinent. Schließlich gibt es gewaltige Niveauunterschiede im mythischen Denken.

Was sich aber tatsächlich herauskristallisiert, ist ein Spektrum der Themen, Motive, Muster, Ideen und Probleme.

Von jeher ist auf inhaltliche Ähnlichkeiten hingewiesen worden, z. B. bei den Flutmythen. Je elementarer der Bereich, so könnte man vielleicht folgern, desto größer die Übereinstimmung: Himmel und Erde, Sonne und Mond, Licht und Finsternis, Feuer und Wasser. Schon bei den Pflanzen und Tieren vergrößern sich die Unterschiede, und es kommt ein weiterer Zug der Mythenära zum Vorschein, die Umweltbezogenheit der Mythologeme oder die lokale Orientierung, und hier liegt die Stärke der Mythen gegenüber allen späteren Entwicklungen. Weder in den Religionen noch in Philosophie und Wissenschaft tritt die konkrete Verflochtenheit des menschlichen Daseins mit der Um-, Mit-, Über-, Vor-, Nach- und Unterwelt anschaulicher, plastischer und deutlicher in Erscheinung als in den Mythen.

Besonders auf dem Gebiet der Ökologie können wir daher aus den Mythen noch manches lernen.

Aber der verständliche Trieb zur Vereinheitlichung und Wertung darf nie zu Lasten der Komplexität gehen, und nur unter dieser Voraussetzung hat die Suche nach mythologischen Konvergenzen, nach Rängen und nach Kontinuität einen Sinn. Die Stufe des mythischen Bewußtseins erscheint in der Evolution des Weltverständnisses weder entbehrlich noch überholt, sondern bezeichnet eine wichtige Phase, ohne die alle folgenden Phasen unverständlich bleiben, selbst die wissenschaftliche, denn gerade zwischen Mythos und Ratio besteht eine starke Wechselwirkung, wie das 20. Jahrhundert beweist. Indessen hat der Mythos auch als Übergang vom magischen zum religiösen Weltverständnis eine fundamentale Bedeutung, indem er das magische Bewußtsein dem logischen annähert, den Aberglauben in Glauben transformiert und eine Brücke zwischen regionalem und überregionalem Weltverständnis schlägt, das sich vom lokal-mythischen zum regional religiösen der Völker und Stämme entwikkelt, von dort zum überregionalen der Weltreligionen, zum kosmischen der Philosophie und zum universalen der Wissenschaften.

Mit diesen allgemeinen Bemerkungen verlassen wir die Ebene der im Prinzip konkreten Mythologie und wenden uns religiösen Weltvorstellungen zu, die bewußtseinsgeschichtlich die nächsthöhere Ebene des Weltverständnisses bilden.

3. Religiöse Weltvorstellungen

Die Bilderwelt der Mythen liefert der Religion die Weltbilder, den Stoff für religiöse Weltanschauungen, Weltvorstellungen und Weltkonzepte. Religion, Philosophie, Wissenschaft, Kunst und Technik verhalten sich etwa zueinander wie Erleben und Vorstellen, Begreifen, Erkennen, Darstellen und Herstellen. Mythische Weltbilder decken sich nicht mit religiösen Weltvorstellungen, obwohl die Grenze schwer zu ziehen ist, setzen aber religiöses Erleben voraus. Die Weltreligionen sind ihrerseits nicht frei von mythischen Bestandteilen. Peter de Rosas lesenswertes Buch: ›Der Jesus-Mythos. Über die Krise des christlichen Glaubens‹[1] zeigt das deutlich. Wie auch sonst in der Evolution lebt Überholtes, solange es möglich ist, neben oder auch in Neuem weiter.

Hält man Religion für undefinierbar, erledigen sich die Fragen nach ihrem Wesen, ihrer Funktion, ihren Aufgaben und ihrer Bedeutung von selbst, aber diese Art von Eskapismus ist mit wissenschaftlichem Vorgehen kaum vereinbar. Wir müssen uns also, wenn wir den Anspruch der Wissenschaftlichkeit aufrechterhalten wollen, wohl oder übel mit derart heiklen Problemen befassen. Der Philosophierende darf dabei nicht einfach spekulieren, sondern hat sich an den Ergebnissen bewährter Forscher, hier also Religionswissenschaftler, zu orientieren, sie zu prüfen und dann seine Schlüsse daraus zu ziehen. Wir gehen daher von drei Definitionen angesehener Gelehrter aus:

1. »Religion ist erlebnishafte Begegnung mit dem Heiligen und antwortendes Handeln des vom Heiligen bestimmten Menschen.«[2]

2. »Religion nennt man im allgemeinen Sinne die erlebte Beziehung zwischen dem Menschen und der übermenschlichen Macht, an die er glaubt und von der er sich abhängig fühlt.«[3]

3. »Zum Wunder des Seins erwecken, das ist das einzige, wahre Thema aller Religionen.«[4]

In der ersten Definition erscheint der Hinweis auf das Erleben zutreffend. Ersetzt man Begegnung durch Herausforderung, wird klarer, was mit Antwort gemeint ist. Daß Religion mehr in

Praxis als in Theorie besteht, läßt sich mit guten Gründen behaupten. Die Berufung auf das Heilige scheint eine Unbekannte durch eine andere zu ersetzen. Die Definition enthält wichtige Komponenten, reicht aber nicht aus.

Im Hinweis auf das Erleben stimmt die zweite Definition mit der ersten überein. Statt Begegnung erscheint hier Beziehung. Daß der Mensch ein Glied der Beziehung ist, trifft zu. Das andere Glied als übermenschlich zu bezeichnen, ist nur logisch und entspricht der Beziehung des Menschen zu einer wie auch immer vorgestellten oder gedachten Überwelt. Die Begriffe Macht und Abhängigkeit sind anfechtbar und stammen teilweise, ebenso wie die Begegnung und das Heilige, aus der älteren religionswissenschaftlichen Tradition.

Die dritte Definition verkürzt die Fragestellung und operiert mit fragwürdigen Begriffen wie Wunder und Sein, weist aber dennoch auf einen wesentlichen Faktor religiösen Erlebens hin. Alle drei Definitionen sind in ihrer Art gut, leiden aber unter logisch-rationalen Mängeln, die sich jedoch beheben lassen. Fassen wir den Gehalt der Definitionen zusammen, können wir sagen:

In der Religion bemüht sich der Mensch, eine Beziehung zur Überwelt, einer ihm weitgehend unbekannten Dimension der Wirklichkeit, herzustellen, diese Beziehung mit Leben zu erfüllen und in ein Gleichgewicht mit seiner Lebenswelt, mit seiner Um-, Mit- und Innenwelt, zu bringen.

Diese Fassung genügt auch einer Religion ohne Gott, wie dem Buddhismus, vermeidet traditionell vorbelastete Begriffe wie Begegnung und Heiligkeit, weist auf die Vorläufigkeit aller Religionen hin und wird dem evolutionären Faktum der Selbsttranszendenz der Wirklichkeit gerecht, ohne einen Anspruch auf Vollständigkeit zu erheben. Sie ist also offen und jederzeit erweiterungs- oder ergänzungsfähig.

Zum Minimalverständnis der Religion gehört die Kenntnis wenigstens einiger ihrer wesentlichen Muster: Animismus, Tabuismus, Totemismus, Schamanismus, Magie, Kultus, Ritus und Mythos, Opfer und Gebet, Sakramente und Zeremonien, das Heilige und Mana, Wunder, Zeichen und Symbole, Religionsstifter, Propheten, Eremiten, Mystiker, Mönche und Priester, Reformatoren, Renegaten, Häretiker, Ketzer und Märtyrer, Fundamentalisten, Konservative, Orthodoxe, Heterodoxe und Liberale, Klerus und Laien, Kirchen, Konfessionen, Gemeinden und Sekten. Das Christentum war ursprünglich nichts anderes als eine jüdische Sekte, die von den Sadduzäern und dem jüdischen Establishment als störend, revolutionär und gefährlich angesehen wurde.[5]

Da wir es in diesem Rahmen nur mit Weltreligionen zu tun haben, können wir uns auf einige wenige Religionen beschränken. Generell erfolgt in den Weltreligionen gegenüber der mythischen Phase eine Wendung von der Außen- und Umwelt zur Innen- und Mitwelt, vom Kosmozentrismus zum Anthropozentrismus oder sogar zum Theozentrismus. Gleichzeitig findet eine Selektion des mythischen Materials statt. Vieles wird als Ballast abgeworfen, einiges als brauchbar und weiterführend umgeschmolzen oder auf eine höhere Bewußtseinsstufe transponiert.

Unbestritten zu den Weltreligionen gehören Buddhismus, Christentum und Islam. Ob Hinduismus und Konfuzianismus zum Club der Privilegierten gehören oder sich mit dem Status von Universalreligionen abzufinden haben, ist dagegen umstritten. Die jüdische Religion, die ohnehin eine Sonderrolle spielt, wird, ungeachtet ihrer geringen Anzahl von Bekennern, gelegentlich aus Gründen der Anciennität dazu gerechnet, ganz gleich, ob sich die Juden in dieser Gesellschaft wohlfühlen oder nicht. Bevor wir uns aber den Weltreligionen zuwenden, wollen wir uns den Weg dahin etwas genauer ansehen.

Vom Mythos zum Logos

Diese berühmte, von Walter Nestle[6] im Hinblick auf die Entwicklung in Griechenland aufgestellte Formel weist jedoch immer noch einige Lücken auf, denn so glatt erfolgte die Evolution weder in Europa noch anderswo, ja, stellenweise floß auch hier der Strom bergauf, und es gab sogar eine Gegenentwicklung vom Logos zum Mythos. ›Mythos‹ und ›logos‹ sind zwei griechische Begriffe, die beide mit ›Wort‹ übersetzt werden können. Außerdem gibt es im Griechischen noch das Wort ›epos‹ für

›Wort‹, das in unserer Bezeichnung Epos weiterlebt, und zwar nicht nur in der Literaturgeschichte, sondern auch übertragen, z. B. vom genetischen Code, der Evolution oder in der Rede vom uralten Epos des Lebens. ›Mythos‹ heißt im Griechischen zunächst eine Erzählung, ›logos‹ die gesetzte Rede, die philosophische Abhandlung oder die Monographie. ›Logos‹ heißt aber auch bei Heraklit schon mehr als ›Wort‹, nämlich ›Vernunft‹, ›Sinn‹ oder ›Geist‹. An diese Bedeutung hat später die christliche Logosspekulation angeknüpft: ›Im Anfang war das Wort‹, oder die Deutung Jesu als Logos. Tatsächlich waren die Äußerungen Jesu logia, Sprüche, im griechischen Sprachgebrauch häufig zur Bezeichnung von Orakelsprüchen verwendet.[7] Jesus beeindruckte die Mitwelt und Nachwelt nicht zuletzt durch seine Sprachgewalt, aber auch durch den manchmal orakelhaften Sinn seiner Rede. Hier ging ihm wiederum Heraklit voran. Bekannt sind ferner die hieroi logoi oder heiligen Worte der Orphiker und griechischer Mysten, denn sie schlossen bei ihren Erleuchtungen die Augen, was der Grundbedeutung von Mystik (myein) entspricht.

In der klassischen Stufenfolge der Erkenntnistheorie folgt auf Reiz, Empfindung und Wahrnehmung die Vorstellung. Öffne ich die Augen, nehme ich die Außen- bzw. Umwelt wahr, schließe ich sie, schweben mir noch vage Reste von Wahrnehmungen vor, die sich bei der Blickwendung auf die Innenwelt mit deren Inhalten vermischen. Diese Übergangszone zwischen Wahrnehmung und Verstand, Anschaulichem und Begrifflichem, Mythischem und Logischem ist das eigentliche Reich, der genuine Ort religiöser Vorstellungen, Erlebnisse und ›Erfahrungen‹. Zwischen der Wahrnehmung und dem Denken liegt also mindestens noch eine Stufe auf der Leiter zur Vernunft: die Vorstellung, von Kant auch Einbildungskraft genannt. Sie ist in der Tat kräftig, vital und mächtig. Der Titel von A. Schopenhauers Hauptwerk heißt nicht ohne Grund: ›Die Welt als Wille und Vorstellung‹. Hinzu kommen Phantasie und koinon aistheterion, sensus communis oder common sense. Sie alle bilden die riesige Quelle, aus der der Verstand seine Begriffe und die Vernunft ihre Ideen schöpfen.

Im Mittelalter gab es immer auch neben der Dogmatik eine

Mystik, so daß die christliche Offenbarung bald als Lehre, bald als Erleuchtung auftreten konnte, zwischen Text und Schau oszillierte und nach Bedarf so oder so interpretiert werden konnte, in jedem Fall aber dem Absolutheitsanspruch der Kirche diente. Auf den Glauben kam es an, dieser Glaube wurde in der Person Jesu personalisiert und mit Gott identifiziert, der damit seine Allmacht verlor und zum Diener weltlich-kirchlicher Machtpolitik instrumentalisiert wurde. So wurde Gottesdienst als Dienst des Menschen für Gott zum Dienst Gottes für den Menschen, eine extrem unreligiöse, unheilige, unselige und verhängnisvolle Entwicklung, die sich in der Neuzeit als Streben des Menschen zur Allmacht ohne Gott fortsetzte.

Friedrich Nietzsche, der Starphilosoph des imperialistischen Zeitalters, das die neuzeitliche Emanzipation des Machtwillens auf den (einstweiligen) Höhepunkt führte, gab die Parole vom Tode Gottes aus und lieferte auch das Rezept für den Übermenschen oder großen Künstler-Tyrannen, wie er ihm vorschwebte, mit:

> Entfernen wir die Güte aus dem Begriff Gottes – sie ist eines Gottes unwürdig. Entfernen wir insgleichen die höchste Weisheit – es ist die Eitelkeit des Philosophen, die diesen Aberwitz eines Weisheits-Monstrums von Gott verschuldet hat: er sollte ihnen möglichst gleichsehen. Nein! Gott *die höchste Macht* – das genügt! Aus ihr folgt alles, aus ihr folgt – ›die Welt‹![8]

Nietzsche, der stets ein Theologe blieb, pervertierte damit nicht nur den philosophischen Gottesbegriff, sondern auch, was er gar nicht gemerkt zu haben scheint, den lutherischen, denn kein anderer als Martin Luther stellte fest: »Wie groß auch die Macht ist, so wird sie doch nicht herrschen, sondern die Weisheit.«[9]

Nietzsche setzte mit seiner Absetzung Gottes und Verfälschung des christlichen Gottesbegriffs nicht nur eine schlimme kirchliche Praxis des Mittelalters fort, versetzte dem Anliegen der Reformation einen Tiefschlag und suchte die Philosophen, zu denen er sich ansonsten gern zählte, zu disqualifizieren, sondern verfiel dem gleichen Absolutheitswahn, den er am Monotheismus kritisierte, indem er das »Weisheits-Monstrum« in ein »Macht-Monstrum« umfunktionierte und als vermeintlicher Antimetaphysiker, Atheist und Immoralist eine Macht-Metaphysik ersann, die jeder echten Religion, Moral oder Philosophie hohnspricht: die Verabsolutierung einer Verabsolutierung, eine in Wahnsinn umschlagende Pseudotheologie, die das Weltverständnis von Grund auf korrumpiert.

Hier ist an den Satz des Nobelpreisträgers Max Born zu erinnern, der die Verabsolutierung für das eigentlich Böse hielt: »Ist doch der Glaube an eine einzige Wahrheit und deren Besitzer zu sein, die tiefste Wurzel allen Übels auf der Welt.«[10]

Die Ideologie des Kapitalismus mit ihrer weitgehenden Kommerzialisierung der Wahrheit und Instrumentalisierung der Vernunft weist in diese Richtung. Werden die Scheinwerte Besitz und Macht verabsolutiert, die echten Werte Wahrheit und Vernunft aber manipuliert, degeneriert der Mensch zum ›Macht-Monstrum‹, und, was in den Horror-Szenarien einiger Science-fiction-Filme bereits zu sehen ist, wird Wirklichkeit. Nietzsches in Wahnsinn umschlagender Haß auf die Vernunft, seine Heraufbeschwörung des furor teutonicus, seine Selbstidentifizierung mit Dynamit, die Bezeichnung seiner Werke als Attentate, lassen die Richtung erkennen, in welche diese Art Weltverständnis führt.

Danach erscheint der Holocaust des 20. Jahrhunderts weniger als eine Singularität denn als ein Vorbote weiterer Anschläge auf die Vernunft oder als Auftakt zu einem Wettlauf der Paranoiker, die offensichtlich um den Ruhm wetteifern, die Krone der Schöpfung, den homo *sapiens* zu liquidieren. Das Pseudoevangelium Zarathustra-Nietzsches und Rosenbergs ›Mythos des 20. Jahrhunderts‹ sind Beispiele für Regressionen, die nicht in die »Unschuld des Werdens« zurückführen, sondern ins Aus der Evolution für den Menschen.

Die Weltreligionen

1. Hinduismus

Nach wie vor bilden die religiösen Weltvorstellungen des Hinduismus eine unerschöpfliche Quelle für jede Art von philosophischem und wissenschaftlichem Weltverständnis.

Schon die Evolution des Hinduismus von den ersten Anfängen der Brahmanas des Rigveda über die Upanishaden, die orthodoxen Systeme der Brahmanen, den Synkretismus und die Sekten bis hin zur großen Synthese des Vedanta und darüber hinaus bis zum Integralen Yoga der Gegenwart zeigen einen unermeßlichen Reichtum an Phantasie und religiöser Kreativität, wobei man das unter westlichem Einfluß entstandene Guru-Unwesen nicht mit der altehrwürdigen Tradition der Yogins und Weisheitslehrer im alten Indien verwechseln sollte.

Das religiöse Erleben der Hindus hat sich in einer Reihe von Schlüsselbegriffen niedergeschlagen, die etwas vom Weltverständnis und Weltverhalten der alten Inder ahnen lassen. Dieses Weltverständnis zeichnet sich durch hohe Komplexität auf allen Ebenen aus. Im Begriff des ›samsara‹ kommt die Erfahrung der Verflochtenheit menschlichen Daseins mit dem Weltgeschehen zum Ausdruck. Obwohl sich die Samsara-Erfahrung durch Mythen illustrieren läßt,[11] transzendiert sie den lokal-konkreten, allenfalls regionalen Horizont der Mythologie und nähert sich dem allgemeinen Geltungsbereich philosophischer Aussagen über die Welt an. In diesem ihr eigentümlichen Schwebezustand zwischen mythischer Bildhaftigkeit und philosophischer Begrifflichkeit bewahrt die symbolische Chiffre ihren religiösen Kern, ihren Reiz und ihre Aussagekraft. Über die Verflochtenheit im Weltgeschehen hinaus weist sie auch auf die (Selbst-)Verstrikkung des handelnden Menschen in den Wirkungszusammenhang des ›Brahmanrades‹ hin.

Ähnliches gilt für den Begriff ›karma‹, aus der Wurzel kri, mit der Grundbedeutung von machen, schaffen, wirken.

Als Handelnder bewirkt der Mensch neue Ereignisse und Zustände. Nach Kant durchbricht der Mensch als freies Wesen den strengen Kausalzusammenhang der Erscheinungswelt und beginnt Kausalreihen aus Freiheit.

Yoga, aus der Wurzel yuj, bedeutet soviel wie anschirren, anjochen. Das höhere Seelenvermögen schirrt das jeweils untere an. Alle zusammen bilden ein vorzügliches Instrument der Weltbewältigung, Selbsterziehung, Selbstkontrolle und im Endeffekt der Selbsterlösung. Dabei werden acht Stadien unterschieden: zwei Stadien der Vorschule oder Propädeutik (yama, niyama), richtige Körperhaltung (asana), Atembeherrschung (pranayama), Zurückziehen der Sinne (pratyahara), Fixierung des inneren Sinnes auf das Eine (dharana), Meditation (dhyana) und Versunkenheit (samadhi). Der Lernende schreitet vom Textstudium (sravana) voran zum Nachdenken (manana), zur visionären Schau (nididhyasana) und zur Erleuchtung (samadhi), die man nur im Zustand völliger Versunkenheit erreicht. Auf diesem Weg der Selbstbefreiung hat der yogin folgende Hindernisse zu überwinden: Unwissenheit und Ichbewußtsein (asmita), Zu- und Abneigung (raga, dvesa) sowie die Lebensgier (abhinivesa). Im Erfolgsfall deckt sich der disziplinierte Wille des yogin mit dem Weltgesetz, und an die Stellen von Gewalt, Zwang und Fremdbestimmung treten Selbstbestimmung, Freiheit und Erlösung (moksha). Die Koinzidenz von individueller und kosmischer Existenz kommt in der berühmten Identitätsthese, der Quintessenz hinduistischer Religion und Philosophie, zum Ausdruck: atman ist brahman. Was immer du als Welt erfährst und von der Welt verstehst, du verstehst und erfährst dabei immer dich selbst. Moderner ausgedrückt: Welterfahrung ist Selbsterfahrung, Welterkenntnis ist Selbsterkenntnis und Weltbewältigung ist Selbstbefreiung. Jeder Bergsteiger, der sein Ziel erreichte, kann das bestätigen. Dem äußeren Gipfelsieg geht der innere, mentale voraus. Hat er diesen inneren Gipfel erklommen, folgt die Besteigung des äußeren Gipfels gleichsam von selbst, halb in Trance und weitgehend unabhängig von den Schranken der Raumzeit. Erreichte der yogin oder der Bergsteiger sein Ziel nicht, fand ein Symmetriebruch zwischen atman und brahman statt, ein Identitätsverlust. Sie erlagen der maya, der Selbsttäuschung oder der Illusion, und scheiterten infolgedessen. Auch die griechische Tragödie kannte dieses Scheitern durch das Zusammenwirken dreier Faktoren: hybris, ate und nemesis oder Vermessenheit, Verblendung und Vergeltung.

2. Buddhismus

Beim Buddhismus wird die Distanz zur Mythenära noch deutlicher als bei der hinduistischen Religion. Während man beim Hinduismus noch zweifeln kann, ob er eine Weltreligion oder nur eine Universalreligion ist, ist dies beim Buddhismus nicht mehr möglich. Der überregionale Zug, die Reinigung von mythischen Bestandteilen, der hohe Abstraktionsgrad seiner Weltanschauung, der Verzicht auf einen Gott als oberste Autorität sowie sein sozialrevolutionärer Trend sind unverkennbare Symptome einer höheren Bewußtseinsstufe, die nahe an die philosophische herankommt.

Von Buddha (ca. 560–480), dem Stifter der Religion, sind, wie von Jesus, keine Schriften überliefert. Seine Lehren sind jedoch von seinen Anhängern aufgezeichnet und in drei Körben (pitaka) zusammengefaßt, welche die Bibel an Umfang übertreffen. Wir haben also auch hier eine Buchreligion, die sich, wie die Religionen der Juden, Christen und Moslems, auf heilige Texte stützt, die aber nicht mehr in Sanskrit, der brahmanischen Gelehrtensprache der Upanishaden geschrieben sind, sondern in Pali, einer sanskritähnlichen Literatursprache. Vom Standpunkt der orthodoxen Hindus, des Vedanta, handelt es sich beim Buddhismus, wie bei den Carvakas (Materialisten) und Jainas (strenge Asketen) um Heterodoxien.

Die Schriften der Buddhisten wurden schon ziemlich früh in drei Gruppen unterteilt, den Verhaltenskanon (Vinaya), die Lehre (Dharma oder Sutra) und die höhere Weisheit (Abhidharma). Der Buddhismus übernahm vom Hinduismus, was er davon brauchen konnte, z. B. die Lehren von samsara und karma sowie die yoga-Methode, jedoch nicht die Lehre von atman und brahman. Infolge der einander ausschließenden Tendenzen zu höherer Abstraktion und zur Breitenwirkung bildeten sich unvermeidlich in Theorie und Praxis Niveauunterschiede heraus, die in den sogenannten drei Fahrzeugen Gestalt annahmen, dem Kleinen (Hinayana), Großen (Mahayana) und dem Diamantenen (Vajrayana), das seine Entstehung einer Hoch- bzw. Spätblüte des Buddhismus verdankt. Den unterschiedlichen Entwicklungen des Buddhismus auf seiner Wanderung durch Mittel-, Ost- und Südostasien zu folgen, ist, so interessant das auch wäre, hier nicht unsere Aufgabe.[12]

Der Buddhismus sieht das Grundproblem menschlichen Daseins und Leidens im Haften am Irdischen, in der Verfallenheit des Menschen an den Schein, in seiner unersättlichen Habgier. Der »achtteilige Pfad« dient der Überwindung dieses Zustandes:

rechtes Wissen, Wollen, Reden, Tun, Leben, Streben, Denken und Sich-Versenken. Richtig ist das Denken und Tun, und hier beginnt der grundlegende Unterschied zum mythischen Dasein, wenn der Mensch im Zuge der Selbsterkenntnis, und bis dahin stimmen Hinduismus und Buddhismus überein, seine Abhängigkeit von äußeren Faktoren schrittweise überwindet. Im Unterschied zum Hinduismus betont der Buddhismus das Leid, von dem er erlösen möchte, aber anders als der Hinduismus, durch das Erlöschen des Lebensdurstes oder den Heimgang ins nirvana, den Urzustand, das eigentliche Sein nicht nur des Menschen, sondern der gesamten Wirklichkeit. Der Buddhismus radikalisiert also in gewissem Sinn die hinduistische Metaphysik und entdeckt dabei die Dialektik von Sein und Nichtsein. Das hat nichts mit westlichem Nihilismus zu tun, der die meditative Ebene des Buddhismus nie erreichte, weil er bei der bloßen Negation stehenblieb. Er ist eher ein Negativismus als ein Nihilismus und verkennt daher die Intention des Buddhismus, in den er seinen ›Nihilismus‹ hineininterpretiert.

Wie der Zen-Buddhismus, eine multikulturelle Synthese[13] aus indischer, chinesischer, japanischer und der Religiosität vieler anderer Völker, zeigt, ging und geht es dem Buddhismus primär um ein evolutionäres Grundanliegen, das er mit dem Hinduismus und den semitischen Religionen teilt: *Erneuerung*. Während aber im Hinduismus und Buddhismus die Erlösung vom Übel auf dem Weg der Selbstbefreiung erreicht werden kann, setzen die Juden, Christen und Moslems auf Fremderlösung. Im Ziel sind sich alle großen Religionen also einig, nicht aber im Weg zu diesem Ziel, was ein buddhistischer Mönch, der erstaunten westlichen Besuchern den Grund zu erklären versuchte, warum an einer Wand seines Klosters Bilder von Gandhi, Buddha und Jesus nebeneinander hingen, so ausgedrückt haben soll: ›All the same, Sir‹.

3. Konfuzianismus

Während der Buddhismus in seiner sublimen Metaphysik die Ferne zur Mythologie und die Nähe zur Philosophie erkennen läßt, zeigt dies der Konfuzianismus primär in seiner Ethik. Eigentlich läßt sich die chinesische Religion gar nicht auf den

Konfuzianismus reduzieren. In ihr gibt es daneben den Taoismus, Mehismus und den Buddhismus. Davon steht der Taoismus der indischen Religion und Philosophie am nächsten und wird daher oft, wie diese, als eine mystische Religion bzw. Philosophie etikettiert. Vertritt der Taoismus im Spektrum chinesischer Grundeinstellungen zur Welt die Verweigerung, steht der Mehismus für Revolution und setzte sich in China 1911 durch. Der Konfuzianismus hatte jedoch nicht nur gegenüber dem Taoismus und Buddhismus den längeren Atem, sondern allem Anschein nach auch gegenüber dem Mehismus. Man kann also den Konfuzianismus mit einigem Recht als die genuinste Manifestation, wenn nicht chinesischen Wesens, so doch chinesischer Frömmigkeit und Religiosiät ansehen, die mehr mit griechischer Weisheit gemeinsam hat als mit jüdischer, christlicher oder islamischer Gläubigkeit. Wir wollen den Streit darüber, ob der Konfuzianismus eher eine Religion oder eine Philosophie ist, ob er eine Universal- oder Weltreligion darstellt, ob er weder das eine noch das andere oder ob er beides ist, hier nicht fortsetzen. Tatsache ist, daß er als alter und als Neukonfuzianismus das Leben des größten Kulturvolkes der Erde weit über 2000 Jahre maßgebend mitbestimmt, mitgestaltet und geregelt hat, was wohl genügen dürfte, ihm den Rang einer Weltreligion zuzuerkennen.

4. Die jüdische Religion

So wenig wie die Bahai-Religion ist die Religion der Juden, quantitativ betrachtet, eine Weltreligion, aber als Ursprung und Quelle zweier Weltreligionen, in Anbetracht ihrer Anciennität und Qualität, kommt kein vernünftiger Mensch an ihr vorbei.

Für die jüdische Religion sind charakteristisch: strenger Monotheismus; der Glaube der Juden, ein von Gott auserwähltes Volk zu sein; die bewußte Beibehaltung des Status einer Volksreligion, was die Ablehnung der Integration (Bekehrung) in eine der Weltreligionen einschließt; das starke Gewicht des Befreiungsmotivs (Ägypten, Babylon); die Orientierung an Moses und den Propheten; die Eigenart der Buchreligion (AT); der Glaube an den Messias und die Hoffnung auf ein neues Israel.

Der Monotheismus ist vom Christentum und vom Islam

übernommen, ebenso die Offenbarung, die Prophetie und das Buch als Grundlage der Religion, nicht dagegen die These vom auserwählten Volk, der Status der Volksreligion, das Befreiungsmotiv, der Messiasglaube und die Hoffnung auf eine politische Erneuerung. Die Gründung eines neuen Staates Israel haben die Juden 1948 n. Chr. erreicht.

Unter der Herrschaft des jüdischen, christlichen und islamischen Monotheismus ist diese Gottesauffassung fast zur alleinherrschenden geworden. An der Überlegenheit des Monotheismus zweifelt kaum ein Religionswissenschaftler, obwohl ein Blick auf den Hinduismus, Buddhismus und Konfuzianismus zur Vorsicht mahnen müßte, aber dafür hat man auch eine Antwort bereit, den Urmonotheismus, gleichsam das Standardmodell orthodoxer Theologen. Einer der wenigen Denker, die es wagten, dieses Tabu zu kritisieren, war Nietzsche, der jedoch, als ein typischer Kritiker ohne Selbstkritik, in seinem Supergötzen ›Macht‹ genau der von ihm kritisierten Tendenz zum Opfer fiel. Im ›Zarathustra‹ starben die alten Götter an einem Lachkrampf, als die Rede von *einem* Gott aufkam:

> Das geschah, als das gottloseste Wort von einem Gotte selber ausging – das Wort: ›Es ist *ein* Gott! Du sollst keinen andern Gott haben neben mir!‹ – ein alter Grimm-Bart von Gott, ein eifersüchtiger, vergaß sich also: – Und alle Götter lachten damals und wackelten auf ihren Stühlen und riefen: ›Ist das nicht eben die Göttlichkeit, daß es Götter, aber keinen Gott gibt?‹ Wer Ohren hat, der höre.[14]

Im Zeitalter der Tyrannen, Despoten und Monarchen, wen wundert es, war auch Gott ein Alleinherrscher, ein allmächtiger, eifersüchtiger, grimmiger Despot. Im Zeitalter der Adelsgesellschaft war der höchste Gott nur princeps inter pares, so bei den alten Griechen Zeus inmitten seiner lustigen Olympier, denen nichts Menschliches fremd war, am wenigsten das Lachen und der Humor. In einem demokratischen Zeitalter wäre eigentlich ein neuer Polytheismus fällig, und wenn man bedenkt, daß allein in den USA nach dem Zweiten Weltkrieg über 3000 neue Religionen entstanden, erscheint dieser Gedanke gar nicht abwegig.

Nietzsche hat sich aber nicht nur über den Monotono-Theismus, wie er ihn gelegentlich nannte,[15] lustig gemacht, sondern auch durchaus ernstzunehmende kritische Argumente gegen ihn vorgebracht: er schade der evolutionären Vielfalt, schwäche die Kreativität und beeinträchtige die Freiheit des Geistes.[16]

In der Tat haben sich die Theologen und Philosophen von Augustin bis Leibniz vergeblich bemüht, die zahllosen Ungereimtheiten zu beseitigen, die sich aus dem monotheistischen Konzept ergaben. Das Dogma der Trinität erscheint als ein verzweifelter Versuch, Polytheismus und Monotheismus zu versöhnen, ein gescheiterter Versuch, der in einer Mystifikation endete. Ein Gott, der alles erklären soll, das mußten Theologen, Philosophen und Wissenschaftler nach und nach feststellen, erklärt gar nichts, wird keinem einzigen Phänomen gerecht und erscheint am Ende als eine überflüssige Hypothese.

5. Das Christentum

Erschien der Monotheismus für die Juden lebensnotwendig und daher geboten, wird er, verbunden mit Absolutheitsansprüchen, in den Weltreligionen zu einem gefährlichen Sprengstoff, wie die Schismata (Spaltungen), Kreuzzüge und Glaubenskriege zu Genüge beweisen. Mit der Beseitigung des antiken Polytheismus, lokaler wie regionaler Kulte und Sekten, hat das Christentum einen Riesenschritt zur religiösen Vereinheitlichung der Menschheit vollzogen, aber auch, was geistige, ethnische und kulturelle Vielfalt betrifft, gewaltigen Schaden angerichtet. Vielleicht kann man sagen, daß mit wachsender Dynamik die Wirkung von monotheistischen Weltreligionen immer ambivalenter wird. Die unterdrückte Vielfalt kehrt in den eigenen Reihen wieder, Orthodoxe bekämpfen Heterodoxe, Häretiker und Ketzer, ohne zu merken, daß jede Orthodoxie von einem bestimmten Niveau der Gottesvorstellung an notwendig selbst zur Heterodoxie wird. Wie sie sich auch dreht und windet: die Weltreligion wird, je radikaler und absolutistischer sie auftritt, desto mehr das Opfer ihrer eigenen Dynamik. Das Scheitern der modernen Ideologien, größtenteils säkularisierter Glaubensbewegungen mit totalitärer Tendenz, läßt Rückschlüsse auf die Weltreligion zu, auf deren Wurzelboden sie entstanden, in unserem Fall auf das Christentum.

Die Trennung vom Judentum wurde dem Christentum zum Verhängnis. Es opferte die Wahrheit dem Erfolg. Aus Saulus wurde Paulus, »der vielleicht genialste religiöse ›PR-Mann‹ aller Zeiten und Kulturkreise«[17], unter dessen Regie eine unscheinbare jüdische Sekte ihren Aufstieg zur Weltreligion begann:

> Wahrscheinlich wäre ohne Paulus das Christentum eine kleine, unbedeutende Sekte ausschließlich unter den Juden geblieben und schließlich, zusammen mit der judenchristlichen Gemeinde der Ebioniten in Jerusalem, untergegangen und in Vergessenheit geraten.[18]

6. Islam

Ob das 21. Jahrhundert für Europa, Deutschland und die Welt ein segensreiches oder ein unheilvolles wird, hängt nicht zuletzt von der Friedensfähigkeit der beiden großen Weltreligionen ab. Beide Religionen haben sich von ihrem jüdischen Ursprung getrennt, sind Spaltungen, Häresien und haben in der Geschichte bitter für ihren Verrat des natürlich nur einmaligen Monotheismus gebüßt, die Welt in ein Meer von Blut und Tränen gestürzt und mit der weltlichen Macht um Machtanteile gefeilscht. Werden sie dieses schändliche Spiel fortsetzen oder zu ihren immer wieder feierlich verkündeten Idealen stehen?

Wenn ein so renommierter und relativ liberaler Anwalt eines Weltethos wie Hans Küng erklärt: »Kein Weltfriede ohne Religionsfriede«,[19] so läßt das bei realistischer Einschätzung und im Hinblick auf die Vergangenheit Schlimmes für den Weltfrieden befürchten. Tatsache ist, daß sowohl das Christentum als auch der Islam bisher alles in ihrer Macht Liegende getan haben, den Weltfrieden zu verhindern. Als fundamentalistische und radikale Religionen mit Absolutheitsansprüchen blieb ihnen ja auch keine andere Wahl, wenn sie ihre Identität bewahren wollten. Was aber, wenn es eine solche Identität in Wirklichkeit gar nicht gibt? In diesem Fall werden die Rivalen ihr höchst unreligiöses

Spiel um die religiöse Vorherrschaft fortsetzen und bei dem jetzigen Stand der Technik die ganze Menschheit in den von ihnen so oft und gern beschworenen, dann herbeigeführten Weltuntergang hineinziehen. Wenn es keinen Weltfrieden ohne die Weltreligionen geben soll, so ist zu fragen, ob es ihn denn mit ihnen je gegeben hat und geben kann. Solange die Absolutheitsansprüche nicht offiziell zurückgenommen werden, ist an einen Weltfrieden mit den Weltreligionen nicht zu denken, und die einzige Möglichkeit, ihn zu erhalten, ist eben ein Weltfriede ohne und notfalls, wenn sie die Menschheit zu erpressen oder zu vernichten suchen, gegen sie. Eine der größten Gefahren für die Menschheit im dritten Jahrtausend, das muß endlich eingesehen werden, droht ihr von denen, die am meisten um ihr Heil besorgt zu sein vorgeben. Im Heilsschwindel sind die fundamentalistischen Theologen islamischer (Islamische Heilsfront) wie christlicher (Neokonservative) Provenienz nach wie vor Weltmeister.

Kommen wir zur Bilanz! Keine der Weltreligionen hat die gesamte Menschheit von der Richtigkeit ihrer religiösen Vorstellungen, Weltkonzepte und Heilsrezepte überzeugen können, und das ist nur natürlich, verständlich und gut so, denn niemandem, weder dem Papst noch irgendeinem Religionsstifter, Propheten oder Heilslehrer ist die ganze Wahrheit gegeben oder zugänglich. Wenn die Machteliten der Weltreligionen dies einsehen, haben sie eine Zukunft, wenn nicht, geht die Ära der Weltreligionen unaufhaltsam zu Ende, aber das muß nicht auch das Ende der Menschheit bedeuten. Religionen, auch Weltreligionen entstehen und vergehen, Götterdämmerungen wird es daher stets geben, sobald sich herausstellt, daß die Götter Götzen, die Gottesdiener Götzendiener und die Heilsfabeln heillos waren. Die Menschheit hat in ihrer kurzen Geschichte schon manche Götzendämmerung erlebt und – überlebt.

Weltkulturen

Religionen und Kulturen sind eng miteinander verwandt, aber weder identisch noch auseinander ableitbar. Religion gehört, neben Philosophie und Kunst, zum engeren oder Kernbegriff der Kultur, zum weiteren Begriff gehören auch Medizin, Recht, Wissenschaft und Technik. Kultur ist aber, mindestens als Kult,[20] auch schon Bestandteil der Naturreligionen. Kult und Kultur, beide vom lateinischen Wort colere (pflegen) abgeleitet, bezeichnen den Gegensatz zum Rohen, Ungepflegten, Barbarischen, Primitiven. Der religiöse Kult bildet gleichsam die Brücke von der Natur zur Kultur. Marcus Tullius Cicero (106-43 v. Chr.), der Schöpfer des philosophischen Kulturbegriffs, unterschied bereits zwischen einer agri cultura (Ackerbau, Landpflege) und einer animi cultura (Pflege des Geistes). Kultur hat demnach von Anfang an eine ökologische und eine geistige Komponente. Beginnen wir auch hier, wie bei der Religion, mit drei klassischen Definitionen, an denen wir uns dann weiterorientieren können!

1. »Kultur ist vor allem Einheit des künstlerischen Stiles in allen Lebensäußerungen eines Volkes.«[21]
2. Kultur ist die »Lebensform«, und zwar die »fleischgewordene Religion eines Volkes.«[22]
3. »Da dem Menschen der Weg zu neuen und höheren biologischen Abartungen nicht zu Gebote stand, verfiel er auf das Mittel, zur Schaffung grundsätzlich ›neuer‹ Verhaltensformen die Kulturen aus sich hervorzutreiben, in denen er sich selbst transzendiert. Homo hat die Vielgestaltigkeit des Tierreichs *auf einer neuen Ebene* schlecht und recht weitergeführt: der kulturellen Ebene. Die kulturelle Variabilität hat also eine Funktion wie die Artunterschiede bei Tieren: sie setzt, evolutionär gesehen, die Differenzierung fort, aber vorwiegend nicht mehr auf der biologischen Ebene, sondern auf der kulturellen: *Evolution verwandelt sich in Geschichte.*«[23]

Nehmen wir eine moderne Stellungnahme aus der Sicht der Komplexitätstheorie hinzu, vervollständigt sich das Bild und zeigt die Richtung an, in der künftig weitergearbeitet werden muß:

> Eine der größten Herausforderungen der Menschheit liegt darin, vereinheitlichende Faktoren wie Wissenschaft, Technologie, Rationalität und Gedankenfreiheit mit trennenden Faktoren wie lokalen Traditionen und Glaubensvorstellungen, zu denen sich

schlicht die Unterschiede im Temperament, im Beruf und des geographischen Standorts gesellen, zu versöhnen.[24]

Die beiden ersten Definitionen führen als Bezugsgröße das Volk ein, die dritte Darlegung hinterfragt kulturelles Geschehen aus evolutionärer Sicht. Gell-Mann stellt ein Programm der Kulturtheorie auf, die sich als Zweig der Komplexitätsforschung verstehen läßt.

Während Nietzsche die Verbindung zur Kunst, Eliot die zur Religion herstellt, sucht Mühlmann nach einer umfassenden Theorie der Kultur auf anthropologischer Grundlage, erfaßt aber auch die spezifisch religiöse Selbsttranszendenz in kulturell-evolutionären Vorgängen. Religion erscheint, so betrachtet, als der große, unermüdliche Motor kulturellen Wandels und Fortschritts, angefangen von der Ebene lokaler, regionaler und nationaler Kulturen bis hinauf zur Ebene der Weltkultur.[25] Kulturen sind, wie Religionen, vergänglich, entstehen, evolvieren und sterben. Es gibt nicht nur Bauruinen und Pyramiden, sondern auch tote Sprachen, Hieroglyphen, antiquierte Rechtssysteme und verlassene Höhlen. Wie die Umwelt Mythen und Religionen mitgeprägt hat, so hat sie auch die Kulturen beeinflußt, sei es in Flußtälern und Küstenregionen, sei es auf Hochebenen oder in Waldgebieten.

Allgemein unterscheidet man zwischen Früh- und Spät-, Primitiv- und Hochkulturen, lokalen, regionalen und überregionalen oder Weltkulturen. Ferner war oder ist von Kulturkreisen, -stufen, -schichten und -zyklen die Rede, von Dorf- oder Stadtkulturen, Natur- und Kulturlandschaften, Kulturentstehung und Kulturverfall, von Kulturbringern und Kulturdenkmälern, von Kulturkampf, Kulturkonsum, Kulturkritik und Kulturrevolution, von Kulturpflanzen, Kulturoasen und Kulturprovinzen, von Natur- und Kulturvölkern sowie von Kulturtechnik, Kulturfreiheit und Kulturwandel.

Mit Kulturproblemen befassen sich Kulturphilosophie, Kulturanthropologie und die Kulturwissenschaften, z. B. Archäologie, Kulturpsychologie, Kultursoziologie und Kulturgeschichte, gelegentlich auch Naturwissenschaftler, Evolutionstheoretiker und Künstler.

Als große Kulturheroen wurden in Griechenland Herakles und Prometheus verehrt, aber auch der erfinderische Odysseus und die Argonauten, womit wir wieder beim Mythos wären.

Zusammenfassend könnte man Kultur als eine spezifische Leistung des homo sapiens definieren, kreativ in der Weltgestaltung und konditionierend in der Selbsterziehung, die Körperschule (Training), Seelsorge (Psychotherapie) und Geistesübung (Mathematik, Meditation) künstlerisch zu einem humanen Sinnganzen verbindet und damit die biologische Hominisation fortsetzt.

Weltbewußtsein

Weltreligionen und Weltkulturen haben ein überregionales Weltbewußtsein geschaffen, das sich nach Umfang und Tiefe wesentlich von früheren Bewußtseinsformen unterschied. Im Zuge der Überwindung antiken Religions- und Kulturverfalls sowie der Vereinheitlichung der soziokulturellen Wirklichkeit haben Christentum und Islam in der Zeit der Völkerwanderung und im Mittelalter weiten Teilen der Menschheit eine neue geistige Heimat, inneren Halt und neuen Lebensmut gegeben. Das darf man bei aller berechtigten Kritik am gegenwärtigen Zustand dieser Religionen nicht vergessen. Ähnliches gilt für den Buddhismus und Konfuzianismus. Wo der Buddhismus auftauchte, hat er Explosionen kultureller Kreativität ausgelöst. Man braucht nur an die gigantische Tempelfront bei Luoyang in Honan am Flusse Lo zu erinnern, an den Potala-Palast bei Lhasa oder die Tempelbaukunst in Nepal und Thailand, um den Impakt religiöser Erneuerung zu ermessen. In Europa sind Gotik und Philosophie, Malerei und Musik großartige Zeugnisse durch die Religion inspirierter Kreativität. Ähnliches gilt für die islamischen Kulturzentren in Asien, Afrika und Europa. Religiöse und kulturelle Erneuerung infolge von Horizonterweiterung, Selbsttranszendenz und geistiger Synthesen halfen über den toten Punkt der Evolution beim Ausgang der Antike hinweg, später, am Ende des Mittelalters, über ein sich immer weiter ausbreitendes Gefühl der Unsicherheit und den damit verbundenen Pessimismus. Danach aber fielen die Weltreligionen zunehmend ihrem eigenen Gesetz der Überwindung obsoleter Zustände zum Opfer. Durch die Bindung an die feudale Gesellschaft unterlag das Christentum auch dem Verfalls- und Auflösungsprozeß dieser Gesellschaft.

Bewußtseinsgeschichtlich haben Christentum und Islam den Schwerpunkt der Orientierung vom Kosmozentrismus auf den Anthropozentrismus und Theozentrismus verlagert und damit zwar ein neues, aber ein metaphysisch eingeschränktes und vorbelastetes Weltbewußtsein geschaffen, das geradezu zur Korrektur herausforderte, die dann auch in der Neuzeit, in Renaissance, Reformation und Humanismus erfolgte. Das neue Weltbewußtsein war nicht an der Außen- und Umwelt, sondern prinzipiell und nahezu ausschließlich an der Überwelt orientiert. Diese Verabsolutierung der Theozentrik führte zum weltanschaulichen Fiasko, als sich die Prämissen des christlichen Welt- und Heilskonzepts als falsch erwiesen und das ganze schöne Weltgebäude samt Heilsordnung zusammenbrach: ein gewaltiger Desillusionierungsprozeß, der sich in der Neuzeit bis zur Gegenwart fortsetzte. Anthropomorphismus, Anthropozentrismus und Eurozentrismus sind seit dem Ausgang des Mittelalters laufend widerlegt und ad absurdum geführt, wenn es dabei auch viel weniger radikal und rücksichtslos zuging als beim Umgang des Christentums mit antiken Religionen und Kulturen.

Immer wieder hat sich herausgestellt, daß die Welt größer, anders und vielfältiger war, als man angenommen hatte. Selbst Kolumbus unterschätzte noch den Umfang der Erde. Auf die Kopernikanische Wende folgte die Einsteinsche, aber schon erscheint die Einsteinsche Konzeption des Universums zu eng, und man relativiert die Singularität, den Urknall, spricht vom Megauniversum oder mehreren Universen, und so geht es weiter: eine vernichtende Niederlage des Anthropozentrismus, die Gegenbewegung gegen die Vernachlässigung der Kosmozentrik durch Islam und Christentum, während die Metaphysik des Buddhismus dem modernen Bewußtsein sehr viel näher steht, von der hinduistischen Kosmologie ganz zu schweigen. Ob man will oder nicht: die Desillusionierung, der Abbau des Narzißmus und die Selbstkritik gehen weiter.

Die Weltreligionen haben mindestens die Schockwellen der

Weltangst, des Pessimismus und der Verzweiflung abgepuffert, die als Folgen der Desillusionierung auftraten. Das moderne Bewußtsein ist härter im Nehmen geworden und kann mit der Ungewißheit leben, die es mehr und mehr einer fragwürdigen, wenn nicht illusionären Gewißheit vorzieht.

Die bleibenden Verdienste der Weltreligionen sind:

Selbsttranszendenz, Überschreiten der regionalen Kulte und Kulturen, überregionale kulturelle Aktivität und Kreativität, Vereinheitlichung der Menschheit, Schaffung eines neuen Welt- und Lebensgefühls, denen ein neues Welt- und Selbstbewußtsein im Einflußbereich der Weltreligionen folgten, Vertiefung der Erfahrung der Innenwelt aufgrund der Wechselwirkung mit der neu interpretierten Überwelt. Der Entdeckung der Neuen Welt ging die Entdeckung einer neuen spirituellen Dimension voraus, ohne die wahrscheinlich das Zeitalter der Entdeckungen gar nicht oder wesentlich später erfolgt wäre.

Dem neuzeitlichen Durchbruch in Europa haben der Buddhismus und Konfuzianismus wohl nicht zufällig nichts Gleichwertiges entgegenzustellen. Indien, China, Japan und Amerika wurden von Europa aus entdeckt, und das sollte man nicht vergessen, auch wenn die großen Religionen nicht mehr die Kraft zur Erneuerung aufbringen sollten. Man sollte in diesem Fall eher von Erschöpfung als von Versagen sprechen.

Auf dem kulturellen Sektor überzeugt bloßes Traditionsbewußtsein nicht mehr. Lebt eine Kultur nicht mehr, läuft sie Gefahr, im Sumpf der Selbstbespiegelung und der Kulturheuchelei zu verkommen:

> Kulturheuchelei ist die Behauptung einer ›kulturellen Finalität der wirtschaftlichen Entwicklung‹, d.h. konkret: die Entkoppelung von Wirtschaft, Politik und Kultur, so als könne die Kultur die europäische Einheit retten, wo es Wirtschaft und Politik nicht können. Und Kulturheuchelei ist die Lobpreisung einer französischen, deutschen, mexikanischen usw. Nationalkultur, von der keine politische Vision mehr für die eigene Nation, geschweige denn für die anderen Nationen ausgeht. Kulturheuchelei ist es, wenn man von ›Kultur‹ redet, dann aber konkret doch nur den nationalen oder europäischen Absatzmarkt für Filme, Radio- und Fernsehproduktionen bzw. für Unterhaltungselektronik meint.[26]

Wenn wir von Welt-, Selbst- oder Kulturbewußtsein sprechen, dürfen wir nicht versäumen, den wesentlich schwieriger als ›Religion‹ und ›Kultur‹ zu definierenden Begriff ›Bewußtsein‹ wenn nicht zu bestimmen, so doch zu erläutern. Auch hier gehen wir wieder von drei weiterführenden Definitionen aus:

1. »*Bewußtsein* ist nicht nur das Wissen um die eigenen Gedankenvorgänge, sondern auch um die Vorgänge in unserer Umwelt.«[27]
2. »Das Bewußtsein ist keine für sich existierende Wesenheit, sondern die Eigenschaft eines Organismus mit einem ZNS, das wenigstens eine bestimmte Entwicklungs- und Organisationsstufe als Voraussetzung für die Entstehung bewußter Empfindungen erreicht haben muß. D. h. bewußte Vorgänge werden erst durch eine Organisationskomplexität des ZNS ermöglicht. Insofern ist bewußtes Verhalten vom Komplexitätsgrad des ZNS bedingt, der zweifellos nur mit naturwissenschaftlichen Methoden erforscht werden kann.«[28]
3. »Nach meiner Auffassung besteht Bewußtsein grundsätzlich aus der Fähigkeit des Gehirns, Vergangenheit und Zukunft zu simulieren, Qualitätsurteile über alternative Szenarien zu treffen und auf diese Weise auszuwählen und zu entscheiden.«[29]

Die erste Definition betont mit Recht die gleichzeitige Präsenz von Um- und Innenwelt: kein Bewußtsein ohne Außenwelt. Bewußtsein erscheint als internes Wissen um die eigenen Erkenntnisprozesse. Diese Position eines doppelten Wissens impliziert das sokratische Wissen des Nichtwissens.

Die zweite Definition geht einen Schritt weiter. Es kommen Komplexität und evolutionäre Gesichtspunkte ins Spiel. Das ist gut so, aber die Verabsolutierung (»zweifellos«) naturwissenschaftlicher Methoden dürfte kaum zu halten sein, zumal Naturwissenschaft nicht hinreichend definiert wird und damit eine Art petitio principii vorliegt.

Die dritte Definition geht inhaltlich und im Ideengehalt weit über die beiden ersten hinaus und ermöglicht eine philosophischere Sicht der Dinge als die beiden anderen.

Bei den alten Griechen hat das Bewußtsein kaum eine Rolle gespielt, ja, es fehlte sogar ein unseren Konzeptionen vergleichbarer Begriff dafür, aber das muß kein Nachteil sein. Vielleicht haben die alten Griechen nur einen Irrweg vermieden. Wie dem auch sei: Auch der gesunde Menschenverstand und die Introspektion haben hier ein Wort mitzureden, und dann stellt sich der Sachverhalt weniger rätselhaft[30] dar. Jeder, der einen Photographierenden und dessen Bildmotiv mitphotographiert, tut im Prinzip nichts anderes als das auf Um- und Innenwelt bezogene Bewußtsein. Man muß allerdings den zweiten Photographen (gedanklich) in den ersten hineinverlegen und ihn den Auslöser, wenn nicht gleichzeitig, so doch kurz nach dem ersten betätigen lassen. So gesehen, erscheint das gar nicht so rätselhafte Bewußtsein als eigengesteuerte Reflexion auf innenweltliche Erkenntnisinhalte. Die dritte Definition kommt, so scheint es, der Wahrheit am nächsten, denn sie begreift das Bewußtsein nicht nur, wie die zweite Definition, als umfassende Eigenschaft des ZNS, sondern präzisiert diese Eigenschaft im Hinblick auf die Faktoren Zeit, Qualität, Willensfreiheit und Simulation, umfaßt also die meisten einschlägigen Komponenten, die der Bewußtseinsprozeß voraussetzt. Nur die Steuerungskomponente kommt nicht so recht zur Geltung. Hier könnte Kant weiterhelfen mit seinem Begriff der transzendentalen Apperzeption, auf den hier aber nur hingewiesen werden kann.

Wendet man den so verstandenen Bewußtseinsbegriff auf die Selbsttranszendenz der Religionen und Kulturen an, so gelangen wir mit Mühlmann zur Geschichte, denn die regelkreisartig erfolgenden Kurskorrekturen im religiösen und kulturellen Geschehen ergeben erst den soziokulturellen Fortschritt, der den homo sapiens als evolvierendes Wesen mit Geschichte erscheinen läßt.

4. Philosophische Weltbegriffe

Haben wir uns im ersten Kapitel mit den Grundlagen und Grundlinien der Evolution des Weltverständnisses befaßt, die Welt als Herausforderung des Menschen verstanden, die Grundbegriffe und Grundzüge der Weltorientierung, der Weltgestaltung und des Weltverhaltens unterschieden sowie die Grundfragen und Antworten, soweit erforderlich und hilfreich, anhand von Beispielen erörtert, im zweiten Kapitel den Bilderreichtum der Mythenära weiter ausgebreitet, so wandten wir uns im dritten Kapitel den Großmythen oder Weltreligionen zu, ihren mehr oder weniger anthropomorphen Weltanschauungen, noch reichlich verworrenen Weltvorstellungen und protologischen Weltkonzeptionen. Im vierten Kapitel werden wir nunmehr zunächst versuchen, so genau wie möglich zwischen religiösem und philosophischem Weltverständnis zu unterscheiden, um uns dann den Grundmustern philosophischer Weltbetrachtung zuzuwenden.

Auch hier müssen wir dem Mißverständnis vorbeugen, als handle es sich bei der Evolution des Weltverständnisses um einen linearen Prozeß. Im Hinduismus, Buddhismus und Konfuzianismus folgt die philosophische Phase im großen und ganzen der religiösen, bleibt aber mit ihr enger verbunden als im Westen. Hier greift der von Jaspers eingeführte Begriff der Achsenzeit (um 600 v. Chr.) noch ungefähr bis zu den Vorsokratikern. Dann trennen sich jedoch die Wege. Im Westen entstehen Christentum und Islam erst viele Jahrhunderte nach den Anfängen der Philosophie, die sie über ein Jahrtausend lang verdrängen. Mit der Renaissance und dem Humanismus holt die Philosophie wieder auf, gerät aber durch die Reformation in ein neues, teilweise sogar verschärftes Spannungsverhältnis mit den Weltreligionen, um erst im 18. Jahrhundert mit der Französischen Revolution und der Aufklärung wieder in Führung zu gehen. Im 19. Jahrhundert beginnt dann die Ära der Wissenschaften.

Wir haben also im Westen mit komplexeren räumlichen und zeitlichen Beziehungen zwischen Religion und Philosophie zu rechnen als in Süd-, Mittel- und Ostasien.

Im Zeitalter des Hellenismus begegneten sich zwei Kulturen, die hellenisch-römische und die jüdisch-christliche. Später kam der Islam hinzu. Auf die Phase der Aneignung oder (und) Verdrängung der Philosophie durch die Kirchenväter folgte eine ähnliche Phase im Herrschaftsbereich des Islams, der bis ins hohe Mittelalter der christlich orientierten Philosophie voraus war, dann aber von dieser eingeholt und überholt wurde. Nur wenn man diese räumlichen und zeitlichen Verschränkungen gebührend berücksichtigt, kann man den Begriff der Achsenzeit weiter anwenden.

Wir haben also im Westen folgende Entwicklung:

1. Emanzipation der griechischen Philosophie von der griechischen Volksreligion und Mythologie um ca. 600 v. Chr. Hier stimmt das Konzept der Achsenzeit noch.
2. Trennung von kosmozentrischer ionischer und anthropozentrischer attischer Philosophie im 5. Jahrhundert (Sophisten).
3. Hochzeit oder Klassik der griechischen Philosophie im hellenischen Zeitalter: Sokrates, Platon, Aristoteles.
4. Berührung von griechischer Philosophie und jüdischer Religion im Zeitalter des Hellenismus, vor allem in Alexandria, ferner mit der römischen Zivilisation im Römischen Weltreich.
5. Verdrängung oder Unterwerfung der Philosophie durch das Christentum: Schließung der Platonischen Akademie 529 n. Chr. Gleichzeitig Gründung des Klosters Monte Cassino: ein Schlüsseldatum westlicher Kulturgeschichte.
6. Die durch Araber und Juden vermittelte Rezeption des Aristoteles führt zu einer ernsthaften Krise des christlichen Weltverständnisses am Ausgang des Mittelalters, die sich im Zeitalter der Entdeckungen verstärkt. Die Vernunftwahrheiten setzen sich wieder gegenüber den Glaubenswahrheiten durch.
7. Die Reformation, die sich in den an ihr beteiligten europäischen Ländern sehr unterschiedlich entwickelt, entspricht in Deutschland vordergründig dem Wandel der Neuzeit, führt aber im Endeffekt (Luther und Kopernikus) nicht nur ins Mittelalter, sondern hinter dieses in die antik-hellenistische

Welt (Augustin) zurück und verzögert die überfällige geistige Neuorientierung hierzulande um mehrere hundert Jahre, wobei ein Aufklärungsgefälle zwischen den Ländern des Westens (England, Holland, Frankreich) und den sogenannten mitteleuropäischen Nationen (Österreich, Deutschland) sowie deren östlichen Nachbarn entsteht. Skandinavien und die Schweiz gehen eigene Wege mit leichtem Übergewicht der fortschrittlichen Komponenten, während Italien die reaktionären Kräfte in der Renaissance auf künstlerischem Gebiet überwindet, Spanien aber, das Land der Jesuiten, weltanschaulich am weitesten zurückbleibt, ähnlich wie Deutschland auf protestantischer Seite. Beide sind denn auch die eigentlichen Verlierer im Zeitalter der wesentlich durch ihren Fundamentalismus verschuldeten Glaubenskriege.

8. Von Italien, wo in Florenz die Platonische Akademie im 15. Jahrhundert zu neuem Leben erwachte und Leonardo da Vinci (1452-1519) die Neuorientierung des Zeitalters maßgeblich mitbestimmte, ging die geistige Erneuerung aus, die im nordwesteuropäischen Raum, vor allem von Luthers Erzfeind Erasmus (1467-1536), in Gestalt des Humanismus weitergeführt wurde.
9. Danach verloren der christliche Absolutismus und Fundamentalismus immer weiter an Boden und wurden im Zeitalter der Aufklärung fast bezwungen: Lessing, M. Mendelssohn, Kant, Schiller, Goethe, Beethoven, Deutschlands große Zeit in der Kulturgeschichte.
10. Im 19. Jahrhundert erfolgte eine Gegenbewegung der rückschrittlichen Kräfte, die aber durch den unaufhaltsamen Aufstieg von Wissenschaft und Technik überlagert wurde. Die Philosophie geriet immer mehr in die Defensive, diesmal durch die Ideologien, aber auch durch die sich von ihr emanzipierenden Wissenschaften. Nationalismus, Sozialismus, Imperialismus und Rassismus auf der einen, Positivismus, Szientismus und Technizismus auf der anderen Seite, womit wir im 20. Jahrhundert angelangt sind.

In diesem allgemeinen Rahmen, vor diesem geistes- und kulturgeschichtlichen Hintergrund wollen wir nun versuchen, die vielschichtigen Beziehungen zwischen religiösem und philosophischem Weltverständnis ein wenig überschaubarer zu machen. Geistige Nähe zum philosophischen Weltverständnis ist also weder räumlich noch zeitlich durch eine stetig fortschreitende Entwicklungslinie gekennzeichnet, sondern sowohl zwischen den Kulturen als auch innerhalb einer Kultur gibt es Fortschritt und Rückschritt, Annäherung und Entfernung, Konvergenz und Divergenz.

Ungeachtet dieser Schwierigkeiten läßt sich im Rückblick auf das Zeitalter der Weltreligionen und deren Wechselwirkungen mit der Philosophie sagen, daß beide ein grundverschiedenes Verhältnis zur Wirklichkeit haben. Die Weltreligionen sind primär heilsorientiert, ihre Dogmen sind Heils- oder Glaubenswahrheiten, die Philosophie ist dagegen wahrheits- oder vernunftorientiert. Christentum und Islam sind ausgesprochen soteriologisch, eschatologisch, personalistisch, subjektiv, anthropozentrisch und theozentrisch ausgerichtet, die westliche Philosophie erscheint dagegen anfangs kosmozentrisch, dann durchweg logisch, impersonalistisch, realistisch (oder idealistisch), jedenfalls objektiv, sachlich, auf Widerspruchsfreiheit gegründet und abzielend, systematisch und weniger text- als theorieorientiert.

Diese Gegenüberstellung gilt jedoch nicht mehr im gleichen Umfang für das Verhältnis von Religion und Philosophie in den östlichen Weltreligionen. Hier kann nur die Faktorenanalyse im Einzelfall weiterhelfen.

Die Kosmologie des Hinduismus steht dem modernen wissenschaftlichen Denken am nächsten:

> Den Kosmos selbst … hat nur eine der großen Weltreligionen in den ewigen Kreislauf von Tod und Wiedergeburt mit einbezogen, der Hinduismus. Er ist die einzige Religion mit Zeitvorstellungen, die – zweifellos rein zufällig – denen der modernen wissenschaftlichen Kosmologie entsprechen.[1]

Ob die Entsprechung »zweifellos rein zufällig« war, bleibe dahingestellt. Jedenfalls gelang weder dem Hinduismus als Weltreligion eine hinreichende Selektion des Mythischen noch der hinduistischen Philosophie eine solche des Religiösen. Alles blieb mit allem verbunden. Das macht noch heute zugleich die Stärke und die Schwäche der hinduistischen Kosmologie aus.

Zum Weltverständnis des Buddhismus hat der Dalai Lama in seinen Harvard-Vorlesungen Interessantes gesagt.[2] Im Buddhismus dominiert, vielleicht noch stärker als im Hinduismus, die Heilsorientierung. Nach buddhistischen Vorstellungen ist die Zahl der Welten unendlich. In dem Bestreben, keine Lehrmeinungen zu übernehmen, die der Logik oder der Wahrnehmung widersprechen, nähert sich der Buddhismus der Philosophie, auch in der relativ hohen Bewertung der Geistestätigkeit, die für die Reinkarnation ausschlaggebend ist. Offensichtlich ist dem Buddhismus die Selektion des Mythischen besser gelungen als dem Hinduismus, aber die dominierende Heilsorientierung trennt auch ihn noch von der philosophischen Bewußtseinsebene.

Ähnliches gilt für den Konfuzianismus. Hier verdrängten zwar Vorstellungen wie tao, yang und yin die mythischen Weltbilder, konnten sich aber nicht von anthropomorphen Bestandteilen lösen. Vereinzelt kamen philosophischere Ansätze vor, die sich aber nicht gegen den Megatrend chinesischer Praxisorientierung durchsetzten. So entwickelte Shao Yung (1011–77)[3] eine Weltkonzeption, in der, wie bei Pythagoras, die Zahl eine Schlüsselrolle spielt. Daneben interessieren ihn aber auch die Prozesse der Expansion und Kontraktion, Zeit und Form, Geist und Geschichte. Statische und dynamische Komponenten halten sich in seinem prozessualen Weltverständnis etwa die Waage.

Die Weltvorstellungen der jüdischen Volksreligion, die sich weitgehend mit altorientalischen Vorstellungen decken[4], erscheinen gegenüber den großen Religionen des Ostens eher primitiv, haben aber mit der Weltanschauung der Chinesen die Praxisorientierung gemeinsam.

Die Vernachlässigung der Kosmologie zugunsten des Anthropo- und Theozentrismus setzt sich im Christentum und Islam fort. An eine philosophische Selektion mythischer oder religiöser Bestandteile ist bei allen drei Religionen nicht zu denken. Am weitesten von der indischen und griechischen Kosmozentrik ist der Islam entfernt, der auch den Glauben an die Schöpfung der Welt aus dem Nichts mit den beiden anderen

Religionen teilt, was eher an den Trick eines Zauberkünstlers, Magiers oder Schamanen erinnert als an die gestaltende Kraft eines Demiurgen (Platon). So kann Allah die Welt sogar noch schneller schaffen als Jahwe oder der Gott der Christen, nämlich in zwei Tagen die Erde und in wiederum nur zwei Tagen den Himmel.[5]

Wie unterscheidet sich nach alldem die philosophische Betrachtung der Welt grundsätzlich von der religiösen?

Die philosophische Position hat bereits Heraklit (um 500 v. Chr.) kurz und prägnant gegenüber der religiösen abgegrenzt:

»Diesen Kosmos, denselben aller, schuf weder irgendein Gott noch irgendein Mensch, sondern er war, ist und wird immer sein, ein immer brennendes Feuer, das nach Maßen entflammt und erlischt.« (Fragment B 30)

Mit »aller« ist jeder und alles gemeint, was darin existiert. Die Sicht ist kosmozentrisch, bewußt gegen Theozentrik und Anthropozentrik gerichtet, dynamisch, elementar und doch nicht, wie »Maße« zeigt, chaotisch. Heraklit zufolge ist also dieser eine, allen gemeinsame Kosmos unvergänglich, sein Wandel Naturgesetzen unterworfen und sein Urstoff das Feuer. Die moderne Kosmologie hat nicht nur keine dieser Thesen widerlegt, sondern sie, wenn auch mit anderen, moderneren Begriffen, bestätigt: Am Anfang stand der unvorstellbar heiße Urknall, das kosmische Feuer. Ihm folgten die Abkühlung des Kosmos und seine Gestaltung. Seine Expansion läßt sich ungefähr berechnen, und ihr folgt entweder die Kontraktion oder sie geht ins Unendliche weiter. Von einem göttlichen oder menschlichen Ursprung ist nirgends die Rede.

Der philosophische Begriff der Welt, wie ihn Heraklit mustergültig bildete, ist also konsequent anti-personalistisch, anti-anthropomorph und anti-theomorph.

Zur philosophischen Interpretation der Welt gehört mithin ihre Begreifbarkeit, Begrifflichkeit und Definierbarkeit, denn eine Definition ist nichts anderes als ein entfalteter Begriff und ein Begriff nichts anderes als gestaltetes Begreifen. Wesentlich für das philosophische Weltverständnis, im Gegensatz zum mythischen und religiösen, ist seine Abstraktheit, die doppelte Selektion des Bildhaften der Wahrnehmung und des Widersprüchlichen der Vorstellung. Philosophisches Begreifen ist etwas grundsätzlich anderes als religiöses Erleben. Für die philosophische Bewußtseinsstufe gelten als Grundforderungen: Widerspruchsfreiheit, begriffliche Konsistenz, Prüfbarkeit, Kompatibilität mit Wahrnehmung und Vernunft sowie Allgemeingültigkeit. Auch hier war Heraklit wegweisend:

»Die Wachenden haben einen einzigen, gemeinsamen Kosmos, die Schlafenden aber wenden sich davon ab und jeder seinem eigenen zu.« (B 89)

Außenwelt und Innenwelt, Stufen des Bewußtseins und der Welterfahrung heben sich voneinander ab.[6] Dabei erscheint der innere Kosmos Heraklit nicht weniger unendlich als der äußere:

»Die Grenzen der Seele kannst du, gehend, nicht herausfinden, und wenn du jeden Weg abschrittest, einen so tiefen Grund (logon) hat sie.« (B 45)

Im tiefsten Grund, so dürfen wir folgern, konvergieren und koinzidieren Mikrokosmos und Makrokosmos: atman ist brahman. Indien und Griechenland begegnen sich im Bereich (philosophischer) Kosmologie.

Endete die Geborgenheit mythischer Alleinheit der Welten für den Menschen schmerzlich mit der Entzweiung von Um- und Eigenwelt, Über- und Unter-, Vor- und Nachwelt, so fand er sich im Schoß der (Welt-)Religionen wiederum geborgen vor, in der Partnerschaft zwischen Gott und seinem auserwählten Volk, in einer göttlichen Welt- und Heilsordnung, in einer Gemeinschaft der Heiligen oder nach Heiligkeit Strebenden. Die Kluft zwischen der Welt und dem Menschen hatte sich zwar vergrößert, war aber immer noch durch Selbst- oder Fremderlösung überbrückbar. Innen- und Überwelt erschienen durch feste Bande verknüpft, so daß man der Um- und Außenwelt nicht völlig ausgeliefert war, wie groß, bedrohlich und mächtig sie auch erschien. Nachdem auch diese Geborgenheit verlorengegangen war, fand sich der Mensch auf der philosophischen Bewußtseinsstufe im Kosmos geborgen (Kosmopolit, z. B. Anaxagoras) wieder, der sich als eine Vernunftordnung erwies, an der der einzelne Mensch partizipierte, sofern er sich seiner Vereinzelung und Ausgesetztheit bewußt war.

Im Verlauf der Evolution des Weltverständnisses wuchsen die

Herausforderungen der Welt an den Menschen, aber auch sein Selbstverständnis, das auf die Herausforderungen antwortete. Auf philosophischer Ebene traten Makrokosmos und Mikrokosmos in eine *logische* Wechselbeziehung, Wechselwirkung und in einen kosmischen Wirkungszusammenhang, in dem sich aber die Welten schärfer profilierten, abgrenzbarer wurden, was sich einerseits in der Ausbildung philosophischer Disziplinen (Aristoteles) zeigte, andererseits im Systematisierungsdrang (Thomas von Aquin), einer Erbschaft der Philosophie aus dem Zeitalter der Weltreligionen, denen es nicht zuletzt um die Gründung von übergreifenden Sinnzusammenhängen ging. Die philosophische Selektion bestand im Abwerfen von Ballast aus der Ära der Volks- und Weltreligionen: Mythenreste, Glaubenswahrheiten, heilige Texte, Dogmen, Anthropomorphismen und Theologeme (Hesiod), was die Verwendung einiger dieser auf die literarische Ebene transponierter Elemente nicht ausschloß: Platons Kunstmythen, sein Demiurg oder Weltschöpfer oder der unbewegte Beweger des Aristoteles. Theologische Heilsspekulation und philosophische Metaphysik gingen im Westen ein lange dauerndes Bündnis ein, das erst im Zeitalter der Aufklärung zerbrach, was nicht ausschließt, daß es heute in Kreisen konfessionell oder ideologisch instrumentalisierter Philosophie weitergepflegt wird.

So betrachtet dauerte der bewußte Emanzipationsprozeß der Philosophie von der Religion im Westen von Heraklit bis Kant, wenn auch schon Thales, Anaximander und Xenophanes damit begonnen hatten.

Heraklit sah sich erstmals in der Geschichte der Philosophie schonungslos nüchtern, einsam und verlassen einer unendlichen Außenwelt und einer unendlichen Innenwelt gegenüber, und mit ihm begann die mutige Gratwanderung der Philosophie zwischen den Extremen, Verabsolutierungen, Illusionen und Ideologien, einzig und allein im Vertrauen auf den Logos, auf Vernunft und Wahrheit, auf die Kraft des homo sapiens zur Selbstbefreiung.

Heraklits Bekenntnis: »Ich suchte nach mir selbst« (B 101) läßt etwas von der inneren Situation des einsamen Denkers aus Ephesos erkennen, dessen Anliegen von Sokrates in seinem

Begriff des wissenden Nichtwissens und der Selbsterkenntnis weitergeführt wurde: Jede Horizonterweiterung in der Welterkenntnis muß, wenn sie etwas nutzen soll, von einer Horizonterweiterung der Selbsterkenntnis begleitet werden.

In der Evolution leben, wie gesagt, alte neben neuen Spezies fort, und vielleicht ist die Toleranz gegenüber andersartigen geistigen Gebilden ein erstes wichtiges Erbe aus der Ära der Philosophie im Unterschied zur Ära der absolutistischen Weltreligionen. Hinzu kommen: selbstloser Einsatz für die Wahrheit, das Staunen, Weltoffenheit und Weltfrömmigkeit, die Ehrfurcht sowohl vor der Größe und Erhabenheit des äußeren Universums als auch vor der Grenzenlosigkeit innerer Erfahrung (Kants gestirnter Himmel über ihm und das moralische Gesetz in ihm), sokratische Unbestechlichkeit des Urteils und ehrliches Eingeständnis des Nichtwissens, gewissenhafte Abwägung und Prüfung von Alternativen, Überwindung des Wunschdenkens und der Selbsttäuschung, Dienst an den Mitmenschen und Mitwirkung am Selbstbefreiungsprozeß der Menschheit, der zu immer höheren Freiheitsgraden und somit von terrestrischen Anfängen zu kosmischen Dimensionen führt.

Kosmos – Chaos

In den ›Werken und Tagen‹ Hesiods läßt sich der Übergang von der religiösen Vorstellungswelt zur philosophischen Begriffsbildung gut beobachten. Theogonie und Kosmogonie erscheinen vermischt, ebenso theologische und philosophische Rechtsvorstellungen. Auch in Anaximanders berühmter Konzeption des apeiron oder Unbegrenzten mischen sich noch religiöse Komponenten mit naturkundlichen und juristischen, aber es gibt auch schon Ansätze zu einer systematischen Betrachtung des Weltganzen (ouranos), das aus Teilen zu einer Ordnung (kosmos) zusammengefügt ist. Daneben kommen, ganz polytheistisch gedacht, auch mehrere Welten vor.

Mit seinem Begriff einer von Liebe und Haß vereinten oder entzweiten Weltkugel begründet Empedokles (ca. 490-430) ein dynamisches, wenn auch anthropomorphes Weltverständnis.

Neben die Stoffe und Elemente (archai, stoicheia) treten die Kräfte (dynameis). Der Dualismus von Materie und Energie, Teilchen und Welle, Partikel und Strahlung zeichnet sich ab. Anaxagoras (500-428) führte den Geist (nous) als ordnendes Prinzip ein, verstand ihn aber noch materialistisch, was ihm von Platon und Aristoteles neben Lob auch Kritik eintrug.

Demokrit (ca. 460-370) verwandte den Kosmosbegriff auch in Überschriften seiner naturkundlichen Werke: Großer und Kleiner Diakosmos. Ganz anders als zuvor bei Heraklit wird hier der Gegensatz von Makrokosmos und Mikrokosmos sichtbar. Während Heraklit und Empedokles dynamische Konzeptionen des Kosmos entwickelten, erscheint der Weltbegriff bei Demokrit eher statisch. Neben dem Logos wirkt bei der Weltentstehung die Notwendigkeit (ananke) mit. Die Welt besteht aus kleinsten, unteilbaren Teilchen, den Atomen, und der Leere. Ob mit Welten Sternsysteme oder Universen gemeint sind, bleibt bei Demokrit ungewiß. Die Götter sind jedenfalls, wenn es solche gibt, weit entfernt und kümmern sich nicht um das Leben der Sterblichen. Die Entfernung einerseits zu Hesiod, andererseits zu Platon wird deutlich, aber auch die Verlassenheit des aus dem sicheren Schoß göttlicher Obhut entlassenen Menschen. Diogenes von Apollonia, ein Zeitgenosse des Anaxagoras, sieht in den kosmoi eine Folge von Weltgestaltungen, denen er das unendliche Ganze (to pan) gegenüberstellt. Die Trennung von Kosmos und Universum wird in gewisser Weise schon hier vorweggenommen. Mit seiner Lehre von der Einmaligkeit oder Identität der Dinge im Weltgeschehen nähert sich Diogenes neuzeitlichen Auffassungen von der Unumkehrbarkeit der Ereignisse und Prozesse.

Bei den Eleaten dominieren die statischen Weltkonzepte. Melissos von Samos (um 440) suchte einen Begriff von unbegrenzter Zeit mit dem eines begrenzten Raumes zu verbinden. Die geometrische Raumzeitproblematik deutet sich an. Ansonst hielt er, wie seine Vorgänger Parmenides und Zenon, an der Unbeweglichkeit des wahrhaft Seienden fest.

Pythagoras soll den Begriff kosmos für das geordnete Weltganze eingeführt haben, was zu seiner Interpretation der Wirklichkeit als Zahl ganz gut passen würde. Philolaos, ein Pythagoreer, entwickelte auf dieser Grundlage eine Theorie des Kosmos. Die Erde faßt er als eine sich im Kreis bewegende Kugel auf, die ihre Bahn in einem harmonischen Weltganzen beschreibt. Mathematische Aspekte verbinden sich bei den Pythagoreern oft mit musikalischen. So erzeugt der Sternhimmel durch seine Bewegungen eine allerdings für menschliche Ohren unhörbare Sphärenharmonie.

Mit Platon (428-347) gelangen wir ins klassische Zeitalter der hellenisch-attischen Philosophie. Platon verwendet, neben dem Begriff kosmos, auch die Begriffe ouranos (Himmel), pan (All) und holon (Ganzes). Der Demiurg (Handwerker, Weltbildner) gestaltet die als Lebewesen verstandene Welt nach mathematischen Gesetzen. Dank seiner aus den gleichen Elementen wie der Kosmos bestehenden Weltseele vermag das Megawesen den Kosmos zu erkennen: eine neue Version eines alten, hinduistischen Themas.

Aristoteles (384-22) zufolge befindet sich die Erde im Mittelpunkt eines kugelförmig verstandenen Weltganzen, das lebt. Die Welt wird vom unbewegten Beweger, dem aristotelischen Gott, bewegt und ähnelt diesem als ein Wesen mit Vernunft. Straton von Lampsakos, ein Schüler des Aristoteles, gab die Lehren von Gott und der Beseelung des Kosmos auf, den er als Naturgesetzen unterworfen ansah.

Während die Epikureer Demokrit folgten und zahllose Welten nebeneinander für möglich hielten, hielten die Stoiker und Peripatetiker (Aristoteliker) an Heraklits Lehre von einem unvergänglichen Kosmos fest. Indem sie diesen aber bald mit Gott oder der Vorsehung (pronoia), bald mit der Weltseele oder dem Pneuma (Hauch) identifizierten, fielen sie unter das Reflexionsniveau Heraklits zurück.

Der in der Spätantike immer stärker werdende Trend zu religiöser Weltsicht, Magie und Mystik, kam der jungen Weltreligion des Christentums entgegen und dürfte ihr mit zum Sieg verholfen haben. Im Einflußbereich der lateinischen Sprache setzte sich für Welt der Begriff mundus durch, der die Ordnungskomponente von kosmos fortsetzt (Reinheit, Sauberkeit, Schmuck), zugleich aber auch zum Begriff Weltall (Universum) überleitet. Augustin (354-430) konfrontierte die Welt als Reich des Bösen mit dem Gottesreich. Diese negative Einschätzung dominierte im christlichen Mittelalter, wurde von der Reformation eher noch verstärkt, wich dann aber mit zunehmender Säkularisierung im Gefolge von Renaissance, Humanismus und Aufklärung. Mit Alexander von Humboldts (1769-1859) Hauptwerk, dem ›Kosmos‹, erfuhr der antike Kosmos-Begriff eine Wiederaufwertung und erhielt einen neuen, globalen Glanz. Während im modernen, wissenschaftlichen Zeitalter der Begriff Universum die Begriffe Kosmos und Weltall weitgehend verdrängt hat, erlebt der Chaos-Begriff gegenwärtig in der Chaos-Theorie seine Renaissance, doch davon später.

Der traditionelle Chaos-Begriff führt, wie der des Kosmos, auf Hesiod (um 700 v. Chr.) zurück. Chaos, von chaskein, gähnen, bezeichnet bei Hesiod den finsteren Abgrund, die ›gähnende Leere‹ zwischen Himmel und Erde bei der Entstehung der Welt. Aristoteles interpretiert das Chaos als leeren Raum, die Stoiker verstehen darunter Unordnung, Formlosigkeit und Unbestimmtheit, Neuplatoniker und Christen identifizieren das Chaos mit der Materie oder dem biblischen Tohuwabohu, dem Durcheinander, andere mit der Hölle, Nicolaus Cusanus (1401-64) vermutlich mit Möglichkeit (possibilitas). Damit gelangen wir zur Neuzeit, in der zwei entgegengesetzte Auffassungen des Chaos das Feld beherrschen, eine aufwertende bei Mystikern und Chaoten wie Nietzsche und eine abwertende in Kreisen der Wissenschaft. Für Nietzsche ist die Welt letztlich chaotisch: »Der Gesamtcharakter der Welt ist ... in alle Ewigkeit Chaos, nicht im Sinne der fehlenden Notwendigkeit, sondern der fehlenden Ordnung, Gliederung, Form, Schönheit, Weisheit, und wie alle unsere ästhetischen Menschlichkeiten heißen.«[7] Eine tiefe Kluft trennt den Jünger des Dionysos von Heraklit, auf den er sich so gern beruft, denn Heraklit hat, Grieche, der er war, nie das Maß, den Logos, das Gesetz, Schönheit und Weisheit einem Extrem geopfert.

Bei Heidegger[8] wird dann aus Nietzsches Verabsolutierung, wie aus der aletheia (Wahrheit), ein Mysterium, der »sich öffnende Abgrund«: ein klassisches Beispiel für Freuds Theorie. Aber weder Nietzsches pseudorationale Letztbegründung der Welt im Chaos noch Heideggers pseudoetymologische Beschwörungsformel des Chaos können darüber hinwegtäuschen, daß es sich hier um höchst subjektive, im persönlichen Erleben wurzelnde Idiosynkrasien des Wunschdenkens handelt. Buddha, Leonardo da Vinci und Goethe haben demgegenüber die Dynamik und Dialektik einer in Todesverlangen, Welt- und Lebensfeindlichkeit umschlagenden exzessiven Begehrlichkeit durchschaut.

> Die Hoffnung und die Sehnsucht, in die Heimat zu kommen und in das ursprüngliche Chaos zurückzukehren, wirken, in ähnlicher Weise wie beim Schmetterling das Licht, beim Menschen, der mit unaufhörlichem Verlangen immer freudig den neuen Frühling erwartet, immer den neuen Sommer und immer die neuen Monate und immer die neuen Jahre, wobei ihm scheint, daß die ersehnten Dinge im Kommen allzu spät sind: und wird nicht gewahr, daß er seine eigene Auflösung herbeiwünscht.[9]

Buddha sah im Haften der Begierde an der Welt den letzten Grund für eine gefährdete conditio humana, und er empfahl daher nicht, wie sooft zu hören ist, die Weltflucht, sondern die Stabilisierung des durch die Begierden gestörten Verhältnisses des Menschen zur Welt. Goethe hat in Faust I (3249 f.) diesen Sachverhalt auf die klassische Formel gebracht: »So tauml ich von Begierde zu Genuß, Und im Genuß verschmacht ich nach Begierde.« Die zügellose Begierde, von Ruhmsucht und Herrschsucht (Wille zur Macht) in Frustration und Aggression, von Lebensgier in Todesverlangen umschlagend, beschleunigt den Untergang des Begehrenden, ohne daß er sich dessen bewußt zu werden braucht. Ihm erscheint nicht seine Innenwelt gestört, zerrüttet, abgründig und gähnend wie der Schlund der Hölle, sondern die Welt (Nietzsche) oder das Sein selbst (Heidegger). Je mehr wir uns dem modernen, wissenschaftlichen Weltverständnis nähern, desto mehr wird die Problematik von Subjektivität und Objektivität im Weltbezug bewußt, was zu einer Annäherung der Begriffe Kosmos und Chaos und zur Profilierung der Umwelt gegenüber der Außenwelt führt:

> Jedes willkürlich gewählte Weltprinzip scheidet, wenn es hinreichend eng ist und sonst unseren Begriffen einer empirischen Welt ungefähr entspricht, aus dem Chaos einen Kosmos aus, d.h. aus der

> Gesamtheit aller Weltzustände eine (linear ausgedehnte) Gesamtheit *bestimmter* Weltzustände. Wir erkennen, daß in das Chaos eine unzählbare Menge kosmischer Welten eingesponnen ist, deren jede ihren Inhabern als einzige und ausschließliche reale Welt erscheint.[10]

Mit den Problemen des Seins, der Welt und des Menschen hängt aufs engste das Problem der Zeit oder der ›Zeitlichkeit des Daseins‹ zusammen. Es erscheint daher erforderlich, hier in der gebotenen Kürze auf das Zeitproblem einzugehen.

Aristoteles verfuhr bei seiner Zeitanalyse vorbildlich, indem er die Zeit pragmatisch als Zahl der Bewegung definierte, wodurch der physikalische Faktor der Bewegung untrennbar mit dem mathematischen Faktor der Zahl verbunden ist. Um einen Prozeß, eine Bewegung zu messen, muß etwas vorhanden sein, das gemessen wird, und etwas, das mißt, ferner ein Bezugssystem, auf das die zu messenden Objekte bezogen werden. Ob die Zeit den Objekten an sich zukommt oder nur dem Messenden, ist für den Historiker von sekundärer Bedeutung. Will er Geschichte erforschen oder über sie philosophieren, darf er weder die Objekte noch die Subjekte verabsolutieren. Verabsolutiert er die Objekte, endet er im Agnostizismus, verabsolutiert er die Subjekte, im Solipsismus. Im Endeffekt treffen sich der Agnostiker und der Solipsist im Nihilismus. Will man nun den Schlingen des Agnostizismus und des Solipsismus, des Objektivismus wie des Subjektivismus entgehen, empfiehlt es sich, vier Zeitarten zu unterscheiden: *Realzeit, Lebenszeit, Erlebniszeit* und *Zeitbewußtsein*. Ohne Realzeit oder physikalische Zeit gibt es auch die anderen Zeitformen nicht, ohne Zeitbewußtsein wiederum gibt es kein Wissen um die Realzeit. Daß sich Lebenszeit und Erlebniszeit nicht decken, kann jeder leicht nachprüfen. Offensichtlich besteht ein evolutionäres Stufenverhältnis zwischen den vier Zeitarten, die einander voraussetzen: Die Lebenszeit eines Organismus beträgt nur einen winzigen Bruchteil der Realzeit des Weltgeschehens. Die Erlebniszeit ist wiederum ein Ausschnitt aus der Lebenszeit, und das Zeitbewußtsein ein solcher aus der Erlebniszeit, die sich im Zeitbewußtsein auf sich selbst bezieht und implizit auch auf die übrigen Zeitformen. Die Realzeit ist prinzipiell reversibel, nicht so die anderen Zeitarten, was zur Einmaligkeit geschichtlicher Ereignisse führt. Die Realität als solche ist zwar als Folge von Ereignissen und Prozessen, also aus der Sicht eines prozessualen Weltverständnisses, zeitlich, aber über Anfang und Ende, Sinn und Ziel lassen sich keine wissenschaftlichen Aussagen machen. Die Realzeit ist dem Zeitbewußtsein und dem Zeiterleben weitgehend unzugänglich. Aus dem Zeitbewußtsein lassen sich wiederum keine brauchbaren Erkenntnisse über das Weltgeschehen gewinnen. Die für den Wissenschaftler, Philosophen, aber auch für den Menschen im Alltag relevanten Zeitarten sind mithin Lebenszeit und Erlebniszeit. Ihre Wechselbeziehungen, Wechselwirkungen, ihre Verflechtung und Vernetzung ergeben die bunte Lebensfülle, machen das Leben spannend und lebenswert, sorgen zugleich für Komplexität und für Simplizität, für Abwechslung, Überraschungen und für Stetigkeit.

Eine Grundbedingung für ein gesundes, ungestörtes, glückliches und erfülltes Leben ist also die richtige Abstimmung der Zeitarten aufeinander, wobei die Realzeit am wenigsten beeinflußbar ist. Der Tod beendet, wie es scheint, mit brutaler Gewalt den Wirkungszusammenhang, das Sinngefüge und die Ordnung des Organischen. Dieser Übergang wird mit einigem Recht als gewaltsam, furchtbar, entsetzlich und grausam empfunden, denn er bedeutet das Chaos als Ende eines Kosmos, eines wunderbaren, großartigen, subtilen und sublimen Kunstwerks, zu dessen einmaliger Existenz Billionen von Teilchen, Atomen, Molekülen und Zellen beitrugen. Kein Wunder also, wenn der Gegensatz von Kosmos und Chaos die Philosophie von ihren Anfängen an beherrschte, prägte, bestimmte und leitete, denn hier wird das Wunder des Makro- und des Mikrokosmos selbst zum Thema eines rätselhaften Geschehens oder eines Wesens, das sich mit einem gewissen Recht als Maß aller Dinge begreift.

Die Zeitlichkeit relativiert aber nicht nur den Kosmos, sondern auch das Chaos. Betrachtet man den Tod als einen Teil des Lebens, verliert er seine Macht. Ein Grundanliegen von Religionen, Philosophien, Künsten und Kulturen besteht denn auch in der Entmachtung des Todes, der mit der Vergänglichkeit auch der Vergänglichkeit viel von seinem Schrecken verliert. Voraussetzung dafür ist allerdings der geistige Sieg über den Tod, der immer auch ein Sieg über die Zeit ist. In diesem Sieg gibt sich der Mensch eine Identität im Weltgeschehen, die biologisch in der Fortpflanzung, moralisch in der verantwortlichen Lebensführung und kulturell in der Kreativität ihren Ausdruck findet.

Es ist vielleicht kein Zufall, daß in der Zeit eines vertieften Welt- und Seinsverständnisses auch der Gedanke an eine reale Überwindung der menschlichen Sterblichkeit Gestalt annimmt:

> Eben weil Menschen Maschinen ganz besonderer Art sind, können wir *beweisen*, daß wir Menschen wahrscheinlich einen freien Willen haben, daß wir nach unserem Tod an einem Ort leben werden, der dem Himmel der großen Weltreligionen sehr ähnlich ist, und daß Leben, weit davon entfernt, unbedeutend zu sein, als der Letzte Sinn und Zweck der Existenz des Universums selbst betrachtet werden kann.[11]

Die nächste Stufe nach dem homo sapiens oder der »Darwin-Maschine« wäre der Silico sapiens, der in den Hirnen moderner Neurophysiologen bereits konzipiert ist:

> Ich denke, daß wir in der Tat eine andere denkende, aber nicht biologische Form fühlenden Lebens schaffen könnten ... Wenn wir schon versuchen, Übermenschen herzustellen, warum dann nicht Nägel mit Köpfen machen und die Intelligenz von dieser gefährlichen Abhängigkeit von den grünen Maschinen befreien?[12]

Bemannte Raumfahrt, Teilchenphysik, Biophysik, Gentechnologie, Kybernetik, Informatik und Künstliche Intelligenz verbinden sich in dieser Sicht zu einer Gruppe von besonders zukunftsträchtigen Wissenschaften, die den Übermenschen, Nietzsches Traum, ja, noch mehr, den unsterblichen Übermenschen ermöglichen. Ein neues Verständnis der Welt, der Energie und Materie, der Raumzeit und des Lebens impliziert auch hier ein neues Verständnis, eine neue Selbsterfahrung des Menschen. Im traditionellen philosophischen Denken erscheinen von jeher neben dem Makrokosmos und Mikrokosmos, neben den Grund*arten* der Wirklichkeit (Atome, Zahlen und Ideen) auch zwei Grund*zustände* der Wirklichkeit: Identität und Veränderung.

Neben den Begriffen Kosmos, Chaos, Makrokosmos und Mikrokosmos gewinnen daher, im Hinblick auf die Zeitlichkeit des Weltgeschehens und die Unveränderlichkeit des Seins zwei Modi der Wirklichkeitserfahrung zusätzlich an Bedeutung: das statische und das dynamische Weltverständnis. In der griechischen Philosophie stehen sich Heraklit und Parmenides gegenüber, der eine als Anwalt des prozessualen Weltverständnisses, der andere als der Begründer der Ontologie oder der Lehre vom Sein.

Statisches Weltverständnis

Obwohl der Unterschied zwischen statischem und dynamischem Weltverständnis im Westen schon bei den Vorsokratikern in Erscheinung tritt, hat erst J. L. Lagrange (1736-1813) die Dynamik als selbständige Disziplin der Mechanik neben der Statik eingeführt. Die moderne Kosmologie unterscheidet gleich nach dem Urknall Partikel und Strahlen, Materie mit Struktur und strukturlose Energie, Teilchen und Wellen, Punkte und Strings oder Superstrings. Die fundamentale Unterscheidung zwischen Gebilden, Plasma, Strömen und Schwingungen kehrt in der Philosophie unter den Begriffen Sein und Werden, Substanz und Prozeß, Form und Ereignis, Akt und Potenz, Idee und Materie, Dauer und Veränderung, Ruhe und Bewegung, Ewigkeit und Zeit wieder. Man kann alle diese Begriffe auf den Grundbegriff der Zeit beziehen und erhält dann zeitloses Sein oder Identität und zeitliches Sein oder Komplexität, Einheit, besser, Zweiheitlosigkeit und Vielheit bzw. Uneinheitlichkeit. Aus der Sicht des prozessualen Weltverständnisses ist nichts mit sich identisch, aus der Sicht der Ontologen alles mit allem.

Folglich lehnten die Herakliteer zunächst die schriftliche Fixierung ab, dann das Sprechen, darauf die Andeutung durch Zeichen, um schließlich nur noch zu schweigen. Gibt es keine Identität, bricht die Kommunikation zusammen. Aus der Sicht der Eleaten ergibt sich ein ähnliches Dilemma: Gibt es nur das Sein, bewegt sich nichts. Das widerspricht eindeutig der Wahrnehmung und Erfahrung, aber dagegen setzten die Eleaten ihre Logik. Ihr zufolge vermochte Achill, der schnellste Läufer des griechischen Heeres, nicht einmal eine Schildkröte einzuholen, und der abgeschossene Pfeil erreicht nie sein Ziel, da er immer nur steht. Tatsächlich läßt sich der Standpunkt des Parmenides ebenso plausibel begründen wie der Heraklits. Daß sich in der Geschichte der Wissenschaften der Standpunkt Heraklits durchsetzte, beweist nicht seine Richtigkeit, sondern ist wohl dem Umstand zuzuschreiben, daß es sonst kein Wissen, also auch keine Wissenschaft gäbe, mithin eine pragmatische Entscheidung zugunsten der Kommunikation.

Wir können somit ein evolutionär-historisch-genetisches Verständnis von einem ontologisch-ideologisch (autoritär)-systematischen Weltverständnis unterscheiden, oder ein dynamisch-fluktuatives und ein statisch-strukturelles, oder kurz ein heraklitisches und ein parmenideisches.

Bis zum Beginn des 20. Jahrhunderts dominierte, jedenfalls in der deutschen Philosophie, unter dem Einfluß der platonisch-idealistischen, aristotelisch-scholastischen und feudalistisch-ontologischen Weltsicht die Systemorientierung, die in Hegel kulminierte. Sie verbindet das philosophische Weltverständnis mit dem der Weltreligionen, während das Weltverständnis der Wissenschaften tatsachenorientiert ist. Es unterwirft Theorien und Systeme der Kontrolle der Beobachtung und der Experimente und setzt damit den Rehabilitierungsprozeß der Wahrnehmung gegenüber dem Denken fort, der von Leonardo da Vinci, dem bedeutendsten aller Antiplatoniker, eingeleitet wurde.

Dynamisches Weltverständnis

Heraklit lehrte sinngemäß: Nichts *ist*, Parmenides: Nichts *ist* nicht, alles *ist*. Platon versuchte, der Lehre des Parmenides einen Inhalt zu geben, und lehrte: Alles, was *ist*, ist Idee, oder: Nur die Idee *ist*. Damit hatte er das Sein gerettet, allerdings um einen hohen Preis: er hatte die Wahrnehmung geopfert, die Welt des Wandels, das Reich des Werdens, Erneuerung, Entwicklung und Evolution. Der platonische Ideenkosmos erstarrte zu einer kühlen, unnahbaren, unveränderlichen, unzerstörbaren, leblosen und farblosen Pracht, zu einem zeitlosen Weltgebäude.

Wie erging es dem Platoniker Aristoteles?

Mit seiner Entscheidung für Platon, das Sein und die Idee wäre ihm fast keine Wahl geblieben, als in Platons Haus des Seins zu ziehen, aber dazu war er zu diesseitig, weltlich, menschlich und realistisch. Mit seiner Hypothese eines unbewegten Bewegers der Welt rettete er das Welt*geschehen*, ohne Platon untreu zu werden: ein Meisterstück des Stagiriten, der damit wieder einmal sein souveränes analytisches Können unter Beweis stellte. Platon hatte in den ›Nomoi‹ auch, anstelle der Idee des Guten, Gott als unbewegliches, unveränderliches Maß aller Dinge eingeführt. Aristoteles konnte sich also auf das letzte Wort des Meisters berufen, ohne die Konsequenzen der platonischen Ideenphilosophie ziehen zu müssen, denn er kannte nicht nur eine, sondern vier Ursachen: die Stoff-, Form-, Bewegungs- und Zweckursache. Alle vier konvergieren im aristotelischen Gott, dem unbeweglichen Weltbeweger.

Damit besaß die Bewegung doch wieder einen mit Heraklits Logosbegriff vergleichbaren Rang. Ungeachtet ihrer Konzessionen an Heraklits Welt des Werdens bleibt auch die aristotelische Weltkonzeption im Endeffekt statisch. Aristoteles zog zwar nicht in die platonische Villa der Ideen ein, blieb aber ihrer Faszination verhaftet.

Von der dynamisch-anthropomorphen Weltkonzeption des Empedokles, der Liebe und Haß als weltbewegende Kräfte einführte, war schon die Rede, ebenso von dem materiellen Geistprinzip des Anaxagoras, das erste kybernetische Züge trägt. Demokrit gehört wohl zu den Statikern, Epikureer und Stoiker tendieren auch mehr zu einer statischen, mehr oder weniger auf den Menschen zugeschnittenen Weltkonzeption, obwohl die Epikureer dem Lustprinzip folgen und die Stoiker Heraklits Lehre vom Weltenbrand. Platoniker und Peripatetiker, Eklektiker und Synkretisten neigen bald zu einer mehr statischen, bald zu einer mehr dynamischen Betrachtungsweise, ohne wesentlich weiterführende neue Ideen oder Konzeptionen zu entwickeln.

Geistesgeschichtlich führte der Weg von den Texten zu den Tatsachen, von der Euklidischen zur Analytischen Geometrie, zur Sphärischen Trigonometrie und zur Differentialrechnung, von der Form zur Funktion, von der Teleologie zur Mechanik und von der Statik zur Dynamik. Leibniz blieb zwar wie alle großen Systematiker des 17. Jahrhunderts noch dem Systemkonzept verbunden, wenn auch niemand mehr die Einheitlichkeit und Geschlossenheit der thomistischen Weltkonzeption erreichte. Mit seinem doppelten Begriff einer Prästabilierten Harmonie, einmal zwischen Leib und Seele, sodann zwischen den Individuen, blieb Leibniz noch in der Gedankenwelt des feudalistischen Zeitalters, wenn auch in barockem Gewand, befangen. Die Entwicklung seines Monadenbegriffs vom Nicht-Atom über das Kraftzentrum zur Monade, einer geistigen Einheit (unité spirituelle), läßt den Werdegang Leibnizens vom Statiker zum Dynamiker ganz gut erkennen.

In der Dynamik sollte man zwischen den Begriffen Kraft und Energie genauer unterscheiden. Wenn heute von namhaften Physikern die Wechselwirkungen noch als Kräfte bezeichnet werden und Begriffe wie Energie und Ladung keineswegs als hinreichend geklärt erscheinen, zeigen sich hier noch empfindliche Lücken im modernen Weltverständnis. Der Übergang vom ontologischen zum methodologischen Verständnis der Kraft knüpft sich an den Namen I. Newtons, wenn sich auch er noch nicht von allen traditionalistischen Ingredienzen (verborgene Qualitäten, Ursachen) des Kraftbegriffs zu lösen vermochte. Jedenfalls schuf er die Grundlage für die spätere Definition der Kraft als Masse x Beschleunigung. Im Lauf des 19. Jahrhunderts, vor allem im Hinblick auf die Thermodynamik, wurde dann weiter zwischen Kraft und Energie differenziert (Helmholtz). Neben die mechanistisch orientierte Dynamik (kinetische, potentielle Kraft) trat die Energetik, die auch chemische und elektrische (mikroskopische) Energieformen berücksichtigte.

In Wilhelm Ostwald (1853-1932) fand die Energetik einen führenden Vertreter, der alle Naturvorgänge, auch die geistigen, auf Energietransformationen zurückzuführen suchte. Der Satz von der Erhaltung der Energie gehört zu den grundlegenden Erhaltungssätzen der Physik, auch wenn die Physiker bis heute noch nicht sagen können, was Energie oder Materie letztlich ist. Einsteins berühmte Formel:

$E = m \cdot c^2$, Energie = Masse x Quadrat der Lichtgeschwindigkeit, faßt die Grundgrößen gegenwärtigen makroskopischen

Weltverstehens in einer Art ›Weltformel‹ zusammen, die in wohl kaum zu überbietender Kürze Auskunft über einen grundlegenden Weltzusammenhang gibt und damit den dritten Leitbegriff unseres Jahrhunderts liefert: neben Materie und Energie tritt die Information als Inbegriff vom Zusammenhang materieller und energetischer Vorgänge.

Atome, Zahlen, Ideen

Griechische Philosophen haben nicht nur die Grundbegriffe statischen und dynamischen Weltverständnisses geprägt, die Grund*zustände* der Wirklichkeit im Sein und im Werden erkannt, sondern auch die Grund*arten* der Wirklichkeit bestimmt, die bis heute den Rahmen unseres Weltverständnisses bilden: Atome, Zahlen, Ideen. Warum gerade drei und warum diese?

Warum die griechischen Philosophen ausgerechnet Atome (Demokrit), Zahlen (Pythagoras) und Ideen (Platon) als Grundbausteine der Wirklichkeit ansahen, dürfte nicht zuletzt mit der anthropologischen Struktur des homo sapiens zusammenhängen, denn dieser besteht nach antiker Auffassung aus Körper, Seele und Geist. Die Zuordnung von Körper zur Materie und Geist zur Idee leuchtet ohne weiteres ein, aber auch die Zuordnung der Seele zur Zahl wird verständlich, wenn wir einen Blick auf das griechische Bildungssystem werfen, in dem die Gymnastik der Körpererziehung diente, die Musik der Harmonisierung der Seele und die Dialektik der Schulung des Geistes, wobei die Mathematik eine Brücke zwischen Körper- und Geistestraining bildet und von Platon als Propädeutik zur Dialektik eingeführt wird: ›Medeis ageometretos eisito!‹, ›Niemand ohne mathematische (geometrische) Ausbildung soll (in die Akademie) eintreten!‹ wurde zum Leitspruch der platonischen Akademie. Das griechische Bildungssystem war ein Abbild der griechischen Anthropologie, ebenso das griechische Weltkonzept, der Aufbau des Seins oder die Struktur der Wirklichkeit.

Demokrit erfaßte den materiellen Aspekt der Wirklichkeit, ihre Massenhaftigkeit und die Zwischenräume zwischen den Massen: die Atome und das Leere. Pythagoras hielt die Zahl und

Platon die Ideen für die wahre Wirklichkeit. Zahlen und Ideen gehören zur anthropinen Symbolwelt, die in der Welt der Elementarteilchen wurzelt, von ihr abhängt, ohne diese nicht vorkommt. Aber nur mit Hilfe der Symbolwelt lassen sich Erscheinungen der Realwelt quantifizieren und identifizieren. Die ontologische wie die gnoseologische (erkenntnistheoretische) Abhängigkeit ist unumkehrbar. Die Evolutionstheorie liefert den Schlüssel zu einem weiterführenden Verständnis dieser Beziehung. Ansätze zur Evolutionstheorie und zum dynamischen Weltverständnis finden wir bei Empedokles, und schon Anaximander stellte dem Begrenzten das Grenzenlose (apeiron) gegenüber. Augenmenschen, die sie waren, befaßten sich die alten Griechen mehr mit dem Raum als mit der Zeit. Die euklidische Geometrie gilt auch heute noch für weite Bereiche des Kosmos und hat kaum etwas von ihrer zeitlosen Bedeutung verloren. Die Zeitauffassung der Griechen entspricht nicht ganz diesem hohen Niveau. Schon in ihrer Grammatik, im Unterschied etwa zur lateinischen, dominiert die prozeßorientierte (Aktionsarten) Zeitauffassung gegenüber der abstrakteren, an Zeitrelationen (consecutio temporum) orientierten der Römer, die daher eine präzisere Chronologie entwickelten. Aber auch hier gab es bei den Griechen Ausnahmen, so Heraklit, der von dem gewöhnlichen Zeitbegriff (chronos) den aion oder die kosmische Periode unterschied. Aristoteles definierte die Zeit als Zahl der Bewegung (chronos arithmos kineseos): eine gelungene Verknüpfung der Symbolwelt mit der Realität, deren Vorrang gewahrt bleibt, ebenso die Fundierung der Zeit im Räumlichen. Auch wir sprechen von Zeiträumen, und nur in der Wissenschaft, und auch dort nur in Extremfällen, von Raumzeiten.

Nimmt man alle Grundbegriffe griechischen Weltverständnisses zusammen, sind wir im Prinzip noch nicht sehr viel weiter als die alten Griechen und können gewiß noch manches von ihnen lernen, selbst in der modernen Physik, und wenn es nur die Vielfalt genau analysierter und prägnant definierter Begriffe ist, der gegenüber der moderne Sprachgebrauch manchmal geradezu als lax erscheint.

Den Atomen, Zahlen und Ideen der Griechen entsprechen im 20. Jahrhundert Materie, Energie und Information. Materie und

Demokrit Pythagoras Platon

Energie sind äquivalent und können daher zusammengefaßt, Zahlen und Ideen dagegen unter den Begriff Information subsumiert werden, so daß hier wie dort zwei Leitbegriffe übrigbleiben: Atome und Ideen, Energie und Information. Der Atombegriff Demokrits behält auch in der modernen Physik seinen Wert als Kristallisationspunkt subatomarer und supraatomarer Strukturen bzw. Prozesse. Die platonische Idee hat zwar als Artbegriff ihre Bedeutung verloren und läßt sich auch nicht ohne weiteres mit Information gleichsetzen, könnte aber durchaus so interpretiert werden, daß sie Zahlen und Informationen als übergeordnete Entität einer transzendenten Wirklichkeit umfaßt und ›fundiert‹. Mit den Begriffen Energie und Zeit erweist sich dagegen die moderne Begrifflichkeit überlegen, denn der aristotelische Bewegungsbegriff ist theomorph und der antike Zeitbegriff kyklisch.

Alles in allem

Die Schwäche griechischen Haftens am sinnlich Wahrnehmbaren zeigt sich in der Theorie des Anaxagoras von den Homoiomeren, welche die Reduktion von Qualitäten der Wahrnehmung auf elementare gleichartige Quanten wie Atome ausschließt und in gewisser Weise das Reduktionsprinzip sogar umkehrt. Anaxagoras zufolge ist alles gleich elementar, moderner ausgedrückt: die Komplexität geht ins Unendliche weiter. Danach müßte ein Atom, Proton, Quark oder Rishon alle Eigenschaften der makrokosmischen Welt besitzen, anorganische, organische, geistige und soziokulturelle: zweifellos ein faszinierender Gedanke, aber auch das Ende jedes Reduktionismus, der am Unendlichen scheitert. Ein Quark wäre der Kosmos in nuce oder die virtuelle Welt: Alles in Allem.

Man fragt sich dann, woher die unbestreitbare Ungleichheit der Dinge (chremata) kommt, ja, warum es überhaupt mehr als ein Ding gibt. Parmenides hatte die Vielfalt konsequent geleugnet und als Schein abgetan: Das Sein ist eins und nur eins. Soweit geht Anaxagoras nicht. Er verlegt die Vielfalt in den Ursprung, muß dann aber die Verschiedenheit der visuellen Dinge erklären, wenn er sie nicht als (unendlich viele) Dubletten ursprünglicher Vielfalt ansehen will.

Anaxagoras hat das Problem der Einheit und Vielheit, wie auch Heraklit, Parmenides und Demokrit, nur durch einen Selbstwiderspruch mit seiner Theorie entschärfen können, unter Verzicht auf die Verabsolutierung seines logisch konsistenten Weltbegriffs. Alle diese Denker haben damit implizit die logische Beschränktheit intelligenter Lebewesen und die Notwendigkeit der Selbsttranszendenz bezeugt, die logisch nicht zu realisieren ist, sondern den Rekurs auf religiöse Erfahrungen nach Art des Parmenides erfordert.

Es handelt sich bei diesen Problemen nicht um Haarspaltereien, vielmehr haben die Vorsokratiker das Verdienst, Grenzprobleme des Weltverständnisses und so die Grenzen rein logischer Begrifflichkeit bewußt gemacht zu haben. In den modernen Naturwissenschaften kehren mutatis mutandis die Probleme der Vorsokratiker wieder, wie das Beispiel von Wheelers Einelektron-Universum zeigt:

> John Wheeler von der Princeton University schlug vor, das ganze Universum als aus nur einem einzigen Elektron gemacht zu betrachten. Eines Tages, als Feynman noch in Princeton studierte, teilte ihm Wheeler aufgeregt mit, er wisse nun, weshalb alle Elektronen im Universum gleich aussehen. Jeder Chemiestudent lernt, daß alle Elektronen gleich sind. Es gibt keine fetten oder grünen oder langen Elektronen. Wheeler schlug nun vor, von der Annahme auszugehen, daß alle Elektronen gleich aussähen, weil es sich in der Tat um dasselbe Elektron handele. Wir betrachten als Beispiel den kosmischen Schöpfungsakt. Aus dem Chaos und dem Feuer des Urknalls sei nur ein einziges Elektron entstanden. Dieses einsame Elektron bewegt sich Jahrmilliarden in der Zeit vorwärts, bis es schließlich auf ein anderes umwälzendes Ereignis trifft – das Ende der Zeit oder den Tag des Jüngsten Gerichts. Von dieser Erfahrung erschüttert, macht das Elektron kehrt und geht wieder in der Zeit zurück. Wenn das gleiche Elektron schließlich wieder beim Urknall angekommen ist, dreht sich seine Richtung wiederum um. Das Elektron teilt sich nicht in viele Elektronen, sondern es bleibt unverändert ein und dasselbe Elektron, das wie ein Tischtennisball zwischen Urknall und Jüngstem Gericht hin- und herschießt. Nun

bemerkt aber jeder, der sich irgendwo zwischen Urknall und dem Jüngsten Tag im 20. Jahrhundert befindet, eine große Anzahl von Elektronen und Antielektronen. Tatsächlich ist anzunehmen, daß das Elektron genügend oft hin- und hergereist ist, um die gesamte Anzahl der Elektronen im Universum zu erzeugen. Natürlich kann ein Objekt, das im *Raum* hin- und zurückreist, nicht mehr als eine Kopie von sich selbst erzeugen. Doch ein Objekt, das in der *Zeit* vor- und zurückgeht, kann mehrere Kopien seiner selbst haben ...

Wenn diese Theorie richtig ist, heißt das, daß es sich bei den Elektronen im Körper zweier Menschen um dasselbe Elektron handelt, mit dem einzigen Unterschied, daß die einen Elektronen, sagen wir, milliardenmal älter sind als die anderen. Wenn diese Theorie stimmt, hilft sie bei der Erklärung eines der fundamentalsten Grundsätze der Chemie: Alle Elektronen sind gleich. Eine moderne Version dieser Theorie wäre das nur aus einem String bestehende Universum.[13]

An die Stelle der Parmenideischen Seinskugel und der Homoiomeren des Anaxagoras sind die Elektronen bzw. ist das Elektron getreten, der bei den griechischen Denkern dominierende Raumbegriff ist durch den Zeitbegriff ergänzt, und an religiösen Vorstellungen fehlt es auch nicht. Was die Versionen der Vorsokratiker von Wheelers wildem Elektron oder dem Superstring unterscheidet, ist der Grad der Transzendenz der materiellen Wirklichkeit. Zwischen Anaxagoras und Wheeler liegen fast 2000 Jahre christlicher Metaphysik, und die haben auch in der modernen Theoriebildung Spuren hinterlassen: Monotheismus, Schöpfung, Weltgericht, Endlichkeit, Unendlichkeit.

Die Probleme Demokrits, des Anaxagoras und Parmenides sind nach wie vor ungelöst. Zu ihrer Lösung sind geistige Anstrengungen nötig, wie sie die ionischen Naturphilosophen im Zeitalter der großen griechischen Kolonisation angesichts einer gewaltigen Erweiterung ihres Erfahrungs- und Bewußtseinshorizontes aufzuweisen haben. Vielleicht können die moderne Wissenschaft und Technik im nächsten Jahrhundert einen ähnlichen geistigen Durchbruch erzielen, wenn sie Hermann Oberths (1894-1989) Vision: ›Die Rakete zu den Planetenräumen‹ (1923), realisieren und eine Expedition zum Mars unternehmen.

Das Urfeuer

An der Richtigkeit von Heraklits Urfeuer-These haben auch 2000 Jahre christlicher Metaphysik nichts geändert, denn sie erscheint sogar, wie St. W. Hawkings Buch: ›Eine kurze Geschichte der Zeit‹ zu entnehmen ist, mit den Urknall-Vorstellungen eines der konservativsten Päpste, Johannes Paul II., kompatibel.

> In den siebziger Jahren habe ich mich vor allem mit Schwarzen Löchern beschäftigt, doch 1981 begann ich mich erneut für den Ursprung und das Schicksal des Universums zu interessieren. Zu diesem Zeitpunkt nahm ich auch an einer Konferenz über Kosmologie teil, die von den Jesuiten im Vatikan veranstaltet wurde … Am Ende der Konferenz wurde den Teilnehmern eine Audienz beim Papst gewährt. Er sagte uns, es spreche nichts dagegen, daß wir uns mit der Entwicklung des Universums nach dem Urknall beschäftigten, wir sollten aber nicht den Versuch unternehmen, den Urknall selbst zu erforschen, denn er sei der Augenblick der Schöpfung und damit das Werk Gottes. Ich war froh, daß ihm der Gegenstand des Vortrags unbekannt war, den ich gerade auf der Konferenz gehalten hatte: die Möglichkeit, daß die Raumzeit endlich sei, aber keine Grenzen habe, was bedeuten würde, daß es keinen Anfang, keinen Augenblick der Schöpfung gibt. Ich hatte keine Lust, das Schicksal Galileis zu teilen, mit dem ich mich sehr verbunden fühle, zum Teil wohl, weil ich genau dreihundert Jahre nach seinem Tod geboren wurde.[14]

Schlimm für den Papst oder schlimm für die Physik? Wohl für beide, weniger für Heraklit, wenn man bedenkt, daß ein renommierter Vertreter der modernen Physik nach etwa 2500 Jahren ängstlich zur Lehre des Philosophen aus Ephesos zurückzukehren wagt. Weniger ängstliche Physiker gelangen zu weitreichenderen Schlüssen, die dem Papst noch weniger gefallen dürften. Im August dieses Jahres haben angesehene Forscher in England das Rezept für einen weiteren Kosmos geliefert und den lieben Gott von der Verantwortung für den Urknall spürbar entlastet:

> In der Zeitschrift der Königlichen britischen Gesellschaft für Astronomie, dem angesehensten Fachblatt der Welt, erklären sie, wie es

> möglich ist: Man muß nur noch einmal die zentralen Werte mixen, die den Kosmos zusammenhalten: die Schwerkraft, die elektrische Ladung von Elektronen, die Lichtgeschwindigkeit ... Diese ›Zutaten‹ des Universums sind auf die zehnte Stelle hinter dem Komma aufeinander abgestimmt. Würden sie nur ganz minimal von den Werten abweichen – es könnte nie ein Universum geben. Das erste nicht (und ein zweites schon gar nicht) ... Die britischen Forscher: Weil die ›Zutaten‹ so extrem präzise aufeinander abgestimmt sind, kann das Universum auch nur durch superintelligente Außerirdische geschaffen sein. Und womit fingen sie an? Die Forscher: ›Mit 10 Kilo Materie – das genügt.‹[15]

Hier wäre an Heraklits metra (Maße) der Weltentstehung und des Weltvergehens zu erinnern, nur daß bei ihm nicht Außerirdische oder Götter den Kosmos schaffen, sondern allenfalls ein spielendes Kind diese Rolle übernehmen könnte, was für den Philosophen sprechen dürfte.

Götter oder Außerirdische, die mit der Welt, dem Universum und den Menschen ihr Spiel treiben, vielleicht mit ihnen experimentieren? Zu anthropomorph. Ein Gott, der alles schuf? Noch anthropomorpher. Mithin: es bleibt bei Heraklit, und dann ergeben sich aus modernster Sicht ganz vernünftige Perspektiven: es gibt wahrscheinlich nicht nur unser (sichtbares) Universum, sondern entweder ein Megauniversum, von dem unseres nur ein winziger Teil ist, oder eine ganze Reihe, aber nun nicht mehr Universa, da man zu Universum sinnvollerweise keinen Plural bilden kann, sondern höchstens Multiversa. Auch der Urknall erscheint dann nicht mehr als Singularität, sondern, wie bei einem Feuerwerk, ein Knall neben vielen. Aber muß nicht auch ein Feuerwerk einmal beginnen und enden? Richtig, und hier endet die Vergleichbarkeit.

> Inzwischen scheint wahrscheinlicher, daß das Weltall als Ganzes ewig existiert und dabei ohne Ende neue und immer neue exponentiell große Gebiete hervorbringt, in denen sich die Gesetze der niederenergetischen Elementarteilchenwechselwirkungen und sogar die effektive Dimension der Raumzeit unterscheiden können. Wir wissen nicht, ob sich Leben in jedem dieser Gebiete endlos entwickeln kann; mit Sicherheit wissen wir aber, daß Leben in den verschiedenen Gebieten des Universums in allen möglichen Formen

ständig von neuem hervorgebracht wird ... Eine der möglichen Überlebensstrategien für die Menschheit könnte also darin bestehen, zu immer neuen Gebieten dieses Typs hinüberzufliegen. Sollten wir gegebenenfalls nicht in der Lage sein, solche Distanzen selbst zu überwinden, könnten wir Informationen über uns, unser Leben und unser Wissen dorthin senden, und vielleicht sogar versuchen, dort solche Lebensformen zu induzieren, die unsere Informationen empfangen und auswerten können. In diesem Fall hätten wir zumindest die Gewißheit, daß wir, obgleich das Leben in unserem Gebiet des Universums ausgelöscht wird, eine Art Erben haben und unsere Existenz in diesem Sinne nicht völlig sinnlos ist.[16]

Raum und Zeit

Wie wir beim Zeitbegriff vier Arten unterschieden: Realzeit, Lebenszeit, Erlebniszeit und Zeitbewußtsein, so können wir auch beim Raumbegriff vier Arten unterscheiden: Realraum, kosmischer oder Weltraum, Lebensraum, ökologischer oder Umweltraum, Erlebnisraum, psychischer Wahrnehmungsraum oder Innenraum und Raumbewußtsein, idealer, geistiger oder Wertraum. Wie die Realzeit die anderen Zeiten, so fundiert der Realraum die anderen Räume, und wie das Zeitbewußtsein die anderen Zeitarten erhellt, so das Raumbewußtsein die anderen Raumarten.

Im allgemeinen ist der Raum elementarer, lebenswichtiger und hautnäher als die Zeit, die er gewissermaßen fundiert. Schon die Sprache gibt Hinweise: Wir sprechen ganz normal von Zeiträumen, aber nur in Grenzfällen relativistischer Physik von Raumzeiten, ferner von Raum- nicht so von Zeitgrenzen und schließlich von Raum-, nicht von Zeitlehre. Wir haben eine Geometrie und Stereometrie, aber keine Chronologie.

Maße, besonders in der Frühzeit des homo sapiens, des Schätzenden, waren oft körperorientiert: finger- oder handbreit, Elle, Klafter, Schritt. Zwar gibt es auch einen Augenblick, aber der ist, wie jeder weiß, sehr dehnbar. Das Kind bewältigt den Raum zunächst, indem es das Gehen lernt. Man sagt zwar auch, ein

Kind lernt das Laufen, aber hier steht Laufen metaphorisch für Gehen und weist damit auf die ursprüngliche Reihenfolge. Die Orientierung im Raum, Unterscheidung der Himmelsrichtungen, ist in der Wildnis, beim Bergsteigen, in der See- und Luftfahrt in den meisten Fällen wichtiger als die Zeitorientierung. Habe ich mich bei einer Bergbesteigung in der Zeit verschätzt, muß ich schlimmstenfalls biwakieren, verfehle ich die Route, komme ich nicht ans Ziel. Für die Überquerung des Atlantik war der Kompaß wichtiger als die Uhr. Die Technik der Raummessung entwickelte sich im allgemeinen früher als die der Zeitmessung: Geometrie vor Astronomie. Die Orientierung an Tagen und Nächten war von der Natur vorgegeben und bedarf keiner besonderen Orientierungskunst. In der Völkerwanderung und auch sonst in der Geschichte hat man um Lebensraum gekämpft, nicht aber, oder höchstens im übertragenen Sinn, um Lebenszeit.

In Einzelfällen kann die Zeit wichtiger sein als der Raum, so wenn ich um mein Leben laufe, aber das ist nicht der Normalfall, und die Zeit wird prinzipiell nach der Strecke gemessen, nicht umgekehrt. Wenn ich von Hamburg nach München fahre oder fliege, kann sich die Fahrt- oder Flugzeit je nach Geschwindigkeit ändern, die Strecke bleibt, Umwege abgerechnet, so oder so dieselbe.

Soviel zur ›Priorität‹ des Raumes vor der Zeit, der ja auch der Wahrnehmung meistens viel zugänglicher ist. Die Zeit ist eine abstraktere Größe als der Raum.

Die philosophische Geschichte der Begriffe Raum und Zeit kann das Gesagte verdeutlichen und vertiefen. Die Reflexion auf die räumlich vorgestellte ›weite Welt‹ ging in der Dichtung der Lehre von den Zeitaltern voraus. Die Umwelt lag dem Menschen anfangs näher als der Kosmos, auch wenn die Kosmogonie in vielen Mythen vorkommt. Die Griechen zeichneten sich in Geometrie und Stereometrie aus, weniger in der Chronologie und im Kalenderwesen. Die Zeitrechnung nach Olympiaden erscheint gegenüber der römischen, aber auch im Vergleich mit anderen Kulturen, fast primitiv. Demokrit war mit seiner Unterscheidung von Atomen und dem Leeren bahnbrechend und für 2000 Jahre wegweisend. Seine Ausführungen über die Zeit sind dagegen unzureichend. Platon versuchte sogar schon, die Geometrie mit der Physik zu verbinden. Aristoteles hat mit seiner begrifflich differenzierenden Raumanalyse die Entwicklung der Raumtheorie bis weit in die Neuzeit bestimmt, Ptolemäus vor allem das räumliche Weltverständnis bis Kopernikus und Euklid die Geometrie bis zur Gegenwart. Dabei ist die Umdeutung der aristotelischen Begriffe dynamis und energeia besonders aufschlußreich. Für Aristoteles hatte die energeia als Sein, Form und Substanz eindeutig den Vorrang vor der dynamis, der bloßen Möglichkeit, dem Vermögen oder der Potenz. In der Neuzeit, in der die Dynamik eine starke Aufwertung erfuhr, haben dynamis und energeia die Plätze getauscht. Von Sein, Formen und Substanzen ist kaum mehr die Rede, dafür um so mehr von Ereignissen, Prozessen, Funktionen, Wechselwirkungen oder Kräften. Dynamik und Energie haben auf der ganzen Linie gesiegt. Sie sind heute das, was Aristoteles unter energeia verstand: die eigentliche Wirklichkeit.

Zwischen Antike und Neuzeit schieben sich christliche Metaphysik und Theologie, die aber auch diese Entwicklung nicht aufzuhalten vermochten und sie indirekt vielleicht sogar beschleunigt haben. Spätantike Autoren wie Syrian, Damaskios und Simplikios, die auf eine tausendjährige Tradition der Raumlehre zurückblicken konnten, zeigen ein beachtliches Niveau der Raumspekulation: Verbindung von Zahl, Raum und Zeit in den Begriffen des Einen, des Punktes und des Moments; Deutung des Raumes als System von Relationen; Verbindung von dynamischen und statischen Komponenten, formendem und geformtem Raum, topos und typos.

Vom 17. bis zum 20. Jahrhundert rücken Raum und Zeit immer näher zusammen, bis sie bei Einstein zur Raumzeit verschmelzen. Folgende Phasen lassen sich unterscheiden:

1. Auflockerung der Raum- und Zeitbegriffe. Unterscheidung von Intervallen, Distanzen, loci (Orten) und regiones (Gebieten).
2. Vom natürlichen Raum des Aristoteles zum absoluten Raum Newtons. Einfluß von Theologemen. Newtons absoluter Raum, ein Attribut Gottes, erscheint unendlich, homogen, isotrop, unbeweglich und beziehungslos zu den Dingen.

3. Dynamisch-energetische Interpretation des Raumes bei Leibniz, der sich relativistischen Auffassungen nähert.
4. Kant interpretiert Raum und Zeit als Anschauungsformen und subjektiviert damit die Kategorien, die nicht mehr die reale Welt, das Ding an sich, sondern die Erscheinungswelt erfassen.
5. Mathematisierung und Quantifizierung des Raumes und der Zeit, die zu mehr oder weniger konventionalistischen Ordnungsbegriffen werden. Meßmethoden und Meßtechnik gewinnen an Bedeutung.
6. Neben Empirismus und Konventionalismus tritt der Konstruktivismus, dem ein operationales Weltverständnis zugrunde liegt.
7. Entwicklung einer Geometrodynamik (Wheeler) im Anschluß an Einsteins Feldtheorie. Der Versuch, alle physikalischen Größen auf geometrische zurückzuführen, würde, wenn er Erfolg hätte, Platons Traum von der Mathematisierung der Physik erfüllen.

Die Raumzeitproblematik verbindet nicht nur philosophische Begrifflichkeit und naturwissenschaftliche Modellbildung, sondern vermittelt auch Ansatzpunkte für Ideologiekritik sowohl an der Philosophie als auch an den Wissenschaften.

In der Philosophie gehören dahin Platons Demiurg, der aristotelische Gott, Spinozas Gott, in der Physik Newtons absoluter Raum, Einsteins: ›Gott würfelt nicht‹, Wheelers Jüngstes Gericht, Tiplers neuer Gottesbeweis, Hawkings Angst vor einem Schicksal nach Art Galileis und viele andere, oft weniger eklatante Beispiele, hinter denen sich oft ideologische Positionen verbergen, hinter dem Absolutheitsanspruch von Theorien der Monotheismus, Monismus und die Monomanie, hinter der ›Weltformel‹ der Wille zur Alleinherrschaft, die Tyrannei der Idee und die Despotie des Machtwillens oder (und) des Ehrgeizes, hinter der TOE (Theory Of Everything) oder der AUT (Allumfassenden Theorie) der Drang zu totalitärer Vereinheitlichung, hinter dem Symmetrismus die Symmetrie-Manie, hinter radikaler Reduktion oder Subsumption der Haß auf die Vielfalt. Für den Symmetristen müßten dann wohl auch die Sprachen auf Symmetriebrüchen beruhen, die Entstehung der Arten oder die

Spaltung in männlich und weiblich. Die Suche nach der indogermanischen Ursprache zeigt beispielsweise diesen übertriebenen Drang zur Vereinheitlichung, denn warum sollen sich nicht aus Sprachansätzen und ursprünglicher Vielfalt durch mehr oder weniger zufällige lokale und regionale Faktoren ähnliche Sprachen gebildet haben? »Die Vereinigung von Quantenmechanik und Gravitation ist inzwischen zum heiligen Gral der Physik des 20. Jahrhunderts geworden.«[17]

Mit der Quarktheorie steht es im Grunde nicht besser, auch wenn sie dem Drang nach Vereinheitlichung weit entgegenkam. Wenn Gell-Mann selbst sagte: »Das konkrete Quarkmodell ist etwas für Dummköpfe«, darf er sich eigentlich nicht wundern, wenn kritische Köpfe diese Bemerkung so auslegen: »Wenn Quarks nicht gefunden werden, erinnert Euch daran, daß ich niemals gesagt habe, daß sie gefunden werden können. Wenn sie gefunden werden, denkt daran, daß ich als erster von ihnen gesprochen habe.«[18]

Wie weit ist die moderne Physik danach von Newtons Skepsis gegenüber Hypothesen entfernt – und von seiner Bescheidenheit! Hier liegt sowohl für die kritische als auch für die konstruktive Philosophie ein großer Aufgabenbereich. Als Ideologiekritik kann sie auf Theologeme der Weltreligionen, auf Widersprüche und erkenntnistheoretische Ungereimtheiten im Schwall der Hypothesen und Modelle aufmerksam machen, die Theorien prüfen und abwägen, als konstruktiv-integrative Wissenschaft interdisziplinäre Zusammenhänge aufzeigen und selbst, wenn nicht Lösungsvorschläge anbieten, so doch ein wenig mehr Licht in den Dschungel der Begrifflichkeit bringen, den Bewußtseinshorizont erweitern und die Basisorientierung verbessern. Man sollte sich an den Gedanken gewöhnen, daß auch die Relativitäts- und Quantentheorien keine ewigen Wahrheiten sind, wenn auch Einsteins Theorien die begrifflichen Elemente des sichtbaren Universums auf die bisher kürzeste Formel gebracht und damit bewiesen haben, daß Mathematik quantifiziertes, organisiertes und formalisiertes Wissen ist, und was sie optimal leisten kann. Energie, Masse und Lichtgeschwindigkeit sind tatsächlich, neben der Information der Formel selbst, die begrifflichen Wissenselemente der Physik unseres Jahrhunderts, auch wenn wir bezweifeln, daß die Lichtgeschwindigkeit als absolute Größe oder Naturkonstante haltbar ist. Einsteins kosmologisches Weltverständnis war statisch und ist es bis zum Schluß geblieben. Heute aber, da sich immer mehr ein dynamisch-evolutionäres Weltverständnis ausbreitet, erscheinen die Einmaligkeit unseres Universums und seiner Physik bereits mehr als zweifelhaft, Naturkonstanten und Naturgesetze immer weniger als ewige Größen, sondern lokalen und regionalen Rahmenbedingungen unterworfen, die nicht nur von einem Universum zum anderen sehr verschieden sein dürften, sondern sogar innerhalb dieses Universums, weshalb denn auch das Standardmodell immer wieder neue, schwerwiegende Probleme aufwirft: Dunkle Materie, Galaxienverteilung, Dimensionierung.

Vielleicht kommt der Buddhismus mit seiner konsequenten Metaphysik des Wandels der Wahrheit näher, der zufolge auch Naturkonstanten als mehr oder weniger konstante Produkte von Geschehensfaktoren oder Rahmenbedingungen vergänglicher Universen erscheinen, Naturgesetze als recht vorläufige Spielregeln in ebenso vergänglichen Umwelten und Theorien als willkommener Zeitvertreib des menschlichen Bewußtseins, das in anderen Dimensionen beheimatet ist und dort seine Befreiung findet.[19]

Um nicht bei Kritik und Meditation stehenzubleiben, mag hier, im Anschluß an den Überblick über die Begriffe Raum und Zeit, eine kurze faktorenanalytische Zusammenstellung von Begriffen folgen, die als konstruktiver Beitrag des Verfassers zu einem besseren Weltverständnis beitragen können:

1. Kommunikationsfaktoren: Worte, Begriffe, Ideen. Zuständige Wissenschaften: Linguistik, Logik, Vergleichende Sprachwissenschaft, Ideengeschichte.
2. Ordnungsfaktoren: Zahlen, Zeichen, Symbole. Zuständige Wissenschaften: Mathematik, verstanden als quantifizierendes, organisierendes und formalisierendes Wissen, mathematische Logik, Informatik.
3. Orientierungsfaktoren: Raum, Zeit, Bezugssysteme. Zuständige Wissenschaften: Geowissenschaften, Astronomie, Biowissenschaften; Kosmologie, Anthropologie, Kybernetik.
4. Realfaktoren: Materie, Energie, Bewegung. Zuständige Wis-

senschaften: Physik, unterteilt in Makro- und Mikrophysik oder Teilchen- und Astrophysik, Plasma- und Festkörperphysik, Energetik, Dynamik, Evolutionstheorie, Kultur- und Geistesgeschichte.

Die Kommunikationsfaktoren entsprechen der Definition des homo sapiens als zoon logon echon, als sprachbegabtes Lebewesen oder homo communicans, die Ordnungs- und Orientierungsfaktoren der theoretischen und praktischen Weltbewältigung, der Welt- und Lebensgestaltung des homo faber und die Realfaktoren den Rahmenbedingungen der Außen- und Umwelt, den engeren und weiteren Horizonten des homo inveniens et transcendens. Alle diese Faktoren sind miteinander vernetzt und ergeben deshalb auch kein System im traditionellen Sinn.

5. Künstlerische Weltvisionen

Visionen verbinden die Philosophie einerseits mit der Religion, andererseits mit der Kunst. Parmenides erhielt seine philosophische Vision der Einheit des Seins von einer Göttin. Platon überschritt als Künstler die Grenze von der Begriffsphilosophie zur Vision in seinem Höhlengleichnis und konzipierte die Idee der wahren Welt. Francis Bacon (1561-1626) hatte die Vision der wissenschaftlichen Welt: Der Mensch ist zum Wissen verdammt, Wissen ist Macht, kein Überleben ohne Wissen, die conditio humana des homo sapiens schlechthin.

Die Chandogya-Upanishad vermittelt die universale Vision der Selbstbefreiung des Menschen:

> Die Seele ist unten und oben, im Westen und im Osten, im Süden und im Norden; die Seele ist diese ganze Welt. Wer also sieht und denkt... ist autonom, und ihm ist in allen Welten Freiheit; die es aber anders als so ansehen, die sind heteronom, vergänglicher Seligkeit, und ihnen ist in allen Welten Unfreiheit (186).

Die christliche Vision: »Die Wahrheit wird euch frei machen« (Joh. 8,32), die sich weitgehend mit der platonischen Erleuchtung und der Freiheitsvision der indischen Philosophie deckt, versöhnt zudem die griechische Welt der Wahrheit, des Wissens und der Weisheit mit der jüdisch-christlichen Freiheitserfahrung. Die Kirchenpraxis, Orthodoxie, Dogmatismus, Absolutismus und Fundamentalismus, haben dann zu einer grausamen Perversion dieses großartigen Ansatzes geführt, dessen ganze Tragik in John Miltons (1608-74) ›Das verlorene Paradies‹ sichtbar wird. Milton fühlte sich, wie zuvor Dante, inspiriert, was seine Dichtung in die Nähe einer »prophetischen Vision« rückt.[1]

Milton, dem eine wirklich freie christliche Gesellschaft vorschwebte, scheiterte bekanntlich, und mit dem Niedergang der großen Kunst des Epos schwand auch die religiöse und kulturelle Einheit des Abendlands zusehends dahin. Die neuzeitlich-modernen Werte der Freiheit, Toleranz und der Menschenrechte mußten sich erst in einem Jahrhunderte währenden Kampf gegen den Widerstand eines machtorientierten, orthodoxen Christentums durchsetzen.

Neben der Vision der wahren und der freien Welt finden wir bei Konfuzius und Kant die Vision der friedlichen Welt. Der ›Platz des himmlischen Friedens‹ in Peking drückt etwas von der interkulturellen Friedensvision aus, die den Fernen Osten mit dem Westen verbindet und ihn, im Hinblick auf die conditio humana, eher nahe als fern erscheinen läßt.

> Wenn die Große Wahrheit (der großen Gemeinsamkeit) siegt, dann wird die Erde allgemeines Eigentum sein. Man wird die Weisesten und Tüchtigsten wählen, um Frieden und Eintracht aufrechtzuerhalten. Dann werden die Menschen nicht mehr nur ihre Nächsten lieben, nicht mehr nur für ihre eigenen Kinder sorgen, so daß alle Alten ein friedliches Ende haben, alle Kräftigen eine nützliche Arbeit leisten, alle Jungen in ihrem Wachstum gefördert werden, Witwer und Witwen, Waisen und Einsame, Schwache und Kranke ihre Fürsorge finden, die Männer ihre Stellung und die Frauen ihr Heim haben. Die Güter will man nur nicht verderben lassen, aber man will sie nicht für sich privatim aufstapeln. Die Arbeit will man nur nicht ungetan lassen, aber man will sie nicht um des eigenen Gewinns willen tun. Darum bedarf es keiner Absperrung und keines Schlosses, denn Räuber und Diebe treten nicht auf. So läßt man die äußeren Tore unverschlossen: das heißt die große Gemeinsamkeit.[2]

Daß die Weisesten und Tüchtigsten regieren sollen, deckt sich mit Platons so oft und sogar von Kant mißdeuteten Vision vom Philosophenherrscher:

> Wenn nicht entweder die Philosophen Könige werden in den Staaten oder die heutigen sogenannten Könige und Gewalthaber sich aufrichtig und gründlich mit Philosophie befassen und dies beides in eines zusammenfällt, politische Macht und Philosophie, und wenn nicht die vielen Naturen derer, die jetzt ausschließlich eines der beiden Ziele verfolgen, zwangsweise ausgeschlossen werden, gibt es ... kein Ende des Unheils für die Staaten, ja wenn ich recht sehe, auch nicht für das Menschengeschlecht überhaupt.[3]

Unmöglich? Keinesfalls! Man vergleiche den von Aristoteles erzogenen Makedonenkönig Alexander den Großen, Marc Aurel, den Philosophen auf dem Kaiserthron, und Karl den Großen, der die nach ihm benannte Karolingische Renaissance einleitete.

Daß man Nahrungsmittel im alten China wie im 20. Jahrhundert massenweise hortet(e) und lieber verderben läßt, als Mitmenschen vor dem Hungertod zu bewahren, dürfte Platon recht geben, wenn er den Mißbrauch der Macht durch die Machteliten als ein Grundübel der Menschheit anprangert. Was das Abschließen von Türen und Toren, Gütern und Besitz betrifft, so konvergiert die konfuzianische Vision mit der Auffassung des Philosophen Aristipp von Kyrene:

»Gesetzt, es wären sämtliche Gesetze aufgehoben, so werden wir Philosophen doch in unserer Lebensweise keine Veränderung eintreten lassen«. Unmöglich? Ebensowenig! Die skandinavischen Länder kommen, was die Absperrung des Besitzes betrifft, den Idealen von Konfuzius und Aristipp schon ziemlich nahe, aber bereits die alten Wikinger zeigten einen beachtlichen Gleichmut gegenüber materiellem Besitz, von welchem Verhalten unser Zeitalter des Besitzbürgertums noch einiges lernen könnte: »So manchen törichten Mann macht Geld zum Gecken. Der eine ist reich, der andere arm; arm zu sein ist keine Sünde.« Oder:

»Wer frohen Mutes und freigebig ist, kennt keine Sorgen. Der Feigling fürchtet alles und geizt mit den Gaben.« Oder:

»Weisheit wiegt schwerer als Gold und ist Schirm und Schutz vor Gefahren.«[4]

Neben Konfuzius ist Kant der andere große Visionär einer friedlichen Welt:

> Wenn es Pflicht, wenn zugleich gegründete Hoffnung da ist, den Zustand eines öffentlichen Rechts, obgleich nur in einer ins Unendliche fortschreitenden Annäherung wirklich zu machen, so ist der *ewige Friede*, der auf die bisher fälschlich so genannten Friedensschlüsse (eigentlich Waffenstillstände) folgt, keine leere Idee, sondern eine Aufgabe, die, nach und nach aufgelöst, ihrem Ziele (weil die Zeiten, in denen gleiche Fortschritte geschehen, hoffentlich immer kürzer werden) beständig näher kommt.[5]

Nietzsche, der Kant verleumdete und dessen perverser Vision vom ewigen Krieg sich die Hohenzollern und Hitler annäherten, liefert das paranoide Gegenstück zur europäischen und globalen Friedensvision Kants.

Außer den spezifischen Visionen der wahren, freien und friedlichen Welt finden wir in der westlichen Welt umfassende Visionen zur conditio humana vor Milton bei Dante Alighieri (1265-1321) und Thomas Morus (1478-1535), nach Milton bei Johann Wolfgang von Goethe (1749-1832), Friedrich Schiller (1759-1805) und Ludwig van Beethoven (1770-1827).

In Dantes ›Göttlicher Komödie‹ (Divina commedia) lassen sich die Wechselwirkungen von Welt- und Menschenbild besonders gut erkennen. In seinem Weltbild verschmelzen mythische Bildervielfalt, religiöse Weltvorstellungen und philosophische Weltbegriffe der Antike und des Mittelalters zu einer grandiosen Schau der Menschheitsgeschichte im Rahmen des Universums, das allerdings noch geozentrisch konzipiert war. Die Kugelgestalt der Erde und ihre Drehung um die Sonne waren indessen schon lange vor Christi Geburt von griechischen Philosophen (Empedokles) und Naturforschern (Aristarch von Samos) erkannt, gerieten jedoch wieder in Vergessenheit oder wurden von weniger anspruchsvollen Vorstellungen verdrängt, beispielsweise von der populären Version der »Erde als Dotter im Ei des Kosmos«[6]. Ansonst florierten die Sphärentheorie (Eudoxos von Knidos, Aristoteles, Hipparch von Nikaia) und die etwas kompliziertere Epizyklentheorie (Apollonius von Pergae, Ptolemäus). Zur Zeit des Kolumbus war die Kugelgestalt der Erde zwar nicht unumstritten, aber doch eine plausible Hypothese, die erst durch die Praxis der Erdumsegelung endgültig verifiziert wurde. Erddrehung und Umkreisung der Sonne waren schon vor Kopernikus entdeckt und im Gespräch, so daß von einer ›Kopernikanischen Wende‹ eigentlich nicht die Rede sein kann.

Für Dante ist die Dichtkunst »ein versifizierter Entwurf der Imagination«[7], der zur Darstellung von Mut, Liebe und Tugend auf die Stilmittel Gedanke, Diktion, Struktur und Musikalität zurückgreift. Dante war nicht nur ein Visionär, sondern auch ein versierter Theoretiker der Dichtkunst und ein Philosoph, dem es um das metaphysische Problem der Realität ging:

> Das Werk steht in der mittelalterlichen Tradition der ›Visiones‹, über die es aber weit hinausgeht. In einer Vision besucht der Dichter die Hölle, das Fegefeuer und das Paradies, geführt zunächst

> von Vergil, dann von Beatrice und endlich vom heiligen Bernhard. Hinter den geschilderten Strafen und Belohnungen ausgewählter Verstorbener, unter denen Dantes Zeitgenossen viele Mitmenschen erkannten, zeichnet sich im Laufe dieser Reise ein allgemeiner Rahmen einer Deutung der gesamten Realität ab. Indessen kann keine noch so sehr ins einzelne gehende Zusammenfassung einen Begriff dieses Werkes geben, in dem die Sprache der Übersetzung des Gedankens in Bilder aufs glücklichste dient.[8]

Nach Dante kann man das Werk wörtlich, moralisch, allegorisch (symbolisch) und anagogisch (anleitend) verstehen und lesen. Es ist in Hunderten von Handschriften überliefert, wurde eifrig kommentiert und hat nachhaltig auf die visionäre Dichtkunst eingewirkt. Nicht alle Dichtung ist visionär. Literatur kann, wie auch andere Künste, als Gebrauchsliteratur dem Broterwerb, dem materiellen Nutzen und dem persönlichen Vorteil, dem mehr oder weniger ausgeprägten Genuß, der Moral oder Bildung dienen, ohne eine Spur von Vision zu enthalten. Die Aufgaben visionärer Kunst kann man demgegenüber mit den Begriffen Konditionierung, Optimierung und Sublimierung umschreiben, oder mit den lateinischen Termini prodesse (nützen), delectare (erfreuen) und purgare (reinigen). Alle diese Komponenten tragen zur Persönlichkeitsbildung bei, zur Selbsterhaltung auf unterster Ebene, dann zur Selbstbefreiung aus Abhängigkeiten, Zwängen und Vorurteilen sowie schließlich zu der an ethischen Werten orientierten Selbstbestimmung.

Miltons Welt- und Menschenbild wurzelt ebenfalls noch in der christlichen Tradition, überschreitet aber gelegentlich diesen Rahmen, so bei der Begründung der Welterschaffung, der Charakteristik Satans und seiner Erdumkreisungen nach Art eines Sputnik[9], bei der Erwähnung von ›Atomen‹ und Gottes Feuerwagen, der vielleicht auf das Automobil vorausweist. Im Gegensatz zu Dantes synoptischer Weltsicht merkt man bei Bacon und Milton, daß ein neues Zeitalter begonnen hat.

Die Künste sind im allgemeinen verläßliche Indikatoren für die Rückwirkungen der Weltveränderung auf ihren Urheber. Veränderte Um- und Mitwelt bewirken Veränderungen der Eigen- oder Innenwelt. Ähnliches gilt für das Verhältnis der Innen- zur Überwelt. Weltreligionen bewirken Kulturrevolutionen, nachhaltige psychische Wandlungen großer Teile der Menschheit, fordern die Künste zu neuen Formen und Stilen heraus und erneuern deren Inhalte, Themen und Techniken. In der Kunst finden auch die zugehörigen Wandlungen des Lebensgefühls ihren sinnfälligen Ausdruck. Dem Lebensgefühl entspricht die Gefühlswelt, dem Lebenswillen die Vorstellungswelt und der Lebenserfahrung die Begriffswelt. Die Künste haben aber nicht nur zu diesen Domänen der Innenwelt Zugänge, sondern auch zur Traum- und Wunschwelt, desgleichen zur Über-, Unter-, Vor- und Nachwelt. Die künstlerische (dichterische) Freiheit erscheint grenzenlos, ist es aber nicht. Könner unterscheiden sich von Handwerkern und Meistern, Genies von Artisten und Virtuosen. Dante und Cézanne waren kreative und zugleich kritische Naturen, hatten ihre eigenen Kunsttheorien und -philosophien, bei Homer oder Sophokles suchen wir vergeblich danach. Wir kommen um die Frage: Was ist Kunst? einfach nicht herum.

In der Antike galt weithin: ars imitatur naturam, die Kunst ahmt die Natur nach, was in der politischen Kunst offensichtlich nicht mehr stimmte, denn Akkumulation von Macht, Despotie und Tyrannei sind ebenso unnatürlich wie spezifisch anthropisch, jedenfalls bei perversen Naturen und in dekadenten Gesellschaften. Gerade die Sophisten waren es, die eine unüberbrückbare Kluft zwischen Natur und Gesetz aufgerissen und damit das Schicksal der Polis besiegelt hatten. Selbst Sokrates und Platon konnten, ungeachtet ihrer verzweifelten Anstrengungen, den Fall der Polis, ihrer Religion und Kultur nicht mehr aufhalten.

Alle Dinge entstehen entweder von Natur, durch Kunst oder Zufall. Da der Zufall von den antiken Theoretikern wie die Pest gemieden wurde, lag die Antithese Natur-Kunst/Kultur gewissermaßen auf der Hand. Der neuzeitliche Weg, Zufall, Veränderung, Chaos und Komplexität mit Hilfe der Mathematik überschaubar zu machen und zu bewältigen, lag außerhalb der damaligen mathematischen Möglichkeiten, obwohl in der Spätantike (Proklos) die Zahl als wesentliche Komponente der Kunst in die philosophische Reflexion einbezogen wird: Die Zahl erscheint als das entscheidende Konstituens der Kunst, die so zum Schlüssel der intelligiblen Welt wird. Kunst, Mathematik und Metaphysik gehen hier ein Bündnis ein, das aber noch zu schwach war, um den Durchbruch zu neuen Dimensionen der Wirklichkeit zu schaffen.

Der römische Architekt und Ingenieur Vitruv übertrug die Idee einer an der Zahl orientierten Kunst auf die Architektur.[10] Nach antiker Auffassung (Quintilian) war auch der über das Handwerkliche und Technische hinausgehende Sachverstand des Künstlers von großer Bedeutung: »non esse artis id, quod faciat qui non didicerit«, »was jemand mache, ohne gelernt zu haben, gehöre nicht zur Kunst.« Lernen, Verstehen und Wissen sind also für die Kunst unerläßlich. Hier, in der Rhetorik, wird die Brücke der Kunst zur Philosophie, zwischen Können und Wissen geschlagen, wie ja auch Cicero die Philosophie ihrerseits zwischen Kunst und Wissenschaft ansiedelte.

Kant subjektivierte die Kunst, sah allerdings im interesselosen Wohlgefallen ein Merkmal des Schönen: »Schön ist, was ohne Interesse gefällt«, im Gegensatz etwa zu Stendhal, der von »promesse de bonheur«, einem Versprechen von Glück sprach.[11] Der französische Klassizismus umschrieb die Schönen Künste so: »Ils ont la nature pour modèle, le goût pour maître, le plaisir pour but.«[12]

Nach Kant lassen die Anstrengungen, Kunst zu definieren, rapide nach. Man war verschiedener Meinung über den Grad der Freiheit, den der Künstler gegenüber der Natur hat: Nachahmung, Darstellung, Ergänzung, Erhöhung, Hervorbringung, Erzeugung, Erfindung, Vollendung, aber die Begründungen für solche Meinungen, sofern überhaupt welche gegeben werden, bleiben meistens an der Oberfläche.

Wie einsame Felsen in der Brandung ragen immer noch einzelne Künstler, Kunsttheoretiker, -kritiker und -philosophen hervor, die viele gute Gedanken und plausible Argumente in die Diskussion bringen, aber wenig wirklich Neues, Weiterführendes oder gar Revolutionierendes. Zu den Helden der Kunstverteidiger gehörten in diesem Jahrhundert: H. Bergson, der der Kunst eine Vermittlungsfunktion zwischen der Wirklichkeit und dem Bewußtsein zuschreibt, A. Rodin, der in der Kunst eine »unaufhörliche Jagd nach Wahrheit« sah, E. Cassirer, der von der Kunst die Stiftung einer Welt des Sinnes forderte, N. Hartmann, der in den Kunstwerken »objektivierten Geist« erblickte, M. Heidegger, der unter Kunst das Inswerksetzen der Wahrheit verstand, J. P. Sartre, der auf den irrealen Charakter von Kunstwerken hinwies, A. Camus, der in einer absurden Welt die absurde Freude am Kunstwerk empfand, A. Gehlen, der zu einer lebendigen ›Begriffs-Kunst‹ in einer künstlerischen Kultur gelangte, R. Carnap und A. J. Ayer, die ›Kunst‹ für einen Pseudobegriff hielten, nur dazu geschaffen, ein bestimmtes Lebensgefühl auszudrücken, C. Lévy-Strauss, der der Kunst eine Mittelstellung zwischen Mythos und Wissenschaft zuwies: Während der Mythos von Ereignissen zu Strukturen gelangt, gelangt die Wissenschaft von Strukturen zu Ereignissen. Die Kunst verweilt zwischen beiden und befindet sich »immer auf halbem Weg zwischen Schema und Anekdote«. Die absolute Kunst kann nach der Meinung einiger die Religion ablösen. Nietzsche interpretierte die Welt als »ein sich selbst gebärendes Kunstwerk«. M. Proust zufolge kann die Kunst durch imaginative Erinnerung Zeit und Geschichte überwinden, und J. Joyce sah in ihr sogar die Kosmogonie der Sprache.

Die abstrakte oder gegenstandslose Kunst hat viele Gesichter: Kandinskys Janusgesicht der abstrakten Kunst als »reine Realistik« oder »reine Abstraktion«, Pollocks »Action Painting«, die der europäischen »Relational Art« die amerikanische »Non-Relational Art« gegenüberstellt, und viele andere ›Theorien‹ mehr.

Überblickt man die Theorien der Kunstphilosophie, Kunstgeschichte und Kunstwissenschaft und zieht die Bilanz aus ihnen, so bleibt die Kunst bei aller Vielfalt eine eigene Kulturkomponente und unterscheidet sich somit definitiv von der Religion einerseits, der Philosophie und der Wissenschaft andererseits. Kunst als Sammelbegriff für eine große Zahl von Disziplinen, Stilen und Methoden bleibt für das soziokulturelle Weltverständnis unentbehrlich. Ob man den Zweck der Kunst in der Darstellung des Schönen sieht oder im Bereiten von Vergnügen, in der Nützlichkeit oder im Spiel, in der Vermittlung von Realitäten oder in der Weltveränderung: In jedem Fall tragen die Künste wesentlich zur Weltorientierung, zur Weltgestaltung und zum Weltverhalten des homo sapiens bei, und man sollte nicht auf den Versuch verzichten, das Phänomen der Kunst zu definieren und damit zu rationalisieren, wenn nur die Definition offenbleibt, so daß sie jederzeit ergänzt, modifiziert und vervollständigt werden kann. Eine geschlossene Definition eines so komplexen Phänomens erscheint derzeit unmöglich. In offener Form dürfte sie etwa so lauten:

Kunst im engeren Sinn ist, neben Religion, Philosophie und Wissenschaft, eine Komponente soziokultureller Evolution, die, vermöge der Kreativität menschlicher Intelligenz, in der Natur so nicht vorkommende Produkte (Artefakte) maximaler Komplexität und Perfektion schafft, die auf den Wegen der Simulation und spielerischer (homo ludens) Weltbewältigung zur Motivierung, Konditionierung und Sublimierung des homo sapiens im realen Existenzkampf beitragen.

Kunst im weiteren Sinn umfaßt alle Aktionen, Veranstaltungen und Artefakte, die dem gehobenen Gebrauch dienen, nützlich sind, das Leben erleichtern und lebenswerter machen können, ohne jedoch zum Überleben unbedingt erforderlich zu sein: also ein Mehr, ein Plus, ein Überschuß an Energien, Prozessen und Produkten, der eher indirekt zur Steigerung des Lebensgefühls, des Lebenswillens und der Lebenserfahrung führt und der realen Daseinsbewältigung zugute kommt, z. B. durch Abbau von Aggressionen und Frustrationen, Ängsten, Hemmungen, Zwängen und Tabus, aber auch durch Förderung des Gemeinschaftsgefühls, Überwindung von sozialen Schranken und Befreiung von individuellen Entwicklungsstörungen.

Wie der Katharsisbegriff der aristotelischen Ästhetik zeigt, hat Kunst immer auch einen psychotherapeutischen Zweck, der von der großen Kunst natürlich eher zu erwarten ist als von der Gebrauchskunst. Während die Kochkunst und der Sport, verstanden als Leibeserziehung, für das leibliche Wohl des Menschen zuständig sind, die Philosophie und die Wissenschaften für die Schulung des Geistes oder die Geistesbildung, dienen die Künste dem Bereich zwischen Körper und Geist, den wir zusammenfassend als Seele bezeichnen. Wie die Bildungsgeschichte der Griechen, speziell Platons: Gymnastik, Musik, Dialektik, zeigt, hatte man in der Antike keine Schwierigkeiten mit einer derartigen Zweckbestimmung der Künste. Aber auch Gotthold Ephraim Lessing hat in seiner reifsten theoretischen Schrift, ›Die Erziehung des Menschengeschlechts‹ (1780), eine der vornehmsten Aufgaben des Künstlers in der Erziehung der Menschheit gesehen, was den Dichterphilosophen Lessing zu einem ›Lehrer der Menschheit‹ qualifiziert.

Evolutionär gesehen verfügt die visionäre Kunst, als höchste Form von Kunst überhaupt, im Weltverständnis gegenüber den Weltbegriffen der Philosophie über einige zusätzliche Freiheitsgrade: Sie kann sich deren Weltbegriffe aneignen, frei mit ihnen umgehen, aber zugleich auch die religiösen Weltanschauungen, Weltvorstellungen und Weltkonzepte in ihr Konzept der Welt integrieren, natürlich auch den Bilderreichtum der Mythen.

So erreicht die künstlerische Weltvision die höchste vorwissenschaftliche Ebene des Weltverständnisses. Ihr Novum, ihre Emergenz, besteht in einer teils selegierenden, teils zusammenschauenden, synoptischen Interpretation der Wirklichkeit, in einem Weltverständnis, das alle vorherigen Evolutionsstufen des Weltverstehens involviert. Bei den bedeutendsten Vertretern künstlerischen Weltverständnisses treten mythische, religiöse, philosophische und künstlerische Elemente in perfekter Abstimmung auf, so bei Platon, der die Mythen der Volksreligion zu literarischen Kunstmythen umfunktionierte, der niemals der Religion als legitimer Kulturkomponente zu nahe trat, sondern eher nach Maßstäben echter und vorgetäuschter Frömmigkeit suchte und der, neben seiner spezifisch philosophischen begriffskritischen Trennschärfe (Dichotomie, Dialektik) auch die Möglichkeit der künstlerischen Weltvision beherrschte, wie sein Dialog ›Timaios‹ zeigt, der bezeichnenderweise eines der meistgelesenen philosophischen Werke des Mittelalters war, verewigt in Raffaels Monumentalgemälde: ›Die Schule von Athen‹. Auch hier behält A. N. Whitehead mit seinem oft zitierten Urteil recht, die abendländische Philosophie bestehe aus einer Reihe von Fußnoten zu Platons Werk.

Bildende Künste

In seinem informativen Buch über die Kathedralen geht W. Swaan auch auf das gesellschaftliche Umfeld und die Welt der Kathedralenbauer ein, deren großartige Werke offensichtlich nicht nur hervorragende technische Fertigkeiten voraussetzten, sondern denen auch ausgeprägte religiöse Vorstellungen und philosophische Überzeugungen zugrunde lagen:

> Die mittelalterliche Gesellschaft gleicht einer Pyramide, in der Tote und Lebende zusammenhausen und über der Gott thront. Die Heiligen wirken ins Leben hinein wie bei Homer die Götter: am Leben und Treiben der Sterblichen zutiefst interessiert ... Von ihnen aus führten zwei Stufenleitern in die Niederungen der menschlichen Gesellschaft: eine geistige, geistliche, Papst und Bischöfe an der Spitze, Äbte und Mönche, Archidiakone, Domherren und andere Kleriker in der Mitte, die Ortsgeistlichkeit unten; eine säkulare mit Kaiser und Königen, Prinzen und Baronen, Rittern und Edelleuten, Kaufleuten und Handwerkern, Bauern und Knechten. Die Kirchen und Kathedralen wurden gebaut, um allen Gesellschaftsschichten ein gemeinschaftliches Heim zu schaffen. Gottes Gegenwart war universal; die Kathedrale aber war in doppelter Hinsicht seine Wohnung. Er war der Architekt des Universums, der oberste Baumeister ... architektonische Fertigkeit kam von ihm und hatte ihm zu dienen ... Sodann aber bildete der Hochaltar einen Mittelpunkt der Kirche; hier wurde der Hauptakt des Gottesdienstes zelebriert.[13]

In der Philosophie erscheint die Lehre vom Sein, die Ontologie oder prima philosophia als scientia architectonica oder architektonische Wissenschaft. Kant unterschied sowohl zwischen bloßem Aggregat und gegliederter Ganzheit als auch zwischen technischer und architektonischer Einheit. Die Architekten befassen sich mit den realen, die Philosophen sozusagen mit den begrifflichen Bausteinen der Wirklichkeit. Aus theologischer Sicht fallen diese Unterschiede in Gott zusammen.

Künstlerische Weltvisionen, in die auch philosophische Konzeptionen einbezogen werden, oder Wechselbeziehungen zwischen Philsosophie und den bildenden Künsten gibt es jedoch von einer bestimmten Reflexionsstufe ab nicht nur im Bereich der Architektur. Raffaels (1483-1520) bereits erwähntes Gemälde: ›Die Schule von Athen‹ (1509-11), fällt in die Zeit der Akademiegründungen. Nach den an die Tradition der platonischen Akademie anknüpfenden philosophischen Akademien der Frührenaissance in Byzanz und Florenz entstanden, zuerst in Italien, auch Akademien der bildenden Künste. Kreativität und Wissen, Freie Künste und Wissenschaften gingen in der Renaissance ein enges Bündnis ein. Auf dem Gemälde Raffaels symbolisiert Platon, der sein naturkundliches Werk ›Timaios‹ in der Hand hält, die kosmologische, vertikale, idealistische Denkrichtung, Aristoteles mit seiner ›Ethik‹ die horizontal-realistische Komponente. Zusammen mit dem Bild ›Disputa‹, das eine Erörterung des Heiligen Sakraments darstellt, integrieren die Gemälde nicht nur platonische und aristotelische Ideen, sondern auch humanistische und christliche: eine Synthese von Religion und Philosophie auf der Ebene künstlerischer Vision.

Die Verbindung der bildenden Künste mit der Philosophie blieb fortan erhalten, und es wäre nur zu wünschen, daß die Philosophie ihrerseits diese Kontakte mehr pflegte. Hier ist an Tintorettos (1518–94) revolutionäre Vision ›Entstehung der Milchstraße‹ (1582) zu erinnern, wozu Cézanne bemerkte:

> Haben Sie in Venedig den riesengroßen Tintoretto gesehen, wo das Land und das Meer, die ganze Erdkugel über den Köpfen schwebt, mit dem Horizont, der sich verschiebt, der Tiefe, den Meeresweiten, mit den Körpern, die entschweben, der ungeheuren Rundung, der Weltkarte, dem hingeschleuderten Planeten, fallend, rollend im weiten Himmelsraum? Zu seiner Zeit! Er sah uns voraus. In ihm war schon diese kosmische Besessenheit, die uns verzehrt.[14]

Es bedarf keiner großen Interpretationskunst, um die Brücke zu Tintorettos und unserer zeitgenössischen Naturwissenschaft zu schlagen, zu Galileis Erforschung der Milchstraße, zu Newtons Weltkonzeption, aber auch, im »Horizont, der sich verschiebt«, zu Einsteins Raumzeit. Cézanne erkannte den visionären, vorausschauenden Zug in der Kunst Tintorettos, ebenso die spezifisch neuzeitlich-moderne »kosmische Besessenheit«, die nicht nur Cézanne und seine Künstlergeneration verzehrte, sondern die auch in der Wissenschaft zu beobachten ist und dort von Galilei und Newton zu Einstein, Hubble und Hawking führt.

Hier sei aber auch an Rembrandts (1606-69) Bild des Philosophen, eine Art Wesensschau des philosophierenden Menschen, erinnert oder an sein Bild: ›Aristoteles betrachtet die Büste Homers‹ (1653, Metropolitan Museum, New York), ein Gemälde, das in den sechziger Jahren den höchsten Kaufpreis der Welt erzielte. Aristoteles hat Homer, den er mit den tragischen Dichtern verglich, sehr hoch geschätzt und dem jungen Alexander nähergebracht. Insofern knüpft Rembrandt an historische Tatsachen an. Seine Vision geht aber weit darüber hinaus, indem sie Dichtung, Philosophie und Malerei in einen umgreifenden kulturellen Sinnzusammenhang bringt, der einzelne philosophische Lehren oder historische Inhalte der Poesie weit überschreitet. Schließlich war es ja auch Aristoteles, der den Wahrheitsgehalt der Dichtung höher einschätzte als den der Geschichte und damit die Verwandtschaft von Dichtung und Philosophie unterstrich, die Rembrandt wohl intuitiv erfaßte.

Von Rembrandts ca. 300 relativ unbekannten Landschaftsgemälden, -zeichnungen und -radierungen unterscheiden sich die meisten von zeitgenössischen Landschaftsdarstellungen durch ihre gefühlsmäßig-visionäre Tiefendimension.[15] Immanenz und Transzendenz, Verweltlichung des Menschen und Vermenschlichung der Welt halten sich die Waage. Rembrandt machte hier das Objekt für das Subjektive und das Subjekt für das Objektive transparent. Was die Landschaftskunst mit der Porträtkunst verbindet, sind die Wärme des Gefühls, die Geborgenheit in der Ausgesetztheit, die Verbindung von unbestechlichem Wissen und abgründiger Weisheit.

Paul Cézanne (1839-1906), ein anderer großer Visionär, lebte an der Schwelle vom 19. zum 20. Jahrhundert, vom Impressionismus zum Expressionismus, von der konkreten zur abstrakten Malerei. Er war Künstler und Philosoph, Synoptiker und Analytiker in einer Person. Wie Raffael die Philosophie Platons und des Aristoteles in seine kreative Phantasiewelt integriert hatte, so integrierte Cézanne, außer der Visionswelt seiner Vorgänger

(Louvre) und der Gedankenwelt der großen Dichter, beispielsweise auch Kants Erkenntnistheorie und die indische Philosophie in sein Weltverständnis und konnte daher Künstlern geistig verwandte Philosophen zuordnen: Giotto Dante, Tintoretto Shakespeare und Poussin Descartes. Cézanne malte impressionistisch und verstand den Impressionismus kantisch: Zerlegung der Farben auf der Leinwand und ihre Wiedervereinigung (Synthesis) im Auge.[16]

> Die Landschaft spiegelt sich, vermenschlicht sich, denkt sich in mir. Ich objektiviere sie, übertrage sie, mache sie fest auf meiner Leinwand ... Mir scheint, daß ich das subjektive Bewußtsein dieser Landschaft wäre und meine Leinwand ihr objektives Bewußtsein.[17]

Näherten sich die visionären Künstler der Frühen Neuzeit der relativistischen Kosmologie, so näherte sich Cézanne dem mikrokosmisch-quantentheoretischen Weltverständnis, wenn er den Kreislauf von Sonne, Welt, Subjekt und Bewußtsein skizzierte und eine »Seelengeschichte« konzipierte, die zugleich auch eine »Psychologie der Erde« ist. »Wesen und Dinge, wir alle sind nichts als ein bißchen aufgespeicherte, organisierte Sonnenwärme, ein Andenken der Sonne«. Cézanne betrachtete Philosophie, Wissen, Wissenschaft und Theorie im platonischen Sinn als lebenswichtig für seine Kunst:

> Um eine Landschaft richtig zu malen, muß ich auch zuerst die geologische Schichtung erkennen. Bedenken Sie, daß die Geschichte der Welt an dem Tage begann, an dem zwei Atome sich begegneten, zwei Wirbel, zwei chemische Tänze sich miteinander verbanden. Diese großen Regenbögen, die kosmischen Prismen, diese Morgenröte unseres Selbst über dem Nichts, ich sehe sie emporsteigen, sauge sie ein, wenn ich Lukrez lese. Unter diesem feinen Regen atme ich die Jungfräulichkeit der Welt. Ein scharfer Sinn für die Nuancen arbeitet in mir. Ich fühle mich farbig von all diesen Abtönungen des Unendlichen. In diesem Augenblick bin ich vollkommen eins mit meinem Bilde. Wir sind ein schillerndes Chaos.[18]

War Cézanne ein Subjektivist, ein Chaot?

Gewiß nicht im Sinn der Avantgarde:

> Der Künstler ist nur ein Aufnahmeorgan, ein Registrierapparat für Sinnesempfindungen, aber, weiß Gott, ein guter, empfindlicher, komplizierter, besonders im Vergleich zu den anderen Menschen. Aber wenn er dazwischenkommt, wenn er es wagt, der Erbärmliche, sich willentlich einzumischen in den Übersetzungsvorgang, dann bringt er nur seine Bedeutungslosigkeit hinein, das Werk wird minderwertig ... Es gibt eine Art von Barbarei bei den falschen Primitiven, die hassenswerter ist als selbst die Akademie; man kann heute nicht mehr primitiv sein ... Es ist der schlimmste Niedergang, wenn man den Primitiven nur spielt. Greisenalter. Man kann heute nicht mehr nicht wissen und nur aus sich selbst lernen.[19]

Mit dieser Anweisung kann auch ein Wissenschaftler leben und schaffen. Obwohl der Weg eindeutig weg vom mythischen Bibel- und Kirchenglauben führt, ist der neuzeitlich-moderne Künstler deswegen nicht unbedingt unreligiöser als der mittelalterliche oder der Renaissancekünstler. In der Kunst ist es wie in der Religion: wenig Frömmigkeit oder Wissen führen weg von der Religion oder der Kunst, viel dagegen zu ihnen zurück. »Die Klischees sind die Pest der Kunst.«[20] In der Religion etwa nicht?

Für Cézanne gilt: »Nur das Wahre ist schön, das Wahre allein ist liebenswert«, ferner: »Ich will wissen. Wissen, um richtiger zu fühlen, fühlen, um richtiger zu wissen ...

Der Inhalt unserer Kunst liegt darin, in dem, was unsere Augen denken. – Die Natur ordnet sich immer und gibt zu erkennen, was sie bedeutet, wenn man sie achtet.«[21]

So kann Cézanne von einer »Logik der Augen« sprechen.

Seine Lehre von der Lehrer-Schüler-Beziehung erscheint klassisch und gilt sowohl für Künstler als auch für Philosophen und Wissenschaftler: »Man muß seine Lehrer gut auswählen oder vielmehr nicht auswählen, sondern sie alle haben, sie gegeneinander abwägen. Ich fürchte den Mann, der nur ein Buch kennt, ebenso wie den Schüler, der nur einem Lehrer vertraut.«[22]

Künstler und Wissenschaftler sind auf das sokratische Prinzip der Prüfung angewiesen. Wie der theoretische Physiker seine Theorien vom Experimentalphysiker prüfen lassen muß, so muß sich der Künstler dem Lügendetektor Natur stellen: »Alles, *besonders in der Kunst*, ist Theorie, entwickelt und angewandt im Kontakt mit der Natur.«[23]

Die Entdeckung der Natur ist jedoch kein einmaliges Ereignis, sondern ein Prozeß, der aber in der uns bekannten Dynamik erst in der Neuzeit begann. So ist Newtons Weltbegriff nicht mehr der von Einstein, Einsteins Begriff vom (statischen) Kosmos nicht mehr der von Hubble oder Friedmann. Cézanne interpretierte die Natur bereits prozessual, buddhistisch: »Die Natur ist immer dieselbe, aber von ihrer sichtbaren Erscheinung bleibt nichts bestehen... Was ist hinter der Natur? Nichts vielleicht. Vielleicht alles ... Für uns Menschen ist die Natur aber mehr in der Tiefe als an der Oberfläche.«[24]

Ähnliches gilt aber auch für die Religion: Frömmigkeit ist nicht identisch mit Bibelgläubigkeit. Weder der moderne Künstler noch der moderne Wissenschaftler und Theologe kommen an den grundlegenden Problemen der Erkenntnistheorie vorbei, die Heraklit, was den Naturbegriff betrifft, unübertrefflich kurz, prägnant und programmatisch formulierte: »Die Natur liebt es, sich zu verbergen« (B 123). So gesehen erscheinen Naturphilosophie und Naturwissenschaft als fortgesetzte Naturentdeckung oder Gottsuche. Orthodoxer Bibelglaube, Dogmatik oder Glauben an die wortwörtliche, buchstäbliche Wahrheit von sakrosankten Texten behindern dagegen offensichtlich mehr die Gottsuche und verhindern eher die Naturerkenntnis, als ihnen zu dienen. Sie sind also nicht Zeichen besonderer Frömmigkeit, sondern in der Regel von Unfrömmigkeit, Pseudoreligiosität und Aberglauben.

Cézannes Weltverständnis erscheint demgegenüber nicht nur modern, vielmehr auch kreativ und visionär für Künste und Wissenschaften: »Es gibt Tage, an denen mir das Weltall nur mehr wie eine einzige Flut erscheint, ein luftiger Strom von Reflexen, von tanzenden Reflexen, rings um die Ideen des Menschen.«[25]

Anders ausgedrückt wird der homo sapiens in quantenmechanischer Sicht zum Medium der Begegnung von Welt und Idee in einem See von wechselwirkenden Elementarteilchen oder in einem Meer tanzender Photonen.

Die erkenntnistheoretische Position Cézannes erscheint vor diesem Hintergrund am Ende ebenso folgerichtig wie einfach und modern:

> Beim Malen gibt es zwei Dinge: das Auge und das Gehirn. Beide müssen sich gegenseitig helfen. Man muß an ihrer wechselseitigen Entwicklung arbeiten, aber als Maler: am Auge durch die Anschauung vor der Natur, am Gehirn durch die Logik der geordneten Sinnesempfindungen, wodurch die Ausdrucksmittel sich ergeben.[26]

Zum Weltverständnis der Künste und Wissenschaften gehören heute mehr denn je Religionskritik, Logik und Erkenntnistheorie, daneben aber auch zunehmend Kosmologie und Gehirnphysiologie, Bewußtseinspsychologie und Quantenbiologie. Meyer Shapiro hat in einem vorzüglichen Cézanne-Band dazu die richtigen Worte gefunden:

> Cézannes Leistung hat eine einmalige Bedeutung für unser Kunstdenken. Sein Werk ist ein lebendiger Beweis, daß ein Maler zu gültigem Ausdruck gelangen kann, indem er seiner Vorstellung von der ihn umgebenden Welt Gestalt verleiht, ohne bei einer Religion, einem Mythos oder irgendwelchen sozialen Idealen Zuflucht zu nehmen ... Durch sein Werk erkennen wir, daß die weltliche Kultur des 19. Jahrhunderts, ohne Kathedralen und die begnadeten anonymen Handwerker der früheren Zeit, nicht weniger fähig war, einer großen Kunst die Grundlage zu schaffen, wie sie die bedeutenden Kulturen der Vergangenheit besessen hatten. Trotz der Vereinsamung des Künstlers war das zu erreichen, weil die Vorstellung von der Möglichkeit einer in der individuellen Persönlichkeit gründenden Kunst auf dem allgemeinen Ideal der Freiheit des einzelnen innerhalb der Gesellschaft beruhte und daraus letztlich das Vertrauen herleitete, daß eine Kunst als persönlicher Ausdruck einen universellen Sinn hat.[27]

Mit der Konzeption einer in persönlicher Freiheit wurzelnden sinnstiftenden Begegnung zwischen Welt und Mensch, Natur und homo sapiens erweist sich auch die Entwicklung der modernen Kunst als sinnvoller Selbstbefreiungsprozeß aus einem klischeehaften Welt- und Selbstverständnis. Die Kunst nach Cézanne ist diesen Weg der ›Abstraktion‹, der schrittweisen Enthüllung der wahren Wirklichkeit durch Abstreifen klischeehafter Naturvorstellungen, konsequent weitergegangen, sofern sie nicht neuen, pseudomodernen Klischees, der Nabelschau oder der Vermarktung erlag. Cézannes Kunstphilosophie kann als weiterführender Kanon für die Beurteilung der modernen Kunst dienen.

1. Architektur. Die Baukunst war von jeher eine Raumkunst, zu deren spezifischen Problemen die Austarierung der Gravitation, die Raumgestaltung und die Meisterung der Masse gehörten. Generell läßt sich der Rang einer Architektur an den Freiheitsgraden messen, die sie bei der Bewältigung dieser Probleme erreichte. Dekor und Beiwerk erscheinen demgegenüber von sekundärer Bedeutung.

Im Hinblick auf die Gravitation führte der Weg von der Anpassung (Frühkulturen) zur Überlistung (Griechen), Auflehnung (Gotik) und schließlich im 20. Jahrhundert zur Überwindung (Raumstationen). Der Kölner Dom und das World Trade Center, ein Sakral- und ein Profanbau, bezeichnen Stationen auf diesem Weg. Bei der Bewältigung der Masse verlief die Entwicklung ähnlich. Hier führte der Weg von der Unterwerfung unter Gewicht, Gewalt und Macht der Masse allmählich zu ihrer Entmachtung, zu ihrer Auflockerung und Gliederung, dann zu Gleichgewicht, Dynamisierung, Spiel mit den Massen und (optischer) Auflösung, z. B. im transparenten Glasbau. Bei der Raumgestaltung sind Weltorientierung, äußere und innere Raumbewältigung zu unterscheiden: Ausrichtung nach Himmelsrichtungen, Weltgegenden und heiligen Objekten (Berg Meru). Architektonisch gab es sehr verschiedene Antworten auf die Herausforderungen der Außen-, Innen-, Um-, Mit-, Über-, Unter-, Vor- und Nachwelt: Landschaftsarchitektur, Profan-, Sakral-, Wohn-, Palast-, Speicher-, Grab-, Denkmal- und Industriebau, private und öffentliche Gebäude, Luxus- und Zweckarchitektur. Der Weg führte hier von der Raumabhängigkeit zur Raumbegrenzung, Raumeinteilung, weitgehenden Beherrschung des terrestrischen Raumes und zum Vorstoß in den Weltraum.

Allgemein korrespondierten Weltgestaltung und Strukturierung der Gesellschaft. Das feudalistische Zeitalter, die Herrschaft von Adel und Klerus, hatte seine eigene Architektur, Kirchen und Paläste, Burgen und Schlösser, die bürgerliche Gesellschaft bevorzugte Städte, geeignete Straßen, förderte den Schiffbau, schuf Rathäuser, Marktplätze, Werkstätten und Schulen, die Industriegesellschaft baute Fabriken, Villen und Wohnsilos, Kommunikationszentren und Sportstadien. Weltentdeckung, -erschließung, -besiedelung, -gestaltung und Horizonterweiterung führten zu geistigen, kulturellen und gesellschaftlichen Wandlungen, die durchaus nicht nur in einer Richtung (Unterbau-Überbau) voneinander abhingen, sondern eher einen immer komplexeren, funktionalen und vernetzten Wirkungszusammenhang bildeten. Weltveränderung bedeutete stets auch soziale, politische, ethische, psychische und mentale Selbstveränderung des homo sapiens.

Durchgehend war das Streben nach Abbau von natürlichen, sachlichen und gesellschaftlichen Zwängen: Menschenrechte, demokratische Weltrevolution, multikulturelle, offene Gesellschaft, Abbau des Patriarchats, Emanzipation der Frau, Entmilitarisierung, Überwindung von Nationalismus, Rassismus, Bürokratie und Ideologie. Insgesamt herrschte die Tendenz zur Überwindung der Notwendigkeit (Not-Wende), wenn man darunter die Verwandlung von Abhängigkeit in Unabhängigkeit versteht. Geschichtlich läßt sich diese Evolution als Selbstbefreiungsprozeß der Menschheit deuten.

In Afrika ragt auf architektonischem Gebiet Ägypten[28] hervor, dessen Pyramiden von Giseh zu den Sieben Weltwundern zählten. Außerdem gehörten dazu: die hängenden Gärten der Semiramis in Babylon, der Tempel der Artemis in Ephesos, das Bild des olympischen Zeus von Phidias, das Mausoleum von Halikarnassos, der Koloß von Rhodos und der Leuchtturm auf der Insel Pharos bei Alexandria. Die alten Ägypter besaßen kein Wort für Architektur. Ihre Baumeister hießen »Leiter aller königlichen Arbeiten«, womit sich ihre Baukunst als Instrument der feudalistischen Machtelite erweist, der Pharaonen und ihrer Priesterschaft. Tempel, Grabstätten der Gottkönige und Paläste dominieren denn auch in dieser Baukunst, die sich seit der Neolithischen Revolution aus primitiven Anfängen zur Höchstform entwickelte.

Mit der Entstehung von Monumentalarchitektur erhielt die Skulptur neue Funktionen. Die Bearbeitung der Wände und

Böden erforderte neue Techniken. Der homo sapiens ging aus der Defensive auch auf dem Gebiet der Baukunst in die Offensive, in die Weltgestaltung über. So unterscheidet man in Indien[29] nach dem Grad der Verselbständigung zwischen ›Felsarchitektur‹ und ›Freiluftarchitektur‹ oder ›additiver Baukunst‹. Herrenhäuser, Paläste und Tempel hoben sich immer deutlicher von Wohnhäusern, Speichern und Ställen ab, Herren- von Frauengemächern, Empfangsräume von Unterkünften der Diener, Baderäume von Aufenthaltsräumen. Daneben gab es aber auch religiös-profane Mischformen, ›Tempel-Paläste‹. Ein klassisches Beispiel dafür ist der Potala in Lhasa.

In Anatolien entstand der Typus ›Halle mit Vorhalle‹, den die Griechen später ›Megaron‹ nannten. Hethiterstädte wie Boghazköy zeichneten sich durch wuchtige Befestigungsanlagen aus, mykenischen Bauten vergleichbar. Von der ›Gotteshütte‹ bis zu den Pyramiden und Tempeln von Karnak und Luxor war es gewiß ein weiter Weg, aber Religiosität, die Macht der Pharaonen und Priester über ein Heer von Arbeitssklaven, natürliche Ressourcen und kreative Architekten schufen die Werke, die der ungläubige Tourist noch heute als Weltwunder bestaunt.

> Die dekorative Ausstattung der Räume gibt den Tempelräumen der V. Dynastie eine Interpretation als ›Kosmos‹: die Decken sind als Nachthimmel blau mit goldgelben Sternen bemalt. Fußböden aus schwarzem Basalt stellen schwarzes Erdreich dar, aus dem die Pflanzen in Gestalt der Säulen aufsprießen.[30]

Vom alten Ägypten bis zum alten China symbolisieren architektonische Meisterwerke den Aufbau der Welt, bilden ihn gleichsam nach und verbinden auf diese Weise die Menschenwelt mit der Überwelt. In den ägyptischen Sonnenheiligtümern erscheint diese Symbolik noch ausgeprägter. Die Sonnentheologie bestimmte die Architektur solcher Tempel, die nach den Himmelsrichtungen ausgerichtet waren, auf den Sphinx als ›Horus im Horizont‹ hinwiesen und den toten Gottkönig mit der untergehenden bzw. wieder aufgehenden Sonne identifizierten. 24 Pfeiler der Umgänge symbolisierten dabei gelegentlich den Tagesumlauf der Sonne.

Suchte der Mensch im alten Ägypten als Gottkönig Raum und Zeit zu widerstehen, der Vergänglichkeit zu trotzen, die Weltordnung zu ergründen und nachzubilden, strebte er beim Turmbau von Babylon empor zum Reich der Götter, um Himmel und Erde, Götterwelt und Menschenwelt, Makrokosmos und Mikrokosmos zu versöhnen. Das größte Kunstwerk der Menschheit, das als einziges vom Mond aus erkennbar ist, die Große Mauer der Chinesen, läßt sich vordergründig als Sicherheitsmaßnahme gegen Barbareneinfälle verstehen, aber auch als Abgrenzung der Innenwelt des Menschen von seiner Um- und Außenwelt, wobei der Kern politisch als ›Reich der Mitte‹ erscheint, der Kern des Kernes als ›Verbotene Stadt‹. In China wie in Ägypten und Vorderasien fällt dem Herrscher, ob Pharao, Despot, König oder Kaiser, die Aufgabe zu, Über-, Um-, Mit- und Innenwelt zu harmonisieren, ins Gleichgewicht zu bringen oder das vorhandene Gleichgewicht zu erhalten. Deshalb wurden dem Herrscher hier wie dort übermenschliche Kräfte und Qualitäten oder ein Charisma zugeschrieben. In Griechenland, im republikanischen Rom und im freien Westen besaß kein Herrscher solche Macht, sondern hing allenfalls ›von Gottes Gnaden‹ ab.

Wie stellt sich die Baukunst in Asien dar?

»Bei den asiatischen Kulturen steht die Architektur ohne Ausnahme hinter den anderen Künsten zurück.«[31]

Auch die Stadt spielt hier eine geringere Rolle als im Westen. In Asien dominiert das Dorf, und in den indischen Dörfern lange Zeit der vedische Altar. Der buddhistische Stupa war anfangs ein Kompaktbau ohne Innenraum, der oft nur repräsentativen Zwecken diente. Weitere Merkmale asiatischer Kunst im Vergleich mit dem Westen sind das Fehlen von Abstraktion, Emanzipation und Individuation.

Die Grotte von Elephanta, ein Shiva-Heiligtum (um 600 n. Chr.), befindet sich auf einer kleinen Insel in der Bucht von Bombay und gleicht einem Eingang zur Unterwelt. Ein Kolossalbild des Gottes mit drei Köpfen, das erst nach und nach aus dem Halbdunkel auftaucht, symbolisiert die schöpferische, erhaltende und zerstörerische Macht der Natur. Der halbkugelförmige ›Große Stupa‹ von Sanchi (2.-1. Jh. v. Chr.), einer der Prototypen der Stupenform, symbolisiert die Einbettung der

Menschenwelt in das Universum und bildet so eine Art »Psycho-Kosmogramm«[32].

Die Tempelanlage von Mahaballipuram (7. Jh.), etwa 100 km südlich von Madras, symbolisiert eine »heilige Mitte«, die Über-, Um- und Unterwelt verbindende Weltachse, und enthält ein Felsrelief von verwirrender Symbolik, die u.a. die Herabkunft des heiligen Ganges von der Götter- in die Menschenwelt andeutet. Götter, Menschen und Tiere flankieren den Prozeß, der wie ein Bild der Evolution erscheint. Mit seinen 33 000 000 Figuren versinnbildlicht der erst im 18. Jh. fertiggestellte Minakshi-Tempel in Madurai, der ursprünglich auch als eine Nachbildung der Welt gedacht war, die Vielfalt und Komplexität der Evolution selbst. In der Kapelle der Planeten beten Millionen Hindus noch heute um den Segen der Planeten-Götter. Wer die Anlage mit den Maßstäben westlicher Ästhetik und Religiosität mißt, kann nur scheitern. Ähnliches gilt für die Kunstwerke von Angkor, Ellora und Konarak.

Der Dagäba (Ceylon), ein Memorialbau für Buddha, »stellt, in architektonischer Übersetzung, das Universum von außen gesehen dar, also in einer für die menschliche Wahrnehmbarkeit völlig fremden Dimension.«[33] Namhafte Vertreter der theoretischen Physik entwerfen neuerdings multidimensionale Weltmodelle, die das Problem auf abstrakter Ebene angehen. Ein anderes architektonisches Weltwunder Asiens ist der Borobudur-Tempel auf Java (8. Jh.). Hier wurde ein ganzer Berg in eine Tempelanlage umgeformt. Über sechs quadratische und drei kreisförmige Terrassen führt der Pilgerpfad aufwärts: »man kommt aus der Welt der Materie über eine Vision der gestalteten Materie zum reinen Gedanken ... Borobudur ist eigentlich kein klassischer Stupa, sondern eher das, was der Buddhist ein Mandala nennt, das heißt eine symbolische Formel der Welt.«[34] Die Suche der modernen Physik nach einer Weltformel verrät das gleiche Anliegen, nur auf einer anderen Ebene. Im Buddhismus ist jedoch das Weltverständnis an das Selbstverständnis gebunden.

Einen ganz anderen Typ repräsentiert der Phönix-Tempel (11. Jh.) des Amida-Buddhismus in der Nähe von Kioto. Der Pavillon, »das vollkommenste Bauwerk des Amidismus«[35], ursprünglich das Landhaus eines Fürsten, spiegelt sich in einem See, der das Paradies symbolisiert. Der Dachfirst des Mittelbaus ist an den Enden mit zwei Phönix-Vögeln verziert, die sich gegenseitig anblicken. Der Amidismus, eine spätbuddhistische Glaubensrichtung, leitet sich vom Begriff des ›unermeßlichen Lichts‹ ab, wurde in Japan im 11. und 12. Jh. (aus China) eingeführt und verheißt den Gläubigen ewiges Leben im Paradies.

Noch vor dem Buddhismus entstand in China aus animistischem Ackerbaukult, Ahnenverehrung und dem Glauben an die Himmelsgottheit ein religiöses Ideengemisch, dem Peking, wie viele andere Städte in China, seinen Himmelstempel verdankt, der ursprünglich »Tempel der Gebete für ein gutes neues Jahr« hieß. Er hat noch die Form der chinesischen Lehmhütte mit dreifachem Dach. Das Hauptbauwerk der von dem Ming-Kaiser Yung-lo um 1420 entwickelten Tempelanlage »ist ein Rundaltar auf drei mit Marmor belegten kreisförmigen Terrassen und zahlreichen kosmologischen Strukturen ... Eine Folge von Höfen, Terrassen, Treppenaufgängen, quadratischen und kreisrunden Arealen, nach strengen Normen der Tradition gebaut, ist Ausdruck einer Fülle von geomantischen und kultischen Symbolen.«[36]

Ähnlich liegen die Dinge aber auch in Indien. Hier tritt zu der räumlichen Komponente regionaler und lokaler Verschiedenheit die zeitliche Folge von Hinduismus, Buddhismus, Islam und Christentum erschwerend hinzu. Will man dennoch etwas Allgemeines über die Weltvisionen Asiens sagen, so dominieren auch in ihnen Anpassung an natürliche Vorgaben, Anschaulichkeit, Harmonisierung, Ruhe und ein ganz anderes Verhältnis zur Zeit, das westliche Besucher zur Verzweiflung bringen kann.

Die sakrale Architektur der alten Kulturen Mittelamerikas hat mit den asiatischen Sakralbauten die kosmische Orientierung gemeinsam, betont aber die zeitliche Dimension stärker und nähert sich damit einer geschichtlichen Interpretation des Weltgeschehens, wie die Geschichte von den fünf Sonnen zeigt, die fünf Welten oder Weltzeitalter symbolisieren, die jeweils in einer Katastrophe endeten. Hier galt wie in Afrika und Asien:

Die Religion war die große treibende Kraft, die einende Macht, die eng mit jedem öffentlichen und privaten Handeln verknüpft war. Staatsoberhäupter waren zugleich geistliche Führer, und der oberste Herrscher galt als lebender Gott.[37]

2. Plastik. Wie bereits aus dem Felsrelief der Tempelanlage von Mahaballipuram, das die Herabkunft des Ganges darstellt, und den zahllosen Figuren des Minakshi-Tempels zu ersehen war, zeichnet sich die plastische Kunst der Inder durch ihre geradezu kosmische Vielfalt aus. Sie läßt sich allgemein mit den Begriffen: überströmend, unerschöpflich, unermeßlich, unendlich, grenzenlos, überwältigend, üppig, dekorativ, narrativ, kumulativ und superbarock umschreiben, aber auch mit den Begriffen: kollektiv, massig, untergeordnet, abhängig, instrumentalisiert. Schon diese Charakteristik impliziert ein bestimmtes Weltverhalten, aber auch ein Weltverständnis, dem visionäre Züge nicht fehlen. Hier sei zusätzlich an den Vishnu Trivikrama (8. Jh., Madhya Pradesh), der sich zur Eroberung des Universums anschickt, erinnert oder an den kosmischen Tanz Shivas (11./12. Jh.), den ein Flammenkranz umgibt.

Auch die chinesische Bildhauerkunst hat unsterbliche Werke aufzuweisen, die ein visionäres Weltverständnis nahelegen, z. B. in den (kaiserlichen) Nekropolen aus ganz verschiedenen Epochen der chinesischen Geschichte oder in den bereits erwähnten Lungmen-Höhlentempeln. Aber weder die ägyptische noch die asiatische oder die vorkolumbianisch-mittelamerikanische Bildhauerkunst hat die Perfektion, Selbständigkeit und Reife erreicht, welche die griechische Skulptur dank ihrer Sicht von Welt und Mensch ausstrahlt.

Die griechische Plastik steht in der Menschheitsgeschichte einmalig da, weil sie die Freifigur zu einer unvergleichbaren Höhe und Vollendung entwickelte, was nicht ausschließt, daß spätere Epochen, sofern sie dem Megatrend zur Entmaterialisierung folgten, in Einzelheiten über die Antike hinausgelangten. Wie mit der Einführung des Kontrapostes, der Raumvision des Phidias und ansatzweise der Raumillusion, hatten die Griechen auch durch ihre Entdeckung der Körper-, Linear- und Luftperspektive die Kunst weit über das Niveau früherer Kulturen hinausgeführt, wenn auch die »Zentralperspektive mit einheitlichem Flucht- oder Augenpunkt«[38] erst in der Renaissance gelang. Selbst in der Gotik war im Zuge der Spritualisierung der Plastik schon der Eindruck des Schwebens von Figuren (Gotische Schwebung) erreicht, was aber den Rang der griechischen Kunstwerke und die Ausgewogenheit ihrer Problemlösungen nicht mindert.

Überragende Technik verband sich bei den alten Griechen mit subtiler Beobachtungsgabe, einer unbestechlichen Logik, dem Drang, Probleme bis an die Grenzen der Begrifflichkeit voranzutreiben, ihrem Sinn für Mensch, Maß und Mitte, ihrer Freiheitsliebe, ihrem eingehenden Studium des menschlichen Körpers und ihrem präzisen Wissen um seine Bewegungsabläufe.

Die technischen Fortschritte der griechischen Plastik beruhten auf der Befreiung von architektonischer Vorherrschaft, auf der Bearbeitung des Materialblocks von allen vier Seiten, also gleichsam durch die Herausschälung oder Abstraktion der Idee aus der Materie, auf dem Kontrapost oder dem Wechsel von Stand- und Spielbein oder dem Gleichgewicht zwischen Ruhe und Bewegung, Gebundenheit und Freiheit, Schwere und Schwerelosigkeit, auf der Emanzipation des Mikro- vom Makrokosmos oder der angemessenen Rolle des Individuums gegenüber der Umgebung, auf der zutreffenden Größenordnung der menschlichen Gestalt in der Erscheinungswelt: weder zu groß und riesig noch zu klein und zwerghaft, wobei die Griechen als Erfinder der Olympischen Spiele und anderer sportlicher Wettkämpfe über genügend Anschauungsunterricht verfügten, und schließlich auf der Nacktheit des menschlichen Körpers, die durch eine subtile Gewandkunst eher unterstrichen als aufgehoben wurde. Die nackte Figur war wie auf den Sportplätzen, den Gymnasien, das Modell, und zwar der jugendliche, schöne, gelungene, wohlgeratene und treffliche (Kalokagathia) Mensch, wobei der Kuros und die Kore als Wahrzeichen der Natur, der Evolution, des Lebens, der Bewegung und ewiger Erneuerung erschienen: »Der Kuros steht in vollkommener Freiheit vor uns, ohne jede Bindung an irgendeine Architektur, Tektonik fehlt ihm nicht, er trägt sie in sich. Er verwirklicht einen Kosmos, eine in sich ruhende, geschlossene Welt für sich.«[39]

In der asiatischen Plastik verschwindet der Mikro- im Makrokosmos, die Plastik in der Tempelanlage, das Individuum im Kollektiv, die Form in der Materie. Nur Götter wie Shiva triumphieren gelegentlich über die Welt. In Ägypten beherrschen überdimensionierte, maskenhafte Gottkönige die Welt, in welcher der einzelne Mensch als solcher gar nicht erst auftaucht. Die Griechen haben aber in ihrer Plastik auch das Patriarchat bezwungen: »Gleichordnung der Frau in einer ursprünglich rein männlichen Vorstellungswelt, ihre Einordnung in denselben Schicksalsraum, in den nunmehr vollendeten menschlichen Kosmos.«[40]

Ebenso war die Polis eine Antwort freier Bürger auf die Herausforderungen seitens der Tyrannen und Despoten, der Auftakt zur demokratischen Weltrevolution, wenn auch Sokrates und Platon mit ihren Reformplänen der athenischen Polis scheiterten. Dafür eroberte später die platonische Akademie, eine Art Gegenpolis zum Staat der Athener, in Gestalt von Hochschulen, Universitäten und Akademien aller Art die Welt, nicht anders als, auf ihre Art, die Olympischen Spiele und das Modell der Demokratie.

Alexander der Große, ein Schüler des Philosophen Aristoteles, antwortete auf die Herausforderung Asiens, des persischen Großkönigs Xerxes, der zuvor auf seinem Zug gegen Hellas und das Abendland (hier taucht der Begriff zuerst auf) griechische Tempel niederbrennen und Heiligtümer schänden ließ. Alexander wurde zum Vorkämpfer eines freien Europa, aber sein Reich war nur ein Präludium für das dauerhafteste Weltreich der Menschheitsgeschichte, das, Ostrom mitgezählt, über 2200 Jahre der Evolution der zivilisierten Menschheit diente. Erst als 1204 französische und deutsche Adlige, eher beutegierige Abenteurer und Räuber als Kreuzfahrer, statt ihren Kreuzzug auszuführen und gegen das ausdrückliche Verbot des Papstes, wie ein Schwarm von Heuschrecken über diese letzte Bastion des Abendlandes gegen Perser, Türken und Moslems, diesen Hort griechischer Kultur und Außenposten für die Mission der Slawen und Bulgaren herfielen, die Stadt eroberten und schlimmer plünderten, als die Wandalen oder Goten je Rom zugerichtet hatten, waren die Würfel für die endgültige Eroberung Ostroms durch die Türken (1453) und den heutigen Zustand hoffnungsloser Verfeindung (Jugoslawien) gefallen, denn die oströmische Metropole sollte sich von diesem teutonischen Überfall nie mehr ganz erholen: »Das Byzantinische Reich erholte sich nie mehr von dem Schlag, und die Einnahme von Konstantinopel durch die Lateinischen ebnete über zwei Jahrhunderte hinweg der Einnahme der Stadt durch die Türken den Weg.«[41]

Die Bildhauerkunst war, neben Philosophie, Mathematik und anderen Wissenschaften, nur ein Bestandteil des griechischen Kulturerbes und Vermächtnisses an die Menschheit, das beinahe von christlichen Fundamentalisten vernichtet worden wäre, welche u.a. die Rundplastik auf das Kruzifix beschränkt wissen wollten, was sich – Gott sei Dank – nicht durchsetzen ließ, wenn auch die byzantinische und islamische Plastik kaum mehr über die Reliefkunst hinauskamen. Erst in der Renaissance kam die bildhauerische Tradition der Antike wieder zu ihrem Recht.

Verfolgt man den Weg der Malerei von der Renaissance bis zur Gegenwart, so erscheint er logisch und konsequent sozusagen als Weg der Entgegenständlichung. Die moderne, abstrakte, gegenstandslose Malerei eines Kandinsky geht den von Cézanne beschrittenen Weg weiter, womit wir den Anschluß an das neuzeitliche Weltverständnis und seine Möglichkeiten künstlerischer Weltvisionen wieder gewonnen haben. Die moderne Kunst setzt Tendenzen fort, die sich aus dem Wandel vom klassisch-mechanistischen zum modernen, quantenmechanisch-relativistischen Weltverständnis ergeben. Wie in der Physik die Newtonsche Wirklichkeit auf die Einsteinsche verweist, in der Philosophie die ontologische Objektwelt auf die Kantische Erscheinungswelt, so in der Kunst die gegenständliche Welt, deren mayahafter Charakter durchschaut wird, auf die abstrakte Welt der Dinge an sich. Gemeinsam ist den Künsten, der Philosophie und den Wissenschaften der Gegenwart die brennende (platonische) Frage nach dem Wesen der Wirklichkeit. Dabei muß die moderne Kunst die traditionelle so wenig verdrängen, wie die Quantenmechanik die Newtonsche Mechanik verdrängt hat. Beide haben nichts von ihrer Gültigkeit und ihrem Wert verloren, gelten vielmehr nur auf verschiedenen Ebenen, in verschiedenen Stockwerken oder Bereichen der Wirklichkeit.

Ein Pionier wie Cézanne (1839-1906) auf dem Gebiet der Malerei war A. Rodin (1840-1917) auf dem Gebiet der Bildhauerkunst. Beide Persönlichkeiten lebten nicht nur um die Jahrhundertwende, sondern auch zur Zeit einer grundlegenden Stilwende, nämlich des Übergangs vom Impressionismus zum Expressionismus, von Romantik, Realismus und Naturalismus zur abstrakten Kunst der Moderne, zwischen Tradition und Avantgarde. Beide Künstler waren Theoretiker und Praktiker, beide verstanden etwas von Philosophie und Dichtung und beide waren schwer einzuordnen, wurden oft mißverstanden und gelangten erst spät zu Ansehen. Wie vor ihm Michelangelo (Lorenzo de' Medici als Verkörperung der Vita contemplativa) und Rembrandt (›Der Philosoph‹) schuf auch Rodin sein an dem Dichterphilosophen Dante orientiertes bekanntes Bildnis vom Denker (›Le Penseur‹), die Vision eines Visionärs. In mehrfacher Hinsicht nahm Rodin Motive und Eigenheiten der antiken Plastik wieder auf, führte sie weiter und vielleicht über die Grenzen antiken Maßes und Stilgefühls hinaus. Schon in der hellenistisch-römischen Plastik sind Tendenzen zur Verinnerlichung, zur Darstellung von Gefühlen und zur Überwindung der engen Raumgrenzen zu beobachten. Mit seiner Besessenheit von der äußeren und inneren Bewegung, der Leidenschaft und Emotion, übertrifft aber Rodin sowohl den gotischen Drang zu (religiöser) Vergeistigung als auch die Gefühlsintensität der Renaissance, mit der Darstellung auch des Häßlichen eindeutig auch die Grenzen individualisierender Porträtkunst der Griechen. Man vergleiche nur das erste Individualporträt der Griechen, Sokrates, mit Rodins (wieder nacktem) Balzac!

3. Malerei. Von der Höhlenmalerei, beispielsweise der südfranzösischen Höhle von Lascaux, der »Sixtinischen Kapelle der Vorgeschichte«, führt ein Weg von 20 000 Jahren, der also begann, bevor es irgendeine Architektur gab, zu den Werken von Cézanne, Kandinsky, Vincent van Gogh, Picasso und Mondrian, der auch Theoretiker war und seine Kunst »eine klare Vision der Wirklichkeit« nannte.[42] Hier können natürlich nur die wichtigsten Stationen der Malerei auf ihrem Weg der künstlerischen Weltvisionen aufgezeigt werden. Über die außereuropäische, aber auch über die griechische Malerei wissen wir zu wenig, um

zu verläßlichen Ergebnissen zu kommen. Sokrates vertauschte die Bildhauerkunst mit der Hebammenkunst, seiner Mäeutik, aus der, über Platon, Aristoteles und ihre Epigonen, am Ende die neuzeitliche Wissenschaft entstand. Die sokratische Weltvision bedeutete ein besseres Verständnis der Wirklichkeit, das für Sokrates mit der Selbsterkenntnis zusammenfiel.

Was in der Neuzeit, seit dem Zeitalter der Entdeckungen, der effizienten Weltgestaltung und der Realisierung humanistisch-christlicher Visionen tatsächlich geschah, war eine Intensivierung und weltweite Expansion der Kräfte, die an diesem Prozeß beteiligt waren. Es entstand eine in der Menschheitsgeschichte zuvor nie dagewesene revolutionäre Dynamik mit der Tendenz zur Überwindung raumzeitlicher, kultureller und ideologischer Schranken. Der Weg führte von den Visionen der Mystiker und Dantes Traum zur Utopie eines Thomas Morus und zur Science fiction eines Jules Vernes, von der kommunistischen Revolution in Rußland und der chinesischen Kulturrevolution zur demokratischen Weltrevolution. Das revolutionäre Potential der humanistisch-christlichen Ideen und der sie begleitenden künstlerischen Weltvisionen erscheint fast unerschöpflich.

Die Geschichte der neuzeitlichen Malerei stellt sich wie ein fortlaufender Kommentar zum Thema Welt und Mensch dar, doch zunächst ein paar Bemerkungen zur Zeit davor!

Der neuzeitliche Mensch versteht unter Gemälden in erster Linie ›Tafelbilder‹ auf Holz oder Leinwand, wie sie in Wohnhäusern oder Museen hängen, oder Wandgemälde, die in Kirchen und Palästen zu sehen sind. In den Frühkulturen spielte diese Art von Malerei kaum eine Rolle. Damals zierten Malereien Höhlenwände, Gräber, Tempel, später Reliefs, offene Flächen der Architektur und Gebilde aus Ton. Prähistorische Felsbilder sind dagegen »Komplexe von mehr oder weniger lose miteinander verbundenen Bildern oder Gestalten, die sich bisweilen über Hunderte von Metern hinziehen.«[43] Die Tierbilder der Jägerkulturen dienten wohl auch magischen Zwecken. Neben der Freude an der Erzählung in Bildern, an der Vergegenwärtigung von Höhepunkten des Erlebens, standen vorausweisende Beschwörung, Visionen künftiger ähnlicher Erfolge oder auch Vermehrung der Jagdbeute. Die gesamte Kunst dieser Zeit ist auf nächstliegende Ausschnitte der Außenwelt, die ökologisch begrenzte Umwelt, bezogen.

Einige Schritte weiter in der visionären Welterfassung tat der homo sapiens in Ägypten, Vorderasien, dem östlichen Mittelmeerraum, Griechenland und danach im alten Rom.

Die Ausgrabungen von Pompeji, das bei einem Ausbruch des Vesuv im Jahre 79 v. Chr. plötzlich unter der Lava begraben wurde, liefern uns einzigartige Zeugnisse vom Leben und von der Kunst im hellenistisch-römischen Zeitalter, seiner Stilvielfalt und Erlesenheit des Geschmacks, die sich vor allem in der Mosaikkunst und in der Wandmalerei ausdrücken.

Menschen- und Götterwelt, Unter-, Mittel- und Überwelt, Außen- und Innen-, Vor- und Nachwelt erscheinen hier zu einer seltenen Einheit der Welt, des Lebens, Erlebens und Begreifens, der Kultur und Zivilisation verbunden.

In der mittelalterlichen Kunst dominieren die Visionen von Himmel und Hölle. Die Natur weicht der Übernatur, die Gegenwart der Zukunft (Memento mori, denke an das Sterben), der Mensch der Majestät Gottes, die Welt dem Paradies. Die zahllosen Bilder von der Mutter Gottes mit dem Jesuskind, der heiligen Madonna, werden zum Symbol von Leben, Geburt und Erneuerung. Die mittelalterliche Welt war eben nicht nur eine Kultur des Todes, der Angst vor dem Weltuntergang und dem Jüngsten Gericht, der Ritterturniere und -fehden, der Kreuzzüge, Scheiterhaufen und des Gesinnungsterrors, sondern immer auch eine Welt des Glaubens, der Liebe und der Hoffnung: auf das Überleben, verstanden als Über-Leben, Heil, Erlösung, Rettung. Ein Mosaik vom Ende des 13. Jahrhunderts, in der Kuppel des Baptisteriums von St. Giovanni (Florenz), ist »als wahrer Mikrokosmos« zu verstehen, der das Weltgeschehen von der Erschaffung der Welt bis zum Jüngsten Gericht in visionärer Schau ausbreitet.[44] Es ist das Thema des Standardmodells und vieler anderer Modelle der modernen Kosmologie.

Mit der Kunst der Renaissance, die antike und christliche Motive verbindet, begann sich das Gleichgewicht der Weltdimensionen, von Überwelt, Erdenwelt und Unterwelt, wieder einzupendeln.

Ein beliebtes Motiv aus der ›Odyssee‹, das schon in der römischen Landschaftsarchitekturmalerei auftauchte (Rom, 1. Jh. v. Chr.): Odysseus am Eingang zum Hades, fasziniert Künstler und Kunstbetrachter noch heute.

> Im 15. Jahrhundert bestimmte der ›geschichtsbewußte‹ Mann seinen Platz in der ihn umgebenden Welt. Er gestaltete den geistigen Rahmen für den direkten Kontakt mit der Wirklichkeit und bestimmte sich selbst in Relation zum Objekt Natur als Subjekt. Von da ab hörte die Kunst auf, Darstellungsform transzendenter geistiger Wahrheiten zu sein.[45]

Natürlich barg diese Abkehr von der idealen Überwelt auch die Gefahr, der Schwerkraft des Diesseits zu erliegen und sich hier wie für die Ewigkeit einzurichten, wohlzufühlen, an Elan zu verlieren und zu erstarren. Immerhin führte die Neuvermessung, Neudimensionierung und Neugestaltung der Welt den uomo universale[46] über die Möglichkeiten antiker und mittelalterlicher Weltsicht hinaus. Es entstand die Zentralperspektive, die den bildenden Künsten und damit der ästhetischen Wahrnehmung neue Horizonte erschloß. Natur und Kultur, Mikrokosmos und Makrokosmos, Universum und Erde, Welt und Mensch erschienen in einem neuen Licht, das der vorneuzeitlichen Erfahrung verschlossen war.

> Der Künstler war kein Handwerker mehr, der sein Handwerk durch Mitarbeit an den Werken in der Werkstatt des Meisters erlernte, sondern ein durch das Studium der Geschichte gebildeter Mann. Es wurden Institute zur systematischen Ausbildung berufsmäßiger ›Künstler‹ gegründet ... Deshalb war die Kunst, wohl als eigenständige, unabhängige Tätigkeit, eng verbunden mit der wissenschaftlichen Forschung und dem Wunsch nach einer objektiven Kenntnis des Universums, mit religiösen Idealen und Konflikten und mit Geschichte und Politik.[47]

Mit dem Erstarken der bürgerlichen Gesellschaft wandelte sich auch die Perspektive der Welt. Natur und Landschaft wurden wiederentdeckt, der Mensch aus seinen Träumen vom Jenseits, das immer mehr zu einer Illusionswelt verblaßte, wachgerüttelt und auf den Boden der Tatsachen, der Erde und des Diesseits gestellt. Familie, Persönlichkeiten des privaten und des öffentlichen Lebens, Häuslichkeit, Stilleben und Szenen aus dem Alltag verdrängten als Motive die Heiligen, Auferstehung und ewiges Leben, Himmel, Fegefeuer, Hölle und Paradies. Man war so, wie man war, und wollte weder mehr noch weniger sein: ein Bürger dieser höchst unvollkommenen und dennoch schönen Welt. In den Bildern des Malers, Dichters und Philosophen Giorgione (ca. 1470-1510) wird die Erlösung gleichsam umfunktioniert zum befreienden Naturerlebnis. In einem eindrucksvollen Bild, in dem sich zwei Welten, zwei Visionen von Liebe und Schönheit begegnen, konfrontierte Tizian (ca. 1480-1576) die himmlische und die irdische Liebe, eine epochale Unterscheidung, die auf den platonischen Eros zurück- und auf die spätere Aktmalerei vorausweist. A. Altdorfer (ca. 1480-1538) vermischte Naturalistisches mit Allegorischem, Landschaftsmalerei mit »phantastischen Visionen«.[48]

Im 17. Jahrhundert, als Rom seinen Rang als europäische Metropole der Kunst behauptete, malte P. da Cortona (1596-1669) seine Allegorie des Friedens (1633-39) und integrierte in sein berühmtes Deckenfresko im Palazzo Barberini den gesamten ihm bekannten Kosmos. Im 18. Jahrhundert erreichte die Dekorationsmalerei in G. B. Tiepolos (1696-1770) Himmelsvisionen einen Höhepunkt.

Rembrandts (1606–69) Selbstporträts dürften den einstweilen absoluten Höhepunkt visionärer Selbsterkenntnis erreicht haben: atman ist brahman; diese Welt: das bist du; Welterkenntnis ist Selbsterkenntnis. Makrokosmos und Mikrokosmos, Universum und Individuum, Abstraktion, Natur und Vision fallen in Rembrandts psychoanalytischer Selbstauflösung des Bildnisses zusammen.

Die schonungslose Selbstanalyse, in deren Verlauf auch die Strukturen der Wirklichkeit erkennbar werden, verbindet den spanischen Maler F. Goya (1746-1828) mit Rembrandt. Goyas letzte Bilder »geben das Schreckgespenst einer dem Wahnsinn verfallenen Welt wieder, einer Welt, die nur allzu deutlich als unsere eigene zu erkennen ist.«[49]

Mit V. v. Gogh (1853-90) wird der visionäre Künstler vollends zum Seher im antiken Sinn, zum vates, denn nur so erhalten seine orakelhaften Worte über die bewußte Steigerung der künstlerischen Illusion einen plausiblen Sinn: »Lügen, aber wahrer als die buchstäbliche Wahrheit«.[50]

Damit sind wir bei Redon, Dalí und Ernst, deren Bilder im Zwischenreich von Traum und Realität, Unbewußtem und Bewußtem, Chaos und Kosmos die leidenschaftliche Suche des modernen Menschen nach der wahren Wirklichkeit in ergreifenden Visionen auf die Leinwand gebannt haben.

Musik

Wie die bildenden Künste in der Antike zunächst eine oft im Kultischen verwurzelte Einheit bildeten, so auch Gesang, Musik und Tanz. Erst nach und nach verselbständigten sich die Komponenten der mousiké techne und gewannen ihre heute allgemein bekannte und vorausgesetzte Autonomie. In der Antike waren auch die Grenzen zwischen Liedern und Gedichten fließender, wie die Chorlyrik in der griechischen Tragödie zeigt, desgleichen zwischen rhetorischer und poetischer Wortkunst. Zudem ist der Zusammenhang zwischen Wortkunst und Philosophie bei Dichterphilosophen wie Parmenides und Empedokles deutlich zu erkennen. In der Kulturentwicklung des Menschen stand die Sprache zwar am Anfang, die Wortkunst oder Dichtung aber am Ende, nach der Bild- und nach der Tonkunst.

Generell geht es auch schon in der frühen Kunst um die Vergegenwärtigung der Welt, der Außenwelt auf optischem Weg in der Malerei und auf der Bühne im Theater, der Innenwelt auf akustischem Weg in der Musik. Während die bildenden Künste primär raumbezogen sind und die Körperwelt darstellen, ist die Musik zeitbezogen und drückt seelische Zustände aus, Affekte, Leidenschaften, Emotionen. Die Musik ist daher prinzipiell abstrakter als die Malerei, materialunabhängiger und dynamischer. In den bildenden Künsten dominieren das Nebeneinander, die Strukturen, in der Musik das Nacheinander (Tonfolge), die Kräfte. Allerdings hängt die Innenwelt unumkehrbar von der Außenwelt ab, auf die sie indirekt verweist. So unterscheiden wir zwischen Helden-, Kirchen- und

Volksliedern, zwischen Volks- und Kunstliedern, Kampf-, Soldaten-, Arbeits-, Liebes- und Kinderliedern.

In der griechischen Tragödie wie später im Theater vergegenwärtigen die Kulissen die Außenwelt, Gesang und Musik die Innenwelt und die Wortkunst das Geschehen der Mitwelt, die mehr oder weniger dramatischen zwischenmenschlichen Beziehungen.

Die Linien der Entwicklung der Musik im Abendland führen von den Errungenschaften der Griechen, ihren Vers- und Gesangformen, Metren, Instrumenten, Theorien und ihrem Tonsystem, in der Spätantike zunächst nach Rom und Byzanz. Im Mittelalter begann die Entwicklung mit dem frühchristlichen Kirchengesang, dem Gregorianischen Choral, notierten Neumen (Winke), Zeichen, die sich aus der griechischen Chorpraxis ergaben, mit der Aufstellung eines die acht Kirchentonarten umfassenden Tonsystems im 9. Jahrhundert und mit ersten eigenen Schritten bei der Herausbildung musikalischer Formen, den Tropen und Sequenzen. Musiktheorie und Technik schritten nach und nach vom Kontrapunkt über die Harmonielehre (Dreiklänge, Kadenzen, Modulationen) und den Generalbaß schließlich bis zur Zwölftontechnik voran.

In der Renaissance setzten sich, gegen die kirchliche und höfische Verfeinerung und Hyperkultur, Tendenzen zur Vereinfachung, Natürlichkeit und Ausdrucksstärke der Musik durch. Hier führt der Weg zwischen 1400 und 1600 von Dunstable, Dufay, Josquin und Jannequin zu Orlando di Lasso und Palestrina. Schulen entstanden in Cambrai, Paris, Venedig, Rom und München, Schwerpunkte in England, Holland, Frankreich, Spanien, Italien und Deutschland.[51]

Mit der Wiener Klassik, repräsentiert vor allem durch J. Haydn (1732-1809), W. A. Mozart (1756-91) und L. van Beethoven (1770-1827), beginnt ein neues Kapitel abendländischer Musikgeschichte, das sich durch den Versuch einer allumfassenden Synthese auf höchstem Niveau auszeichnet.

> Das meiste von Haydn entzückt mich mit seinem thematischen Erfindungsreichtum, seiner Farbigkeit, Lebensfreude und Schönheit. Dennoch stimme ich Haydn zu, wenn er sagte, Mozart habe

> ihn übertroffen. Mozarts Musik enthält alle Wunder der Haydnschen, doch da ist zusätzlich eine innere Logik der Reihenform und eine Spannung, die sich mit der Entwicklung seiner Ideen aufbaut, wie sie in der Musik aller Zeiten einzigartig bleibt. Trotzdem würde ich Haydns Oratorium ›Die Schöpfung‹ zu den grandiosesten Kompositionen rechnen, die je geschrieben wurden ... In meinen Vorträgen über die Entstehung des Universums versuche ich zu zeigen, daß die Frage nach dem Anfang der Welt nicht nur eine wissenschaftliche ist. Ich benutze die Wissenschaftssprache, um den Urknall zu erklären, einen jähen Ausbruch von Licht in gewaltigem Umfang und Stärke. Dann spiele ich am Schluß meines Vortrags ein Fragment aus Haydns ›Schöpfung‹, um eine andere Form für die Schilderung des gleichen Vorgangs zu demonstrieren. Wir hören einen Engelschor geheimnisvoll singen: ›Und Gott sprach: Es werde Licht!‹ Dann, nach den Worten ›und es ward Licht‹, brechen der ganze Chor und das Orchester in einen donnernden C-Dur-Akkord aus. Es gibt keine schönere, beeindruckendere Darstellung des Anbeginns.[52]

Dieser Kommentar eines großen Physikers und Musikkenners verdeutlicht die visionäre Dimension der Kunst besser, als viele Werkinterpretationen es vermöchten. Wenn es denn zutrifft, daß die Kunst zu einem tieferen Weltverständnis beitragen kann, und wenn es weiter zutrifft, daß Mozarts Musik die Haydns übertrifft, so müßten sich doch auch in Mozarts Werken Ansatzpunkte für ein besseres Weltverständnis finden lassen, aber: Wo liegen sie? Gewiß nicht im Hinblick auf die Außenwelt und den Urknall. Mozart hat sich kaum für Landschaften, die äußere Natur oder das Universum interessiert. Seine Welt war die Oper, eine Ersatz- oder Illusionswelt, wenn man so will, für die große Welt. Sein Interesse konzentrierte sich auf die Menschenwelt, auf zwischenmenschliche Beziehungen und auf die Problematik der Gesellschaft, der feudalen Gesellschaft und des Ancien régime. Wenn es also Ansätze zu einem besseren Weltverständnis in Mozarts Musik gibt, so muß man hier suchen.

Der dänische Philosoph Sören Kierkegaard (1813–55) hat nicht ohne Grund den ›Don Giovanni‹ für das größte musikalische Kunstwerk gehalten. Warum? Weil es den adäquaten Ausdruck für ein Weltgefühl und eine Lebensform gibt, die Kierkegaard für verwerflich hielt, und sogar Beethoven hielt sich für unfähig, ein so unmoralisches Thema musikalisch zu gestalten.[53] Bekanntlich endet das Stück ja auch mit Don Giovannis Höllenfahrt. Die Musik ist abgründig visionär, nicht nur weil sie die Unterwelt einbezieht, sondern auch, weil sie ein unnatürliches, frevelhaftes und verderbliches Weltverhalten des Menschen veranschaulicht. Nur bei Shakespeare finden wir eine ähnliche Abgründigkeit. Auf die Parallelen von ›Hamlet‹ und ›Don Giovanni‹ wurde denn auch längst hingewiesen.[54] Frühere Bearbeitungen des Themas (Tirso de Molina, Molière, Bertati) bleiben weit hinter Mozarts und seines Librettisten da Pontes Fassung zurück:

> Ein Element, das Mozart seit dem ›Idomeneo‹ nicht mehr in einem Bühnenwerk verwendet hatte, betritt im ›Don Giovanni‹ beängstigend die Szene: das Jenseitige, doch nun um so furchteinflößender, als es nicht in einer Gottheit verkörpert ist, sondern in einem Toten, der als Rächer auf die Erde zurückkehrt. In der ›Zauberflöte‹ kommt dann das Überirdische zu voller Wirkung. Als ein im letzten gütiges Element führt es die Menschheit in eine strahlend verklärte Welt, schöner als die bekannte.[55]

Mozarts Visionen haben eine kritische und eine konstruktive Komponente. Das romantische Mozart-Verständnis, das in ihm die Verkörperung und Formvollendung der feudalistischen Gesellschaft auf musikalischem Gebiet sah und bewunderte, ist überholt. Es übersah die nonkonformistische, revolutionäre Kraft in Mozarts Musik. ›Don Giovanni‹ (1787) und die späteren visionären Werke, also vor allem die ›Zauberflöte‹ (1791) und ›La clemenza di Tito‹ (1791), die, neben dem ›Requiem‹ (unvollendet), Mozarts Vision einer besseren Welt vermitteln, entstanden praktisch gleichzeitig mit dem Ausbruch der Französischen Revolution, einem ›Urknall‹ auf gesellschaftlichem Gebiet, der das Ende des Ancien régime, wenigstens für Frankreich, einläutete. Wie Don Giovanni, der ruch- und reuelose Mörder, der freche Frevler, von unersättlich-friedloser Hab- und Machtgier getrieben, zur Hölle fährt, so auch das Ancien régime, das in patriarchalischer Selbstherrlichkeit, mit pseudochristlichen und pseudohumanistischen Prinzipien den natürlichen Prozeß der

Selbstbefreiung der Menschheit blockierte, die Freiheit für sich usurpierte, akkumulierte und mißbrauchte, das einen Krieg nach dem anderen führte, die Erde als Eigentum der Mächtigsten betrachtete und die Menschheit versklavte, ausbeutete und schikanierte.

Don Giovanni, den die Nemesis (Vergeltung) für seine Hybris (Frevel, Verbrechen) und Ate (Verblendung) ereilt, teilt das Schicksal des Ancien régime, das sich damals anschickte, zur Hölle zu fahren, allerdings mit der Restauration noch eine Galgenfrist erhielt.

Mozarts Leben, seine unbändige Freiheitsliebe und seine Unfähigkeit, sich mit korrupten weltlichen und Kirchenfürsten zu arrangieren, denen es letztlich lediglich um Besitz, Machterhalt und ihre Privilegien ging, ist die beste Begleitmusik zu seiner Botschaft von einer besseren Welt, mit der er allerdings für ihn selbst früh, sehr früh, zu früh scheiterte. Ihn konnte nur der Tod aus einer Welt erlösen, die keine menschliche Welt mehr war, von einem Leben, das längst aufgehört hatte, lebenswert zu sein: »Das ist ein gar nicht angenehmes Leben«.[56] Sehnsüchtig blickte Mozart am Ende seines Lebens nach England zurück, wo er seine ersten Freunde unter den Musikern gefunden, den Wert der Freiheit erfahren und sich gleichsam selbst entdeckt hatte. Shakespeare, ein ähnlich revolutionärer Geist, zählte zu seinen Lieblingsdichtern. Als Freimaurer hatte Mozart verzweifelt versucht, dem Würgegriff des klerikal-feudalen Machtkartells, ob in Salzburg oder Wien, zu entrinnen, aber auch dies vergeblich. Graf Arco, ein Bedienter des Erzbischofs von Salzburg, versetzte Mozart am 8. 6. 1781 einen Fußtritt. Nichts kann das Verhältnis Mozarts zum Ancien régime besser illustrieren. Nur in Prag, unter freiheitsliebenden Böhmen, fanden Mozart und sein Werk schließlich die gebührende Anerkennung. Die Umstände, unter denen Mozart starb, sind eine Schande für die, die von seiner Genialität noch heute schwätzen und profitieren.

Wenn Mozart den Tod als wahren und besten Freund des Menschen, als Tor zur Freiheit oder Schlüssel zu einem besseren Leben verstand, trifft das die Quintessenz der Lebenserfahrung seiner letzten Jahre und paßt auch zu den Worten, die er als Nachruf auf seinen am 3. 9. 1787 verstorbenen Freund und Hausarzt Dr. Sigmund Barisani fand:

»Ihm ist wohl – aber mir – uns – und allen die ihn genau kannten – uns wird *nimmer* wohl werden – bis wir so glücklich sind ihn in einer beßren Welt – wieder – und auf *nimmer scheiden* – zu sehen.«[57]

Mozarts Visionen einer besseren Welt profilieren sich in seinen letzten Werken immer deutlicher und ergänzen einander:

›La clemenza di Tito‹ ist kosmisch, weil sich ein großes Reich ausbreitet hinter der Verstrickung der Figuren, deren persönliche Handlungen sich auf das Imperium auswirken können. Die ›Zauberflöte‹ aber ist sozusagen kosmisch in der Tiefe ... Die Spannweite des Werkes reicht von der glitzernden Rokoko-Höhe der sternflammenden Königin, ganz Feuer und Luft, zu der profunden Tiefe von Sarastros Baß, der das Bild eines festen Erdengrunds evoziert, auf dem die Menschen mit Freundeshilfe in ein ›beßres Land‹ gelangen können.[58]

Es ist nicht leicht zu sagen, ob bei Mozart die Hoffnung und Engelchöre oder die Furcht und die Posaunen des Jüngsten Gerichts das letzte Wort haben. Die Oper der Opern, ›Don Giovanni‹, läßt auf letzteres schließen:

Eine geradezu unterweltliche, fast kirchliche Feierlichkeit klingt aus den Posaunen, die die ersten Worte der Statue begleiten. Dies sind Jenseitsklänge – Don Giovannis Requiem –, die bald wiederkehren und die Unterhaltungsweisen, die auf Don Giovannis Geheiß zu seinem letzten opulenten Nachtmahl gespielt werden, von der Bühne verweisen. Wenn Mozart Musikanten in Don Giovannis Haus bringt, bedient er sich eines ähnlichen Mittels wie Shakespeare, der im ›Hamlet‹ die Schauspieler auftreten läßt: Es verstärkt die künstlerische Realität der Hauptfiguren und dessen, was sich eigentlich abspielt.[59]

Mozarts Welt- und Lebensgefühl ist noch stärker von christlichen Vorstellungen durchdrungen als Beethovens Gefühlswelt. Beide waren Gegner des Ancien régime und Freunde Englands, das sie als Hort der Freiheit und wegen seiner Großzügigkeit, Vornehmheit und Menschlichkeit hoch schätzten, beide kannten sich gut in Dichtung und Philosophie aus, beide hatten eine hohe Meinung von Haydn, und beide waren Visionäre einer besseren Welt. Auch hier kann uns Victor Weisskopf, dessen treffsicherem Urteil wir meistens folgen können, den Weg weisen. Für ihn war Beethoven der Größte, besonders in seinen späten Werken, »die an die tiefsten existentiellen Wurzeln menschlichen Wesens rühren.« Auch in seinen Urteilen über die spätere Entwicklung der Musik erweist sich Weisskopf als zuverlässiger Kenner und Führer.

> Über Beethoven vermag ich wohl kaum genug zu sagen. Wie oft ich mir die späten Klaviersonaten und Quartette und die ›Missa solemnis‹ angehört habe, läßt sich nicht nachrechnen. Jedesmal bin ich erregt, verzweifelt und hingerissen von den Höhen und Tiefen, die hier in einfacher, doch außerordentlich subtiler Weise offenbar werden. Es erfordert eine besondere Gemütsverfassung, diese aufwallenden Impressionen und Expressionen stärkster menschlicher Gefühle hinzunehmen. Im Gegensatz zu manchen meiner Freunde wage ich zu sagen, daß die Klaviersonaten noch überzeugender wirken als die Quartette. Für mich sind sie die größten Musikwerke, die je geschaffen wurden.[60]

Wie dem auch sei: Beethoven hat sich selbst primär als Symphoniker gesehen, Mozarts Welt war dagegen die Oper. Beide waren Meister geistlicher und weltlicher Musik, beide glaubten an die Mission der Musik, und beide lieferten subtile künstlerische Weltvisionen. Beethoven liebte, wie Mozart, Shakespeare und hatte sich außerdem eingehend mit Kants Philosophie befaßt, dessen Grundkonzeption er in einer Notiz von 1820 temperamentvoll zustimmte: »Das moralische Gesetz in uns und der gestirnte Himmel über uns! Kant!!!«[61] Mozart, Beethoven und Kant konvergieren in ihrem humanistischen Grundkonsens, der sich eher dem Wohl der gesamten Menschheit als nationalen Interessen verpflichtet fühlt, Mozart mehr auf dem Wege abgründiger Ironie gegenüber der feudalistischen Weltordnung, Beethoven in offener Auflehnung dagegen und Kant mit seinen Ideen zum Weltfrieden. Beethoven spricht ausdrücklich von einer selbst gesetzten Pflicht, »vermittelst meiner Kunst für die bedürftige Menschheit zu handeln«.[62] Beethoven zufolge hat der wahre Künstler keinen Stolz, obwohl nur die Kunst und die

Wissenschaft den Menschen bis zur Gottheit erhöhen können.[63] »Ich kenne keine andern Vorzüge des Menschen als diejenigen, welche ihn zu den besseren Menschen zählen machen; wo ich diese finde, dort ist meine Heimat.«[64]

Aus Beethovens markanten einschlägigen Äußerungen ließen sich ohne weiteres die Grundzüge einer Ethik für Künstler und Wissenschaftler entwickeln. Von Kindheit an habe er, Beethoven, danach gestrebt, »den Sinn der Bessern und Weisen jedes Zeitalters zu fassen.«[65] Den höchsten Sinn der Kunst sah Beethoven in der Vermittlung göttlicher Weisheit an die Menschheit: »Höheres gibt es nichts, als der Gottheit sich mehr als andre Menschen nähern und von hier aus die Strahlen der Gottheit unter das Menschengeschlecht verbreiten.«[66] Schon in seinem achtundzwanzigsten Jahre sah sich Beethoven gezwungen, »Philosoph zu werden«, und seine philosophische Botschaft lautet: »Empfehlt Euren Kindern Tugend: sie nur allein kann glücklich machen, nicht Geld; ich spreche aus Erfahrung.«[67] Als Beethoven die Widmung seiner ›Eroica‹ an Napoleon widerrief, begründete er seinen Schritt mit den Worten: »Ist der auch nichts anders wie ein gewöhnlicher Mensch! Nun wird er auch alle Menschenrechte mit Füßen treten, nur seinem Ehrgeiz frönen«.[68] Angesichts der zunehmenden Restauration im eigenen Land nach 1815 sollte Beethoven jedoch bald seine Meinung ändern. Zwischen Geist und Natur, Moral und Musik besteht nach Beethoven ein unverkennbarer Zusammenhang: »Es gehört Rhythmus des Geistes dazu, um Musik in ihrer Wesenheit zu fassen«; »alle echte Erfindung ist ein moralischer Fortschritt«; »Musik ist der elektrische Boden, in dem der Geist lebt, denkt, erfindet. Philosophie ist ein Niederschlag ihres elektrischen Geistes«; »Ich bin elektrischer Natur«.[69] Auch über das Wesen künstlerischer Inspiration hat Beethoven Auskunft gegeben:

> Sie werden mich fragen, woher ich meine Ideen nehme? Das vermag ich mit Zuverlässigkeit nicht zu sagen: sie kommen ungerufen, mittelbar, unmittelbar; ich könnte sie mit Händen greifen, in der freien Natur, im Walde, auf Spaziergängen, in der Stille der Nacht, am frühen Morgen, angeregt durch Stimmungen, die sich bei dem Dichter in Worte, bei mir in Töne umsetzen, klingen, brausen, stürmen, bis sie endlich in Noten vor mir stehen.[70]

Zu Beethovens Lieblingsdichtern zählten, neben Goethe und Schiller, Homer und Shakespeare. Mit der Schrift des Aristoteles über die Dichtkunst war Beethoven vertraut, besonders mit seiner Theorie über die Tragödie, die Beethoven gekonnt auf Shakespeare anwandte.

Dem einen schrieb Beethoven ins Stammbuch: »Wohltuen, wo man kann, Freiheit über alles lieben, Wahrheit nie, auch sogar am Throne nicht verleugnen!«, dem anderen: »Die Wahrheit ist vorhanden für den Weisen. Die Schönheit für ein fühlend Herz; Sie beide gehören für einander.«[71] Fast könnte man meinen, Beethoven sei Platoniker, aber dazu war er wohl zu ›elektrisch‹. Gegen die Neigung, seine ›Pastorale‹ als eine Art Malerei mißzuverstehen, wandte sich Beethoven mit Nachdruck: »Pastoralsinfonie keine Malerei, sondern worin die Empfindungen ausgedrückt sind, welche der Genuß des Landes im Menschen hervorbringt, wobei einige Gefühle des Landlebens geschildert werden.«[72] Offensichtlich reflektiert die Musik nicht die Außenwelt, sondern stellt die Eindrücke der Außenwelt auf die Innenwelt dar. Über das Verhältnis der Musik zu Malerei und Dichtung hat Beethoven auch nachgedacht: »Die Beschreibung eines Bildes gehört zur Malerei, auch der Dichter kann sich hierin vor meiner Muse glücklich schätzen, dessen Gebiet hierin nicht so begrenzt ist als das meinige; so wie es sich wieder in andere Regionen weiter erstreckt und man unser Reich nicht so leicht erreichen kann.«[73] Im Prinzip hat Beethoven sogar die umfassende Bedeutung der Evolution für Natur und Kunst erkannt: »Freiheit, weiter gehn ist in der Kunstwelt wie in der ganzen großen Schöpfung Zweck.«[74] Die Eigenart seiner Muse und die Lebenserfahrung bewogen Beethoven dazu, das Glück nicht in der Außenwelt, sondern in der Innenwelt zu suchen: »So sei es denn, für dich, armer Beethoven, gibt es kein Glück von außen, du mußt dir alles in dir selbst erschaffen, nur in der idealen Welt findest du Freunde.«[75]

Die Diskrepanz zwischen der realen und der idealen Welt gehört zu den Grunderfahrungen von Mozart, Beethoven und Kant. Wenn der Mensch weder Freunde noch Verständnis in seiner Mitwelt findet, bleibt ihm keine andere Wahl, als sich der Über-, Vor- und Nachwelt zuzuwenden.

Im Reich der Ideen oder des Geistes, denn nach Aristoteles ist der Geist nichts anderes als der Ort der Ideen, ist der Mensch nicht einsam. Zu diesem Thema der Philosophie hat Beethoven Bedeutendes beigetragen: »Es ist der Geist, der edlere und bessere Menschen auf diesem Erdenrund zusammenhält, und den keine Zeit zerstören kann.«[76] Anders als für Mozart waren die Natur, der Wald, der freie Himmel für Beethoven eine Quelle der Andacht, des Glücks und innerer Stärke. Mikrokosmos und Makrokosmos verbinden sich zu einer symphonischen Weltvision:

> Wenn ich am Abend den Himmel staunend betrachte und das Heer der ewig in seinen Grenzen sich schwingenden Lichtkörper, Sonnen oder Erden genannt, dann schwingt sich mein Geist über diese so viel Millionen entfernten Gestirne hin zur Urquelle, aus welcher alles Erschaffene strömt und aus welcher ewig neue Schöpfungen entströmen werden ... Ja, von oben muß es kommen, was das Herz treffen soll; sonst sinds nur Noten, Körper ohne Geist. Was ist Körper ohne Geist? Dreck oder Erde. Der Geist soll sich aus der Erde erheben, worin auf eine gewisse Zeit der Götterfunke gebannt ist, und ähnlich dem Acker, dem der Landmann köstlichen Samen anvertraut, soll er aufblühen und viele Früchte tragen und also vervielfältigt hinauf zur Quelle emporstreben, woraus er geflossen ist.[77]

Indem Beethoven mit seiner Kunst das Tor zu einem besseren, freiheitlichen Verständnis der Welt, Natur, Kultur und Geschichte öffnete, vollendete er Kants Vision einer besseren, friedlichen Welt.

Die Entwicklung der Musik nach Beethoven ist geistesgeschichtlich durch das Nachlassen ihrer religiös und humanistisch fundierten Visionskraft gekennzeichnet, verbunden mit zunehmender Fragmentierung, Technisierung, Ideologisierung und Spezialisierung. Die Übersicht über die mannigfachen gegenwärtigen Strömungen, Tendenzen und Standpunkte wird dadurch erschwert, daß die Selektion noch nicht, wie in früheren Zeitaltern, genug Zeit hatte, den Weizen von der Spreu zu trennen. Das gilt besonders für die moderne oder atonale Musik. In jedem Fall sind gegenseitige Herabsetzung, Diffamierung und

Verfeindung von Traditionalisten und Vertretern der modernen Musik falsch. Aufschlußreich sind in diesem Zusammenhang immer noch Wilhelm Furtwänglers ›Gespräche über Musik‹[78], in denen er sich zwar zur tonalen Musik bekennt, aber auch die Berechtigung der atonalen Musik anerkennt. Richard Wagner wird von beiden Lagern als Zeuge beansprucht, und bei ihm scheiden sich auch historisch die Geister.

Vielleicht läßt sich das Verhältnis der modernen zur traditionellen Kunst, der atonalen zur tonalen Musik, noch am ehesten mit dem Verhältnis des Einsteinschen zum Newtonschen Weltverständnis vergleichen. Newtons Weltsicht wurde von Einstein nicht widerlegt, sondern erweitert. In weiten Bereichen der Kosmologie gelten Newtons Theorien nach wie vor, Einsteins Relativitätstheorien transzendieren sie nur. Warum soll die moderne Musik nicht, neben der klassischen, romantischen oder der Kirchenmusik, ihre eigene Klientel haben? Mit seiner Berufung auf biologische Faktoren bei seiner Apologie der tonalen Kunst irrte Furtwängler, denn auch die Biologie, das Leben und der Geist evolvieren, aber sein Aufruf zu gegenseitiger Toleranz führt weiter. Vermutlich ist es zu früh, aus solchen und anderen Kontroversen schon Kriterien guter und schlechter Kunst abzuleiten, aber reine Skepsis führt auch nicht weiter. Nach all dem, was sich aus Homer, Orpheus oder Polygnot (›Vision der Unterwelt‹), aus Rembrandt, Beethoven und Shakespeare über die Welt, den Menschen und die Kunst lernen läßt, erscheint der wahre Künstler als fromm in einem elementaren, an keine bestimmte Religion gebundenen Sinn, seine Kunst als kathartisch, selbsttranszendent, bereichernd, befreiend und beglükkend, nicht wertfrei, sondern wertoffen, als kultivierend, konditionierend (aufbauend) und sublimierend, therapeutisch und erzieherisch, integrativ und global, mit einem Wort: als human.

Dichtkunst

An hervorragenden Dichtern hat es gewiß weder in Europa noch in außereuropäischen Kulturen gefehlt, wenn es auch in manchen Fällen schwierig ist, die Künstlerpersönlichkeiten zu identifizieren. Das gilt schon für den ersten Dichter des Abendlandes, Homer, dessen Epen ›Ilias‹ und ›Odyssee‹ nach einigen Gelehrten von mehreren Dichtern geschaffen sein sollen, oder wenigstens jedes der beiden Werke von einem anderen, oder dessen Existenz überhaupt geleugnet wird. Noch schwieriger wird die Zuweisung an bestimmte Dichter im Fall der Mahabharata, des indischen Nationalepos, an dem ca. 800 Jahre gearbeitet worden sein soll.

Schon aus philologischen Gründen müssen wir uns hier auf die westliche Dichtung beschränken. Aber wie bei den bildenden Künsten und bei der Musik, so haben auch in der Dichtung nicht alle Werke eine visionäre Dimension.

Die ›Ilias‹ reflektiert das Welt- und Lebensgefühl des mykenischen und des homerischen Zeitalters. Beide Zeitalter waren wesentlich vom Adel bestimmt, dessen Devise: ›Kämpfe und genieße, denn morgen bist du vielleicht schon tot‹ höchstens indirekt auf eine Weltvision schließen läßt. In der Welt der ›Ilias‹ spielt ein Menschenleben kaum eine Rolle: »Gleich wie Blätter im Walde, so sind die Geschlechter der Menschen, Einige streut der Wind auf die Erd' hin, andere wieder Treibt der knospende Wald, erzeugt in des Frühlinges Wärme; So der Menschen Geschlecht: dies wächst und jenes verschwindet« (Voss, 6, 146 ff.).

In der ›Odyssee‹, dem Gedicht von der Heimkehr des Odysseus, herrscht zwar insgesamt eine etwas menschenfreundlichere Atmosphäre vor, aber die Welt erscheint nach wie vor voller Gefahren, wild und grausam (Polyphem). Immerhin enthält die Hadesfahrt des Odysseus, sein Besuch in der Unterwelt, Ansätze einer Weltvision, so wenn Homer Achill die Worte in den Mund legt: »Lieber möcht' ich fürwahr dem unbegüterten Meier, Der nur kümmerlich lebt, als Tagelöhner das Feld baun, Als die ganze Schar vermoderter Toten beherrschen« (Voss, 11, 489 ff.).

Eine Kosmogonie findet sich erst bei Hesiod, den wir im Kapitel über die Mythischen Weltbilder erwähnten.

Auf das epische Zeitalter folgte in Griechenland das lyrische, aber auch hier sind Visionen selten.

Mit dem Drama, einer spezifisch attischen Errungenschaft, betreten wir festeren Boden und gelangen ins Zeitalter der Polis, der Demokratie und der Blüte Athens. In Aischylos, Sophokles und Euripides treffen wir auf Dichter von hohem Rang und ausgeprägtem individuellem Profil. Aischylos kämpfte noch selbst gegen die Perser, reichte ihnen aber in seiner gleichnamigen ersten Tragödie symbolisch die Hand zur Versöhnung. Für ihn, eine fromme und tief religiöse Natur, verkörpert Zeus ohne Wenn und Aber die göttliche Weltordnung. Sophokles sah dagegen bereits das Göttliche, Frömmigkeit und Religion, aus der Welt verschwinden und den Menschen der unerbittlichen Gewalt des Schicksals ausgesetzt. Euripides, den Aristoteles mit gutem Grund den »tragischsten« der großen Drei nannte, stellte hauptsächlich in ihre Leidenschaften verstrickte Menschen dar, die er mit meisterhaftem Tiefblick analysierte. Götterwelt und Menschenwelt erscheinen weit voneinander entfernt, es sei denn, daß ein ›deus ex machina‹ sich erbarmt und die heillos verworrene Menschenwelt mit sanfter Gewalt vor dem Untergang bewahrt. Euripides steht Shakespeare wohl am nächsten, von dem gleich noch ausführlicher die Rede sein wird.

Zunächst aber sind noch Vergil und Ovid, Dante, Milton, Schiller und Goethe als Dichter mit unverkennbar visionären, wenn auch unterschiedlich starken und ausgerichteten Zügen zu nennen. Vergil verbindet in seinem römischen Nationalepos ›Äneis‹ die Vergangenheit Trojas mit der Gegenwart und Zukunft Roms. Er wird denn auch von Dante, einem zweifellos visionären Dichter, als Führer durch die Unterwelt in die ›Göttliche Komödie‹ integriert. Ovid zeigt, wie bereits zuvor dargelegt, einen ausgeprägten Sinn und großes Interesse für die Weltzeitalter, die er in seinen ›Metamorphosen‹ eindrucksvoll vergegenwärtigt. Das gesamte Gedicht ist erfüllt von Wechselwirkungen zwischen der Außen- und Innen-, Über- und Unter-, Um- und Mitwelt. Nicht zufällig war Ovids Gedicht, neben Platons ›Timaios‹, eines der beliebtesten Werke des Mittelalters.

Mit Miltons Epos ›Paradise lost‹ betreten wir geistesgeschichtlich den Boden der Neuzeit. Milton sieht den Menschen und seine Welt im Spannungsfeld zwischen Über- und Unterwelt, Himmel und Hölle. Mit der kosmischen Dimension des Weltgeschehens verbindet er die anthropologische, die tragische Situation des Menschen im unaufhörlichen Kampf zwischen Vernunft und Leidenschaft. Retrospektiv weist diese Konzeption auf Euripides, prospektiv auf Goethe. Milton wurde acht Jahre vor Shakespeares Tod geboren (1608). Die Verwandtschaft mit ihm zeigt sich besonders im psychologischen Bereich. Alle drei Künstler bewegen sich im geistigen Schwerefeld einer von antiken und christlichen Wertvorstellungen geprägten Kultur, die ihr Orientierungs- und Bezugssystem war und blieb. Schillers Freiheitsdrang verbindet ihn eher mit Mozart und Beethoven als mit Goethe, für den Ordnung mehr zählte als Freiheit. Schiller und Goethe waren philosophisch hoch gebildet, was sie beide wieder mit Beethoven, aber auch mit Mozart verbindet. Alle vier waren Kenner und Liebhaber Shakespeares, in dessen Dichtungen Vielfalt und Komplexität frühneuzeitlichen Weltverständnisses brennpunktartig zusammenlaufen.

Zwar finden wir bei Shakespeare keine Kosmogonie wie bei Hesiod, oder ein Weltkonzept wie bei Dante und Goethe, aber vielleicht zeichnet gerade jene homerische Freiheit von Welt-Schablonen Shakespeares grandiose Weltvision aus, ferner seine unvergleichliche Fähigkeit, Wesentliches auf Wesentlichstes zu reduzieren und gleichzeitig Differenziertes auf differenzierteste Weise auszudrücken. Man wird den Eindruck nicht los, daß, bei aller Bestimmtheit im einzelnen doch alles in der Schwebe, offen bleibt, die Worte viel mehr Ungesagtes als Gesagtes enthalten, Tragödien nicht nur tragisch und Komödien nicht nur komisch sind, daß messerscharfe Beobachtung der Außen- und Mitwelt mit unbestechlicher Selbstbeobachtung der Innenwelt und durchdringender Reflexion einhergeht, daß die Wechselwirkungen zwischen Mensch und Umwelt mehr oder weniger latent stets präsent sind und das Bühnengeschehen begleiten.

Shakespeare hat weniger eine Weltanschauung, einen Weltbegriff oder ein Weltbild im üblichen Sinn, wohl aber die dimensionsreichste Weltperspektive. Der Akzent mag auf der Mitwelt, den zwischenmenschlichen Beziehungen liegen, aber die conditio humana reicht darüber hinaus, transzendiert sie, verbindet Antikes mit Christlichem und Neuzeitlichem, ohne den Ismen zu erliegen. Shakespeare ist weder so kosmozentrisch wie die Vorsokratiker, noch so theozentrisch wie das Christentum noch so anthropozentrisch wie die Renaissance. Die durchgehaltene

Spannung aller dieser Faktoren und Komponenten ist seine Stärke, das Siegel seiner Genialität. Mit Euripides, dem »tragischsten« Dichter der Antike, verbindet den tragikomischsten der Neuzeit die subtile Psychologie, mit Dante das Memento mori, mit Milton, der auch ein ›Paradise regained‹ oder ein ›Wiedergewonnenes Paradies‹ schrieb, die Unverzagtheit, mit Rembrandt die schonungslose Selbsterkenntnis, mit Sokrates und Mozart die abgründige Ironie, mit Beethoven das Vertrauen in die Freiheit, das Ja zum Leben und die Fähigkeit zur Freude, mit der humanistischen Tradition die Menschen- und mit der christlichen die Friedensliebe.

In der Erkenntnis, daß sich der Mensch so oder so ins Weltgeschehen verstrickt, ihm bald entrinnt und bald zum Opfer fällt, nähert sich Shakespeare den indischen Begriffen samsara und karma, schicksalhafter Verstricktheit und Selbstverstrickung. Wie Rembrandt und Beethoven gelangt auch Shakespeare zur Identitätsthese der Hindus: atman ist brahman; das bist du, und damit zur höchsten Stufe meditativer Welt- und Selbstbegegnung. Wenn man, ungeachtet der großen Schwierigkeiten, versucht, Shakespeares Weltverständnis auf einen Nenner zu bringen, könnte man vielleicht sagen: Die Bühne des Lebens zeigt, daß der Mensch nicht nur zum Wissen, sondern auch zum Entscheiden und damit zum Handeln verdammt ist, nicht nur homo sapiens, sondern auch homo decernens sein muß. Die Welt erscheint als Freiheitsspielraum des autonomen Menschen, als seine Herausforderung und Chance zugleich. Spricht der Dramatiker Shakespeare: ›Sein oder Nichtsein, das ist hier die Frage!‹, so lautet die Botschaft des Lyrikers: Nur die Liebe macht unsterblich. Liebe und Sein sind zwei Worte für ein- und dasselbe. Liebe ist ein christlicher Wert, Sein ein griechischer Grund- und Wertbegriff. Aber das Weltgeschehen ist nun einmal ein Prozeß, kein Sein, ebenso die conditio humana, die, so betrachtet, als Selbstbefreiungsprozeß der Menschheit erscheint, wie bereits in der Chandogya-Upanishad.

Wie Rembrandt in der Bild- und Beethoven in der Ton-, so hat Shakespeare in der Wortkunst Maßstäbe gesetzt. Man spricht zwar von einer Sprache der Architektur, Plastik, Malerei und Musik, aber welches ist die Sprache der Dichtung? Die Sprache hat als eigenes Bezugssystem oder System der Selbstreferenz weder so etwas wie eine Zentralperspektive noch wie eine Tonalität entwickelt. Die älteste kulturelle Errungenschaft des homo sapiens, die Sprache, ist in dieser Hinsicht die rückständigste. Warum? Erklärungsversuche hierfür gibt es seit der Geschichte von der babylonischen Sprachverwirrung, aber man braucht gar nicht Gott oder Götter zu bemühen, denn der Mensch und niemand sonst ist an diesem Zustand schuld: Nationalismus, Rassismus, Prestigesucht, Machtgier, Trägheit, Bosheit und Dummheit. Ansätze zur Überwindung dieser Barbarei gab es in Europa und Asien, Latein als Kultursprache des Westens, Sanskrit, das Latein Asiens, als Kultursprache des indischen Subkontinents und seines Umfeldes, Chinesisch als Kultursprache des Fernen Ostens. Die lateinische Sprache hat, im Bunde mit der griechischen, den Mittelmeerraum in der Antike kulturell geeint. Die Scipionen waren, wie die meisten gebildeten Römer, zweisprachig, und Cicero hat sich mit der Latinisierung griechischer Termini unsterbliche Verdienste um die Einheit westlicher Kultur und Zivilisation erworben. Was die Völker Europas, die sich so viel auf die Kultur des Abendlandes einbilden, aus diesem großartigen Ansatz sprachlicher Vereinigung gemacht haben, ist alles andere als eine kulturelle Großtat, vielmehr mit der Herausbildung prestigeorientierter Nationalsprachen eine menschheitsgeschichtlich einmalige Barbarei, die womöglich noch unter das Niveau der babylonischen Verwirrung zurückführt.

Die englische Sprache ist die einzige in Europa, welche den Trend des Lateinischen zur Vereinheitlichung nach Kräften weitergeführt und sich damit wie keine andere Sprache zur Weltsprache qualifiziert hat. Wie das Beispiel Shakespeares zeigt, vereinigt sie höchste Komplexität (Vielfalt) mit größter Simplizität (Einfachheit) und löst damit das Grundproblem aller Sprachen optimal. Der Dichter und Literaturkritiker T. S. Eliot war auf dem richtigen Weg mit seiner These, »daß die englische Sprache das großartigste Instrument ist, auf dem ein Dichter spielen kann«[79], was weder heißen soll, daß England die meisten, noch die größten Dichter hervorgebracht hat, sondern Eliot begründet seinen Anspruch einmal mit der Größe des Wortschatzes, sodann mit der Vielfalt der Quellen: das Keltische, Germanische, Römische, Skandinavische und Normannisch-Französische.

Nach dem Zeitalter großer abendländischer Visionen eines Dante, Cervantes, Milton, Shakespeare, Goethe, Mozart und Beethoven, nach Don Quichotte, Don Juan, Hamlet und Faust, nach dem Schwund des Kirchenglaubens, einer einheitlichen Weltsicht und Weltorientierung schwand auch, mit Religion und Humanität, die Kraft zu großen, selbsttranszendierenden und motivierenden Visionen. Vielleicht kann man grundsätzlich für den Zeitraum von der deutschen Klassik bis zur Gegenwart zwischen Sicherheits- und Freiheitsvisionen, phäakischen und prometheischen, anthropischen und kosmischen, terrestrischen und metaterrestrischen, christlich-sozialistischen (Heil und Solidarität) und wissenschaftlich-technischen (Science fiction) Visionen unterscheiden, wobei sich der Schwerpunkt von der religiösen auf die säkulare Vision verlagert hat.

Die Kunstrichtungen, die im neuzeitlichen Europa, mehr oder weniger ausführlich, vollständig oder zeitlich versetzt, bis zum 20. Jahrhundert aufeinander folgen, entsprechen dem Megatrend zur Freiheit: Geistliche und weltliche Dichtung, höfische, bürgerliche und Volkspoesie; Heldenepos, Lyrik, Drama und Roman; Vorreiterrolle Frankreichs im Mittelalter, Italiens in der Renaissance (Petrarkismus), daneben Spaniens im 17. und Englands im 18. Jahrhundert, danach Deutschlands (Weimarer Klassik) und Rußlands (Dostojewski, Tolstoi). Im 20. Jahrhundert ging die Führung nach und nach auf die USA über.

Auf Renaissance und Humanismus, auf puristische Tendenzen in England und rationalistische in Frankreich folgten: Klassik, Romantik, Realismus, Naturalismus, den Frankreich im Impressionismus überwand, was die deutsche Gegenbewegung des Expressionismus auslöste, womit wir uns im 20. Jahrhundert befinden. Für alle Künste gilt seither: Revolutionierende Neuerungen auf allen Gebieten (Material), kreative Explosion, unvergleichliche Vielfalt, Experimente, Verschwimmen der Grenzen, Dynamik, Abwechslung, Veränderung, Bewegung, Einflüsse von Technik und Wissenschaft, Antworten auf die Entdeckung, Erforschung, Erschließung und Gestaltung der Außenwelt, Anverwandlung, Streben nach einer vertieften Erfahrung der Wirklichkeit. Die Strömungen, Richtungen und Trends der Künste erscheinen wie ein systematisches Abtasten, eine umfassende geistige Neuorientierung als Reaktion auf die Ablösung der religiösen Weltbetrachtung durch die wissenschaftliche Weltbeherrschung. Von der Architektur, Bildhauerkunst und Malerei bis zur Musik und Dichtkunst gilt: Alles ist erlaubt! Der Weg führt von den antiken Versmaßen, über Stabreim (Alliteration), Binnen- und Endreim zu freien Rhythmen und zur Prosa, nach dem Motto Jean le Rond d'Alemberts (1717-83), es gebe nichts, was sich nicht besser in Prosa als in Versen ausdrücken ließe. Frankreich, zuvor wegen seiner strengen Regeln in der Poesie nachgeahmt und bewundert, lernte dazu und überwand das übertriebene Reglement, was Paul Valéry (1871-1945) in der klassischen Formel zusammenfaßte: »Was gibt es Geheimnisvolleres als die Klarheit?«

> Mit der europäischen ›Literaturrevolution‹, wie die Vielzahl der literarischen Tendenzen und Gruppierungen um 1900 zusammenfassend genannt wird, beginnt die moderne Literatur des 20. Jh. Sie führt zu einer Infragestellung und manchmal radikalen Ablehnung aller überlieferten Werte und literarischen Traditionen. Auf der Suche nach neuen Ausdrucksformen und Inhalten, die den wissenschaftlichen, sozialen und politischen Veränderungen entsprechen, entwickelt die Literatur einen außerordentlich großen Formenreichtum und eine im 19. Jh. noch unbekannte Themenvielfalt.[80]

Im 20. Jahrhundert kann man mindestens drei Perioden des Kunstschaffens unterscheiden: Vor dem Ersten Weltkrieg, zwischen den Weltkriegen und nach dem Zweiten Weltkrieg. Selbst Hitler mit seinem Feldzug gegen die ›entartete‹ Kunst und seinen Bücherverbrennungen vermochte die rasante Evolution, Emanzipation und Selbstbefreiung der Künste nicht aufzuhalten, die sich in einem atemberaubenden Tempo und mit elementarer Macht vollzog: Vom Naturalismus (bis 1900) zum Impressionismus und Symbolismus (ca. 1890-1910), vom Expressionismus (ca. 1910-25) zu Surrealismus (ca. 1918-40) und Neuer Sachlichkeit (ca. 1920-30). Nach der Blut-und-Boden-Dichtung der Nazis kam die Zeit der existentialistischen Wortkunst (ca. 1938-60), worauf die Abstrakte Dichtung, der Magische Realismus (seit ca. 1950) und die Postmoderne (seit ca. 1980) folgten.

Mit den Stilen, der Annäherung der Kunstarten und dem Umfeld der Kunst wandelten sich auch die Visionen, die sich nicht mehr so einfach einordnen lassen. Gipfelt die Malerei in synoptischen, die Musik in symphonischen Visionen, so die Dichtkunst in symbolischen. Im Gesamtkunstwerk, z. B. in der Verfilmung von visionärer Literatur, vermischen sich diese Arten, entstehen Metamorphosen und bilden sich visionäre Komplexe mit neuartigen Inhalten. Visionäre Autoren sprachlicher Kunstwerke sind nach wie vor meistens auch sprachschöpferisch. Hier ragen hervor: L. Tolstoi, W. Faulkner, E. Hemingway, T. Williams, R. Musil, F. Kafka, M. Proust, S. Beckett, J. P. Sartre, A. Camus und, last not least, J. Joyce, der in sein Werk ›Finnegans Wake‹ (1922–39) Bestandteile aus 22 Sprachen integrierte, Maßstäbe der Symbolik setzte und neue Horizonte visionären Weltverstehens erschloß. Sartre war Dichter, Philosoph und politischer Visionär in einer Person, und Kafka erscheint als ein Titan philosophisch-visionärer Durchdringung der Weltgeschichte. Aber auch Autoren (-innen) wie St. Zweig und M. Mitchell haben beachtliche Beiträge zum Schatz künstlerischer Weltvisionen beigetragen.

> Schon bald nach Bekanntwerden von Freuds Psychoanalyse begannen die Schriftsteller deren Erkenntnisse literarisch zu nutzen. Dies führt zur Ausweitung und Verfeinerung der Erzähltechniken wie dem ›inneren Monolog‹ und dem ›Bewußtseinsstrom‹ und zu neuen Inspirationsquellen wie der ›automatischen Schreibweise‹. Als der modernen Technologie und Großstadt adäquate Darstellungsmethoden werden Dokumentation, Collage und Montage angesehen. Auch die Medien erweitern die Ausdrucksmöglichkeiten und Formensprache des Schriftstellers. Es entstehen neue Gattungen, z. B. Hörspiel und Feature.[81]

Der erste Nobelpreisträger für Literatur, Leo Tolstoi, lehnte, wie später Jean Paul Sartre, den Preis ab. James Joyce und Graham Greene gehörten, wie Henrik Ibsen, August Strindberg, Joseph Conrad, George Orwell und Tennessee Williams, zu den Autoren, die den Preis wohl verdient hätten, aber leer ausgingen. Zu den deutschen Autoren, die den Ersten Weltkrieg zu verarbeiten suchten, gehören Karl Kraus mit seinem Drama ›Die letzten Tage der Menschheit‹ (1918/19) und Erich Maria Remarque mit dem Roman ›Im Westen nichts Neues‹ (1929).

Die Verfilmung der Literatur zeigt von Anfang an Interesse für futuristische Visionen. So entstand 1902 unter der Regie von Georges Méliès ›Die Reise zum Mond‹ nach Jules Vernes Roman. Der Film, der Bild-, Ton- und Wortkunst vereinigt, bemächtigte sich zunehmend der Dichtung und erzielte damit Riesenerfolge, so mit dem retrospektiv- sentimentalen, visionären Werk ›Vom Winde verweht‹ nach dem Roman von Margaret Mitchell, dem weltweit größten Kassenschlager bis 1965.

Obwohl die U-Musik die E-Musik, die Unterhaltungs- die Ernste Musik im 20. Jahrhundert immer mehr verdrängte – »kaum noch Hausmusik, aber Musik in jedem Haus« –, behauptete sich doch die visionäre Musik. Beethovens IX. Symphonie blieb der Favorit aller Zeiten, gefolgt von Mozarts Kleiner Nachtmusik.[82] In der Musik folgten auf Impressionismus und Expressionismus die abstrakte, atonale Zwölftonmusik, begründet von A. Schönberg, I. Strawinskys Neoklassizismus, Serielle (Boulez) und Postserielle (Nono) Musik, Musique concrète (Schaeffer), Aleatorik (Cage), Elektronische Musik (Berio), Minimal Music (Reich) und Neue Einfachheit (Penderecki). Neue Musikinstrumente des 20. Jahrhunderts sind: Vibraphon, Hammond-Orgel, E-Gitarre und Synthesizer, wobei ein Musikcomputer der Erzeugung synthetischer Klänge dient. In den 90er Jahren wird jedoch die Natürlichkeit als Klangideal wiederentdeckt, womit wir wieder bei den (alten) Griechen wären.

Am Ende der Rebellion gegen Nachahmung der Natur, Gegenständlichkeit und Schönheit stehen auch in der Malerei am Ende des 20. Jahrhunderts die sokratisch-platonischen Fragen: ›Was ist Kunst‹? ›Was ist Wirklichkeit‹? Die Formen sind verbraucht, die Stile abgelebt, die Schulen nicht mehr gefragt. Jeder Künstler von Rang entwickelt seine eigene Manier, seinen Stil und schafft seine Welt, W. Kandinsky und P. Klee vertreten die ›lyrische Abstraktion‹, P. Mondrian und K. Malewitsch die

›konstruktive Abstraktion‹. Daneben erscheinen Informel-Art, Happening und Action Painting. J. Pollock will die Zeit für die Malerei erobern, J. Beuys die Grenzen zwischen Kunstwerk, Künstler und Publikum aufheben, das Genie P. Picasso beherrscht alle Stile, Traum und Wirklichkeit verschwimmen, ebenso elitäre Kunst und Pop-art, sakrale und profane, abstrakte und konkrete Kunst: alles in allem. Während man die gegenständliche Welt den Fotografen überläßt, fordert man die Befreiung von Material und Form, Leinwand und Pinsel, Natur und Vorbild, Bewußtsein, Kultur und Geschichte. New York wird das Zentrum der modernen, internationalen Kunst.

> Neben Leinwand und Farbe finden erstmals in den Collagen der Kubisten (ab 1912) bis dahin unübliche Materialien wie Zeitungspapier Verwendung. Hinzu kommen in den 50er Jahren Filz, Sand, Blei und Eisen. Neben dem Pinsel gehören z. B. Spritzpistole (Pop-art), Spraydose (Graffiti) und Laserstrahl (Holographie) zum Werkzeug des Malers. Neue formale, ästhetische und inhaltliche Möglichkeiten werden erprobt. Folge ist der weitgehende Verzicht auf das klassische Staffelbild. Formate nehmen beliebige Dimensionen an. Aus der Vielfalt der Materialien und Techniken sowie aus deren unterschiedlichen optischen und haptischen (tastbaren) Qualitäten entstehen Mischformen, die als Objekte bezeichnet werden.[83]

Unverkennbar nähert sich das Atelier dem Labor, dem Konstruktionsbüro, der Werkstatt, Produktionsstätte und der Fabrik an.

Die Darstellung des Menschen soll ungeschönt sein, wird häßlich und endet in der Karikatur, in der sich, wie im klassischen Porträt, der Künstler selbst begegnet.

Der Megatrend zur Selbstbefreiung wirkt sich auch in der Bildhauerkunst aus: Abstraktion, Raum, Licht und Kraft, Bewegung, Happening und Environment. Die Mobiles sind Musterbeispiele für die kinetische Plastik nach 1950.

> Im 20. Jh. bearbeiten Bildhauer neben den klassischen Materialien Stein, Holz, Bronze und Ton auch neue Werkstoffe wie z. B. Eisen, Stahl, Beton und Kunststoffe ... Moderne technische Geräte wie Schweißbrenner und Computer ermöglichen eine Monumentalisie-

rung der Formen und die Herstellung von Kunstwerken in großen Auflagen (Multiples). In der zweiten Hälfte des 20. Jh. erweitern Künstler die Ausdrucksmöglichkeiten der Skulptur durch die Verwendung von Alltagsgegenständen, Abfall und Schrott der Konsumgesellschaft (Objektkunst), Multimedia-Geräten (Video) sowie von veränderlichen Stoffen (Lebensmittel). Auf Lebensnähe und Vergänglichkeit gerichtet sind auch die Arbeiten der Public-art-Künstler (z. B. Christo).[84]

Kunst auf Zeit, Künstler, die sich kaum mehr von Zauberkünstlern unterscheiden lassen, und Kunstwerke, die sich selbst zerstören werden zu Ebenbildern einer Konsumgesellschaft, die sich selbst verzehrt. Feuerbachs Parole: »Der Mensch ist, was er ißt« beginnt sich umzukehren: Der Mensch ißt, was er ist, wird zur Heuschrecke, zum Kannibalen und zum Moloch der Natur.

Vielfalt, Freiheit, Vertikale sind die Losungen für den ›International Style‹ in der Architektur, in der die Gotik ihre Renaissance erlebt. Die autofreie City, Luxus-Passagen und Anleihen bei außereuropäischen Kulturen sind die Regel.

L. Sullivans Maxime: »Form folgt der Funktion« führt zur Anpassung an die Landschaft, zur Abstimmung von Innen- und Außenwelt und zum ›organischen Bauen‹, das die Wohnmaschinen früherer Zeiten ablöst. Abstraktion, Emanzipation und Individuation dominieren auch in der Architektur, sogar im Kirchenbau. Ökologisches Bauen und Kenntnis der Baugeschichte sind gefragt. Prototypisch für den neuen, befreienden, postmodernistischen Stil sind F. L. Wrights Guggenheim-Museum in New York, J. Utzons Opernhaus in Sidney u. H. Scharouns Philharmonie in Berlin. Industriedesign durchdringt das tägliche Leben, die Grenzen zwischen den Künsten werden durchlässig, Künstler und Handwerker kooperieren, der Jahrtausendwechsel inspiriert die Künste, weckt Ängste vor dem Weltuntergang und Hoffnungen auf Weltwunder, spornt zu neuen Visionen und Weltmodellen für morgen an und stimuliert den Willen zum Überleben. Zeitreisen über bisher unüberwindliche Grenzen von Raum und Zeit hinaus erscheinen möglich, Genforschung und Gentechnologie, so scheint es, verlängern das Leben oder ermöglichen sogar Unsterblichkeit, mit Wasserstoff getriebene Autos schonen die Umwelt, Überschallflugzeuge bewältigen wie im Katzensprung größte Entfernungen, Menschen betreten den Mars, und das erste Weltraumhotel soll bereits von der japanischen Baufirma Schimizu für das Jahr 2020 projektiert sein. Auch unser Zeitalter hat seine Visionen, aber sie sind mehr wissenschaftlicher als religiöser und mehr technischer als künstlerischer Art.

6. Wissenschaftliche Weltmodelle

Im Unterschied zu mythischen Weltbildern, religiösen Weltvorstellungen, philosophischen Weltbegriffen und künstlerischen Weltvisionen, die man zusammenfassend als vorwissenschaftlich charakterisieren kann, zeichnen sich die wissenschaftlichen Weltmodelle vor allem durch das Wechselspiel von Experiment und Theorie aus, durch systematische Beobachtung, zunehmenden Einsatz technischer und mathematischer Hilfsmittel, Methodenpluralismus und Abstraktionshöhe. Wie jede neue Bewußtseinsstufe, läßt sich auch die wissenschaftliche Betrachtungsweise nicht chronologisch scharf von den vorhergehenden abgrenzen, etwa derart, daß sie um 1500 oder 1900 nach Chr. begänne. Die Anfänge wissenschaftlichen Weltverständnisses reichen in die Antike zurück, in die Zeit der platonischen Akademie, des aristotelischen Lykeions (Lyzeums), der hellenistischen Naturkunde und Philologie sowie der römischen Wissensorganisation.

Was die wissenschaftlichen Weltmodelle mit den vorausgehenden Entwicklungsstufen des Bewußtseins verbindet, ist die Evolution. So können wir einmal eine allgemeine Evolution vom mythischen zum wissenschaftlichen Bewußtsein eruieren, sodann aber auch eine Evolution der Weltmodelle selbst, die in erster Linie mit dem Beginn der Neuzeit oder seit dem sogenannten Zeitalter der Entdeckungen einsetzt. In gewisser Weise kehren die früheren Evolutionsphasen in der neuzeitlich-modernen Phase der wissenschaftlichen Weltmodelle wieder, nur auf höherer Ebene, so daß man weder von einem zyklischen Verlauf noch von einer linearen Entwicklung sprechen kann, sondern eher von einer spiralförmigen Evolution. So haben wir bereits zu Beginn des zweiten Kapitels auf Goenners Rede von einer Mythen- und Märchenära im Hinblick auf die Theorien über die frühste Entwicklungsphase des Universums hingewiesen. In der Tat läßt sich die Bildervielfalt der Mythen mit der Modellvielfalt der modernen Physik vergleichen. Mit der Stufe der religiösen Weltvorstellungen verbindet viele moderne Physiker die Annahme eines Urknalls, verstanden als Schöpfungsakt, mit der philosophischen Phase die Suche nach klaren Begriffen, Definitionen und einer konsistenten Terminologie, die theoretische Durchdringung der Wirklichkeit und die Zunahme der Abstraktion gegenüber den früheren Phasen, mit der Phase der künstlerischen Weltvisionen die Selbsttranszendenz der Begriffswelt, das Streben nach einer synoptisch-harmonisch-symbolischen Ganzheit, abstrakte Phantasie, Überwindung von Paradoxa und der Glaube an irgendeinen Sinn des eigenen Erkennens, Verhaltens und Handelns, der in N. Bohrs (1885-1962) paradoxer Bemerkung: »Es macht keinen Sinn zu sagen, das Universum habe keinen Sinn«[1] zum Ausdruck kommt.

Was die Affinität des modernen Wissenschaftlers mehr zum Künstler und Philosophen als zum Theologen und Mythologen betrifft, läßt sich eine Fülle von Beispielen anführen, von denen wir aber nur einige klassische kurz erwähnen wollen. Es bestehen nämlich nicht nur einbahnartige Beziehungen moderner Künstler zur Wissenschaft, sondern es handelt sich offensichtlich um eine echte, für beide Seiten fruchtbare Wechselwirkung. Von V. Weisskopf war schon im vorigen Kapitel die Rede. Hier seien zusätzlich genannt:

1. Ludwig Boltzmann (1844-1906). »Boltzmann besaß eine künstlerische Ader und hatte Talent zum Schreiben. In der Literatur gehörte seine besondere Liebe Schiller, und er behauptete, ohne diesen wäre ihm eine geistige Existenz überhaupt nicht möglich gewesen. Er war auch ein guter Pianist, und in seiner Wiener Wohnung traf man sich regelmäßig zur Hausmusik.«[2] Boltzmann hat die, neben Relativitätstheorie und Quantentheorie, dritte, vergleichsweise wenig bekannte und gewürdigte große Theorie der modernen Physik entscheidend geprägt: die Thermodynamik.

2. Max Planck (1858-1947): »Plancks Neigungen gehörten der Musik und dem Bergsteigen. In der Musik besaß er professionelle Fähigkeiten. Das Bergsteigen erfreute ihn bis ins hohe Alter hinein.«[3]

Planck, der Revolutionär wider Willen, entdeckte zu Beginn dieses Jahrhunderts das Wirkungsquantum (1900) und eröffnete damit den Triumphzug der Quantentheorien.

3. Sein Schüler Albert Einstein (1879-1955) revolutionierte

mit seiner Speziellen (1905) und mit seiner Allgemeinen Relativitätstheorie (1915) nicht nur die Physik von Grund auf. Der befreiende Einfluß seiner visionären Weltsicht auf das Leben und Denken des 20. Jahrhunderts ist kaum zu überschätzen und wohl nur mit den ebenfalls befreienden Wirkungen von Sigmund Freud (1856-1939) und Bertrand Russell (1872-1970) zu vergleichen. Wenn auch Einsteins Theorien ebensowenig vollständig sind wie die von ihm als unvollständig kritisierten Quantentheorien, wenn auch seine Feldtheorie in die Aporie führte, so bleibt er doch der Größte, da er die Reduktion auf wenige Grundbegriffe am weitesten vorantrieb (Energie, Masse, Lichtgeschwindigkeit) und die Verabsolutierung von Standpunkten am ... ensten bekämpfte. Einsteins viel zitierter Satz: ... nicht«, seine ›Weltformel‹, trägt in ihrer Bildhaf... e, als Bekenntnis religiöse, als Votum gegen den ... ische, als transzendente Einsicht in das Weltge... e und als indirekte Aussage über den Kosmos ... Züge. Daß Einstein auch auf musikalischem ... über die Grenzen der Theorie hinausging, ist ... annt.

... Heisenberg (1901-76) gehört, wie Erwin Schrödin... Pionieren der Quantenmechanik. Heisenberg war ... hervorragender Pianist, sondern verfaßte auch, wie ..., eine Reihe bedeutender philosophischer Arbeiten, ... hier nur seine Interpretation des platonischen ›Ti... ysik und Philosophie‹ und die Sammlung ›Der Teil ... anze‹ genannt seien. Daß er auch ein Visionär war, ... von ihm selbst am besten beschriebenes Helgoland... s des Jahres 1925.[4] Daß hochbegabte Wissenschaftler, ja, ... st Nobelpreisträger, auf politischem Gebiet und in ihren ... uffassungen von Krieg und Frieden unglaublich naiv sein können, zeigt Heisenbergs Biologismus und seine Einstellung zum Dritten Reich, zum Zweiten Weltkrieg und zum militärischen Komplex.

5. Erwin Schrödinger (1887-1961) »hatte das Temperament eines Künstlers«[5], befaßte sich mit erkenntnistheoretischen ebenso wie mit ethischen Problemen und war ein großer Kenner der indischen Philosophie. Weit über den Kreis physikalischer

Probleme reicht sein Werk ›Was ist Leben?‹ (Bern 1946) hinaus, und seine Meditation in: »Die vedantische Grundansicht«[6] ist ein großartiges Zeugnis visionären Vermögens.

6. Richard Feynman (1918-88), der unbestechliche Nonkonformist, ein Freund von Puzzles und Codes, der die Quantenelektrodynamik zur Vollendung führte, war ebenfalls eine Künstlernatur, wenn auch nicht auf dem Gebiet klassischer Musik. Er spielte mit großem Erfolg Bongos, Trommel und Schlagzeug (Frigideira) und lernte so gut zu zeichnen, daß seine Bilder auf Ausstellungen gezeigt und gut verkauft wurden. Wie an diesen Dingen, so hatte Feynman auch »Spaß an der Physik«, an rotierenden Tellern, deren Bahnen er »nur aus Jux und Tollerei« berechnete, aber mit nachhaltigem Erfolg: »Die Diagramme und die ganze Geschichte, wofür ich den Nobelpreis erhielt, das kam von dem Herummachen mit dem eiernden Teller.«[7]

7. Manfred Eigen (geb. 1927, Chemie-Nobelpreis 1967), ein anderer Nobelpreisträger, kennt sich in alter und neuer Musik sowie in der Literatur fast so gut aus wie in seinem Fachgebiet. Im Vorwort seiner Untersuchung des Spiels kommt er zu einer metaphysischen Aussage, die auf Bohrs zuvor zitiertes Paradox zurückführt: »Der Mensch ist weder ein Irrtum der Natur, noch sorgt diese automatisch und selbstverständlich für seine Erhaltung. Der Mensch ist Teilnehmer an einem großen Spiel, dessen Ausgang für ihn offen ist.«[8]

Die Reihe der prominenten Wissenschaftler mit fachübergreifenden philosophischen und künstlerischen Interessen, Neigungen und Fertigkeiten ließe sich, wie gesagt, ohne weiteres fortsetzen, z. B. mit Max Born (1882-1970), dessen Satz: »Ist doch der Glaube an eine einzige Wahrheit und deren Besitzer zu sein, die tiefste Wurzel allen Übels auf der Welt«[9] allein ihm einen Platz in jeder Ethik, die diesen Namen verdient, sichern sollte, oder mit J. R. Oppenheimer, der eine einflußreiche und hochdotierte Stellung bei der Weiterentwicklung von Atomwaffen ablehnte und es vorzog, neben seiner wissenschaftlichen Arbeit seinen künstlerischen, philosophischen und literarischen Neigungen zu leben.[10] Eine scheinbare Ausnahme bildet der früh verstorbene Skeptiker Wolfgang Pauli (1900–58), aber auch er war alles andere als ein Fachidiot, wie sein großes Interesse für Psychologie und seine Gespräche über religiöse und philosophische Probleme zeigen.[11]

Angesichts der Spitzenleistungen dieser Crème de la Crème erscheint die Frage sinnvoll, ob und wieweit künstlerische Tätigkeit und philosophische Bildung zum erfolgreichen modernen Wissenschaftler gehören. Die Zeit positivistischer Askese und fachlicher Scheuklappenzwänge geht zu Ende und weicht offensichtlich einer offeneren Einstellung des Wissenschaftlers zu seinem Fach, den Nachbarfächern, zur Gesellschaft und Kultur sowie zum Leben überhaupt. Heute sind Fragen nach dem Sinn und Wert der Wissenschaft keine Tabus mehr und gehören zum Selbstverständnis des gebildeten, philosophisch interessierten und künstlerisch engagierten Wissenschaftlers. Der musische Wissenschaftler hat über den bürokratischen Wissenschaftler zwar noch nicht gesiegt, aber ist auf dem besten Wege dazu.

Wie dem auch sei: Aus den angeführten Beispielen ist mindestens zu ersehen, daß künstlerische, visionäre, philosophierende Wissenschaftler die Welt nicht nur erkennen, sondern auch kräftig verändern. Den Pseudorevolutionären Hitler und Stalin mit ihren geistigen Wegbereitern stehen die echten Revolutionäre gegenüber: Boltzmann, Planck, Einstein, Heisenberg, Schrödinger, Feynman auf dem Gebiet der Physik, auf dem der Philosophie Russell und Sartre, auf dem der Psychologie und Medizin Freud und viele andere.

Der musische Wissenschaftler verdankt seine Überlegenheit vermutlich der in den Kunstwerken akkumulierten schöpferischen Potenz, die auf dem Wege über das Unbewußte weiterwirkt und neue Kreativität erzeugt. Der künstlerische Wissenschaftler macht von dem riesigen Kulturschatz Gebrauch, der sich im Verlauf der geistigen Evolution angesammelt hat: Der Bilderschatz der Mythen, die religiösen Weltanschauungen, die philosophische Begriffskritik und die Visionen weitblickender Künstler.

All das gibt ihm, zu dynamischer Potenz geballt, einen gewaltigen Vorsprung an Kreativität wie Faust vor Wagner.

Die wissenschaftlichen Weltmodelle als Inbegriffe schöpferischen Weltverständnisses zeugen zugleich von der Macht und von der Ohnmacht menschlichen Wissens angesichts des Universums. Als Philosophierende haben wir uns jedoch zunächst die sokratische Frage zu stellen: Was ist ein Modell?

Der Modellbegriff gehört, wie die Begriffe System und Information, zu den am meisten mißbrauchten Kategorien der modernen Wissenschaft. Ähnlich ist die Situation bei anderen Modebegriffen wie Paradigma, Natur, Kreativität und dem Sammelbegriff Kosmologie. Im Unterschied zum abstrakteren Paradigma[12] erscheint Modell konkreter, gegenständlicher, realer. Gleichwohl wurzeln beide Begriffe in der platonischen Ideenlehre. Platons Ideen sind zugleich Paradigmata, Muster und Modelle der raumzeitlichen Wirklichkeit. In der Malerei spielt das Modell beim Aktzeichnen eine Rolle (Aktmodell, Modellklasse), in der Architektur beim Entwurf von Bauwerken, Gebäudekomplexen und Stadtanlagen (Architekturmodell), in der Technik bei Versuchen (Modellversuchen) zwecks Bau von Eisenbahnen, Autos, Schiffen und Flugzeugen, in der Kalkültheorie bei der Aufstellung von Axiomensystemen, in der Soziologie bei der Verbindung von Prototypen mit Kalkülen, wobei deterministische und probabilistische oder stochastische Modelle auftreten, und schließlich in den Naturwissenschaften, vor allem in der Physik, bei der Welterklärung. Hier lassen sich makrokosmische (Einstein, Friedmann), mikrokosmische (Bohrsches Atommodell) und solche Modelle unterscheiden, die, wie das Standardmodell, beide Aspekte des Kosmos zu verbinden suchen.

Danach oszilliert der Modellbegriff semantisch zwischen Vorbild (Platon) und Versuch (Leonardo), Musterexemplar und Probeentwurf, Nachvollzug und Vorvollzug. Es läßt sich unschwer erkennen, daß die Modelle, von denen in der Kosmologie die Rede ist, weder Vorbilder noch Versuchsobjekte sind, denn ein Vorbild der Welt, wenn es je eines gab, kann kaum anders als in einem göttlichen Intellekt gedacht werden, Probeentwürfe sind die physikalischen Weltmodelle aber ebensowenig, denn was würde bei deren Realisierung herauskommen? Gewiß alles andere als unsere, schon bestehende Welt, für die es also gar keines Probeobjektes mehr bedarf.

Wenn die sogenannten Weltmodelle aber weder Vorbilder noch Versuchsobjekte sind, was sind sie dann?

Wohl kaum etwas anderes als empirisch-theoretische Konstrukte zu einem nachvollziehenden und prognostizierenden besseren Verständnis der vorhandenen Welt. Die mehr oder weniger vollständigen Rekonstruktionen der raumzeitlichen Welt unterscheiden sich von den Weltvisionen der Künstler durch ihre Fundierung im Experiment, von den Weltbegriffen der Philosophen durch ihre mathematische Orientierung, von den Weltvorstellungen der Religionen durch ihre Objektivität und von den Weltbildern der Mythologen durch ihre Abstraktheit.

Was die wissenschaftlichen Weltmodelle dagegen mit den mythischen Weltbildern verbindet, sind die Anschauungsreste (Atommodell), mit den religiösen Weltvorstellungen die Intention einer Ganzheit, mit den philosophischen Weltbegriffen die logische Konsistenz und mit den künstlerischen Weltvisionen die Selbsttranszendenz schöpferischer Phantasie. In Einsteins ›Weltbild‹ sind alle Kriterien beispielhaft erfüllt: Anschaulichkeit, Ganzheit, begriffliche Klarheit und transempirische Schau.

Ohne Reflexion auf die Einbettung in ihr soziokulturelles Umfeld bleiben auch die modernen Weltmodelle weitgehend unverständlich. Bis zu einem gewissen Grad lassen sie sich sogar als Chiffren der gesellschaftlichen und kulturellen Wirklichkeit ihrer Zeit verstehen. Entsprechend können wir den evolutionär aufeinander folgenden Gesellschaftstypen Leitbegriffe zuordnen und diesen wieder typische Weltmodelle. In der feudalen Gesellschaft herrscht die Finalität vor, in der bürgerlichen die Kausalität und in der globalen die Relativität. Der Megatrend der Evolution von der feudalistischen Gesellschaft, dem Ancien régime, über die bürgerliche zur übernationalen Weltzivilisation verläuft von geschlosseneren zu offeneren Gesellschaftsformen und entspricht damit der geschichtlichen Entwicklung der Menschheit, die sich als unaufhaltsamer Prozeß der Selbstbefreiung verstehen läßt, zu immer mehr und immer neuen Freiheitsgraden, -spielräumen, Menschenrechten und Entfaltungsmöglichkeiten.

Aus dieser Sicht erscheint Einstein mit seiner relativierenden Perspektive, weit über seine Bedeutung für die Physik hinaus, als einer der großen Revolutionäre und Befreier dieses Jahrhunderts.

Geht man von den drei philosophischen Grundbegriffen Gott, Mensch und Welt aus und verbindet sie mit den Leitbegriffen der soziokulturellen Entwicklung, so ergibt sich folgendes Gesamtbild: In der Epoche der Finalität (feudale Gesellschaft) erscheinen Gott als Schöpfer, der Mensch als ein (armes) Geschöpf unter Geschöpfen (seufzende Kreatur) und die Welt als Schöpfung. Die Weltordnung ist eine durchdeterminierte Herrschaftsordnung, vom Weltenherrscher verfügt, in der jeder und alles seinen festen Platz hat (prästabilierte Harmonie, feudalistisches System). Die Gottesvorstellung entspricht einem Supermonarchen, das Menschenbild einem Privilegierten (Krone der Schöpfung) und das ›Weltmodell‹ einer starren, finalistischen Hierarchie. Wir beginnen daher unseren Überblick über die Weltmodelle mit dem finalistischen Paradigma. Von da schreiten wir weiter zum mechanistischen Modell mit seinem Leitbegriff der Kausalität, das für die bürgerliche Gesellschaft charakteristisch ist. Gott erscheint in diesem Zeitalter als eine Art Schöpfer im Ruhestand oder als Superingenieur, der Mensch als Maschine (l'homme machine) und die Welt der Maschinen als Maschinenwelt. Aus dem Untertan entwickelt sich allmählich und von Nation zu Nation verschieden der Arbeiter, Angestellte und Lohnempfänger, aus der Monarchie die Oligarchie und Plutokratie, aus Hofkultur Stadtkultur, aus Herrschaftsorientierung Besitzorientierung und aus lehensstaatlicher Agrarwirtschaft Nationalökonomie. Nach der Ära des Nationalismus, Imperialismus und Kapitalismus schreiten wir weiter in das Zeitalter der Relativität, der Demokratie, der freien Wähler, in dem der Mensch unabhängiger, selbständiger, autonomer und kreativer wird. An die Stelle der Weltmaschine tritt das Modell des kreativen Universums, und aus Gott, dem Superingenieur, wird der oberste Gesetzgeber, der das Weltgeschehen immer noch fest unter Kontrolle hat oder der als Spieler würfelte und mit dem Urknall alles aufs Spiel setzte.

Aber auch nach den unbestreitbaren Erfolgen der demokratischen Weltrevolution, des relativistischen Zeitalters und der Spiele mit Weltmodellen sind Restauration, Reaktion und Regression nicht gebannt, und jederzeit können überlebte Muster wiederkehren und das Erreichte bedrohen, was sich in zunehmender Polarisierung zwischen Machteliten und Stimmvieh, Über- und Unterprivilegierten, Prominenz und Pöbel, Machthabern und Massen, Herrenmenschen und Lohnsklaven ankündigt.

Die naturwissenschaftliche, aber auch soziokulturelle und geisteswissenschaftliche Evolution der Neuzeit läßt sich danach prinzipiell als Entwicklung von deterministischen (teleologischen) zu teildeterministischen (kausalen) und schließlich zu indeterministischen (chaotischen) Weltmodellen beschreiben, so daß wir bei der Anordnung dieses Kapitels von mechanistischen zu evolutionären, relativistischen, quantentheoretischen, offenen und Chaosmodellen fortschreiten können. Der Megatrend führt dabei, der gesellschaftlichen Entwicklung entsprechend, zu immer größerer Freiheit. Weltmodelle und Menschenbilder ergänzen einander und können einander erhellen. Die Evolution des Weltverständnisses erscheint, abgesehen von ihrer naturwissenschaftlichen Relevanz, als Chiffre für die Evolution der Gesellschaft und als Schlüssel zum Verständnis der Menschheitsgeschichte. Der Weg der Selbstbefreiung führt, wie I. Prigogine bemerkte, ›Vom Sein zum Werden‹, von der Ontologie zum prozessualen Weltverständnis, vom statischen zum dynamisch-energetischen Denken, von der Simplizität zur Komplexität, von der Einheit zur Vielfalt, mithin von Parmenides zu Heraklit. Die im Kapitel über die künstlerischen Weltvisionen erarbeiteten Kriterien: Abstraktion, Emanzipation und Individuation gelten mutatis mutandis auch für die wissenschaftlichen Weltmodelle: Die Evolutionstheorie erschließt schon mit den Begriffen Mutation und Selektion größere Freiräume für das Naturgeschehen, Einsteins Relativitätstheorien verbinden durch die Kritik der Gleichzeitigkeit, die Gleichberechtigung von Bezugssystemen und das Äquivalenzprinzip von Energie und Materie in idealer Weise Gesetzmäßigkeit und Freiheit, die Quantentheorien scheinen die Fesseln des Determinismus sogar abzustreifen, das Standardmodell öffnet, ungeachtet seiner synthetischen Grundtendenz, den Blick für weitere Entwicklungen, für Quantenkosmologie, offene Systeme und die Chaostheorien, aber schließlich auch für das Verhältnis von Weltmodellen und Menschenbildern. Quantenkosmologie und Stringtheorien führen zu den Grenzen gegenwärtigen Weltverständnisses mit Hilfe wissenschaftlicher Weltmodelle, und neben der Welt der Quanten erscheint im modernen Bewußtsein ›Der QuantenMensch‹.[13] Mit der Ablösung des geschlossenen durch das offene System fällt die letzte Bastion der strengen Deterministen, und Kants Unterscheidung einer Erscheinungswelt und eines Reichs der Freiheit erhält einen trefflichen Sinn. Im Begriff des Chaos scheint schließlich der Sieg der Freiheit über den Zwang perfekt, des Individuums über das Kollektiv, die Herde und die Hierarchie, der moralischen Autonomie über die Heteronomie und der Frömmigkeit über den Kirchenglauben: jedem Christen sein Christentum und jedem Nichtchristen seine Seligkeit. Welt und Mensch erscheinen schließlich als zwei aufeinander verweisende, wechselwirkende Faktoren einer Wirklichkeit: brahman und atman.

Das teleologische Paradigma

> Die konsequente Weltteleologie hebt die Ethik schlechterdings auf. Sie ist Prädestinationstheorie – einerlei ob theistisch, pantheistisch oder atheistisch –, sie läßt dem Menschen als Standpunkt einzig den Fatalismus übrig.[14]

Mit dieser Klarstellung hat N. Hartmann, der sich eingehend mit der teleologischen Problematik befaßte, Kants und modernen Rehabilitationsversuchen des Finalismus den Boden entzogen. Wenn B. Kanitscheider eine »globale« und eine »lokale« Teleologie unterscheidet[15], so läßt das mindestens die Notwendigkeit erkennen, beim Teleologie-Problem zu differenzieren. Aristoteles hat das teleologische, am organischen Sein orientierte Zweck-Prinzip als vierte Ursache, neben Materie, Form und Bewegung, in die Philosophie eingeführt und damit die Voraussetzung eines besseren Verständnisses der Welt geschaffen, die eben nicht nur lebloses Sein umfaßt. Zu Beginn des zweiten Buches seiner Schrift ›Über die Seele‹ hat Aristoteles die Seele, die für ihn soviel wie Leben bedeutete, in mehreren Anläufen definiert und ist schließlich zu dem Ergebnis gekommen: Entelecheia he prote somatos physikou, organikou, oder: die Seele ist die erste Entelechie eines natürlichen, organischen Körpers (412 a

5 f.). Der Begriff der Entelechie hat eine eigene, ebenso lange wie interessante Geschichte, von Cicero (endelecheia oder continuata quaedam motio et perennis, eine gewisse kontinuierliche und anhaltende Bewegung), den Arabern (kamal, Vollkommenheit, Reife) und Thomas von Aquin, der sich weitgehend an Aristoteles anschließt, bis zu Leibnizens Monade, Chr. Wolffs wesenhafter Kraft (vis essentialis), zum ›Archeus‹ des Paracelsus, zu Goethes »Wesen, das immer Funktion ist« (Max. u. Refl., 1365), und Drieschs Vitalismus.

Die aristotelische Konzeption der Entelechie, die man, modernen Erkenntnissen Rechnung tragend, als einen befristeten, zielstrebigen Naturvorgang der Selbstorganisation und Selbststeuerung definieren kann oder, nach Eigens Theorie, als »Teleonomie«, schließt eine rigide, deterministische oder »globale« Teleologie a limine aus. Gewiß war es ein weiter Weg von der aristotelischen Teleologie zur modernen Teleonomie, aber im Prinzip hat sich der aristotelische Ansatz bewährt. Was dagegen völlig außerhalb der Intention des Aristoteles lag, war die Übertragung des uneingeschränkten Zweckdenkens auf den gesamten Kosmos oder das Universum. Dieses Mißverständnis geht letztlich zu Lasten der christlichen Theologie, die den aristotelischen Zweckgedanken zu einem ihrer Schöpfungsgeschichte angepaßten universalen Paradigma umfunktionierte und in dieser Verabsolutierung natürlich entstellte.

Das moderne Bewußtsein, das die Ungewißheit einer noch so schönen und beseligenden Konstruktion vorzieht, steht mit seiner Teleonomie nicht wieder am Anfang, also auf dem Boden des Aristoteles, sondern einige Stockwerke höher in der Spirale des Weltverständnisses. Übrigens waren jene schönen Konzepte einer allumfassenden theistischen oder einer pantheistischen Teleologie gar nicht so tröstlich, wie sie scheinen, sondern, wie N. Hartmann zu Recht bemerkte, höchst trügerische Illusionen, denn sie enden unweigerlich im völligen Determinismus und Fatalismus, in Prädestinationszwängen und Weltängsten, ja schließlich, nach Wegfall der dogmatischen Prämissen, in trüber Verzweiflung, in Pessimismus, und dogmatischem Atheismus à la Dirac, der das Kind mit dem Bade ausschüttete und, mit Marx, in der Religion nurmehr ›Opium fürs Volk‹ erblickte, worauf ihm Pauli entgegenhielt: »Ja, ja, unser Freund Dirac hat eine Religion; und der Leitsatz dieser Religion lautet: ›Es gibt keinen Gott, und Dirac ist sein Prophet‹.« Das Tragische an dieser Komödie religiöser Verabsolutierungen ist, daß dem Menschen keine andere Wahl bleibt als die ebenso dogmatische Ablehnung, denn aus ethischer Sicht behält Dirac Recht, und genau darin stimmt er mit Hartmann überein, der die Aufhebung der moralischen Autonomie des Menschen in der »Weltteleologie« kritisierte, weil sie zu einer despotischen, letztlich nihilistischen Welttheologie ausartet, die dem Menschen jeden Freiheitsspielraum nimmt. Dogmatischer Atheismus und Nihilismus erscheinen als konsequente Endprodukte dieses tyrannischen und totalitären Theismus oder Pantheismus, die sich am Ende selbst aufheben.

Schon im Altertum hat Lukrez dieser Art Welterklärung entschieden widersprochen:

> Das Argument des Lukrez gegen die Finalität ist weniger ein erkenntniskritisches *als ein soziales*, es ist der Protest gegen das mit diesem Kausalverständnis verquickte Abhängigkeitsgefühl, es ist der *Protest des erwachenden Selbstbewußtseins gegen die Priesterherrschaft.*[17]

Als Chiffren der Selbstbefreiung der Menschheit weisen die wissenschaftlichen Weltmodelle von der Kausalität eine doppelte Stoßrichtung auf: einmal gegen geistliche, sodann gegen weltliche Bevormundung. Geistliche und weltliche Bevormundung wurzeln im verabsolutierten Patriarchat, dessen totalitärer Machtanspruch sich in der Kirche als radikaler, mit Gesinnungsterror verbundener Monotheismus manifestiert, in den absolutistischen Formen feudaler Herrschaft als konsequente Unterdrückung aller Regungen der Freiheit. Hier ist an F. Schillers: »Sire, geben Sie Gedankenfreiheit!« (Don Carlos III, 10) zu erinnern.

Diese patriarchalische, feudalistische, finalistische, geistlich-weltliche »Weltteleologie« hat das freiheitsfeindlichste Weltmodell, die geschlossenste Gesellschaft und die starrste Dogmatik der Welt hervorgebracht, deren Weg in Deutschland von der Restauration der Habsburger zur Reaktion der Hohenzollern und schließlich zur Regression des Dritten Reiches führte.

Im Unterschied zum kausalen Weltmodell läßt sich das strenge teleologische Paradigma als patriarchalisch, herrschafts- und machtorientiert, radikal deterministisch, rundum geschlossen, exklusiv, monarchistisch, absolutistisch und fundamentalistisch charakterisieren.

Demgegenüber erscheint das kausale Weltmodell wenigstens in Richtung auf die Zukunft offen und somit teildeterminiert, nämlich von der Vergangenheit her. Der sogenannte Kausalnexus ist schon aus diesem Grund nicht so deterministisch wie der Finalnexus, der von Anfang bis Ende durchdeterminiert ist.

> In diesem Sinne verstehen wir unter Kausalität, daß im Ablauf der Ereignisse bestimmte Zustände notwendig bestimmte Folgen haben, und unter Finalität, daß Prozesse einen Endzustand erreichen, der durch den Anfangszustand festgelegt ist.[18]

Natürlich läßt sich auch gegen diese Definition einwenden, daß sie letztlich auf eine Volldetermination hinausläuft, aber es ist wohl kaum zu verkennen, daß sie mehr systemimmanente Freiheitsspielräume enthält und daher den Endzustand der Prozesse nicht mehr so eindeutig festlegt wie die »Weltteleologie«. Schon Aristoteles hat bekanntlich seine Teleologie für die stärkste Ursache gehalten, obwohl sie noch weit entfernt von der feudalistischen Finalität war. Hier können vielleicht die modernen Disziplinen der Kybernetik und Molekularbiologie weiterhelfen, bei denen der Endzustand von Prozessen oft vorprogrammiert ist, also von Anfang an festliegt. Wenn Finalität hingegen von Bewußtsein abhängen soll, beschränkt man sie auf den Aktionsbereich intelligenter Lebewesen oder setzt eine anthropomorphe theistische Theologie voraus, wenn man nicht auch der Materie Bewußtsein zusprechen will, was mit den Phänomenen schwerlich zu vereinbaren ist.

Das mechanistische Weltmodell

Beim mechanistischen Musterentwurf kann man erstmalig korrekterweise von einem Weltmodell sprechen, denn es erfüllt dessen Kriterien: Konkretheit, realer Bezug, experimentelle

Überprüfbarkeit, mathematische Formulierbarkeit, technische Ausstattung. Das mechanistische Weltmodell ist eng mit dem kausalen Denken verbunden, wie schon seine Herkunft zeigt. Es entstammt der Denktradition von Demokrit, Epikur und Lukrez und beginnt seinen Siegeszug parallel zum Schwund der Teleologie. Demokrit hat mit seinem Begriff aitiologia (B 118) die Voraussetzungen für kausales Denken, Kausalität, Kausalitätsprinzip und kausale Erklärung geschaffen, ebenso für das mechanische Prinzip und das mechanistische Weltmodell.

Bis zur Frühen Neuzeit reicht das semantische Spektrum des Kausalitätsbegriffes nicht weit über das aristotelische hinaus. Der abstrakte Ausdruck causalitas bezeichnet das Sein, die Tätigkeit oder die spezifische Beschaffenheit der Ursache sowie das Verhältnis Ursache und Wirkung.[19] Kausalität bezeichnet allgemein einen Wirkungszusammenhang zwischen Ereignissen oder Prozessen derart, daß ein Ereignis, die Ursache, unter bestimmten Voraussetzungen ein anderes Ereignis, die Wirkung, notwendig bewirkt, wobei die Ursache der Wirkung zeitlich vorausgeht. Das Kausalitätsprinzip verallgemeinert diese Beziehung und wendet es auf alle Erscheinungen an, so im Satz vom zureichenden Grunde: ›nihil fit sine causa‹, ›nichts geschieht ohne (hinreichende) Ursache‹. Ontologisch liegt dem Prinzip das allgemeinere Prinzip: ›Von nichts kommt nichts‹ zugrunde. D. Hume hat prinzipielle Bedenken gegen das Prinzip der Kausalität erhoben, das seiner Meinung nach nicht notwendig gilt, sondern auf Denkgewohnheiten beruht.

Nach Kants erkenntnistheoretischer Aufwertung der Kausalität verlor sie später, vor allem in den Naturwissenschaften, viel von ihrer logischen Verbindlichkeit. So versuchte E. Mach, einer der Lehrer A. Einsteins, den Ursachenbegriff durch einen Funktionsbegriff zu ersetzen:

> Die Zusammenhänge in der Natur sind selten so einfach, daß man in einem gegebenen Falle *eine* Ursache und *eine* Wirkung angeben könnte. Ich habe deshalb schon vor langer Zeit versucht, den *Ursachenbegriff* durch den mathematischen *Funktionsbegriff* zu ersetzen: *Abhängigkeit der Erscheinungen von einander*, genauer: *Abhängigkeit der Merkmale der Erscheinungen von einander.*[20]

Hier kündigen sich bereits Entwicklungen an, die sowohl in Einsteins Relativitätstheorien als auch in den Quantentheorien fruchtbar werden sollten. Kausalitätsbegriff und Kausalitätsprinzip gehen in den allgemeineren Begriff der Gesetzmäßigkeit ein.

Der mit dem kausalen Denken über die spezifisch neuzeitlichen Kategorien actio und reactio, Trägheit, Masse, Beschleunigung, eng verknüpfte Begriff ›Mechanik‹ führt letztlich auf die griechischen Begriffe ›mechane‹, ›mechanasthai‹ und ›mechanema‹ zurück. Das semantische Spektrum dieser Begriffe reicht von Werkzeug, Vorrichtung, Maschine, bis zu Mittel, Hilfsmittel, Erfindung, Rat, Kunstgriff, List. Ein Attribut des listenreichen Odysseus, des Architekten des Trojanischen Pferdes, ist schon bei Homer ›polymechanos‹, der ›erfinderische‹. Die Herabsetzung der Mechanischen Künste im Vergleich mit den Freien Künsten durch die Vertreter der antiken und mittelalterlichen feudalen Gesellschaft erscheint also, zumal im Hinblick auf Homer, als ungerechtfertigt: ein typisches Klassenvorurteil der elitären Adelsgesellschaft gegenüber ›bürgerlichen‹ Berufen. So deckt sich denn auch das Zeitalter der Kausalität in der Neuzeit weitgehend mit der Ära der an Mathematik und Ökonomie, Maßen und Gewichten, Besitz und Kapital, Arbeit und Leistung orientierten bürgerlichen Gesellschaft, wie schon eine Reihe von Sprichwörtern zeigt, in denen sich der Zeitgeist spiegelt(e): ›Hast du was, so bist du was‹; ›Ohne Fleiß kein Preis‹; ›Geld regiert die Welt‹; ›Jeder gilt, soviel er hat‹; ›Wer im Besitz ist, dem hilft Gott‹; ›Hast du was, so setz' dich nieder, hast du nichts, so troll' dich wieder‹. Auf Abraham a Santa Clara (1644-1709), einen Zeitgenossen Newtons, soll der Satz: ›Wer will haben, der muß graben‹ zurückgehen. Damit soll natürlich der Eigenwert naturwissenschaftlicher Denkmodelle nicht in Frage gestellt oder bestritten werden. Zwischen gesellschaftlichem Wandel und naturwissenschaftlichem Weltverständnis scheint eher ein Verhältnis der Wechselwirkung zu bestehen, was im Prinzip bereits von Chr. Lehmann, dem Verfasser einer Chronik der Reichsstadt Speyer (1612), erkannt wurde:

»Ursachen sind der Menschen Brillen, dadurch die Vernunft im Finsteren die Wahrheit erkennen kann« (856, 34).

Bürgerlicher Erfindergeist entmachtete die Ritterheere der feudalen Gesellschaft, bürgerlicher Gemeinsinn führte, zuerst in Italien, zum Aufschwung der urbanen Kultur (›Stadtluft macht frei‹), und bürgerlicher Entdeckerdrang erweiterte den Horizont, machte die Neue Welt ausfindig, erschloß und besiedelte sie. Allerdings zog sich der Niedergang des feudalen Systems in die Länge, mit zum Teil erheblichen Unterschieden bei den einzelnen Nationen. In England gelang die Entmachtung des feudalen Systems auf evolutionärem Weg am schnellsten und unblutigsten, Frankreich, wo das System entstanden war, entledigte sich seiner, als es unerträglich geworden war, mit dem Gewaltstreich der Französischen Revolution, China folgte 1911 und Rußland 1917. Deutschland, wo die Ordnung stets den Vorrang vor der Freiheit hatte, gelang die Befreiung aus eigener Kraft nie, ebenso Österreich, was beiden Nationen teuer zu stehen kam.

Kant, einer der letzten Vertreter der Aufklärung, faßte den Sinn dieser Bewegung in dem epochalen Satz: ›Befreiung aus selbstverschuldeter Unmündigkeit‹ zusammen und lieferte mit seiner Unterscheidung einer kausal determinierten Erscheinungswelt und eines Reichs der Freiheit einen wertvollen Beitrag zum Verständnis der einschlägigen Probleme. Genauer: Der Mensch als intelligentes, freies, mündiges und autonomes Wesen vermag den eisernen Ring der Kausalität zu durchbrechen und als Angehöriger des intelligiblen Reichs der Freiheit aus eigener Initiative eine Kausalreihe zu beginnen, Kausalität zu stiften und damit die Erscheinungswelt zu verändern. Demgegenüber hatte Luther, im Sinne Augustins und gegen Erasmus von Rotterdam, »die völlige Ohnmacht des Menschen angesichts der Allmacht Gottes«[21] behauptet und damit jene Prädestination und jenen Fatalismus gestärkt, den N. Hartmann als das Ende freien Menschentums und moralischer Autonomie charakterisierte. Ersetzt man den allmächtigen Gott durch den absoluten Herrscher, was freilich Luther nicht beabsichtigte, erhalten wir jenes Gefühl völliger Abhängigkeit von den jeweiligen Machthabern, der den Deutschen den Vorwurf des Untertanengeistes eintrug. Das Scheitern der Deutschen bei der Selbstbefreiung aus selbstverschuldeter Unmündigkeit hat hier, in der Selbstauslieferung auf Gnade und Ungnade an die Obrigkeit ›von Gottes Gnaden‹, in dem Verzicht auf ›Bürgerinitiative‹ und im Vertrauen auf ›Fremderlösung‹ einige ihrer tiefsten Wurzeln. Kant stand nicht in dieser verhängnisvollen Tradition und hat sein Bestes versucht, ihr zu entrinnen.

Soviel zu den geisteswissenschaftlichen Zusammenhängen, nunmehr zu den naturwissenschaftlichen!

Das kausal-mechanistische Weltmodell setzt bis zu seiner klassischen Gestaltung durch I. Newton (1643-1727) eine ganze Reihe wertvoller und wichtiger Vorarbeiten voraus. Die Linie führt hier von dem titanischen Revolutionär und uomo universale Leonardo da Vinci (1452-1519), über den Verkünder der Wende Nikolaus Kopernikus (1473-1543), den Entdekker der Fallgesetze und des Trägheitsprinzips Galileo Galilei (1564-1642), der mehr Zeit auf philosophische als auf physikalische Studien verwandte und zum Märtyrer der Wahrheit wurde, über Tycho Brahe (1546-1601), der die empirischen Voraussetzungen für Johannes Keplers (1571-1630) Berechnungen der Planetenbahnen schuf, Pierre Gassendi (1592-1655), der Demokrit und die Atomisten rehabilitierte, Bonaventura Cavalieri (1598-1647), der die Bewegungsvorgänge von Körpern analysierte und den Weg von der Form zur Funktion wies, bis zu jenem anderen Titanen, der die Klassische Mechanik vollendete und dem mechanistischen Weltmodell zum Sieg verhalf.

Die Fragen, auf die jedes Weltmodell mindestens versuchen muß, eine Antwort zu geben, lassen sich auf zwölf reduzieren: Raum, Zeit, Anfang, Größe und Ende der Welt, Elemente und Kräfte, Bewegung, Formen und Ziel des Weltgeschehens, Naturgesetze und Methoden der Forschung.

Die Fragen nach Raum und Zeit ergeben sich aus der Raumzeit-Struktur des Universums, die Fragen nach Anfang und Ende folgen aus der Zeitlichkeit, nach der Größe aus der Räumlichkeit, nach den Stoffen und Kräften aus der Existenz und Dynamik der Weltprozesse, ebenso die Fragen nach der Bewegung, Formung und Strukturbildung der Massen.

Die Fragen nach den Gesetzen und Methoden beziehen sich

auf das Verhältnis von Erkennendem und Erkanntem im Erkenntnisprozeß, und die Frage nach dem Ziel des Ganzen ist metaphysischer Natur und ergibt sich aus den übrigen Fragen wenn nicht zwangsläufig, so doch mit einer gewissen Berechtigung. In dem Fragenkatalog erscheinen also die vier von Aristoteles unterschiedenen Ursachen wieder, jedoch an den gegenwärtigen Stand der Forschung angepaßt. Stoff heißt danach soviel wie Materie, Masse, Elemente, Form soviel wie Struktur, Bewegung soviel wie Impetus, Impakt oder Impuls und Zweck soviel wie Sinn und Zweck.

Newton hat auf alle diese Fragen, explizit oder implizit und so gut er konnte, zu antworten versucht. Sein Weltmodell verdient daher voll und ganz diesen Namen. Es ist ein Modell für Weltmodelle. Raum und Zeit sind seiner Meinung nach Sensorien Gottes. Newton hat sich also noch nicht ganz von theologischen Voraussetzungen lösen können oder wollen, ebensowenig von philosophischen, wie schon der Titel seines Hauptwerks erkennen läßt: ›Philosophiae naturalis principia mathematica‹, ›Mathematische Prinzipien der Naturphilosophie‹ (1687). Die Wendung zur mathematischen und damit zur wissenschaftlichen Naturerklärung ist jedoch unverkennbar und entspricht dem Megatrend neuzeitlicher Naturwissenschaft. Eng damit verbunden ist auch die ungewöhnliche Abstraktionshöhe Newtons. In den Fragen nach dem Anfang und dem Ende der Welt lehnt er sich auch noch weitgehend an traditionelle theologische und philosophische Konzeptionen an und ist weit von Kants subjektivierender Skepsis in diesen Fragen entfernt. Newton zweifelte vermutlich nicht ernsthaft an der Schöpfungsthese. In der Frage nach der Größe der Welt schwankte er zwischen den Annahmen einer Sternanhäufung im unendlichen Raum und einer gleichmäßigen Sternverteilung in ihm, hielt also an der antiken Vorstellung eines statischen und endlosen Universums fest. In der Frage des Stoffes oder der Materie hielt er sich im makrokosmischen Bereich an die beobachtbaren Tatsachen, also an die Existenz physikalischer Körper wie Erde, Sonne, Mond, Sterne und Kometen, im mikrokosmischen Bereich setzte er die Existenz kleiner Partikel voraus, ohne jedoch, seinem Grundsatz der Vermeidung von Hypothesen entsprechend, über diese Partikel weiter zu spekulieren. Allerdings nahm er in der Frage der kosmischen Kräfte auch Kräfte zwischen den Partikeln an, die ihren Zusammenhalt bewirkten, also eine Art Mikrogravitation. Newton war hier auf dem besten Weg, die übrigen drei Wechselwirkungen zu entdecken, aber dafür fehlten ihm natürlich die empirischen Voraussetzungen. So blieb für ihn, von der Gravitation abgesehen, das Bewegungsproblem mit theologisch-philosophischen Prämissen verknüpft, mit der Möglichkeit gelegentlicher Eingriffe Gottes in das Weltgeschehen oder mit der Annahme eines ersten Bewegungsprinzips nach Art des aristotelischen unbewegten Bewegers. Mit seinen Bewegungsgesetzen, dem Gravitationsgesetz und dem Prinzip von Wirkung und Gegenwirkung erreichte Newton wohl das derzeit Mögliche. In der Annahme immediater Fernwirkungen ging Newton weit über den Stand der Mechanik seiner Zeit hinaus und näherte sich einer dynamischen Konzeption des Universums. Was die Formen und Strukturen der Himmelskörper betrifft, tappt, wie die Galaxienforschung zeigt, sogar die moderne Forschung noch weitgehend im dunkeln. In der Frage der Naturgesetze hielt Newton, neben den bereits erwähnten Bewegungsgesetzen und der Gravitation, am Kausalitätsprinzip fest. Seine Methode war tatsachenorientiert, rational und empirisch, beruhte auf Beobachtung, Experiment und Mathematik und hielt sich somit im Rahmen neuzeitlicher Methodenreflexion. In den Fragen nach Ziel, Zweck und Sinn des Universums scheint er nicht den Boden theistischer Theologie verlassen zu haben.

Newton, und das ehrt ihn vielleicht mehr als sein großes Wissen, blieb sich sehr genau der Grenzen dieses Wissens und damit seines Nichtwissens bewußt, so wenn er in den ›Prinzipien‹ bemerkt: »Ich habe bisher die Erscheinungen der Himmelskörper und die Bewegungen des Meeres durch die Kraft der Schwere erklärt, aber ich habe nirgends eine Ursache der letzteren angegeben.«[22]

Newton war der Exponent, der Gipfel oder der Höhepunkt einer wissenschaftlichen Revolution, die sich in der Frühen Neuzeit ereignete und auf alle Bereiche des soziokulturellen Lebens auswirkte:

Eine der Folgen der wissenschaftlichen Revolution, die sich im 17. Jahrhundert vollzog, war ein tiefgreifender Wandel im philosophischen Denken während des 18. Jahrhunderts. Der Erfolg von Isaac Newtons Theorien, deren Richtigkeit in den ersten Jahrzehnten des 18. Jahrhunderts allenthalben anerkannt wurde, hatte einen nachhaltigen Einfluß nicht nur auf die Naturwissenschaft, sondern auch auf das philosophische Weltbild. Daß es Newton gelungen war, eine Vielzahl von Phänomenen, etwa den freien Fall oder die Umlaufbahnen der Planeten, durch ein einfaches Regelwerk zu erklären, ermutigte die Menschen, in der physikalischen Wissenschaft ein Modell für die anderen Wissenschaften zu sehen. Dies führte zur Entstehung einer ›mechanischen Philosophie‹, also der Auffassung, daß nicht nur die Physik, sondern auch die Chemie und Biologie durch einfache mechanische Gesetzmäßigkeiten erfaßt werden könnten. Die meisten Versuche, die Newtonsche Mechanik auf chemische und physiologische Probleme anzuwenden, waren jedoch im 18. Jahrhundert nur von mäßigem Erfolg gekrönt.

Die Vorstellung, daß die Mechanik eine Erklärung für alle Phänomene anbieten könne, wurde von den materialistischen Denkern Frankreichs wie Denis Diderot, Julien Offray de la Mettrie und Baron d'Holbach am begierigsten aufgenommen. Sie leugneten die Existenz eines spirituellen Gottes und faßten die Natur ganz und gar als ein mechanisches System auf. In dieses System schlossen sie auch den Menschen als körperliches und geistiges Wesen ein. Sie glaubten, alle physiologischen Prozesse ließen sich auf physikalische Vorgänge zurückführen, aber auch die Spiritualität, das soziale Leben und der Verlauf der Geschichte unterlagen nach ihrer Ansicht den gleichen Naturgesetzen.[23]

Zur Weiterentwicklung der Klassischen Mechanik Newtons haben bedeutende Wissenschaftler beigetragen. In seiner Abhandlung über die Dynamik (1743) erweiterte d'Alembert die Newtonschen Bewegungsgesetze, untersuchte die Aktionen und Reaktionen bewegter Körper in einem geschlossenen System, gelangte zu dem Ergebnis, daß sie sich in einem Gleichgewicht befinden, und wandte dieses Prinzip auf Probleme der Mechanik an.[24] 1788 stellte J. L. Lagrange die Mechanik auf hohem Abstraktionsniveau mit Hilfe algebraischer und analytischer

Methoden dar und gelangte zu einer Neufassung des Prinzips der geringsten Wirkung.[25]

Im 20. Jahrhundert bewirkten die Relativitäts- und Quantentheorien eine Revision[26] der Grundbegriffe der Klassischen Mechanik, wie Raum und Zeit, Ursache und Wirkung, Kontinuität und Diskontinuität, was aber nicht zu einer Ablösung, Verdrängung oder Abwertung derselben führte. Newtons Mechanik gilt nach wie vor ausnahmslos in den Bereichen, für die sie konzipiert war. Sie wurde höchstens formalisiert, verfeinert und relativiert.

Die Relativierung des mechanistischen Weltmodells, das die Welt als eine Art Uhrwerk oder Maschine konzipierte, erfolgte jedoch schon im 19. Jahrhundert, und zwar von ganz anderer Seite her. Nicht die Physik gab hier den Ausschlag, sondern die Biologie: Darwins Evolutionstheorie. Sie führte einen Schritt weiter in der Auflockerung der Determination, von der finalistischen Volldetermination über die mechanistische Teildetermination zum neuen evolutionären Freiheitsgrad, der sich schon in den Begriffen Adaption, Mutation und Selektion manifestiert.

Die Evolutionstheorie

Nach Lage der Dinge sollte man von Evolutionstheorie nurmehr im Plural sprechen, von einer »Evolution der Evolutionstheorie«[27] oder von evolutionären Modellen, aber im Hinblick auf unsere Problemsituation erscheint die Reduktion auf den Grundgedanken zweckmäßiger als die epische Breite, und dieser Grundgedanke lautet nicht mehr Ring des Seins wie in der Teleologie, im finalistischen Paradigma, oder Zyklus des Werdens wie im Kausalitätsprinzip, im mechanistischen Modell, sondern, dem 19. Jahrhundert entsprechend, Fortschritt, wenn auch gesetzmäßig, geregelt, schrittweise und in kleinen Portionen. Aus dem Daseinskampf der Arbeitermassen, des Proletariats, wird auf dem Weg einer Rückprojektion aus der Gesellschaft in die Umwelt der Kampf ums Dasein in der Natur. Im gleichen Jahr (1859), in dem Darwins epochales Werk ›Über die Entstehung der Arten durch natürliche Auslese oder die Erhaltung begünstigter Rassen im Überlebenskampf‹ erschien, veröffentlichte der Lehrer des Klassenkampfes den ersten Teil des ersten Bandes seiner epochalen ›Kritik der politischen Ökonomie‹, die 1867 als Gesamtwerk unter dem Titel ›Das Kapital‹ erschien.

Die ihren Werken zugrunde liegenden Erfahrungen sammelten beide Autoren praktisch gleichzeitig, nur bezog K. Marx seine kämpferische Vision auf die Gesellschaft, Ch. Darwin verlegte sie dagegen ins Reich der Natur. Natur und Gesellschaft aber sind, wie Umwelt und Mitwelt, Außenwelt und Innenwelt, nur zwei Seiten einer Wirklichkeit, die von beiden Autoren ähnlich erlebt, erfahren und dargestellt wurde. Diese Wirklichkeit unterschied sich fundamental von der offiziell gelehrten, propagierten, vorgetäuschten und geglaubten Wirklichkeit. Darwin und Marx waren beide große Revolutionäre, und beide bekamen den Haß des politischen und religiösen Establishments mit seiner Scheinwelt, die sie entlarvt hatten, zu spüren.

In Darwin und Marx manifestierte sich ein Grundmuster der Wirklichkeitserfahrung oder des Weltverständnisses: die Wechselwirkung von innerer und äußerer Erkenntnis, von Verständnis der Gesellschaft und Naturverständnis, wobei die Erkenntnis der Außenwelt und der Gesellschaft nicht in der Projektion, im subjektiven Erleben aufgeht, sondern eigene Objektivität, Gültigkeit und eigenen Wert besitzt.

Je tiefer die Gesellschaft durchschaut wird, desto mehr wird auch von der Natur erkannt. Weltverständnis und Selbsterkenntnis verhalten sich komplementär. Der gemeinsame Nenner von Darwins und Marxens Lebenserfahrung in der Welt ist der Kampf ums Dasein, der sich für Marx im Kampf der Klassen abspielt, für Darwin im Kampf der Arten.

Beide Konzeptionen laufen auf Aufklärung und Befreiung hinaus, aber bei Darwin dominiert das kämpferische, jedoch ethisch gebundene Individuum, bei Marx die zu erneuernde, jedoch heilbare Gesellschaft, das Kollektiv.

Wenn auch weder die Lehre von Marx noch die von Darwin nur Chiffren sind, so werden doch beide Theorien in der Verabsolutierung und Loslösung vom historischen Hintergrund zur Karikatur.

Da es hier nicht um die Evolutionstheorie als Selbstzweck geht, sondern um ihre Modellfunktion im Weltverständnis, müssen ihre Rahmenbedingungen zwar mitreflektiert werden, dürfen aber den Stellenwert für die Erkenntnis der Wirklichkeit nicht verdunkeln, und der hängt mit dem Erkenntnisgewinn der Klassischen Mechanik eng zusammen:

> Selbstredend ist Darwins Evolutionstheorie die natürliche Fortsetzung des kausalmechanistischen Denkens in den Bereich des Lebendigen, in dem Wachstum von komplexer Ordnung ohne Finalität und ohne übernatürliche Planung erfolgt.[28]

Der gemeinsame Fortschritt beider Konzeptionen gegenüber der theologischen Teleologie darf jedoch nicht zu einer Unterschätzung des Fortschrittes der Evolutionstheorie gegenüber dem mechanistischen Modell führen, denn sie geht darin nicht auf, sondern eröffnet dem Weltgeschehen neue Freiheitsspielräume. In gewisser Weise rehabilitiert die Evolutionstheorie sogar die nichttheologische Teleologie, indem sie deren Zielstrebigkeit als eine Art Teleonomie voraussetzt:

> Die reale Dynamik der Finalreihe entspricht der idealen des Seinsollens. Sie ist kein blindes, brutales Stoßen, wie die der Kausalreihe, die indifferent gegen ihre Resultate sich in der Zeit vorwärts wälzt.[29]

Der Vorzug einer so verstandenen, ›schwachen‹ Teleologie ist die Orientierung am Ganzen, das im Teil antizipiert wird. Wie die Bestimmung von teleologischen, mechanischen und evolutionären Komponenten auch im einzelnen ausfällt, so ist doch zu beachten, daß sich im historischen Kontext mehr teleologische und mehr kausale Modelle abzulösen scheinen: Empedokles, Demokrit; Aristoteles, Newton; Darwin, Quantenmechaniker.

Die Evolutionstheorie beschränkt sich längst nicht mehr auf den biologischen Bereich. Sie ist im 20. Jahrhundert zu einem universalen Modell der Naturerklärung aufgestiegen, das Natur- und Geisteswissenschaften umfaßt und erstmals in der Geschichte der Wissenschaften eine geschichtliche Betrachtungsweise des Universums ermöglicht. Wir unterscheiden daher heute prinzipiell eine kosmische, physikalische, chemische, biologische, psycho-noetische[30] und soziokulturelle Evolution, daneben alle möglichen anderen Arten, angefangen von der geologischen bis zur historischen und von der Evolution des Universums[31] bis zur Evolution im Weltall.[32] Man darf natürlich von diesem umfassenden Erklärungsmodell keine Beantwortung spezifischer Fragen der einzelnen Bereiche erwarten, vielmehr erscheinen alle diese Fragen unter der Optik des Evolutionsmodells in einer anderen, dynamischen Perspektive, so Anfang und Ende des Universums in der Sicht Hubbles, die Quantenmechanik aus der Sicht der Quantenkosmologie, und selbst das Standardmodell ist ohne die evolutionäre Betrachtungsweise unmöglich. Natürlich bleiben daneben die Phänomene des Lebens die spezifische Domäne der Evolutionstheorie: Entstehung des Lebens, Zeitfaktor in der Evolution des Lebens, Entwicklung der Organismen oder »Darwin-Maschinen«, Evolution der Pflanzen, Tiere und des Menschen, tierisches und menschliches Verhalten, Stabilität organischer Strukturen, Vielfalt lebender Systeme, Populationsdichte, ökologische Randbedingungen, Stammesverzweigung, Spezialisierung, Mikroevolution, Makroevolution, Koevolution, Funktionsänderung, Substitution, Prädisposition, Synorganisation, Selbstorganisation, Adaption, Koadaption, Mutation, Selektion, Isolation, Annidation, Parallelismus, Irreversibilität, Phylogenese, Ontogenese, Orthogenese, epigenetische Prozesse, Transformation, Entwicklungsbiologie, intraorganismische Faktoren, Gentheorien, Biotechnologie, Systemoptimierung, Synergetik, Wissenschaftstheorie.

Schon im 19. Jahrhundert lassen sich verschiedene Richtungen innerhalb der Evolutionstheorie unterscheiden, z. B. Lamarckismus, Darwinismus, darauf Neolamarckismus und Neodarwinismus sowie Synthetische Theorie, Gradualismus, Saltationismus, Theorie der Inneren Mechanismen und Systemtheorie.

Inhalte, Probleme, Methoden und Forschungsrichtungen lassen bereits erkennen, daß das evolutionäre Modell im Vergleich zum mechanistischen den Faktoren Zufall, Freiheit, Flexibilität, Plastizität und Komplexität weitaus größere Spielräume läßt, was seine Ansiedlung zwischen der Klassischen Mechanik und der Quantenmechanik rechtfertigt. Auf gesellschaftlicher Ebene verläuft gleichzeitig die Entwicklung zu mehr Freiheit, zur Überwindung von Monarchie und Adelsherrschaft, Standes-, Kasten-

und Klassenschranken, wenn auch noch nicht der nationalistischen und rassistischen Vorurteile, die sich teilweise sogar auf ›biologische Tatsachen‹ (Biologismus) und darwinistische Erkenntnisse (Sozialdarwinismus) berufen und ihre abwegigen, überlebten und obsoleten Positionen mit dieser pseudowissenschaftlichen Machtideologie scheinbar stützen: Nietzsche, Mussolini, Hitler. Der ›wissenschaftliche‹ Marxismus schöpfte aus anderen, aber nicht weniger fragwürdigen Quellen der Ökonomie, Soziologie und Geschichte. So hat der ideologische Mißbrauch von wissenschaftlichen Modellen gleich zu Beginn des wissenschaftlichen Zeitalters böse Folgen gehabt, das offensichtlich noch nicht gegen Magie, Mythologie, ›Theologie‹, Selbsttäuschung, Heilsschwindel, Utopismus und Größenwahn gefeit war.

Da die Evolution der Menschheit sicherlich keine andere Wahl läßt, muß sie die Chancen nutzen, die das gegenwärtige Zeitalter dem homo sapiens bietet, wenn er auf diesem Planeten und vielleicht sogar darüber hinaus überleben will: Rettung der Umwelt, Überwindung des religiösen Absolutismus, Fundamentalismus, Fanatismus, Fatalismus, Extremismus, Radikalismus und Terrorismus, verstärkte Förderung der Teilchenphysik, friedliche Nutzung der Atomenergie, die langfristig als einzige die Unabhängigkeit von terrestrischen und solaren Energiequellen garantiert, Umwandlung der Industriegesellschaft in eine Informationsgesellschaft, die nicht bei der Information stehenbleibt, sondern sie zu Wissen, Weisheit und Voraussicht weiterentwickelt, und zwar nicht nur zu kurz- und mittelfristiger, sondern mehr noch zu langfristiger, was die energische Förderung der Raumfahrt impliziert, damit die Erde nicht so oder so zur Todesfalle des homo sapiens wird.

Was N. Hartmann bei seiner bedingten Rehabilitierung der teleologischen Perspektive angesichts des kausalmechanistischen Modells und seiner Blindheit für die Zukunft vorschwebte, vermag die Evolutionstheorie also bei richtiger Interpretation und Handhabung einzulösen. Als umfassende und universale Perspektive des Weltgeschehens und der Weltgeschichte bietet sie, im Gegensatz zur verbrauchten theologischen Teleologie, auch den besten Schutz vor dem Mißbrauch der auf sie folgenden, an sich ahistorischen wissenschaftlichen Weltmodelle.

Welche Vorteile hat die Evolutionstheorie in der Kette wissenschaftlicher Weltmodelle im einzelnen verschafft?

Raum und Zeit, wie Newton, als Sensorien Gottes zu verstehen, ist kaum mehr möglich. Die von Th. Kaluza und O. Klein vorgeschlagene Erweiterung der vier Dimensionen, von denen einige eingerollt sein könnten, ist immerhin möglich, und die von Kant für unlösbar erklärten Fragen nach dem Anfang und dem Ende der Welt erscheinen wieder sinnvoll und lösbar, ebenso die Fragen nach der Endlichkeit oder Unendlichkeit der Welt. Die Fragen nach dem Ursprung und der Beschaffenheit von Materie, Kraft, Bewegung und Form bekommen neuen Auftrieb, sind weniger an die Prämissen eines geschlossenen Systems und kausalmechanischer Eingleisigkeit gebunden und werden in ihrer Vernetzung deutlicher. Die Naturgesetze verlieren zwar ihren starren Ewigkeitscharakter, lassen sich aber auch nicht mehr nach Art Kants subjektivieren. Das Methodenspektrum erweitert sich, und Zufall, Musterbildung, Regelmäßigkeit und Wahrscheinlichkeit erhalten einen höheren Stellenwert. Am stärksten zeigt sich der Impakt der Evolutionstheorie jedoch im Bereich der Fragen nach Sinn, Zweck und Ziel des Weltgeschehens. Gegenüber Darwins sachlichen und für die orthodoxen Dogmatiker niederschmetternden Argumenten gegen den Kreatianismus erscheinen die Formeln von Marx: ›Religion ist Opium fürs Volk‹ und Nietzsche: ›Gott ist tot‹ harmlos. Unter dem Hagel der Indizien für die Richtigkeit der Evolutionstheorie, angefangen von der Archäologie bis zur Kulturanthropologie, brach das morsche Dogmensystem der orthodoxen Theologen wie ein Kartenhaus zusammen, und die Kirchenfürsten sahen lange keinen anderen Ausweg mehr, als sich mit dem ebenso maroden Ancien régime zu verbünden, womit sie besonders in den gesellschaftlich rückständigsten Ländern wie Österreich und Deutschland immer noch beachtliche Erfolge erzielten. Hitlers pseudorevolutionärer Amoklauf wurzelte in Wirklichkeit in erzreaktionären Ressentiments und entpuppte sich als radikale Regression. Aber selbst mit ihm und später mit Honecker feilschten die um ihren Machterhalt bangenden Kirchenfürsten um Machtanteile:

ein durch und durch unchristliches, unwürdiges und unreligiöses Verhalten.

Die Evolutionstheorie hat wesentlich zur Verschärfung der Krise des kirchlichen Establishments beigetragen, die noch lange nicht vorüber ist. Allein die Behandlung Teilhard de Chardins (1881-1955), des mutigen Vorkämpfers für eine Revision der Einstellung der Kirche gegenüber der Evolutionstheorie, spricht Bände.

Die Situation der Menschheit beim Übergang zum wissenschaftlichen Zeitalter ähnelt der einer schmerzlichen Entziehungskur, nicht weil Religionen an sich Opium fürs Volk sind, wohl aber weil sie von den Kirchenfürsten und ihren Helfershelfern dazu gemacht wurden. Echte Religiosität ist auch im wissenschaftlichen Zeitalter möglich, wie die Beispiele von Einstein, Gandhi und Schweitzer zeigen. Alle drei hatten mit den Orthodoxen wenig im Sinn, dafür aber ein ungestörtes Verhältnis zur Wahrheit. Man könnte in diesem Zusammenhang fast versucht sein, der patriarchalischen Trinität eine matriarchalische gegenüberzustellen, mit den Göttinnen Pax (Frieden), Libertas (Freiheit) und Veritas (Wahrheit). Dann hätten wir auf theologischer Ebene endlich wieder ein akzeptables Gleichgewicht der Geschlechter. Kaiser Augustus ließ ja der römischen Friedensgöttin Pax schon vor Christi Geburt einen Altar (Ara Pacis) errichten.

Die gegenwärtige religiöse Existenzkrise beschränkt sich jedoch nicht nur auf das Christentum. Auch der Islam und die jüdische Religion sind in diesen Prozeß involviert, wie der zunehmende arabische Terrorismus und das jüngst erfolgte Attentat des angeblich im Auftrag Gottes handelnden israelischen Studenten Jigal Amir auf den Ministerpräsidenten Izchak Rabin zeigen. Hier steht buchstäblich das Schicksal der Menschheit im 21. Jahrhundert auf dem Spiel. Werden in Israel, Europa und der Welt die Theokraten oder die Demokraten siegen, religiöser Wahnsinn oder gesunder Menschenverstand, die Paranoia (Vorbeisicht) oder die Pronoia (Voraussicht)? Siegen die unbelehrbaren Paranoiker, werden, angesichts der im Überfluß vorhandenen ABC-Waffen, die beiden Weltkriege des 20. Jahrhunderts eher harmlosen Vorgefechten zu dem Inferno gleichen, das religiöse Wahnvorstellungen zu entfesseln vermögen. Wir dürfen es nicht zulassen, daß ein paar Weltbrandstifter und ihr Gefolge die Evolution auf diesem Planeten auslöschen, die nach mehr als drei Milliarden Jahren Kreativität schließlich den homo sapiens hervorbrachte. Wahre Frömmigkeit würde diese ungeheure Investition von Phantasie, Trial and Error, Zeit und unendlichen Mühen gebührend zu schätzen wissen und in ihr eine Chance erblicken, oder auch eine Mission, das Licht des Bewußtseins und die Fackel des Lebens weit in den Kosmos hinauszutragen, statt die Brandfackel der Vernichtung, von blindem (Selbst-)Haß besessen, in das wunderbare Bauwerk menschlicher Existenz hineinzuschleudern. Der in der Apokalypse verheißene Weltuntergang ist gewiß nicht mit dem Untergang der Erde identisch, denn sie bildet nur ein Staubkorn im Weltall, aber Unvernunft, Haß, Ängste und Wahnsinn können aus Angst vor dem Untergang den Untergang sehr viel schneller als gedacht, gewollt, geplant oder verheißen, heraufbeschwören und herbeiführen, denn der Mensch ist nicht nur ein Rad in der Weltmaschine, sondern im Rahmen der Evolution ein freies Wesen mit einer, wenn er nur will, großen, langen und fernen Zukunft. Evolutionstheorie und wahre Religiosität, Frömmigkeit und Ehrfurcht schließen sich also nicht aus, sondern bedürfen, stärken und steigern einander.

Teilhard de Chardin gehörte zu den Lernfähigen und Lernwilligen, die vor tabuisierten Begriffen wie Evolution, Atom oder Materie nicht, wie die Orthodoxen, die ja doch immer nur Heterodoxe sind, erschraken. Dies zeigt sein ergreifender Hymnus ›An die Materie‹, den man problemlos einer Darstellung der Evolutionstheorie voranstellen könnte:

> Gesegnet seist du, fährdevolle Materie, unbändiges Meer, unbezähmbare Leidenschaft. Gesegnet seist du, mächtige Materie, unaufhaltsame Entwicklung, immerdar werdende Wirklichkeit. Gesegnet seist du, allumfassende Materie, Dauer ohne Schranken, Äther ohne Küsten, die du in unsere engen Maße überbordest und uns offenbarst die Ausmaße Gottes. Ich grüße dich, göttliche Wohnstatt (milieu divin), geladen mit schöpferischer Kraft, vom Geist bewegtes Meer, gekneteter Ton, dem das fleischgewordene Wort Leben einhaucht. Ich grüße dich, unerschöpfliche Fassungskraft an Sein und Umwandlung, darin die erkorene Substanz keimt

und heranwächst. Ich grüße dich, harmonische Stadt der Seelen, durchsichtiger Kristall, von dem uns das neue Jerusalem kommt. Ich segne dich, Materie, nicht in der Gestalt, wie dich, – geschmälert und entstellt – die Hohenpriester der Wissenschaft beschreiben und die Tugendprediger. Ein Gemenge, sagten sie, aus brutalen Kräften und niederen Begierden. Ich segne dich in jener Gestalt, in der du mir heute erscheinst, in deiner Ganzheit und Wahrheit. Nimm mich fort, Materie, in jene Höhe, wo mir vergönnt wird, das All zu umarmen.[33]

Die relativistische Perspektive

In ihrem lehrreichen Buch ›Die Evolution der Physik‹ (dt. 1956) haben A. Einstein und L. Infeld den Zeitraum zwischen Aufstieg und Niedergang des mechanistischen Denkens und der Quantentheorie unter dem Titel ›Kraftfeld und Relativitätstheorie‹ problemorientiert behandelt. Hier werden physikalische Grundbegriffe wie Trägheit, Kraft, Vektoren, Bewegung, Masse, Wärme, Temperatur, Energie, Materie, Potential, Ladung, Elektrizität, Magnetismus, Licht, Farbe, Welle, Feld, Raum, Zeit, Kontinuität, Diskontinuität und Quant erörtert, aber auch erkenntnistheoretische Begriffe wie objektive Wahrheit, Verifikation, Theorie und Experiment, Relativität und Wahrscheinlichkeit. Nimmt man Einsteins von Understatement und Selbstkritik zeugendes Buch ›Mein Weltbild‹ hinzu, mit dem Motto ›Humanität – die höchste Pflicht‹, erhält man auf höchstem Niveau ein meisterhaftes Panorama von der Einbettung der physikalischen in die gesellschaftliche Welt: Wie ich die Welt sehe; Vom Sinn des Lebens; Der wahre Wert des Menschen; Vom Reichtum; Gemeinschaft und Persönlichkeit; Der Staat und das individuelle Gewissen; Gut und Böse; Religion und Wissenschaft; Die Religiosität der Forschung; Verlorenes Paradies; Die Notwendigkeit der ethischen Kultur; Faschismus und Wissenschaft; Von der Freiheit der Lehre; Neuzeitliche Inquisitionsmethoden; Erziehung zu selbständigem Denken; Erziehung und Erzieher; Lehrer und Schüler; Bertrand Russell und das philosophische Denken; Meine ersten Eindrücke in Nordamerika; Friede; Zur Abschaffung der Kriegsgefahr; Das pazifistische Problem; Von der Dienstpflicht; Die Frauen und der Krieg; Aktiver Pazifismus; Zur Frage der Abrüstung; Von den Minderheiten; Deutschland und Frankreich; Kultur und Wohlstand; Krankheitssymptome des kulturellen Lebens; Produktion und Kaufkraft; Produktion und Arbeit; Zur Sicherung des Menschengeschlechtes; Jüdische Ideale; Gibt es eine jüdische Weltanschauung? Christentum und Judentum.

Dieses nahezu flächendeckende Spektrum lebenswichtiger Probleme und globaler Thematik zeugt von der wahrhaft philosophischen Weltperspektive Einsteins, der alles andere als ein engherziger Fachgelehrter war, im Gegenteil: eher das Vorbild des verantwortungsvollen, ethisch motivierten Wissenschaftlers für das nächste Jahrtausend.

Bevor wir uns Einsteins Weltmodell zuwenden, einige Bemerkungen zum Stand des physikalischen Problembewußtseins an der Schwelle zum 20. Jahrhundert! Auf das mechanistische Modell und die Evolutionstheorie folgte mit innerer Logik die relativistische Revolution. Wie jede Revolution war auch die Einsteins in einem weiteren und in einem engeren Sinn vorbereitet. Von J. d'Alembert (1717–1783) und J. L. Lagrange (1736-1813) war bereits im Hinblick auf die Weiterentwicklung der Mechanik Newtons die Rede. Außerdem sind zu nennen: L. Euler (1707–83), der die generalisierten Koordinaten für bewegte Systeme einführte, mit deren Hilfe man nicht mehr nur, wie noch bei Newton, auf die Berechnung der Bewegung des Mittelpunktes eines Körpers im Raum angewiesen war, sondern die Bewegungen aller Teile des Systems aufschlüsseln konnte; Graf B. Rumford (1753-1814) lehrte die Wärme als eine Form von Bewegung verstehen; im 19. Jahrhundert machte die Erforschung der Elektrizität und des Magnetismus gewaltige Fortschritte: Ch. A. Coulomb (1736-1806) zeigte noch im 18. Jahrhundert, daß Magneten und elektrische Ladungen dem gleichen Gesetz folgen, daß die Kraft umgekehrt proportional dem Quadrat ihrer Abstände ist; A. Volta (1745-1827) konstruierte gegen Ende des 18. Jahrhunderts die erste elektrische Batterie; 1820 konnte H. Chr. Oersted (1777-1851) dank einer zufälligen Beobachtung den Nachweis der Verbundenheit von Magnetismus und Elektrizität führen; M. Faraday (1791-1867, England) und J. Henry (1797-1878, USA) entdeckten fast gleichzeitig und voneinander unabhängig den Dynamo. 1832 vom englischen Premierminister nach dem Nutzen seines Apparats gefragt, erwiderte Faraday: ›Ich weiß nicht, aber ich wette, daß die Regierung eines Tages solche Maschinen besteuern wird.‹ Tatsächlich wurde 1880 in England eine Steuer auf die Stromerzeugung eingeführt; die größte Leistung des Jahrhunderts, vergleichbar der Newtons in seiner Zeit, erbrachte J. Cl. Maxwell (1831-79), der in seinen auch ästhetisch einzigartigen Gleichungen den ›Zauber der Elektrizität‹ verewigte. L. Boltzmann (1844-1906), der führende Kopf auf dem Gebiet der Thermodynamik, zeigte eine Art religiöser Verehrung für Maxwell, der er wiederholt »in lyrischem Überschwang«[34] Ausdruck verlieh; fundamentale Bedeutung für Einsteins Revolution erlangten aber einige andere Entdeckungen auf mathematischem und physikalischem Gebiet in diesem Zeitraum, so B. Riemanns (1826-66) Fassung der Nichteuklidischen Geometrie, H. Minkowskis (1864-1909) Begriff der ›Raumzeit‹, A. A. Michelsons (1852-1931) und E. Morleys (1838-1923) präzise Messung der Lichtgeschwindigkeit (Interferometer), an die sich die Diskussion um die Äther-Hypothese anschloß sowie der von mehreren Forschern fast gleichzeitig entdeckte Satz von der Erhaltung der Energie; Diverse Ansätze zur Klärung der seit Newton bekannten Fernwirkung und ihre Weiterführung (seit Maxwell) zu einer umfassenden Feldtheorie dürften Einstein ebenfalls inspiriert haben. Nicht zu vergessen sind E. Mach (1838-1916), R. v. Eötvös (1848-1919) und M. Planck (1858-1947). Einstein hat sich 1909 ausdrücklich als Schüler Machs bezeichnet.[35] Machs Kritik an Newtons Begriffen vom absolutem Raum und absoluter Zeit haben die relativistische Betrachtungsweise Einsteins wesentlich beeinflußt. Eötvös hatte bereits 1891 durch genaue Messungen die Gleichheit von träger und schwerer Masse wahrscheinlich machen können. Plancks Einfluß auf Einsteins Entwicklung ist allgemein bekannt und anerkannt. Alle diese Anregungen, Einflüsse und Vorarbeiten schmälern jedoch Einsteins revolutionäre Leistung nicht im mindesten. Schon die Erkenntnis der zukunftsträchtigen Ideen einer Ära, ihre Kombination,

Auswertung und Synthese sind ungewöhnliche Leistungen. Darüber hinaus hat Einstein eine Fülle eigener Ideen beigesteuert, von denen hier nur die wichtigsten erwähnt werden können: Die Modifikation des Begriffs der Gleichzeitigkeit, die Gleichrangigkeit von Bezugssystemen und die Einführung der Lichtgeschwindigkeit als Konstante in der Speziellen Relativitätstheorie, die Erneuerung der Gravitationstheorie, die Identifizierung von schwerer und träger Masse, die Äquivalenzthese von Materie und Energie und die konsequente Einführung der Raumzeit in der Allgemeinen Relativitätstheorie sowie die Entdeckung der besonderen Bedeutung des Photons, an sich und im Zusammenhang der Theorien.

Einsteins relativistische Perspektive läßt sich aber auch über die Grenzen der Physik hinaus als Chiffre für die Grundanliegen seines Zeitalters verstehen: Befreiung aus den Fesseln des Nationalismus, Rassismus, Militarismus und Imperialismus, Beseitigung von Privilegien, Minderheitenschutz, demokratische Weltrevolution. Von den drei Grundideen der Französischen Revolution: Freiheit, Gleichheit und Brüderlichkeit, fehlt in Einsteins Theorie und Praxis keine einzige. Alle drei erscheinen bei ihm auf hohem, humanistischem Niveau angesiedelt und realisiert.

Eine Konstante in Einsteins Weltsicht ist seine Aversion gegen alles Militärische. Hier glüht in seinen Worten eine tiefe, prophetische Leidenschaft, denn von der Rolle, dem Stellenwert und dem Einfluß des Militärs wird gewiß die Zukunft, das Überleben, das Schicksal der Menschheit abhängen. Gleich zu Beginn seiner Bekenntnisschrift ›Mein Weltbild‹ kommt der Prophet Einstein auf dieses Grundanliegen zu sprechen:

> Bei diesem Gegenstand komme ich auf die schlimmste Ausgeburt des Herdenwesens zu reden: auf das mir verhaßte Militär! Wenn einer mit Vergnügen in Reih und Glied zu einer Musik marschieren kann, dann verachte ich ihn schon; er hat sein großes Gehirn nur aus Irrtum bekommen, da für ihn das Rückenmark schon völlig genügen würde. Diesen Schandfleck der Zivilisation sollte man so schnell wie möglich zum Verschwinden bringen. Heldentum auf Kommando, sinnlose Gewalttat und die leidige Vaterländerei, wie glühend hasse ich sie, wie gemein und verächtlich erscheint mir der Krieg; ich möchte mich lieber in Stücke schlagen lassen, als mich an

> einem so elenden Tun beteiligen! Ich denke immerhin so gut von der Menschheit, daß ich glaube, dieser Spuk wäre schon längst verschwunden, wenn der gesunde Sinn der Völker nicht von geschäftlichen und politischen Interessenten durch Schule und Presse systematisch korrumpiert würde.

Diese Darlegung gehört in jedes Schulbuch und läßt den Weg erkennen, den reaktionäre Kreise hierzulande mit ihrer Aufwertung militärischer Traditionen wieder einzuschlagen versuchen. Im gleichen Jahr, als Einstein seine Spezielle Relativitätstheorie publizierte, erhielt Bertha von Suttner den Friedensnobelpreis. Beide waren geistige Bundesgenossen im Kampf gegen den Militarismus. Im gleichen Jahr erhielt auch Henryk Sienkiewicz, der mutige polnische Kämpfer für Freiheit und Gerechtigkeit, den Literatur-Nobelpreis. Im gleichen Jahr, als Einsteins Allgemeine Relativitätstheorie die Physik revolutionierte, erhielt Romain Rolland, ein unermüdlicher Kämpfer gegen Nationalismus und Chauvinismus, den Nobelpreis für Literatur. War die Finalität die klassische Chiffre für das feudale Zeitalter, die Kausalität für das bürgerliche, so wurde Einsteins Idee der Relativität zur klassischen Chiffre für die demokratische Weltrevolution.

Sowohl in der Physik als auch in der Gesellschaft steht das kosmopolitische Relativitätsprinzip für neue Freiheitsgrade, Gleichberechtigung, Entabsolutierung und Homogenität.

Leider hatte Einstein bei der Konstruktion seines Weltmodells nicht immer eine glückliche Hand, denn es sollte nicht nur homogen und isotrop[36], sondern auch statisch sein, und dies sollte sich bald als fataler Irrtum herausstellen. Die Einführung einer kosmologischen Konstanten (Lambda), eines Parameters, der den (theoretischen) Gravitationskollaps des Universums vermeiden sollte, bezeichnete Einstein selbst 1932 als ›die größte Eselei seines Lebens‹. Das bedeutet jedoch nicht unbedingt einen Rückschritt gegenüber der Evolutionstheorie. Seine Kosmologie ist prinzipiell mehr am Makrokosmos als am Mikrokosmos orientiert. Beide Aspekte zu vereinigen, bemühten sich die Physiker verschiedenster Provenienz bisher vergeblich. Gemessen an Newtons Weltmodell und an unseren zwölf Kriterien, besitzt Einsteins Weltmodell manche Vorzüge. Es führt mit dem Begriff der Raumzeit nicht nur über Newtons Klassische Mechanik, sondern auch über die klassische Evolutionstheorie hinaus, ebenso was den Anfang, das Ende und die Größe des Universums betrifft. Es erscheint aus der Perspektive Einsteins als endlich und berechenbar. Die Reduktion auf Materie und Energie ist kaum zu übertreffen, desgleichen methodisch die Einführung der Lichtgeschwindigkeit als einer Konstanten. Von den Kräften wird zwar nur die Gravitation berücksichtigt, aber wer sagt schließlich, daß nicht auch die anderen drei oder zwei (starke, elektroschwache Wechselwirkung) Kräfte auf die Gravitation zurückführen? Die Einsteinschen Gleichungen sind immer noch die besten Beschreibungsgrundlagen des Makrokosmos, auch wenn sie in absehbarer Zeit durch eine einfachere Formel ersetzt werden sollten.[37] Der Traum des Nobelpreisträgers L. Lederman ist das »ultimative T-Shirt«:

> Ich möchte es noch erleben, daß die gesamte Physik auf eine Formel gebracht wird, die so elegant und einfach ist, daß sie ohne weiteres auf der Vorderseite eines T-Shirts Platz hat.[38]

Ledermans Vision ist jedoch etwas anderes als die opportunistische Schwärmerei von der ›Weltformel‹.

Sein Buch zeugt von einem hohen Maß an Selbstkritik des Autors, der natürlich auch um die Ambivalenz des Erfolgs bei den Physikern weiß, die ebenso wie alle übrigen Menschen für die Arroganz der Macht anfällig sind: Verschwendung von Steuergeldern für Prestigeprojekte und überflüssige Technologie, elitäres Auftreten und Schaumschlägerei.

> Man muß zwischen den Wissenschaftlern und der Wissenschaft unterscheiden ... Wissenschaftler sind gelassen und ehrgeizig; sie werden getrieben von Wißbegierde und Selbstsucht; sie zeigen engelhafte Tugenden und maßlose Gier; sie sind über alle Maßen weise und kindisch bis ins Greisenalter; eifrig, besessen, faul. In der als Wissenschaftler titulierten Teilmenge der Menschheit gibt es Atheisten, Agnostiker, militant Gleichgültige und tief Religiöse ... Auch die Fähigkeiten der Wissenschaftler verteilen sich über ein sehr breites Spektrum. Das ist in Ordnung, denn die Wissenschaft braucht die Zementmischer ebenso wie die Meisterarchitekten. Es gibt unter uns neben ganz großen Geistern auch solche, die

> nur ungeheuer schlau sind, und es gibt diejenigen, die magische Hände, eine nachtwandlerische Intuition und das wichtigste aller wissenschaftlichen Attribute besitzen: Glück. Es gibt unter uns auch Trottel, Arschlöcher und solche, die schlicht und einfach dumm sind – *dumm!* ... Die Investition in die Grundlagenforschung, die in Industrieländern weniger als ein Prozent des Haushalts kostet, hat sich seit über dreihundert Jahren sehr viel besser rentiert als der Dow-Jones-Durchschnitt. Dennoch werden wir hin und wieder von frustrierten Politikern terrorisiert, die die Wissenschaft auf die *unmittelbaren* gesellschaftlichen Bedürfnisse ausrichten möchten, und dabei vergessen (oder vielleicht nie verstanden haben), daß die technischen Fortschritte, die sich auf das menschliche Leben qualitativ und quantitativ ausgewirkt haben, überwiegend auf die reine, abstrakte, von bloßer Neugier angetriebene Forschung zurückgehen.[39]

Selbstkritischer Optimismus, eine durch und durch sokratisch-humanistische Einstellung, erscheinen bei Einstein wie bei Lederman typisch für den modernen, erfolgreichen, verantwortungsbewußten Physiker.

Wenn nun Ledermans Vision des »ultimativen T-Shirts« realisierbar sein sollte, so kaum anders als durch eine konsequent reduktive Interpretation der Einsteinschen Gleichungen. Auf meditativer Ebene ist dieser Schritt bereits vor 2500 Jahren in der hinduistischen Philosophie vollzogen, deren Identitätsformel atman = brahman lautet. das genügt natürlich dem modernen, prometheischen Menschen nicht, so wenig wie die Meditation in Thyangboche die Besteigung des Mt. Everest ersetzen konnte. Im Westen gilt das Vico-Axiom: verum idem factum, der Mensch kann nur erkennen, was er selbst geschaffen hat, schaffen kann, aber es gilt auch: Selbsterkenntnis ist die conditio sine qua non, die unerläßliche Bedingung der Welterkenntnis. Giambattista Vico (1688-1744) war Geschichtsphilosoph und Humanist. Verkürzt man die indische Formel und mathematisiert sie, so erhalten wir a = b, was nach herkömmlicher Logik definitiv falsch ist, denn hier gilt nun einmal a = a und b = b, so will es der Satz der statischen Identität, während a = b dynamische Identität oder Selbsttranszendenz symbolisiert. Einsteins ›modernes‹ Relativitätsprinzip ist auch nicht so modern, im

Prinzip sogar uralt, denn es verbindet sich mit großen und ehrwürdigen Namen der Philosophiegeschichte: Heraklit und Laotse.

Daß das Grundproblem seiner Kosmologie reduktionistisch sein würde, hat Einstein als Feldtheoretiker selbst gesehen. Wenn Materie und Energie äquivalent sind, muß sich dann nicht (theoretisch) Materie auf Energie-Felder reduzieren lassen? Natürlich lautet die nächste Frage: Und worauf ließe sich dann Energie reduzieren? Gewiß nicht auf Information, wie einige scheinbar ganz Schlaue annehmen. Einstein suchte nach einer allumfassenden Feldtheorie, aber vergeblich. Vielleicht verdankte er diesen Mißerfolg nicht zuletzt dem Erbübel der Klassischen Mechanik, Systeme generell als geschlossen anzusehen, und der Vernachlässigung der evolutionären, dynamisch-genetischen Sicht zugunsten der im Einflußbereich des mechanischen Weltmodells verbreiteten statisch-systematischen. In dem eingangs erwähnten Buchtitel: ›Die Evolution der Physik‹ könnte sich sogar der (unbewußte) Nachholbedarf an evolutionärer Orientierung zu Wort gemeldet haben. Wie dem auch sei: Ein expansionistisches Weltmodell lag ihm zum Greifen nahe, aber er griff nicht zu, denn irgendwo war der Revolutionär Einstein auch konservativ und konnte sich, wie es jedem Menschen geht, nicht ganz von den Vorurteilen einer mächtigen Tradition, von den Fesseln der geistigen Gravitation lösen.

Sein kosmologisches Grundproblem hat Einstein jedoch nicht nur erkannt, sondern auch präzise formuliert:

> Wir können die Physik zwar nicht auf dem Materiebegriff allein aufbauen, doch muß auch die Unterscheidung zwischen Materie und Feld in dem Moment, wo man sich über die Äquivalenz von Masse und Energie klargeworden ist, als etwas Unnatürliches und unklar Definiertes erscheinen. Können wir den Materiebegriff nicht einfach fallenlassen und eine reine Feldphysik entwickeln? Was unseren Sinnen als Materie erscheint, ist in Wirklichkeit nur eine Zusammenballung von Energie auf verhältnismäßig engem Raum.
>
> Wir könnten die Materiekörper auch als Regionen im Raum betrachten, in denen das Feld außerordentlich stark ist. Daraus ließe sich ein gänzlich neues philosophisches Weltbild entwickeln,

> das letztlich zu einer Deutung aller Naturvorgänge mittels struktureller Gesetze führen müßte, die überall und immer gelten. Ein durch die Luft geworfener Stein ist in diesem Sinne ein veränderliches Feld, bei dem die Stelle mit der größten Feldintensität sich mit der Fluggeschwindigkeit des Steines durch den Raum bewegt. In einer solchen neuen Physik wäre kein Raum mehr für beides: Feld und Materie; das Feld wäre als das einzig Reale anzusehen. Diese neue Auffassung drängt sich uns förmlich auf, wenn wir uns die großen Leistungen vor Augen halten, die wir mit der Feldphysik schon vollbracht haben; wenn wir an den gelungenen Versuch denken, die Gesetze der Elektrizität, des Magnetismus und der Gravitation in die Form von strukturellen Gesetzen zu bringen, und wenn wir die Äquivalenz von Masse und Energie berücksichtigen. Letzten Endes haben wir unsere Aufgabe also darin zu sehen, die Feldgesetze so umzumodeln, daß sie auch dort nicht versagen, wo gewaltige Energiemengen konzentriert sind.[40]

Während Einstein an der Konzeption eines expansiv-evolutionären Weltmodells und der Ausarbeitung einer umfassenden Feldtheorie scheiterte, verwandelte sich die Geschichte seiner Relativitätstheorien in einen Triumphzug von Bestätigungen durch Experimente. In diesem Idealfall wird das Verhältnis von Theorie und Experiment, der Grundpfeiler der Physik und im weiteren Sinn aller Wissenschaft, selbst zum Modell, Muster und Beispiel, an dem sich der Erkenntnisgewinn von Theorien messen läßt.

Bahnbrechend für Einsteins Weltruf als Physiker wurde ein großangelegtes Experiment, das der Überprüfung seiner Theorien diente.

Der britische Astronom und Physiker Sir A. St. Eddington, Professor und Direktor der Sternwarte in Cambridge, und seine Mitarbeiter beobachteten am 29. 5. 1919 in Brasilien eine totale Sonnenfinsternis und prüften, ob Newtons oder Einsteins Theorie in der Frage der Ablenkung des Lichts durch die Massen von Sternen die auftretenden Phänomene besser zu erklären vermochte. Die Entscheidung fiel, von mehreren Seiten, zugunsten Einsteins, und das begründete seinen Weltruf:

> Das war der Zeitpunkt, zu dem Einsteins Popularität explodierte. Aus mir persönlich unerklärlichen Gründen wurde er plötzlich unglaublich populär, selbst bei Leuten, die von seiner Arbeit nicht das Geringste verstanden. Er wurde einerseits wie ein Filmstar oder ein beliebter Schauspieler bewundert, andererseits zog er sich über Nacht aus ebenso irrationalen Gründen auch erbitterte Feinde zu. Sogar eine Anti-Einstein-Gesellschaft wurde gegründet, der neben ehedem geachteten und achtbaren Personen auch Demagogen, Verrückte und zukünftige Nazis angehörten.[41]

Ein Phänomen der Massenpsychologie? Gewiß, aber nicht nur das. Vermutlich spielten Philo- oder Antisemitismus eine erhebliche Rolle, aber wohl auch Einsteins Engagement in gesellschaftlichen Fragen, sein revolutionäres Image und nicht zuletzt der Zusammenbruch der konservativen Werte und Ideologien auf der ganzen Linie. Vielleicht sah man in Einstein einen Ersatz für die verlorengegangene Glaubwürdigkeit der Kirchen, Herrscher und Politiker, eine Art Messias in einer Zeit, die so viele Gaukler, Charismatiker, Schamanen und Scharlatane hatte über sich ergehen lassen müssen: Einstein als Prophet, Messias und Hoffnungsträger eines ganzen Zeitalters? Mit ihm hatte die Wissenschaft auf dem Prüfstand gestanden und – gewonnen. Einstein bedeutete sicher für viele ein neues, besseres, glaubwürdigeres und wahrhaftigeres Zeitalter. Den Obskuranten, Militaristen, Rassisten und Nationalisten war er dagegen, wie Freud, ein Dorn im Auge. Einstein war wohl nicht nur der größte Revolutionär der Physik in diesem Jahrhundert, sondern auch ein Revolutionär der Menschlichkeit.

An seiner Kosmologie und seinem Weltmodell wurde nicht nur von ihm kräftig weitergearbeitet, wobei, wie im Verlauf von Kurskorrekturen üblich, Einsteins Defizit an evolutionärer Dynamik schrittweise ausgeglichen wurde. Schon 1917 schloß W. de Sitter (1872-1934), ein Astronom aus Leiden, nach dem Verzicht auf die kosmologische Konstante, auf ein expandierendes Universum, das er sich jedoch ohne Materie, als einen in beide Zeitrichtungen offenen ›Lichtkosmos‹ dachte. Anders A. Friedmann (1888-1925), ein musisch sehr begabter Meteorologe aus St. Petersburg, dessen Steckenpferd Einsteins Relativitätstheorien waren. Friedmanns Gleichungen hielten an einem homogenen und isotropen Universum fest, ließen aber mehrere Modelle zu: Universen mit positiver, negativer und mit der Krümmung null. Die räumlich unendlichen Modelle, euklidisch, eben oder hyperbolisch, offen, dehnen sich aus, das endliche, sphärische pulsiert dagegen, wechselt zwischen Expansion und Kontraktion. Im Gegensatz zu Einsteins endlichem, statischem und geschlossenem Kugelraum ändert Friedmanns Kosmos seine Größe. In der Evolution wissenschaftlicher Modelle des Universums bedeutet die Entdeckung des Amerikaners E. P. Hubble (1889-1953) einen Meilenstein. Hubble studierte nicht nur Mathematik und Astronomie, u. a. bei R. Millikan in Chicago, der 1911 die elektrische Elementarladung bestimmt hatte, sondern in Oxford auch Jura. Außerdem war er ein Box-Champion mit Aussichten auf den Weltmeistertitel im Halbschwergewicht. Nachdem er 1917 seinen Doktortitel (Ph. D.) in Philosophie erworben hatte, folgte er einer Einladung an das im gleichen Jahr installierte Mount-Wilson-Observatorium in Kalifornien, wo er ein 100-Zoll-Teleskop benutzen konnte. Sein Interesse galt vor allem den seit langem umstrittenen Nebelflecken im Universum, die man entweder für Phänomene ungeklärter Provenienz (Shapley) oder für Weltinseln (Curtis) hielt. Am 26. 4. 1920 lieferten sich die Vertreter beider Standpunkte an der National Academy of Science in Washington D. C. ein Duell auf hohem Niveau, dem auch Einstein zuhörte. Curtis galt als Sieger, was Shapley sehr zu Herzen ging. 1929 krönte Hubble seine Untersuchungen mit seiner inzwischen weitgehend akzeptierten These von der ›Nebelflucht‹ oder ›Rotverschiebung‹. Er erklärte die Expansion der Galaxien nach Analogie des Doppler-Effektes, übertrug also ein akustisches Gesetz auf optische Phänomene. In der Expansionsphase verschieben sich die Spektrallinien nach rot, in der Kontraktionsphase nach violett. Die durch Beobachtung bestätigte Annahme eines expandierenden Universums besagt indessen noch nichts über dessen Endlichkeit oder Unendlichkeit. Nach Einsteins Option für die Endlichkeit war wieder alles offen. Die Beobachtungstatsache, daß sich die Galaxien mit zunehmendem Abstand vom Beobachter schneller von ihm entfernen, läßt sich mit Hilfe eines Ballons veranschaulichen, dessen Haut, zuvor mit Punkten versehen, aufgeblasen wird. Die Fluchtgeschwindigkeit galaktischer Systeme läßt sich dann nach der einfachen Formel: Hubble-Konstante x Entfernung errechnen, wobei die Konstante die Proportionalität von Rotverschiebung und Entfernung der Galaxie ausdrückt.

Die Urknall-Hypothese wurde von Abbé G. F. Lemaître (1894-1966) in der Form eines ›kosmischen Eis‹, ›Welteneis‹ oder ›Uratoms‹ eingeführt: ein weiterer Meilenstein auf dem Wege, das Universum evolutionär zu verstehen, der an das Weltenei der Orphiker erinnert. Aber erst nach dem Zweiten Weltkrieg (1946) veröffentlichten R. Alpher, H. Bethe und G. Gamow (alpha, beta, gamma) ihr Konzept des heißen Urknalls (big bang), das zur anfänglichen Verdichtung den Gedanken der Explosion hinzufügte. Die Grundlage für das Standardmodell war damit gelegt.

Quantentheorien

Von den vier Wechselwirkungen, Kopplungen oder Kräften, die das Weltgeschehen nach derzeitigem Wissen bestimmen, der Gravitation, dem Elektromagnetismus, der schwachen und der starken Wechselwirkung, sind die Gravitation und der Magnetismus naturgemäß am leichtesten erkennbar, weniger leicht die elektrische Kraft und am wenigsten leicht die Kernkräfte. Die Gravitation (lat. gravitas) erfährt der Mensch von Kindesbeinen an, ist ihr, ihren Erscheinungen und Wirkungen auf der Erde ständig ausgesetzt und erkannte sie daher auch am frühesten, wenn auch erst Newton sie wissenschaftlich zu erklären vermochte. Der Magnetismus war im Altertum schon bekannt. Bereits der erste Philosoph des Abendlandes, Thales von Milet (um 600 v. Chr.), schloß, Aristoteles zufolge, aus den Wirkungen des Magnet- und des Bernsteins (elektron) auf eine Beseelung der (anorganischen) Materie (A 1, 3).

In der Neuzeit befaßte sich der englische Arzt W. Gilbert (1540-1603) zuerst ausführlicher mit elektrischen Phänomenen, vor allem der Reibungselektrizität, und führte den Begriff ›elektrisch‹ um 1600 in die Wissenschaft als Terminus ein. Es sollte aber noch 300 Jahre dauern, bis das Elementarteilchen ›Elektron‹ entdeckt wurde. Während also bei den Kräften der Gravitation und des Magnetismus der Kontakt zu den Griechen und Römern von alters her bestand, schließt die Bezeichnung ›Elektrizität‹ nur indirekt an das griechische Stammwort an, ist also eine sprachliche Neuschöpfung in Anlehnung an den griechischen Wortschatz, wie sie, vor allem in der Medizin, in der Neuzeit häufig vorkam. Lehre und wissenschaftliche Erforschung der Elektrizität sind jünger als die des Magnetismus.

Erst mit Volta (1745-1827), dem Erfinder der Voltaschen Säule (Batterie), begann eine neue Phase der Forschung. Die weitere Entwicklung knüpft sich an Namen wie A.-M. Ampère (1775-1836), den ›Newton der Elektrizität‹, G. S. Ohm (1789-1854), M. Faraday (1791-1867), R. Clausius (1822-88) und führte von der Elektrochemie und dem Elektromagnetismus zur Elektrodynamik, Thermoelektrizität, elektrischen Induktion und Thermodynamik, um dann in Maxwells bereits erwähnten Gleichungen ihren klassischen Höhepunkt und theoretischen Abschluß zu finden.

Die Erforschung der schwachen und der starken Kernkräfte blieb, von ersten Anfängen vor 1900 abgesehen, dem 20. Jahrhundert vorbehalten. Die Zeitfolge in der Erforschung der Wechselwirkungen hängt also eng mit ihrer Zugänglichkeit und der Schaffung technischer Voraussetzungen zusammen, hängt aber auch vom Grad der erreichten Abstraktion, der mathematischen Darstellung, von Zufällen und last, not least vom Glück der Forscher ab.

Die Erforschung des Mikrokosmos, der Atome und ihrer Strukturen wurde wesentlich von der Strahlenforschung beeinflußt, die erst im 19. Jahrhundert aufkam. Wir pflegen u. a. Radio-, Wärme-, Licht-, Infrarot-, Ultraviolett-, Röntgen- und Gammastrahlen nach ihrer Frequenz (Schwingung pro Sekunde) und Wellenlänge zu unterscheiden. Lichtstrahlen sind leicht zugänglich und liegen im Erfahrungsbereich jedes sehenden Lebewesens. Röntgenstrahlen sind schwieriger festzustellen, erfordern zu ihrer Entdeckung physikalisches Wissen, experimentelles Können und technische Voraussetzungen und wurden daher auch erst am 8.11.1895 von W.C. Röntgen (1845-1923) entdeckt.

Ein Jahr später entdeckte P. Zeeman (1865–1943), im Anschluß an Versuche Faradays, dank besserer Technik, den nach ihm benannten Zeeman-Effekt: die Spektrallinien von Natriumdampf verbreiterten sich, wenn man sie einem Magnetfeld aussetzte. Was bedeutete das? H.A. Lorentz (1853-1928), ein derzeit schon berühmter Physiker, der das Zeitalter Maxwells mit dem von Planck und Einstein verband, interpretierte den Vorgang als Emission von Licht seitens der sich in den Atomen bewegenden Elektronen, deren Ladung und Vorzeichen die Forscher nun bestimmen konnten. Zeemans unscheinbare Entdeckung war äußerst folgenreich für spätere Entwicklungen der Atomphysik, die Erschließung der Atomstrukturen, Paulis Entdeckung des Ausschließungsprinzips, die Entdeckung des Eigendrehimpulses (Spins) der Elektronen sowie anderer Emissionsmechanismen.[42] Das Ausschließungsprinzip besagt, bildlich gesprochen, daß nicht zwei Elektronen die gleiche Bahn in der Atomhülle benützen können, etwa so wenig wie zwei Planeten, Erde und Mars, die gleiche Sonnenumlaufbahn.

Die dritte bedeutende Entdeckung dieser Übergangszeit verbindet sich mit den Namen H. Becquerel (1852-1908), M.S. Curie (1867-1934) und P. Curie (1859-1906), den Entdeckern der Radioaktivität. Am 1.3.1896 entdeckte Becquerel von Uran emittierte, natürlich radioaktive Strahlen. An seiner Entdeckung hatten die Forschungen seines Vaters und Großvaters, also Erfahrung und Tradition Anteil, aber auch Zufall, Beharrlichkeit und logisches Denken. Zwei Jahre später bauten die Curies auf den Erkenntnissen Becquerels auf, untersuchten auch andere Elemente auf Strahlung, führten den Begriff Radioaktivität ein, entdeckten das Polonium, bestimmten die Halbwertzeit (Zerfall) und bewiesen (mit Becquerel), daß Betastrahlen aus schnellen Elektronen bestehen. 1903 erhielten sie, zusammen mit Becquerel, den Nobelpreis für die Entdeckung und Erforschung der Radioaktivität. Marie Curie erhielt ihren zweiten Nobelpreis (Chemie) 1911 für die Entdeckung, Gewinnung und Erforschung des Radiums.

Die vierte große Entdeckung auf dem Wege zur Quantenmechanik war das Elektron, ein wesentlicher Baustein für das Atommodell. Es verdankt seine Entdeckung vor allem J.J. Thomson (1856-1940), dem Direktor des Cavendish-Laboratoriums in Cambridge. Seitdem John Dalton (1766-1844) Demokrits Atomtheorie rehabilitiert hatte und, im Anschluß an Ideen Newtons, mit seinem Werk: ›A new system of chemical philosophy‹ (1808-27) zum Begründer der neuzeitlichen chemischen Atomistik geworden war, seitdem J. Proust die Hypothese aufgestellt hatte, daß Atome, wie Moleküle, aus kleineren Bausteinen zusammengesetzt sein könnten, seitdem ferner H. Geißler (1814-79) mit Hilfe seiner Vakuumröhren die Kathodenstrahlen entdeckt hatte und seitdem schließlich das Kind auch schon einen Namen bekommen hatte (1881), konnte Thomson daran denken, die Masse dieses subatomaren Elementarteilchens zu bestimmen.

Er stellte sich den Aufbau des Atoms nach Art eines ›Rosinenpuddings‹ (1898) vor: eine Vorstufe der Atommodelle von Sir Ernst Rutherford (1871-1937) und Niels Bohr (1885-1962).

Nach all diesen Vorstufen, Vorarbeiten, Entdeckungen, Forschungen, Denkansätzen, Hypothesen und modellartigen Entwürfen war die Zeit für den großen Durchbruch in der Physik gekommen, der um die Jahrhundertwende erfolgte. Hier interessieren uns in erster Linie M. Planck, A. Einstein, E. Rutherford, M. Born, A. Sommerfeld, W. Pauli, E. Fermi, W. Heisenberg, E. Schrödinger, L. de Broglie, P. A. M. Dirac, R. Feynman und N. Bohr, der Vater des nach ihm benannten Bohrschen Atommodells. Um die Jahrhundertwende war man noch weit von der Anerkennung der Atome entfernt, geschweige von Atommodellen: »Kein Mensch jedoch dachte ernsthaft daran, Atommodelle aufzustellen – nicht nur, weil das jenseits der Grenzen des damals Machbaren gelegen hätte; das Atom selbst war noch eine sehr umstrittene Hypothese.«[43] An den wissenschaftlichen Weltmodellen, die im 20. Jahrhundert, besonders aber in den letzten Jahrzehnten, wie Pilze aus dem Boden schossen, lassen sich einige unumkehrbare Megatrends der Evolution der Wissenschaften ablesen: Spezialisierung, Zunahme der Menge der Forscher, Rückgang der Genies, Einzelgänger und Autoritäten, wachsender technischer Aufwand, Teamwork, Großforschung,

Kooperation und Vernetzung der Wissenschaften, Methodenpluralismus, zunehmende Abstraktion. Wenn es auf der Erde um 1900 nicht viel mehr als 1000 Physiker gab, werden es im Jahr 2000 vielleicht schon 100 000 sein. Ein Forscher kann heute nicht mehr, wie noch Newton, den gesamten Bereich der Physik übersehen oder gar beherrschen. Die Größe der Probleme zwingt unaufhaltsam zu aufwendiger Großforschung, die Datenmenge zu neuen Organisationsformen des Wissens.

Aber auch schon in den ersten Jahrzehnten dieses Jahrhunderts, als starke Forscherpersönlichkeiten wie Planck, Einstein und Rutherford im Szenarium der Physik dominierten, gab es schon Anzeichen der Desintegration:

> Die beiden großen Stars – Rutherford und Einstein – hätten wohl nur schwer eine vernünftige wissenschaftliche Diskussion miteinander führen können. Ihre Interessen, ihr kultureller Hintergrund und ihre wissenschaftlichen Vorstellungen unterschieden sich zu sehr. Wie Rutherford sich vermutlich kaum für die Bedeutung der Invarianz der Maxwellschen Gleichungen gegenüber der Lorentz-Transformation interessiert hätte, so hätte sich umgekehrt Einstein kaum für die technischen Details erwärmen können, die zur Aufhellung des Kernzerfalls erforderlich waren.[44]

Die Divergenz der Begabungen, Interessen und Neigungen bei den Stars führt zu objektiven Unterschieden, die sich in drei Begriffspaaren verdeutlichen lassen: Makrokosmos-Mikrokosmos, Statik-Dynamik und Systematik-Genetik. Bei Einstein dominiert das Interesse für den Makrokosmos. Man darf allerdings nicht vergessen, daß er seinen Nobelpreis (1921) für quantentheoretische Forschungen erhielt, speziell für die Erklärung des photoelektrischen Effekts oder der Extraktion von Elektronen aus Metall durch Lichteinwirkung. Von Newton führen zwei Stränge wissenschaftlicher Forschung zu den beiden großen Forschungskomplexen dieses Jahrhunderts, von seiner Gravitationstheorie zu Einstein und von seiner Optik zur Quantenmechanik. Wie sein Weltmodell zeigt, stand Einstein der statischen Betrachtungsweise näher. Die auf Newton zurückgehende Klassische Mechanik war auch eher systematisch als dynamisch. In der mikrokosmischen Quantenmechanik kommen dagegen eher genetische, dynamische Komponenten zur Entfaltung. Die Evolutionstheorie vereinigt beide Stränge und tendiert auf ein synthetisches Weltverständnis zu, das Mikrokosmos und Makrokosmos, Dynamik und Statik, Genetik und Systematik berücksichtigt und zu einem umfassenden, geschichtlichen Weltmodell zu integrieren versucht.

Im mancher Hinsicht liest sich die Geschichte der modernen Physik wie ein spannender Kriminalroman. Am Anfang steht wieder Heraklits berühmter Satz: »Die Natur liebt es, sich zu verbergen« (B 123). Die Physiker sind der Natur auf der Spur wie Sherlock Holmes einem Täter. Wie er gewöhnlich, hinterläßt auch die Natur manchmal Fingerabdrücke und Fußspuren, um die sich dann die Spurensicherung, die Entdecker von Naturkonstanten kümmern. Im Labor werden dann die Spuren genauer untersucht und, wie im Periodischen System der Elemente, säuberlich geordnet. Hin und wieder hilft der Kommissar Zufall und liefert so etwas wie die Hintergrundstrahlung, die man auch als eine Art Zeugenaussage interpretieren kann. Immer aber ist der Detektiv auf seine Kombinationsgabe angewiesen, wie Einstein, der ein Meisterdetektiv war. Die großen Theoretiker entwerfen dann Phantomzeichnungen, und die Kriminalpsychologen konstruieren ein Täterprofil. Zusammen und mit Hilfe der Technik verengen sie den Kreis der Verdächtigen wie die Analytiker in der Wissenschaft, die ein Problem, z. B. der Entstehung des Lebens, einkreisen.

Aber die Indizien reichen noch nicht für einen Haftbefehl aus, den ein ehrgeiziger Inspektor gern haben möchte. Da muß das Experiment helfen, vielleicht ein ›Köder für die Bestie‹, aber der Täter ist zu schlau, bleibt verborgen, und die Suche geht weiter, wird eingestellt, wiederaufgenommen und schließlich mit mehr oder weniger Erfolg abgeschlossen. All das gab es auch in der Physik. Zur Zeit Augustins reichten Vermutungen zur Verhaftung des Täters aus, heute werden Beweise gefordert, keine Hypothesen. Die Anforderungen an ein wissenschaftliches Weltmodell sind immer strenger geworden, was den Spekulationstrieb eher noch herausfordert als eindämmt. Der Physiker, Systemtheoretiker und Begründer des Operationalismus, P. W. Bridgman (1882-1961), fordert in seinem Buch ›The logic of modern physics‹ (1927), daß alle physikalischen Begriffe genau definiert und unphysikalische Begriffe aus der Physik eliminiert werden sollen. Logische, erkenntnistheoretische und philosophische Probleme stellen sich den Physikern. Gleichzeitig hebt das Vico-Axiom (verum idem factum) den Anspruch an die Wissenschaft gewaltig an. Zur Vorhersage tritt die Machbarkeit. Ein wahres Weltmodell ist danach nur, was ein brauchbares Rezept für die Herstellung des Universums liefert, aber gibt die Natur, der Täter sich überhaupt zu erkennen?

Was wir aus der ›Evolution der Physik‹ mit Sicherheit lernen können, ist, daß die Welt immer größer, weiter, älter und weniger anthropomorph war, als man angenommen hatte. In seinen letzten Jahren soll der einflußreiche und gefeierte Berliner Physiker H. v. Helmholtz (1821-94) einem seiner Assistenten empfohlen haben, sich eine andere Wissenschaft zu suchen, da es in der Physik nichts mehr zu erforschen gäbe. Wenige Jahre später kam mit Planck und Einstein der Durchbruch in die bisher glanzvollste Ära der Physik.

Leute, die, wie Hegel, glaubten, am Ende der Philosophie oder Wissenschaft angekommen zu sein oder selbst die Vollendung zu repräsentieren, Leute, die sich mit Weltformeln brüsteten, die Wissenschaft für ein Kabinett ewiger, natürlich eigener Wahrheiten hielten und nicht begreifen konnten oder wollten, daß die Wissenschaft ein Prozeß ist, wurden von Natur und Geschichte stets Lügen gestraft, als Scharlatane entlarvt und widerlegt. Es scheint so, als ob die Natur wie Sokrates (mit den Sophisten) verfährt, die Überheblichen, Eitlen, Stolzen, Ehrgeizigen und Anmaßenden abblitzen läßt und sich nur denen zu erkennen gibt, die sie achten, verehren, aufrichtig lieben und brauchen. Vielleicht ist die Natur eine edle, charakterfeste Dame von Format, Anstand und Tugend, die nicht auf faulen Zauber, billige Tricks und Machoallüren hereinfällt.

Einer jener Forscher, denen sich die Natur zu erkennen gab, war M. Planck. Die Quantentheorie hing von Anfang an mit dem Phänomen der Strahlung zusammen, wie schon Plancks Aufstellung der Strahlungsformel zeigt, die er am 19. 10. 1900 im Physikalischen Seminar der Universität Berlin präsentierte. Achtzehn Jahre später, anläßlich der Verleihung des Nobelpreises, bemerkte Planck, zum Zeitpunkt der Entdeckung habe sie lediglich die Bedeutung »einer glücklich erratenen Interpolationsformel« gehabt, deren Tragweite sich erst nachträglich ergab. Der ›Revolutionär wider Willen‹ war viel zu bescheiden, um daraus den Anspruch auf eine Weltformel oder ein Weltmodell abzuleiten. Von Plancks Leitbegriff des Quants, einer kleinsten unteilbaren Menge, ausgehend, ist heute in den Quantentheorien von Wirkungsquanten, Elementarquanten, Energiequanten und Lichtquanten die Rede. Die Größe des Planckschen Wirkungsquantums, einer Naturkonstanten, beträgt $h = 6{,}625 \cdot 10^{-27}$ ergsec. Plancks Vorstoß in mikrokosmische Bereiche, vorbereitet von I. Newton (1643-1727), Lord Kelvin (W. Thomson, 1824-1907), J. C. Maxwell (1831-79), J. Stefan (1835-93), Lord J. W. Rayleigh (1842-1919), L. Boltzmann (1844-1906), W. Wien (1864-1928) und anderen, löste eine Lawine von quantenphysikalischen Neuerungen aus, angefangen von Einsteins Einbeziehung des Wirkungsquantums in seine Arbeit über den photoelektrischen Effekt, bis zur Quantenkosmologie, Quantenstrahlung, Quantengravitation und Quantengeometrodynamik über die Quantenmechanik, -statistik, -elektrodynamik, -feldtheorie, -logik, -optik, -biologie, -chemie und Quantenphilosophie. Die Quantentheorie ist, was Planck wahrscheinlich peinlich gewesen wäre, inzwischen stellenweise zu einer Weltanschauung oder Ideologie geworden, die mit der Verabsolutierung ihrer Prinzipien, der Quantisierung und Quantifizierung aller, nicht nur der Quantenphänomene, leicht zu einem Religionsersatz, Aberglauben und zu einer modernen Form der Magie werden könnte. Vielleicht war es diese Eigendynamik, diese zur Weltherrschaft drängende Tendenz der Quantentheorie, die der tief religiöse Einstein ahnte, ablehnte und vor der er mit seiner Kritik an der ›unvollständigen‹ Theorie warnen wollte. Nach heutigem Stand des Wissens wissen wir zwar, *daß* die Quantentheorie funktioniert, nicht aber, *warum*.

Die Evolution der Quantentheorie, die in Bohrs schon 1914 entworfenem Atommodell gipfelte, fand hauptsächlich zwischen den beiden Weltkriegen statt. Zunächst machte Born seinen Schüler Heisenberg in Göttingen auf die Matrizenalgebra aufmerksam, die dieser dann für seine Quantenmechanik benutzte. Sommerfeld, der in München etwa die Autorität besaß wie Born in Göttingen, hatte ein großartiges Lehrbuch (›Atombau und Spektrallinien‹) verfaßt, aus dem jeder Student viel und schnell lernen konnte. Andere Zentren waren, nach Fermis Berufung, Rom und Kopenhagen, wo Bohr mehr und mehr zur Integrationsfigur der Quantentheorie wurde. Bohrs Institut für theoretische Physik ist vielleicht zu Recht mit dem Lyzeum des Aristoteles in Athen verglichen worden.[45] In den USA zeichneten sich auf dem Gebiet der experimentellen Physik R. A. Millikan und A. H. Compton aus. Der eine maß die Ladung des Elektrons und der Planckschen Konstanten, der andere wies die Lichtquanten nach und untersuchte ihre elastischen Zusammenstöße mit freien Elektronen. Pauli trug mehr indirekt durch seine scharfsinnige Kritik und sein Ausschließungsprinzip zur Entwicklung der Quantenmechanik bei, ebenso Fermi durch seine Spin-Forschung und die nach ihm benannte Statistik. Konkurrierende Weltmodelle, wenn man so sagen soll, lieferten Heisenberg mit seiner Matrizen-Mechanik und Schrödinger mit seiner Wellenmechanik, die sich im Endeffekt durchsetzte. Schrödinger vertrat, im Gegensatz zu Heisenberg, ein dynamisch-energetisches Modell. De Broglie trug mit seiner Hypothese von der Wellennatur des Elektrons wesentlich zur Durchsetzung der Wellenmechanik bei, und Diracs »relativistische Gleichung für das Elektron« ebenso.

Feynman führte die Quantenelektrodynamik zu vorbildlicher Vollendung und entsprach damit wohl am ehesten Einsteins Wissenschaftsideal.

Ein Versuch Heisenbergs und Paulis in den fünfziger Jahren, ihre Quantenfeldtheorie als die große vereinheitlichende Theorie aller Elementarteilchen zu präsentieren und damit die Festung Natur gleichsam im Handstreich zu nehmen, scheiterte. In einem überfüllten Hörsaal der Columbia-Universität, vor der Crème de la Crème der Wissenschaft, einem Hörerkreis, zu dem Nobelpreisträger wie Bohr und Lederman gehörten, trugen sie ihre mit Spannung erwartete Problemlösung vor, die aber nicht überzeugte. Als Pauli schließlich bemerkte: »Tja, dies ist eine verrückte Theorie«, erwiderte Bohr: »Der Haken an dieser Theorie ist, daß sie nicht verrückt genug ist.«[46] Ledermans

Kommentar: »Da die Theorie – wie so viele andere kühne Versuche – untergegangen ist, hatte Bohr wieder einmal recht.« Obwohl damit der Wert der Quantentheorie keineswegs tangiert war, haben Heisenberg und Pauli ihren Mißerfolg nie so recht verwunden. Pauli starb 1958, Heisenberg wandte sich philosophischeren Themen zu: Sprache und Wirklichkeit, Goethes Naturbild, Der Teil und das Ganze, die Bedeutung des Schönen und religiöse Wahrheit. Genialität bedeutet eben, weder bei Goethe noch bei Einstein oder Heisenberg Unfehlbarkeit:

> Heisenberg war zudem enttäuscht, daß seine jüngsten Versuche, eine einheitliche Feldtheorie der Materie aufzustellen, zurückhaltend aufgenommen wurden. Er meinte, das fundamentale Gesetz, die sogenannte Weltformel, gefunden zu haben, das den gesamten Komplex der Elementarteilchen erklärte, doch mit seinen Ideen, die keine endgültige Lösung brachten, überzeugte er seine Kollegen nicht. Es war eine der seltenen Gelegenheiten, bei denen Heisenbergs Intuition ihn in die Irre führte. Er war sich seiner Theorie so sicher, daß er sich für den Bau von Beschleunigeranlagen mit mehr Durchdringungsvermögen nicht zu erwärmen vermochte, da er ja glaubte, mit seinen Ideen die Fragen, die wir untersuchten, bereits beantwortet zu haben.[47]

Das Standardmodell

Die Gründe dafür, daß ein neues Modell entsteht, sind die Mängel der Vorgänger, der Wissenszuwachs, die Erweiterung der am Modellentwurf Beteiligten sowie, im Fall des Standardmodells, der Versuch, die Desintegration der Forschung zu vermeiden. Als das mechanistische Modell der Kosmos-Maschine nicht mehr paßte, die Evolutionstheorie neue Horizonte erschloß und der mikrokosmische Aspekt stärker zur Geltung kam, genügten die Weltmodelle von Newton, Einstein und de Sitter nicht mehr. Newtons Weltmodell war zu deterministisch, Einsteins zu statisch und de Sitters Exkommunikation der Materie zu unrealistisch. Ähnlich erging es den Atommodellen. Newtons Atom-Konzept kompakter kleinster Bausteine, die durch rätselhafte Kräfte zusammengehalten werden, war überholt.

Daltons mechanistisches Kugelmodell reichte zwar zur Erklärung der Massenerhaltung und der Gasgesetze aus, nicht aber für elektrische Ladungen. J. J. Thomsons Rosinenpuddingmodell, »laut dem das Atom aus einer in einer Kugel diffus verteilten positiven elektrischen Ladung bestand, in die Elektronen wie Weinbeeren in einen Pudding eingelagert waren«[48], führte zwar etwas weiter, vereinfachte jedoch die Dinge zu sehr. H. Nagaokas (1865-1950) nach Art des Planetensystems aufgebautes Atommodell (1903) erwies sich als etwas zu naiv. Rutherfords Modell, das nicht nur Masse und Ladung, sondern auch Kern und Hülle unterschied, führte einen wesentlichen Schritt weiter, litt aber unter dem Mangel, daß die Elektronen nach Abstrahlung von Energie in den Kern fielen und das System somit kollabierte. Auch gab es bei diesem Modell Widersprüche zu den Gesetzen der damaligen Elektrodynamik. Bohrs Modell, das die Fehler seiner Vorgänger sorgfältig vermied und schon 1914 im Rohbau stand, verdankte seinen Erfolg nicht zuletzt der Einbeziehung von Erkenntnissen der Planckschen Quantentheorie. Es war nicht mehr, wie das Newtons, ein mechanisches, sondern ein quantenmechanisches Modell, das die Quantenbahnen in der Elektronenhülle berücksichtigte. Die nach dem Ersten Weltkrieg in den USA und in Europa aufkommenden Schalenmodelle (Goeppert-Mayer, Jensen, Haxel, Suess) gingen weiter in dieser Richtung und lieferten daher auch manche brauchbaren Ergebnisse, ebenso wie das Bohr-Sommerfeld-Modell, das Ellipsenbahnen der Elektronen zuließ und Bohrs Modell verfeinerte (Sommerfelds Feinstrukturkonstante). Einige Widersprüche der Quantenmechanik zur Klassischen Mechanik konnte Heisenberg mit Hilfe seiner Unschärferelation (1927) beseitigen, indem er weitere Anschauungsreste mied und Begriffe wie Gleichzeitigkeit, Elektronenbahn und -ort aufgab.

Schrödinger perfektionierte das Atommodell durch die Einführung von Elektronenwellen mit bestimmten Schwingungszuständen, so daß die Elektronen nicht mehr als Partikel, sondern als Ladungswolken (Orbitale) erschienen. Mit dieser dynamisch-energetischen Konzeption dürfte Schrödinger Einsteins Idee einer Auflösung der Materie in Energiefelder ziemlich nahe gekommen sein. Aus heutiger Sicht lassen sich Wellen vielleicht als schwingende Teilchenschwärme (Galaxien) verstehen, die Felder (Universen) bilden.

Durch die Entdeckung neuer Teilchen, wie Protonen und Neutronen, kam es zu einer weiteren Differenzierung der Atommodelle in Gesamtmodelle des Atoms und Kernmodelle. War es gelungen, mit Hilfe des Aufbaus der Elektronenhülle das Periodische System der Elemente besser zu verstehen, indem man die Ursachen für die Erscheinungsformen der Elemente gefunden hatte, entstand nun das Problem, nach Ursachen für die Anzahl und Art der Elementarteilchen zu suchen. Überblickt man die Reihe der Atommodelle von Newton bis Schrödinger, so ist eine durchgehende Tendenz zu mehr Dynamik, Evolution und Offenheit zu erkennen. Der Abstand zwischen Elektronen und Atomkernen erscheint riesengroß, das Atom insgesamt viel aufgelockerter, beweglicher, weiträumiger, ›lebendiger‹ und ›freier‹ als angenommen.

Inzwischen meldete sich, bei rapidem Wissenszuwachs auf fast allen Gebieten, gebieterisch der Bedarf nach weiterer Vertiefung der Erkenntnis und nach einer noch umfassenderen Lösung auch weiterhin offener Fragen an. Vor allem war die Divergenz von makrokosmischen und mikrokosmischen Aspekten auf die Dauer unerträglich. Hier wirkten sich die Strukturfehler der relativistischen und der quantenmechanischen Theoriebildung aus. Einstein hielt die Quantentheorie für unvollständig und interessierte sich nicht besonders für sie, die Quantentheoretiker konnten mit den Relativitätstheorien nicht viel anfangen und vermochten sie nicht zu integrieren. Eine Ausnahme bildete Dirac, der die Quantentheorie mit der Relativitätstheorie zu versöhnen suchte.[49] Sein Ansatz war zukunftsträchtig, aber zwischen den Weltkriegen hatten die Theoretiker beider Lager wohl zuviel mit den eigenen Problemen zu tun. Eine Wende bahnte sich erst, wie Weinberg bemerkte,[50] in den vierziger Jahren an, wenn es auch noch weitere zwanzig Jahre dauern sollte, bis sich daraus das Standardmodell entwickelte.

Der Wissenszuwachs war gewaltig und betraf nahezu alle Bereiche: Mathematik, Hypothesen, Theorien, Voraussagen, Kategorien, Gesetze, Beobachtungen, Experimente, mehr oder weniger zufällige Entdeckungen, vor allem aber eine Fülle technischer Erfindungen.

In der Mathematik entdeckte B. Russell die Antinomien, und K. Gödel stellte 1931, gegen D. Hilbert und die Formalisten, seinen Vollständigkeitssatz auf: Die Mathematik ist entweder unvollständig oder nicht widerspruchsfrei; W. D. Harkins postulierte 1920 die Existenz des Neutrons, das 1932 von J. Chadwick entdeckt wurde; W. Heisenberg und W. Pauli stellten 1929 ihre Quantenfeldtheorie auf; C. D. Andersen entdeckt 1932 das von Dirac 1931 vorausgesagte Positron; Bohr führt 1927 die Kategorie der Komplementarität ein: gegenseitige Ausschließung und Voraussetzung; E. Noether bewies schon 1918, daß jede Symmetrie ein Erhaltungsgesetz impliziert und umgekehrt; aus der Beobachtung von Sternen gewannen E. Hertzsprung (1905) und H. N. Russell (1913) ihre Theorie von der Entwicklung der Sterne, woraus das Hertzsprung-Russell-Diagramm hervorging; Rutherford, der 1914 das Proton entdeckt hatte, berichtete 1919 über sein Experiment der ersten künstlichen Atomspaltung; V. F. Hess entdeckte 1912 die kosmische Strahlung; von den zahllosen technischen Erfindungen sei hier an einige, an Mikroskope, Reaktoren und Beschleuniger, erinnert: Elektronenmikroskop (E. Ruska, 1931), Feldelektronenmikroskop (E. W. Müller, 1936), Phasenkontrastmikroskop (F. Zernike, 1938), Raster-Tunnel-Mikroskop (G. Binnig, H. Rohrer, 1980), Positronenmikroskop (J. Van House, A. Rich, 1988); Kernreaktoren in Oak Ridge (USA, 1943), Calder Hall (UK, 1956); Beschleuniger, in den USA: National Laboratory, Brookhaven; Fermi National Accelerator Laboratory, Chicago; Lawrence Berkeley Laboratory; Los Alamos National Laboratory; Stanford Linear Accelerator Center, in Europa: CERN, Genf; DESY, Hamburg. Europa hat also seine Monopolstellung in der Atomphysik im Lauf des 20. Jahrhunderts nicht nur aufgegeben, sondern ist von den USA im Zweiten Weltkrieg überholt worden.

An weitere Errungenschaften dieses Jahrhunderts im Zusammenhang mit der Aufstellung von wissenschaftlichen Weltmodellen sei hier nur in Stichworten erinnert:

Ch. Wilsons Nebelkammer (bereits 1895); Entdeckung der

Spiralstruktur von kosmischen Nebeln (J. E. Keeler, 1900), der Gammastrahlen (P. U. Villard, 1900); Erkenntnis, daß geringfügige Unregelmäßigkeiten in den Anfangsbedingungen zu großen Unterschieden führen: Chaos-Forschung (H. Poincaré, 1903); Gedanke der Relativität (H. A. Lorentz, 1904); Schwarzes Loch (J. A. Wheeler, 1968); Betazerfall nuklearer Vorgang (N. Bohr, 1913); Lichtquantum: Photon (G. N. Lewis, 1926); unsere Galaxis hat eine Spiralstruktur (J. H. Oort, 1927); erste Ideen eines Tunneleffekts, beim radioaktiven Zerfall, durch Emission eines Alphateilchens (G. Gamow, 1928); der Geist kann die Materie beeinflussen und somit seinen freien Willen verstärken (A. St. Eddington, 1928); Idee der Parität alternativer Atomzustände (E. P. Wigner, 1928); ›Tropfenmodell‹ für den Atomkern schwerer Elemente (G. Gamow, 1929); kosmische Strahlen als Schauer (D. Skobeltzyn, 1929); ›Weißer Zwerg‹, nur wenn Masse 1,4 mal kleiner als die Sonnenmasse: Chandrasekharische Grenze (S. Chandrasekhar, 1931); erster brauchbarer Beschleuniger, Zyklotron (E. O. Lawrence, 1931); Zeitumkehr-Invarianz in der Quantenmechanik (E. P. Wigner, 1932); Theorie des Betazerfalls, der schwachen Wechselwirkung und des Neutrinos (E. Fermi, 1933); Elektronen durchtunneln Potentialwall (C. Zener, 1933); Massenbestimmung des Neutrons (J. Chadwick, M. Goldhaber, 1934); Teilchen emittiert Licht, wenn seine Geschwindigkeit größer ist als die Phasengeschwindigkeit des Lichts in diesem Medium: Tscherenkow-Strahlung (P. Tscherenkow, 1924); Antiteilchen (L. de Broglie, 1934); langsame Neutronen können Atome spalten (E. Fermi, 1934); erstes künstliches radioaktives Element (Ehepaar Joliot-Curie, 1934); Mesonen (H. Yukawa, 1935); Ladungskonjugation wechselwirkender (positive in negative Ladungen und umgekehrt) Teilchen (A. Kramers, 1937); Verbindung der Hubble-Konstanten mit Konstanten von Elementarteilchen: Makrokosmos-Mikrokosmos (P. Dirac, 1938); schnell rotierende Neutronensterne vorausgesagt (J. R. Oppenheimer, G. Volkoff) und entdeckt (J. Bell, 1967); Spaltung von Urankernen: Möglichkeit von Atombomben (O. Hahn, 1938); Verzögerung von Neutronenfluß bei der Spaltung von Urankernen (R. B. Roberts, 1939); erstes brauchbares Betatron (D. W. Kerst, 1940); erste kontrollierte Kettenreaktion (E. Fermi, 1942); Urknalltheorie (G. Gamow, R. Alpher, R. Herman, 1948); CERN (Centre Européen de Recherche Nucléaire) gegründet (1954); moderne Quantenfeldtheorie (Ch. N. Yang, R. Mills, 1954); der Achtfache Pfad als Vorläufer des Standardmodells (M. Gell-Mann); Hadronen unterliegen der starken Wechselwirkung (L. B. Okun, 1962); Theorie der schwachen Wechselwirkung (N. Cabibbo, 1963); Modell der Baryonen und Mesonen, die aus Quarks mit gebrochenen Ladungen bestehen (M. Gell-Mann); Mechanismus der spontanen Symmetrieverletzung, Higgs-Boson (P. Higgs, 1964); Entdeckung der kosmischen Hintergrundstrahlung (A. H. Penzias, R. W. Wilson, 1965); elektroschwache Wechselwirkung (St. Weinberg, A. Salam, Sh. L. Glashow, 1967); Landung auf dem Mond (N. Armstrong, B. Aldrin, M. Collins, 1969); Quantenchromodynamik (M. Gell-Mann, 1972); Entstehung des Universums durch Energiebildung im Quantenvakuum: aus nichts (E. P. Tyron, 1973); erste Große Vereinigungstheorie (GUT, H. M. Georgi, Sh. L. Glashow, 1974); Theorien der Supergravitation (1976); Eigenbewegung der Milchstraße (Galaxis) bestimmt (1977); Inflationstheorie des Universums (A. H. Guth, 1980); Quanten-Hall-Effekt: Quantenverhalten beobachtbar (K. v. Klitzing, 1980); Neue Inflationstheorie (A. Linde, P. J. Steinhardt, 1981); erstes wiederverwendbares Raumschiff ›Columbia‹ (1981); W-Teilchen und Z-Teilchen im CERN entdeckt (1983); Stringtheorie (1984); erste ständig bemannte Raumstation ›Mir‹ von der UdSSR in eine Erdumlaufbahn gebracht; Galaxie in 12 Mrd. Lichtjahren Entfernung entdeckt (S. J. Lilly, 1988).

Bei diesen Errungenschaften, Entdeckungen und Erfindungen handelt es sich nur um eine Auswahl, die weder Vollständigkeit beansprucht noch Bewertungen beabsichtigt. Es geht dabei vielmehr darum, aus dem Wissenszuwachs auf den einschlägigen Gebieten die Entstehung und Entwicklung des Standardmodells in dem Zeitraum von 1965-1995 mitzubegründen. Natürlich kommen auch allgemeinere Erwägungen in Betracht, etwa die Megatrends zur Quantisierung, Mathematisierung, Technisierung, Bürokratisierung und Materialisierung der Wirklichkeit, die Revolutionen auf den Gebieten der Nachrichtenübermittlung, Informatik, Computer, Chips, der Künstlichen Elemente und der Künstlichen Intelligenz, der Kybernetik, Raumfahrt, Erforschung des Universums, der Quasare und Pulsare, Astrophysik und Teilchenphysik, der Schwarzen Löcher, roten Riesen und weißen Zwerge, der Satelliten und Raumsonden, der Erforschung des Sonnensystems, auf den Gebieten der Kernenergie, Lasertechnik und Supraleiter, der Genforschung, Biologie und Medizin, Soziologie und Psychologie, Ökonomie und Ökologie, die insgesamt das Urteil über die 1945 beginnende Epoche rechtfertigen: »Seit der Industriellen Revolution oder vielleicht sogar seit der Einführung der Landwirtschaft vor 10 000 Jahren hatte es keine Periode eines so schnellen Wandels mehr gegeben.«[51]

Auf diesem Hintergrund globalen Wandels, soziokultureller Evolution und kreativer Vielfalt nahezu aller Wissenschaften muß auch die Kreation des Standardmodells gesehen werden, das wohl kaum ganz zufällig beim Übergang von der Industriezur Informations- oder Wissenschaftsgesellschaft Mitte der 60er Jahre entstand.

Im Gegensatz zu allen früheren wissenschaftlichen Weltmodellen ist das Standardmodell nicht primär die Schöpfung eines einzelnen Forschers oder einer eng begrenzten Gruppe von Forschern, wie noch das ›Steady-State-Modell‹ (1948) von F. Hoyle, H. Bondi und Th. Gold, vielmehr das auch heute noch unvollendete Werk von Forschergenerationen, weltweiter Kommunikation und Kooperation, nicht zuletzt motiviert von dem unabweisbaren Verlangen, die Welt, in der wir leben, besser zu verstehen, sie zu verändern, ihrer Desintegration entgegenzuwirken, sie zu vereinheitlichen und damit lebenswerter zu gestalten. Die Bilanz kann sich, glaube ich, sehen lassen. Entgegen der Meinung der Pessimisten, Verweigerer und Aussteiger, manchmal sogar aus den eigenen Reihen, unbeeindruckt vom Lärm der Gegner der Vernunft, des Fortschritts, der Wissenschaft und der Zivilisation, haben Hunderte, ja, Tausende von Forschern aus aller Welt in aller Stille, geduldig und oft unter hohen persönlichen Opfern ein Jahrhundertwerk geschaffen, die Intelligenz eines ganzen Zeitalters zusammengefaßt und zum Wohle der gesamten Menschheit genutzt.

Bevor wir uns diesem modernen Weltwunder zuwenden, noch etwas zum Modell der Konkurrenz:

> In der neuen Theorie wurde das Kosmologische Prinzip von der Homogenität und Isotropie des Raumes auf die Zeit erweitert; die drei Wissenschaftler sprachen vom ›Vollkommenen Kosmologischen Prinzip‹. Der Kosmos sollte danach nicht nur räumlich, er sollte auch zeitlich unveränderlich sein. Das schwierige Problem des Weltanfangs mit der Entstehung der Materie aus dem Nichts wurde damit buchstäblich aus der Welt geschafft. Der Nebelflucht wurde Rechnung getragen; die Galaxien verschwinden im Verlauf langer Zeiträume im Unendlichen. Da sich die Materie des Weltalls dann aber ständig verdünnen würde, was in einem zeitlich unendlichen Weltall natürlich nicht geschehen darf, nahmen die Schöpfer der Theorie an, daß ständig Materie aus dem Nichts entsteht, und zwar gerade so viel, wie im Unendlichen verschwindet. Die Materiedichte sollte dadurch unverändert bleiben. Viel muß da nicht entstehen. Dann und wann und hier und da ein Atom, genau kann man das nicht sagen. Aber der Kosmos könnte sich bei solcher Annahme tatsächlich als Ganzes in einem unveränderlichen Zustand befinden.[52]

Bondi, Gold und Hoyle, deren makrokosmisches Modell etwa zur gleichen Zeit entstanden war wie das mikrokosmische von Heisenberg und Pauli, erging es nicht anders als diesen: der Glaube, die Wahrheit bereits gefunden zu haben, wurde durch die harten Tatsachen, diesmal u. a. durch die Entdeckung der Hintergrundstrahlung widerlegt, und die kühne Theorie geriet bald in Vergessenheit, vielleicht, weil sie nicht kühn genug war.

Mit dem Standardmodell betreten wir festeren Boden. Um seine Geschichte darzustellen, Fortschritte und Rückschläge, Wege und Irrwege, Erfolge und Mißerfolge darzustellen und einigermaßen zu kommentieren, bedürfte es eines ganzen Buches. Wir gehen daher vom bisherigen Ergebnis aus, also vom Stand des Modells im Jahre 1995. Im Jahrbuch des Forschungszentrums DESY (Deutsches Elektronen-Synchrotron, Hamburg), in ›DESY'95‹ (S. 78 ff.) ist dazu aus erster Quelle alles Nötige gesagt, so daß wir hiervon ausgehen können. Das Standardmodell hat naturgemäß zwei Aspekte, einen makro- und einen mikrokosmischen. Um mit dem letzteren zu beginnen, so beruht das Standardmodell auf drei zentralen Thesen:

1. Alle Materie läßt sich auf 12 elementare Bausteine zurückführen, sechs Quarks und sechs Leptonen. Hinzu kommen ihre Antiteilchen.

2. Die Wechselwirkungen zwischen den Teilchen lassen sich als mathematische Gesetze ausdrücken und in drei ›Kräften‹ zusammenfassen, der elektromagnetischen, der schwachen und der starken Kraft, deren Ursache jeweils spezifische Ladungen sind.

3. Den Austausch der Kräfte bewirken je nach Ladungsart spezifische Austauschteilchen: Photonen für die elektromagnetische, Weakonen (neutrales Z-Boson, negatives W-Boson und dessen positiv geladenes Antiteilchen) für die schwache und Gluonen für die starke Wechselwirkung.

Die elektromagnetische und die schwache Wechselwirkung läßt sich zur elektroschwachen zusammenfassen. Um die Vereinigung von elektroschwacher und starker Wechselwirkung geht es den Forschern zunächst, dann um die Einbeziehung der Gravitation, deren Austauschteilchen, das Graviton, bisher nicht gefunden wurde. Für die starke Wechselwirkung ist die Theorie der Quantenchromodynamik zuständig. Die experimentelle Erforschung dieser Kraft ist eine der Hauptaufgaben von HERA (Hadron-Elektron-Ring-Anlage).

Die Entdeckung des Gluons bei DESY (1979) und der drei genannten Bosonen bei CERN (1989) haben, wie seinerzeit die Hintergrundstrahlung, die Annahmen des Standardmodells bestätigt. Eine Grundvoraussetzung bei der Arbeit am Standardmodell ist das Zusammenspiel, die ›Wechselwirkung‹ von Theorie und Experiment.

Zur Zeit enthält die mathematische Fassung des Standardmodells noch 20 unbekannte Zahlenwerte, die erst experimentell ermittelt werden müssen. Das wichtigste ungelöste Problem des Standardmodells ist die Frage nach den Mechanismen der Massenbildung bei den Teilchen (Partikeln). Nach der Theorie von P. Higgs entsteht die Masse durch Wechselwirkung mit den nach ihm benannten, massereichen Higgs-Bosonen. Ein weiteres, bisher ungelöstes Rätsel ist die Herkunft des Spins (Eigendrehimpulses) bei Protonen und Neutronen, das sogar eine Krise, die ›Spin-Krise‹ auslöste, da hier die Quark-Hypothese auf dem Spiel steht und damit das gesamte Standardmodell.

Über den Stand der Forschungen bei CERN informieren der CERN COURIER sowie Einzelstudien des Europäischen Laboratoriums für Teilchenphysik, die wir für den makrokosmischen Aspekt des Standardmodells heranziehen. Der gegenwärtige Stand des Wissens läßt sich in zehn Thesen zusammenfassen:

1. Die physikalischen Gesetze zum Zeitpunkt des Urknalls sind unbekannt.

2. In der 10^{-43}. Sekunde, der Phase der ›Großen Vereinheitlichung‹, sind die starke, schwache und elektromagnetische Wechselwirkung bei einer Temperatur von 10^{32} Grad noch ungeschieden. Materie und Antimaterie existieren in gleicher Menge, schaffen und vernichten sich laufend gegenseitig. Infolge der hohen Dichte kann, wie beim Schwarzen Loch, Strahlung nicht emittiert werden, so daß das Universum undurchsichtig ist.

3. In der 10^{-34}. Sekunde, bei einer Temperatur von 10^{27} Grad, löst sich die starke Kraft von der elektroschwachen, ein winziger Überschuß an Materie führt langfristig zur Dominanz der Materie im heutigen Weltall, das damals noch keine Protonen und Neutronen enthielt, sondern aus einem Plasma von Quarks und Gluonen bestand.

4. In der 10^{-10}. Sekunde, bei einer Temperatur von 10^{15} Grad, trennen sich die elektromagnetische und die schwache Kraft, die Energiedichte nimmt ab, das Plasma wandelt sich in Hadronengas und die ersten Protonen und Neutronen entstehen.

5. Nach einer Sekunde, bei einer Temperatur von 10^{10} Grad, vernichten sich Elektronen und Positronen gegenseitig, wobei aber ein Überschuß an Elektronen übrigbleibt.

6. Nach drei Minuten, bei einer Temperatur von 1^{9} Grad, bilden Protonen und Neutronen Kerne (Nukleosynthese), das Weltall gleicht einem riesigen thermonuklearen Reaktor, und die ersten Kerne von schwerem Wasserstoff (Deuterium), Helium und Lithium entstehen. Da freie Neutronen nach 1000

Sekunden zerfallen, können sie aus Energiemangel nicht mehr neu erzeugt werden, so daß nur die in Kernen gebundenen Neutronen ›überleben‹.

Die Zusammensetzung des Weltalls nimmt Konturen an: drei Viertel Wasserstoff, ein Viertel Helium. Nur verhältnismäßig geringe Mengen schwererer Elemente entstehen später in den Sternen.

7. Nach 300 000 Jahren, bei einer Temperatur von 6000 Grad, trennen sich Strahlung und Materie, das Universum wird transparent, Wasserstoff-, Helium- und Lithium-Atome können sich bilden.

8. Nach 1 Milliarde Jahren, bei einer Temperatur von 18 Grad, kommt es zu Materieanhäufungen, wobei sich Sterne und Galaxien bilden. Im Inneren der Sterne bilden sich bei relativ hohen Temperaturen Kerne von Kohlenstoff und Eisen. Die schweren Elemente entstehen beim Gravitationskollaps von Supernovae und werden ins All geschleudert.

9. Nach 15 Milliarden Jahren, bei einer Temperatur von 3 Grad K, entstehen komplexere Verbindungen, zunächst chemische Moleküle, dann vielleicht zufällig auch biologische Gebilde, Urzellen, Zellen, Einzeller, Vielzeller und schließlich, auf dem Planeten Erde, intelligente Lebewesen, die sich Menschen nennen, als Krone der Schöpfung verstehen und zu Herren der Erde avancieren.

10. Welche von den drei Friedmannschen Möglichkeiten das Universum auch immer realisiert, seine Zukunft wird weitaus länger sein als seine Vergangenheit, so daß intelligente Lebewesen, sofern sie nicht an ihrem Heimatplaneten kleben und mit ihrer Sonne zugrunde gehen, genügend Zeit haben, ihr Universum zu erforschen und dabei zu evolvieren.

Beide Aspekte oder Komponenten des Standardmodells, der makro- und der mikrokosmische, werden durch die Teilchenphysik und die Astrophysik erforscht. ›Kosmologie‹ ist eher ein aus der Philosophie stammender, mithin vorwissenschaftlicher Sammelbegriff für die für den makrokosmischen Bereich mehr oder weniger zuständigen Wissenschaften und ihre technischen Hilfsmittel, z. B. die Astronomie bzw. die Astronomien: Röntgen-, Infrarot-, Radio-, Gamma- und Computerastronomie.

Jede einzelne dieser Teildisziplinen vermittelt einen Aspekt der makroskopischen Welt, der die Grenzen der optischen Astronomie transzendiert. Alle zusammen nähern sich Schritt für Schritt einer adäquaten Erfassung der Wirklichkeit. Nichts anderes besagt auch, bei unorthodoxer Auslegung, die scholastische Formel von der adaequatio intellectus et rei, der Annäherung von Intellekt und Realität. Das mit Hilfe der Technik erschlossene Weltmodell erscheint viel abstrakter als das natürliche, auf sinnliche Wahrnehmung beschränkte Weltbild, reicht sehr viel weiter als dieses, erfaßt die Wirklichkeit tiefer und ist daher auch zutreffender.

Aber erst die Evolutionstheorie mit ihrer universalen, genetischen und dynamischen Perspektive hat das Universum in die Weltgeschichte einbezogen und jene Einheitlichkeit der Weltbetrachtung ermöglicht, die uns im Standardmodell entgegentritt. Gewiß hat auch dieses Modell seine Probleme: Unvollständigkeit, Grenzen der Leistungsfähigkeit der Beschleuniger und damit der experimentellen Überprüfbarkeit theoretischer Annahmen, nicht zuletzt aber auch erkenntnistheoretische, die aus den Grenzen unserer Begrifflichkeit, unserer Mathematik, Zeichen und Symbole stammen. Jeder echte Fortschritt im Weltverständnis, jede Horizonterweiterung und jede Entdeckung impliziert also notwendig auch Fortschritte in der Selbsterkenntnis intelligenter Lebewesen sowie in ihrer Begriffs-, Zeichen- und Symbolwelt.

Da unser Universum offensichtlich noch sehr jung ist, der Mensch wiederum aus der Sicht der Evolution eher einem Säugling als einem Greis gleicht, grenzen die Chancen intelligenter Lebewesen nach Art des homo sapiens in diesem Universum ans Unermeßliche, es sei denn, daß sie aktiv oder auch passiv, durch Unterlassungen und Versäumnisse, den Tag des ›Jüngsten Gerichts‹ selbst und lange vor ›Gottes ewigem Ratschluß‹ herbeiführen. Es wäre interessant zu wissen, wie viele Zivilisationen in diesem Kosmos bereits durch eigenes Verschulden untergegangen sind, indem sie vermeidbare Katastrophen wie Kriege, Bevölkerungsexplosionen und damit verbundene Zusammenbrüche von Ökosystemen nicht gemeistert haben, aber auch anderen vermeidbaren Katastrophen, wie der Vereisung oder Verbrennung ihrer Planeten infolge des Kollapses ihrer Sonnen, nicht rechtzeitig vorgebeugt haben, durch Raumfahrt, Ausweichquartiere auf anderen Planeten, Anpassung an kosmische Existenzbedingungen, Förderung von solarunabhängigen Energiequellen usw.

Wahrscheinlich übertreffen die vermeidbaren Katastrophen, wie auch sonst in der Natur, die unvermeidbaren bei weitem, und, in Kategorien der Evolution gedacht, erscheint die menschliche Spezies außer den terrestrischen Ausleseprozessen auch einem kosmischen Selektionsprozeß unterworfen zu sein. Ergreift der homo sapiens die ihm auf der Erde gebotene Chance, hat er beinahe unbegrenzte Möglichkeiten der Weiterentwicklung, auf der Erde wie im Kosmos, im Paradies wie im Himmel, aber auch in der Hölle, denn die mythischen Geschichten vom ewigen Leben und von ewiger Verdammnis dürften auch so etwas enthalten wie eine Botschaft, Mahnung und Warnung der Natur, der Evolution, Gottes oder der Geschichte, die einmal vorhandenen Chancen zu nutzen, die Talente nicht zu vergraben, sondern mit ihnen zu arbeiten, sich weiterzuentwickeln, nicht nur unter terrestrischen, sondern auch unter kosmischen Bedingungen, die Rolle des Musterschülers der Evolution auf der Erde im Universum fortzusetzen, sich anzupassen, zu überleben, Welten zu bewältigen und die »Darwin-Maschine« Mensch mit Hilfe der Gentechnologie womöglich in eine andere, heute noch unbekannte Existenzform zu transformieren, die andersartigen Daseinsbedingungen des Universums genügt.

Das Standardmodell erscheint auf dem Wege dieser Evolution nur als ein, wenn auch sehr wichtiger Meilenstein, zugleich als ein Test auf unsere Fähigkeit, den einmal eingeschlagenen Weg fortzusetzen, nicht auszuweichen, aufzuhören oder auszusteigen, denn die Evolution kennt keinen Stillstand. Ruhe bedeutet Rückschritt, Ausstieg Untergang. Solange man genügend Selbstkritik besitzt, das Standardmodell nicht verabsolutiert, seine Mängel erkennt und überwindet, mit anderen Worten: den eingeleiteten, aufwendigen und großangelegten Erkenntnisprozeß fortsetzt und Ideen einbringt, d. h. seine Phantasie benutzt, ist nichts verloren:

> Als kompakte Zusammenfassung von allem, was wir wissen, hat das Standardmodell zwei große Mängel: einen ästhetischen und einen konkreten. Unser ästhetisches Gefühl sagt uns, daß es zu viele Teilchen, zu viele Kräfte enthält. Schlimmer noch, die vielen Teilchen unterscheiden sich durch die scheinbar beliebigen Massen, die Quarks und Leptonen zugeteilt sind. Sogar die Kräfte unterscheiden sich überwiegend wegen der Massen der Botenteilchen. Das konkrete Problem ist eines der Inkonsistenz. Wenn die Kraftfeldtheorien, die eine beeindruckende Übereinstimmung mit allen Daten zeigen, die Ergebnisse von Experimenten, die bei sehr hohen Energien stattfinden, vorhersagen sollen, produzieren sie physikalischen Unsinn. Beide Probleme lassen sich beleuchten und möglicherweise lösen durch ein Objekt (und eine Kraft), das man behutsam dem Standardmodell hinzufügen muß. Objekt und Kraft tragen den gleichen Namen: Higgs.[53]

Wo die Physik aufhört, so lautet die Antwort der alten, von Lederman so sehr geschätzten Griechen, beginnt die Metaphysik. Bevor man vom Ende der Physik spricht, sollte man vielleicht die Metaphysik zu Rate ziehen, was der Autor ja auch am Schluß seiner lehr- und aufschlußreichen Darlegungen schon versucht:

> Die Möglichkeiten, etwas völlig Überraschendes zu finden, sind noch unbegrenzt. Neuen Naturgesetzen gehorchend, die für uns so unvorstellbar sind, wie es die Quantentheorie (oder die Zäsiumatomuhr) für Galilei gewesen wäre, könnten wir entdecken, daß innerhalb von Quarks uralte Zivilisationen existieren.[54]

Hier helfen wohl nur Meditation, Selbsterkenntnis und Besinnung auf die Evolution weiter: Noch ist nicht bewiesen, daß Quarks existieren; absolute Naturgesetze gibt es so wenig wie absolute Reichsgesetze, und Galilei lebte vor 400 Jahren, aber was sind 400 Jahre am Maßstab der Neolithischen Revolution gemessen, von den Maßstäben der biologischen, chemischen und kosmischen Evolution ganz zu schweigen? Auch der moderne Mensch in seiner Maßlosigkeit muß einmal begreifen, daß er nicht alles auf einmal haben kann.

Quantenkosmologie

1987 hatten wir am Fermilab eine Art Antlitz-Gottes-Konferenz, auf der Astronomen, Kosmologen und Theoretiker darüber diskutierten, wie das Universum begann. Der offizielle Titel der Konferenz lautete *Quantenkosmologie*, und sie wurde einberufen, damit die Experten sich über den bedauerlichen Stand der Unkenntnis verständigen konnten. Es gibt keine befriedigende Theorie der Quantengravitation, und solange es sie nicht gibt, wird man mit der physikalischen Situation des Universums in den allerersten Momenten nicht zu Rande kommen ... Es wurde sehr lebhaft mit abstrakten, mathematischen Argumenten hantiert. Das meiste war mir zu hoch. Am besten gefiel mir Stephen Hawkings kurzer Vortrag über den Ursprung des Universums, den er am Sonntagmorgen etwa zu der gleichen Zeit hielt, als von 16 427 Kanzeln im ganzen Land 16 427 Predigten über ungefähr das gleiche Thema gehalten wurden. Nur daß Hawkings Vortrag von einem Sprachsynthesizer vorgetragen wurde, was ihm genau jene zusätzliche Authentizität gab. Wie üblich hatte er eine Menge interessanter und komplizierter Dinge zu sagen, doch den profundesten Gedanken drückte er ganz einfach aus: ›Das Universum ist, was es ist, weil es ist, was es ist.‹

Hawking erklärte, die Anwendung der Quantentheorie auf die Kosmologie habe die Aufgabe, die Anfangsbedingungen zu klären, die im Augenblick der Schöpfung existiert haben müssen. Danach setzen dann die exakten Naturgesetze ein, von denen wir hoffen, daß ein Genie, das gegenwärtig noch in der dritten Schulklasse ist, sie formulieren wird, und beschreiben die weitere Entwicklung. Die neue große Theorie muß eine Beschreibung der Anfangsbedingungen des Universums mit einem lückenlosen Verständnis der Naturgesetze verbinden und auf diese Weise alle kosmologischen Beobachtungen erklären. Als eine Konsequenz muß sich aus ihr auch das Standardmodell der neunziger Jahre ergeben. Sollten wir dank der Daten des Super Colliders noch vor diesem Durchbruch zu einem neuen Standardmodell gelangt sein, das all die Daten seit Pisa sehr viel bündiger erklärt, um so besser. Unser sarkastischer Pauli zeichnete einmal ein leeres Rechteck und erklärte dazu, er habe das schönste Gemälde Tizians kopiert – es fehlten nur die Details. Unser Gemälde ›Die Geburt und Entwicklung des Universums‹

erfordert in der Tat noch ein paar weitere Pinselstriche. Aber der Rahmen ist schön.[55]

Ledermans unübertreffliche Art, schwierigste Probleme und Zusammenhänge mit ein paar Pinselstrichen im Plauderton zu vermitteln, veranschaulicht auch hier, worum es bei der u. a. von St. Hawking vertretenen Quantenkosmologie letztlich geht. Sie gehört zu den Theorieansätzen, die das Standardmodell weniger zu ersetzen als zu modifizieren und zu erweitern versuchen. Eng mit den Problemen der Quantengravitation hängt auch die von A. Guth vertretene und von A. Linde verbesserte Theorie des inflationären Universums zusammen. Ferner gehören zu den anspruchsvolleren und vielleicht weiterführenden Theorieansätzen die Quantengeometrodynamik und die Stringtheorien.

Die Quantenkosmologie hat sich aus Ideen entwickelt, die Ende der 60er Jahre von J. A. Wheeler und B. S. Witt eingebracht wurden und die auf ein mit Hilfe der Quantenmechanik erweitertes Weltverständnis auch der makroskopischen Welt abzielen, die nur als eine Art Sonderfall einer viel umfassenderen, zeitlosen Wirklichkeit mit zahllosen Freiheitsgraden (Welten) erscheint.[56] Strenggenommen dürften wir danach nicht von einer Evolution des Universums sprechen, sondern nur von unserer Erfahrung einer solchen Evolution. Aus der Sicht A. Lindes hängt beispielsweise das Universum als solches nicht von der Zeit ab, wohl aber das von uns beobachtete. Ein Grundparadoxon der Quantenkosmologie besteht darin, daß sich die Welt als Ganzes zeitlich nicht verändert, das Weltgeschehen aber abläuft. »Tatsächlich fragen wir aber auch gar nicht danach, warum sich das Weltall entwickelt, sondern danach, warum *wir sehen*, daß es sich entwickelt.«[57] Andere, von Quantenkosmologen erörterte, Fragen befassen sich mit der Abnahme der Entropie bei der Kontraktion des Universums, der Zeitumkehr eines geschlossenen Universums am Punkt seiner maximalen Ausdehnung oder mit der Oszillation des Universums. Die Frage, ob das Universum aus einer Singularität entstand oder die Quanten aus dem Vakuum hervorgingen, verliert im Zustand der Planck-Dichte an Bedeutung, denn in beiden Fällen verliert sich die Raumzeit im Raumzeit-Schaum. Mit dem Übergang von der Quantenfluktuation zum inflationären Universum werden Zeitfolgen, Beobachtungen und Informationen möglich. Eine Evolution kann stattfinden.

Ein deutlich über den Rahmen des Standardmodells hinausweisender Aspekt ist die Möglichkeit anderer Universen, mit denen unseres durch ›Wurmlöcher‹ (S. Coleman) verbunden zu sein scheint. Insgesamt muten die kühnen Theorien der Quantenkosmologen wie Experimente auf einem weiten Experimentierfeld an, auf dem noch niemandem der Durchbruch gelungen ist, aber einigen eine Erweiterung des Bewußtseinshorizontes. Ein interessanter Gedanke ist L. Smolins[58] Anwendung des Evolutionsprinzips auf die Entstehung von neuen, nicht ganz gleichen Universen aus Schwarzen Löchern. Welten, deren Naturkonstanten viele Schwarze Löcher zulassen, pflanzen sich häufiger fort als andere und erlangen somit Selektionsvorteile. Der Vorteil dieser Konzeption besteht in der Anwendung eines in unserem Kosmos bewährten Prinzips auf den Metakosmos, der auch nicht absolut anders sein kann als unserer. Die Gedanken des Überkletterns oder Durchtunnelns von Schranken der Raumzeit oder der Materie konvergieren mit der Idee der Transzendenz. Sowohl die reale Welt als auch die der Ideen erscheint also offen für Grenzüberschreitungen. Neue Freiheitsgrade gegenüber den starren Konzeptionen kündigen sich an. Beim Begriff der Selektion zeigt sich das besonders deutlich. In seiner Metaphysik läßt Leibniz Gott die beste aller Welten wählen und schaffen: eine theologische Metapher für den unser Universum transzendierenden evolutionären Selektionsprozeß. Man braucht also nur, wie in den meisten Fällen von Mythologemen, die Aussagen der Dichter, Mythologen, Philosophen, Metaphysiker und Theologen etwas freier als gewöhnlich auszulegen, sie an die moderne Begrifflichkeit heranzuführen und erhält Aussagen, die durchaus mit dem Wissensstand des modernen Bewußtseins kompatibel sind.

Umgekehrt erscheinen moderne Konzeptionen wie Urknall (Singularität) oder ewiger Kreislauf als wissenschaftliche Variationen der mythischen Themen Schöpfung und ewige Wiederkehr.

Vor die Wahl einer Singularitäts-Kosmologie und einer

Steady-State-Kosmologie gestellt, entschied sich A. Guth, einer der frühen Vertreter des Inflationsmodells, für eine dritte Möglichkeit: das anfanglose, von jeher oszillierende Universum. Aber auch dabei blieb der Wegbereiter des inflationären Modells nicht stehen. Er griff 1980 auf eine von A. Linde und A. Starobinski nicht zu Ende gedachte und zunächst aufgegebene Konzeption zurück[59], die Linde dann seinerseits fortbildete: eine Art Evolution der Idee, bei der die Blasenbildung eine wichtige Rolle spielt. Unser Universum erscheint als expandierende Blase eines Megauniversums, das sich möglicherweise fortwährend selbst reproduziert. In diesen Zusammenhang gehören auch Hawkings Baby-Universen. Die Inflation entspricht dabei einem Evolutionsschub im Anfangsstadium, bis sich die Expansionsgeschwindigkeit eines Universums eingependelt hat. Mindestens einen Vorteil wird man dem Inflationsmodell gegenüber dem Standardmodell zugestehen können: es führte zu einem besseren Verständnis der Dichtefluktuationen im Frühstadium des Universums und damit der Globalstruktur des Weltalls. Auf die Frage, wie denn nun das Universum aus der neuen inflationären Perspektive erscheint, ist Linde die Antwort nicht schuldig geblieben:

> Anstelle eines homogenen Universums, das zu einem bestimmten Zeitpunkt $t = 0$ als Ganzes entsteht, haben wir es mit einem global inhomogenen, selbstreproduzierenden, inflationären Universum zu tun, dessen Evolution kein Ende und möglicherweise auch keinen einheitlichen Anfang hat.[60]

Auf die Fragen nach den Phänomenen Leben und Bewußtsein im inflationären Universum antwortet Linde ebenso vorsichtig wie überzeugend:

> Wahrscheinlich wäre es besser, die alten Fehler nicht zu wiederholen und ehrlich einzugestehen, daß das Problem des Bewußtseins, ebenso wie das damit zusammenhängende Problem des Lebens und des Tods des Menschen, nicht nur nicht gelöst, sondern auf grundlegendem Niveau nahezu unverstanden ist. Auch wenn dies zunächst oberflächlich und wenig fundiert sein mag, scheint es sehr verlockend, Verbindungen und Analogien zur Untersuchung eines ähnlichen Grundproblems aufzuspüren. Möglicherweise stellt sich

einmal heraus, daß diese beiden Probleme gar nicht so wenig miteinander zu tun haben, wie es zunächst den Anschein haben mag.[61]

Aber so wenig wie Guth beim oszillierenden, verharrte Linde beim inflationären Weltmodell. Guth und Linde stellten sich vielmehr allen Ernstes die Fragen, ob Universen für intelligente Wesen herstellbar sind und ob unser Universum von dazu befähigten Wesen geschaffen wurde.[62] Platons Konzeption des Demiurgen und der christliche Schöpfergott erleben eine Renaissance, nur daß diesmal der Mensch selbst oder andere ihm ähnliche intelligente Lebewesen als die Verursacher von Universen erscheinen. Dem Philosophierenden stellt sich die Frage, ob sich der Mensch in seinen Gotteskonzeptionen selbst begegnet, die solange aktuell sind, bis sie vom Menschen eingeholt oder gar überholt und damit obsolet geworden sind. Der Mensch ist offensichtlich nicht nur zur Erkenntnis berufen (oder verdammt), sondern auch zur Selbsterkenntnis, Selbstbefreiung und Selbstverantwortung, was sich in der Evolution seines Weltverständnisses, angefangen von den Weltbildern bis zu den Weltmodellen, eindrucksvoll verdeutlicht.

Eine ebenfalls an Platon erinnernde moderne Konzeption ist die Geometrodynamik. Am Anfang stand Platons pythagoreisierender Glaube an die Zurückführbarkeit des Kosmos auf elementare geometrische, mathematische Strukturen. Einsteins Aktivierung der Raumzeit kam der Quantenkosmologie bis zu einem gewissen Grad entgegen, nur daß die Quantengeometrodynamik den Weg vom Teil zum Ganzen geht. Im Planck-Bereich konvergieren beide Konzeptionen, die der Quantengravitation und die Quantisierung der Raumzeit. Übrig bleibt die sokratische Frage: Was ist Energie? Ihr gegenüber versagen sowohl die Relativitäts- als auch die Quantentheorien, und genau hier liegt der Punkt für den noch radikaleren Ansatz der Stringtheorien.

Auch die Stringmodelle entwickelten sich nach dem Renaissance-Muster: Rückgriff auf wenig beachtete, teilweise sogar vergessene Theorieansätze, die, verbessert und verstärkt, wiederkehren, wobei die Erfolgskurve der Renaissance sprunghaft nach oben verläuft, so daß man sich unwillkürlich fragt: Gibt es auch im Reich der Ideen Quantensprünge?

Die Stringtheorie erscheint aber noch in anderer Hinsicht seltsam.[63] Ursprünglich (1968-70) war sie nämlich zur Erklärung der starken Kernkraft konzipiert. Als diese aber durch eine andere Theorie, die Quantenchromodynamik, erfolgreich beschrieben werden konnte, versuchten ihre Urheber, J. Schwarz, J. Scherk und M. Green, mit der Stringtheorie seit 1974 die Gravitation zu erklären, was auf erhebliche Schwierigkeiten stieß: die außerordentliche – um den Faktor 10^{20} im Vergleich zum Atom – Kleinheit der Strings, die sich zum Atom wie dieses zum Sonnensystem verhalten; den Zwang zur Einführung von mehr als nur vier Dimensionen (26, 10); das Auftauchen von Teilchen (Tachyonen) in der Theorie, die sich schneller als das Licht bewegen, sowie die Entstehung von weiteren Stringtheorien mit abweichenden Modellen. Nach vielen vergeblichen Versuchen, mit solchen Schwierigkeiten fertig zu werden, und nachdem die alte Stringtheorie fast vergessen war, entwickelten sich dann aber doch neue Formen, die sogenannten heterotischen Superstring-Theorien. Charakteristisch für alle String-Theorien ist der Übergang vom Punkt- zum Saitenmodell, zu eindimensionalen Kurven, die als Saiten vorgestellt werden:

> Ein String kann in verschiedenen ›Moden‹ schwingen, vibrieren und rotieren, und jede dieser verschiedenen Schwingungs- oder Vibrationsarten beschreibt eine bestimmte Teilchenart. So entspräche das Elektron einer bestimmten Schwingungsmode, das Quark einer weiteren und das Graviton wieder einer anderen.[64]

Abgesehen von den ins Ungeheure steigenden Schwierigkeiten des mathematischen Formalismus, zu dessen Bewältigung ganz neue Arten der Mathematik benötigt werden, erscheinen die Chancen experimenteller Überprüfbarkeit der mathematischen ›Theorien‹ heute gleich null. Dennoch oder gerade deswegen haben die Superstring-Modelle großen Beifall gefunden und befinden sich fast explosionsartig auf dem Vormarsch. Wie lange diese kreative Welle dauert, bleibt abzuwarten. Immerhin melden sich auch kritische Stimmen zu Wort, und hier stehen Experten gegen Experten, Nobelpreisträger gegen Nobelpreisträger und sogar solche, die an den gleichen Problemen arbeiteten und den gleichen Preis empfingen:

A. Salam und St. Weinberg pro, Sh. Glashow contra, außerdem, was etwas heißt, R. Feynman. Salam:

> Was die Superstring-Theorie und ihre Bedeutung anbelangt, habe ich ein sehr gutes Gefühl. Allerdings glaube ich nicht, daß wir jemals im Besitz einer endgültigen allumfassenden Theorie sein werden. Letzten Endes sollte man einer Theorie nur so weit Glauben schenken, wie man sie überprüfen kann.[65]

Weinberg:

> Was wir verstehen müssen, ist, ob sich das Standardmodell mit all seinen Teilchen einschließlich Elektronen und Neutrinos aus der Superstring-Theorie ergibt. Das ist das Hauptproblem.[66]

Auf die Frage, ob die florierende String-Theorie die Physik revolutionieren wird, Glashow:

> Absolut nicht. Es hat immer Verrückte gegeben, die seltsamen Visionen gefolgt sind. Einer der verrücktesten und natürlich brillantesten unter ihnen war Einstein. Meine Freunde unter den String-Theoretikern haben oft behauptet, daß die Superstring-Theorie die Physik des nächsten halben Jahrhunderts bestimmen wird … Ich möchte diese Behauptung etwas modifizieren, indem ich ergänzend hinzufüge, daß die String-Theorie die Physik in den nächsten 50 Jahren ebenso bestimmen wird, wie eine andere verrückte Theorie, auf der die String-Theorie beruht, die Kaluza-Klein-Theorie, die Teilchenphysik in den vergangenen 50 Jahren bestimmt hat, nämlich überhaupt nicht.[67]

Feynman:

> Als ich jünger war, fiel mir auf, daß viele alte Leute auf unserem Gebiet nicht in der Lage waren, neue Ideen zu verstehen. Viele von ihnen waren töricht genug, diese Ideen für falsch zu erklären und ihnen auf diese oder jene Weise Widerstand zu leisten, so wie beispielsweise Einstein die Quantentheorie bekämpfte. Nun bin ich selbst ein alter Mann, und auch mir erscheinen diese neuen Ideen völlig verrückt, und ich halte sie für einen Irrweg. Aus den Beispielen anderer alter Männer habe ich gelernt, wie töricht es von mir ist, so etwas zu sagen, und doch kann ich nicht anders, als diese törichte Meinung zu äußern, weil ich fest davon überzeugt bin, daß tatsäch-

lich alles Unsinn ist! Vielleicht kann ich zur Unterhaltung zukünftiger Historiker beitragen, wenn ich behaupte, daß die ganze Geschichte mit den Superstrings verrücktes Zeug ist und in die Irre führt.[68]

Feynman zeigt mit seiner Stellungnahme nicht nur, daß er eine begründete, feste Meinung hat und sich zu ihr bekennt, sondern auch, daß er, wie Sokrates, bereit ist hinzuzulernen. Zum Wissen des Könners gesellt sich die Weisheit des Alters. Der Autor, der übrigens weitgehend dem Urteil Feynmans zuneigt, hat dem nichts hinzuzufügen, es sei denn ein Zitat von Niels Bohr: »Der Haken an dieser Theorie ist, daß sie nicht verrückt genug ist.«

Offene Systeme

Wenn es zutrifft, daß mythische Weltbilder, religiöse Weltvorstellungen, philosophische Weltbegriffe, künstlerische Weltvisionen und wissenschaftliche Weltmodelle nicht nur bewußtseinsgeschichtliche Zeugnisse für die Evolution des Weltverständnisses sind, sondern auch Chiffren der soziokulturellen Evolution, so müssen wir in ihnen auch Spuren der psychologischen, soziologischen und geschichtlichen Entwicklung des homo sapiens entdecken können, die sich in Mythologemen, Theologemen, Philosophemen und Ideologemen manifestieren. Wie der vollendete Yogin brahman und atman identifiziert, der Jüngling im verhüllten Götterbild von Sais sein eigenes Bild erblickt[69], so können wir auch aus den Weltmodellen psychologische, soziologische und historische Rückschlüsse ziehen.

Der heutige Trend führt eindeutig vom geschlossenen zum offenen System.[70] Wie die Begriffe Frieden und Freiheit auf politischem Gebiet, gehören die Begriffe Information, Modell und System zu den am meisten mißbrauchten, abgenutzten und mißverständlichen Kategorien der Gegenwart. Ursprünglich, also bei Platon, bezog sich ›System‹ teils auf die Theorie von musikalischen Intervallen und Harmonien, teils, im Bereich der Politik, auf eine Gruppe von Staaten, nämlich den dorischen Staatenbund. Entsprechend sind die Grundbedeutungen von

›System‹: Zusammenstellung oder freier Verband. Im modernen Leben kommt diesem Begriff von System vielleicht die Passagierliste am nächsten. Sie kann offen sein oder geschlossen werden, aber sie besagt weder etwas über den Charakter noch über den Rang der eingetragenen Personen. Ganz anders erscheint der Systembegriff im christlich-feudalen Mittelalter und in der bürgerlichen Neuzeit.[71] Hier bekommt der Systembegriff hierarchische, autoritäre und exklusive Züge, in der Frühen Neuzeit absolutistische, mechanistische und kausale. Die Abhängigkeit des mechanistischen Systembegriffs von der Vorstellung eines allmächtigen, autoritären Schöpfergottes, der nach und nach zum Weltenarchitekten, Ingenieur oder Uhrmacher wird, kommt in der Metaphorik deutlich zum Ausdruck. In der großen französischen Enzyklopädie d'Alemberts und Diderots wird ›System‹ definiert:

> Ein *System* ist nichts anderes als die Anordnung der verschiedenen Teile einer Kunst oder einer Wissenschaft in solcher Form, daß sie sich gegenseitig stützen und die letzten sich aus den ersten erklären. Diejenigen, die Aufschluß über die anderen geben, heißen *Prinzipien*, und das *System* ist um so vollkommener, je kleiner die Zahl der Prinzipien ist: Es ist sogar zu wünschen, daß man sie auf ein einziges reduziert. Denn wie es in einer Uhr eine Hauptfeder gibt, von der alle anderen abhängen, so gibt es auch in allen *Systemen* ein Grundprinzip, dem die verschiedenen Teile, die es bilden, untergeordnet sind.[72]

Die System-Metaphorik wird universal und dehnt sich auf die verschiedensten Bereiche der Wirklichkeit aus: Harmonie im Universum erinnert an Platon und die Pythagoreer, Ordnung in der Gesellschaft an die feudalistische Hierarchie oder an den absolutistischen Staat, der ›himmlische Uhrmacher‹ an die verabsolutierte mechanistische Weltanschauung. Andere Metaphern, wie Gott, König, Gehirn oder Herz, zeigen den Hang zur Verallgemeinerung und Ideologisierung des Systembegriffs. ›System‹ wird zu einer halbmagischen Allerweltsmetapher, welche die Philosophen des 17. Jahrhunderts wohl nicht zuletzt zur Kreation ihrer bizarren, starren, geschlossenen, kausalistischen und mechanistischen Systeme verführte. In England, der Heimat des Evolutionsgedankens, verschwand dieser Drang zu einer allumfassenden Weltordnung im philosophischen System zuerst, in Deutschland zuletzt. Bereits Lord Bolingbroke (1678 bis 1751) verstand unter System, das er kosmo-politisch interpretierte, ein dynamisches Gleichgewicht:

> Ein König von Großbritannien ist, ... was Könige immer sein sollten, ein Mitglied, allerdings das höchste Mitglied ... einer politischen Körperschaft; ... er kann sich nicht länger auf einer anderen Bahn als sein Volk befinden und dessen Bewegungen von sich aus wie ein überlegener Planet anziehen, abstoßen, beeinflussen und lenken. Er und sein Volk sind Teile des gleichen Systems, eng verbundene und zusammenwirkende Teile, die aufeinander einwirken, einander begrenzen und einander kontrollieren; und wenn er aufhört, in diesem Verhältnis zum Volk zu stehen, steht er in überhaupt keinem Verhältnis mehr.[73]

Im modernen Sprachgebrauch werden mit der Umwelt wechselwirkende Systeme als offene bezeichnet, wobei der Bereich geschlossener Systeme immer mehr zusammenschrumpft und nicht einmal unter Laborbedingungen allgemein anerkannt wird: auch hier ist die demokratische Weltrevolution also zu spüren. In der Kybernetik bezeichnet Systemtheorie die Erforschung gekoppelter Systeme, der Zusammenhänge zwischen Strukturen und Funktionen sowie der Beeinflußbarkeit des Systemverhaltens zwischen Eingangs- und Ausgangsgrößen.

In der Politik versuchen Systemkritiker und Revolutionäre die starren Strukturen von Systemen zu überwinden und zu verändern. Systemanalyse, Systemforschung und Operations-research spielen auf fast allen Gebieten der wissenschaftlich erfaßbaren Wirklichkeit, vor allem aber in der Kybernetik, Informatik, Technik, Ökonomie und Ökologie eine Rolle.

Die Systematik spielte bei Klassifizierungen in den Anfangsstadien der Biologie eine große Rolle: Pflanzen-, Tierreich, Stämme, Abteilungen, Klassen, Ordnungen, Familien, Gattungen, Arten. In der Biologie wurde die Unhaltbarkeit abgeschlossener Systeme besonders deutlich, so daß in der Musterfunktion sogar schon von einer Ablösung der Physik durch die Biologie die Rede ist.[74]

Wie dem auch sei, das Zeitalter der unumschränkten Herrschaft des Determinismus, der Kausalität und der geschlossenen Systeme ist offensichtlich vorbei. Der homo sapiens ist unabhängiger, demokratischer und freier geworden, seine Weltanschauung, sein Weltverständnis und sein Weltmodell auch: mehr Spielraum für die Freiheit im Universum, das als irreversibel, indeterministisch und kreativ erscheint, mehr Freiheitsgrade auch für Moleküle, Atome und Elektronen. Die Linie der Auflockerung, Entfesselung und Selbstbefreiung führt von den Quanten und Quarks zu den Strings und Superstrings, die Welt wird immer flexibler, gleicher und freier. Gilt der Tunneleffekt: einholen, überholen, überrunden, Barrieren durchtunneln oder überklettern nicht auch auf geistigem Gebiet und heißt dort nur anders, nämlich transzendieren? Das Andere ist nicht absolut, sondern nur relativ anders, und vielleicht gilt das Superprinzip der Evolution nicht nur im Diesseits, sondern auch im Jenseits, wo sich weniger Gott als die Selektion für die beste aller Welten entschied. Auch das moderne Bewußtsein hat seinen Glauben, seine Metaphysik und Theologie.

In dieser neuen, freieren Sicht erscheint auch die Erde oder das »Gaia-System« als eine Art Weltmodell, das sich selbst organisiert hat und nun vom homo sapiens gesteuert werden muß, wenn er überleben will:

> Unser Weltmodell besteht aus einer Reihe von möglichst realen Annahmen, die die Bevölkerung, Industrieproduktion, Schadstoff-Freisetzung, Landwirtschaft und Rohstoffvorräte zueinander in Beziehung setzen. Es erfaßt das Wachstum von Bevölkerung und Industrie als eine Funktion zahlreicher biologischer, wirtschaftlicher, physikalischer und sozialer Faktoren und berücksichtigt, daß diese Wachstumserscheinungen Rückkopplungseffekte aufweisen: Sie verändern die einzelnen Faktoren, deren Produkte sie sind. Das exponentielle Bevölkerungs- und Kapitalwachstum ist untrennbar mit Problemen globalen Umfangs gekoppelt: mit Arbeitslosigkeit, Hunger, Krankheiten, Umweltverschmutzung, Gefahren kriegerischer Auseinandersetzung und Rohstoffmangel. Jeder Versuch, die langfristigen Entwicklungsziele der menschlichen Gesellschaft zu durchschauen, bleibt hoffnungslos, solange die komplizierten Wechselwirkungen zwischen den beiden wesentlichen Wachstums-

kräften und den Grenzen des Wachstums nicht eindeutig verstanden werden.[75]

Der Zustand unseres Gaia-Systems bestätigt einmal mehr Platons zeitlos gültige These, daß das Unheil in der Menschenwelt nicht aufhört, solange nicht Wissen und Weisheit über Macht- und Habgier herrschen. Aus evolutionärer Sicht gibt es kein deterministisch zu verstehendes Schicksal der Menschheit, weder eine homerische Moira (Schicksal) noch ein zwangsläufiges Ende des homo sapiens, solange er von seiner Vernunft Gebrauch macht, seine natürlichen Chancen nutzt, dem Beispiel des Prometheus folgt und mit Voraussicht handelt. Das gilt für kurzfristige, mittelfristige und langfristige Entwicklungsziele. Der homo sapiens hat immer noch die Wahl zwischen Überleben oder Untergang, Frieden oder Krieg, Vernunft oder Wahnsinn, Ab- oder Aufrüstung, Bevölkerungskontrolle oder Bevölkerungsexplosion, Maßhalten oder Maßlosigkeit, Liebe oder Haß, Dialog oder Terror. Niemand hat die Situation des homo sapiens besser dargestellt als Shakespeare. ›Hamlet‹ erscheint, so betrachtet, als das Drama des neuzeitlich-modernen Menschen schlechthin, der nicht nur zum Wissen, sondern auch zur Freiheit berufen (verdammt) ist. Ob er will oder nicht, muß er das Steuer in die Hand nehmen, Kurskorrekturen vornehmen, die Rolle, die ihm Gott, die Evolution oder die Geschichte zudachte, annehmen und sein ›Schicksal‹ selbst bestimmen.

Klebt er an seinem Planeten, versäumt er die Entwicklung solarunabhängiger Energiequellen, verrät er seine kosmische Mission und sorgt nicht rechtzeitig für Ausweichquartiere im Universum, wird er mit Erde und Sonne, vielleicht auch schon früher durch Selbstzerstörung, Asteroide oder Eiszeiten, untergehen und der Selektion zum Opfer fallen: berufen, aber nicht auserwählt. Zwar ist es richtig, wenn Cézanne sagt: »Wesen und Dinge, wir alle sind nichts als ein bißchen aufgespeicherte, organisierte Sonnenwärme, ein Andenken der Sonne«[76], aber dieses »Andenken« hat nicht nur die Möglichkeit, den Spender zu überleben, sondern im Grunde auch die Pflicht dazu. Ob es der Fall sein wird, hängt weitgehend davon ab, ob das »Andenken« sinnvollen Gebrauch von seiner Freiheit macht, aber:

Ist der Mensch wirklich frei?

Hierzu hat bereits 1936 M. Planck in einer tiefschürfenden ›Systemanalyse‹[77] das Nötige gesagt. Ein wesentliches Moment menschlicher Freiheit ist das Wissen um seine Freiheit. Hält der Mensch sich für unfrei, verhält er sich auch in der Regel wie ein Unfreier, hält er sich für frei, kann er zwar nicht alles tun, was er will, aber er verfügt nach und nach über mehr Freiheitsspielraum, sein Horizont und sein Aktionsradius werden größer. Glauben, Wissen und Entschlußkraft verstärken sich regelkreisartig. Am Beispiel des Bergsteigens kann man sich das verdeutlichen. Wer einen Berg besteigen möchte, aber glaubt, daß er es nicht schafft, wird es wahrscheinlich gar nicht erst versuchen. Wer glaubt, daß er jeden Berg besteigen kann, obwohl er nie zuvor einen bestiegen hat, wird es sofort versuchen und höchst wahrscheinlich scheitern. Überlebt er, so hat er jedoch eine Chance, aus seiner Überheblichkeit zu lernen, zu trainieren, das nötige technische Wissen zu erwerben und es erneut zu versuchen. Die Erfahrung zeigt, daß beim Bergsteigen oder auch in der Sportfliegerei die weitaus meisten Unfälle aus Selbstüberschätzung resultieren. Die Technik versagt hier sehr viel seltener als der Mensch. Die beste Chance, den Berg zu besteigen, hat weder der Ängstliche noch der Verwegene, vielmehr der Vorsichtige, der genügend trainiert, sich technisches Wissen und Kondition verschafft, sich über die spezifischen Schwierigkeiten und die Wetterbedingungen informiert, um dann, mit kalkuliertem Risiko, sein Vorhaben auszuführen.

Auf die terrestrische Situation des homo sapiens übertragen, heißt das: Unbemannte und bemannte Raumfahrt, Atomenergie, Erkundung, Erschließung, Besiedlung und Nutzung geeigneter Planeten, zunächst des eigenen, dann auch anderer Sonnensysteme. Tut er es nicht, wird das »Gaia-System« todsicher zu seiner Todesfalle. Überschätzt er sein Können und bereitet sich nicht genügend oder zu spät vor, benötigt er viel Glück, um nicht zu scheitern. Handelt er zielbewußt, mit Voraussicht und Tatkraft, hat er eine gute Chance, nicht nur kurz- und mittelfristig, sondern auch langfristig zu überleben und das »Andenken« an die Sonne weit ins Universum hinauszutragen.

Können wir aus Plancks Analyse der Willensfreiheit etwas

über die Freiheit von Systemen lernen, so können wir aus H. Hakens[78] vorsichtiger Öffnung des Systembegriffs etwas über das System von Freiheiten lernen. Für Freiheit kann man auch Prozeß, Genese oder Evolution einsetzen. Offensichtlich handelt es sich dann bei den Kategorien Evolution und System um komplementäre Begriffe, die auf der Ebene der Physik als Energie und Materie erscheinen, auf der Ebene der Kosmologie als Chaos und Kosmos, auf der Ebene der Soziologie als Freiheit und Ordnung, auf der Ebene der Epistemologie als Zufall und Notwendigkeit und auf der Ebene der Praxeologie als Willkür und Recht.

Die evolutionäre oder genetische und die ontologische oder systematische Betrachtungsweise verhalten sich komplementär zueinander. Im griechischen Naturbegriff, der physis, sind beide Aspekte oder Komponenten enthalten. Daher kann man hier auch von physiologia statt von Physik sprechen. Die Stoiker waren nur konsequent, wenn sie auch die Theologie zur Physik zählten.

Chaos-Theorien

Das Hauptdilemma der Chaostheoretiker ist, daß, sofern sie den Anspruch auf eine Theorie erheben, sie keine Chaostheoretiker mehr sind, sondern wieder nur Kosmostheoretiker. Ähnlich erging es den Stringtheoretikern, die bei dem Versuch, die große Vereinigung herbeizuzaubern und zu letzter Einfachheit vorzudringen, eine ungeheuer komplizierte Mathematik benötigten, die es noch gar nicht gibt und womöglich auch nie geben wird. Zwei verrückte Theorien, aber beide offensichtlich noch nicht verrückt genug! Gewiß wäre es reizvoll, die neue Nomenklatura der Chaostheorien vorzuführen, aber das würde sehr, sehr lange dauern und weit, gewiß zu weit führen. Daher muß ein Zitat aus dem Vorwort von Prigogine zum ›Anti-Chaos‹ genügen, um den Kern des Problems aufzuzeigen. I. Prigogine zitiert dort aus I. Asimovs Erzählung ›Die letzte Frage‹, worin die Gesellschaft einen Riesencomputer immer wieder fragt:

›Werden wir eines Tages in der Lage sein, den Zweiten Hauptsatz der Thermodynamik zu überwinden?‹ Der Computer antwortet stets: ›Mir stehen nicht genug Daten zur Verfügung.‹ Jahrmilliarden vergehen, Sterne und Galaxien sterben, während der Computer, direkt mit der Raumzeit verbunden, immer noch Daten sammelt. Schließlich gibt es keine Informationen mehr, die gesammelt werden könnten, es gibt nichts mehr; der Computer aber fährt fort, zu rechnen und Relationen herzustellen. Am Ende kommt er zu einer Antwort. Es gibt zwar niemanden mehr, dem er sie mitteilen könnte, aber der Computer weiß nun, wie der Zweite Hauptsatz überwunden werden kann. *Und es ward Licht* ... Asimov betrachtet die Entstehung des Lebens und sogar die Entstehung des Universums als antientropisches, als antinatürliches Ereignis.[79]

Da das Universum selbst sein schnellster Computer und Simulator ist, kann kein noch so perfekter, von Menschen konstruierter Rechner es einholen oder überholen. Die verfügbare technische Informationsmenge bleibt, wie die Geschichte zeigt, immer weit hinter der realen zurück. Die Chance des Menschen, zu erkennen und zu wissen, besteht in geeigneter Reduktion der Datenmengen, wie sie in den klassischen Gesetzen der Physik erfolgreich praktiziert wird.

Die Chaostheorien haben verschiedene Aspekte, mathematische, logische, aber auch pragmatische. Man kann sich beispielsweise und muß sich gegebenenfalls fragen, was eine noch so genaue Vermessung der Küstenlänge Großbritanniens einbringt. Wenn man die Differenzierung, Fragmentierung und Fraktalisierung weiter und weiter treibt, gelangt man schließlich zum logischen Problem der Identität, dem alten Problem Heraklits und des Parmenides: nichts ist mit sich identisch oder alles ist mit sich identisch. Ist nichts mit sich identisch, kann auch nichts identifiziert werden. Erkenntnis, Wissen und Wissenschaft brechen ebenso zusammen wie in dem Fall, daß alles mit sich identisch ist. Dann gibt es nämlich nichts mehr zu unterscheiden. In der Praxis führen beide Wege zu dem gleichen Ergebnis: Natur, Evolution und Leben wären unmöglich. Da es aber nun einmal offensichtlich ein Universum, eine Sonne, Erde und den Menschen gibt, muß die Wahrheit irgendwo zwischen den Extremen liegen, wo genau, weiß bis jetzt niemand. Wer es wirklich wüßte, könnte, allwissend, nicht nur das Weltgeschehen vorhersagen, manipulieren und rückwirkend bis ins letzte Detail erhellen, sondern auch ein Universum schaffen, und damit kommen wir zur Berechenbarkeit und Entstehung, zur Mathematik und Theologie.

Hier hilft wieder ein Zitat weiter. Anläßlich der Verleihung des Heinemann-Preises 1973 in Göttingen bemerkte der sowjetische Mathematiker I. R. Shafarevitch:

> Ohne ein bestimmtes Ziel kann die Mathematik keine Idee von ihrer eigenen Gestalt entwickeln. Was einzig und allein als Ideal übrigbliebe, wäre ein ungeregeltes Wachstum oder, besser gesagt, eine Ausdehnung nach allen Richtungen ... Das Ziel kann der Mathematik nicht durch eine niedriger stehende Art menschlicher Bestrebungen gegeben werden, sondern durch eine höher stehende, durch die Religion. Nun ist es natürlich sehr schwierig, sich vorzustellen, wie das geschehen könnte. Aber es ist sogar noch schwieriger, sich vorzustellen, wie die Mathematik imstande sein könnte, sich ins Unendliche zu entwickeln ohne Wissen um einen tieferen Sinn.[80]

Was der Autor dieser erbaulichen Betrachtung übersah, ist die Tatsache, daß die Mathematiker noch nie von Theologen inspiriert wurden und der erste namhafte Kirchenvater, Justin (gest. 165 n. Chr. als Märtyrer), sogar deswegen zum Christentum fand, weil ihm die Mathematik der Pythagoreer zu schwierig erschien. Heute lassen sich die Theologen eher von den Propheten der Quantenphilosophie inspirieren, als der Wissenschaft Ziele vorzuschlagen. So schiebt der eine dem anderen den Schwarzen Peter ›höherer‹ Orientierung zu, und alles bleibt beim alten.

Was die Darlegung aber gut zum Ausdruck bringt, ist die Verwurzelung auch der ›höchsten‹ Wissenschaften in Theologemen. So wurde Gott von den Wissensdurstigen zur Allwissenheit verurteilt, von den Machtgierigen zur Allmächtigkeit, von den Armen und Hilflosen zur Allgütigkeit: natürlich eine patriarchalisch-feudalistische Konstruktion.

Über dieses Niveau der Götzenbildnerei gelangten auch manche noch so gescheite Wissenschaftler nie hinaus. Die Evolutionstheorie, gar nicht so unfromm, wie die Nutznießer des Aberglaubens immer wieder behaupten, vermittelt dem modernen Bewußtsein einen anderen und gewiß nicht ›niedrigeren‹ Begriff vom Allerhöchsten, der nun als Herausforderer des homo sapiens erscheint, der alles andere erwartet, als daß der verlorene Sohn oder Versager reumütig zu ihm zurückkehrt, um Gnade winselt und sich trösten läßt, der vielmehr Selbständigkeit erwartet, Autonomie, Initiative, Selbsterkenntnis, Selbstbefreiung und Selbstverantwortung. Was ist das für ein Vater, der, statt das Selbstvertrauen seiner Kinder zu stärken, ihnen dieses nimmt, sie zu ewigen Sklaven seiner Willkür und Gewalt, Autorität und Macht, Herrschaft, Tyrannei und Despotie erniedrigt? Ein anständiger Vater erträgt es nicht nur, wenn der Sohn ihn an Kraft, Intelligenz und Erfolg übertrifft, sondern der Sohn wird ihm keine größere Freude bereiten können, und er wird sich mit ihm darüber freuen. An die Stelle des Mitleids mit dem Verlierer sollte als Leitbild die Mitfreude mit dem Gewinner treten, die Ermunterung, besser zu sein als der Vater, mehr zu können, mehr zu wollen und mehr zu schaffen. Nur weltflüchtige und lebensfeindliche Versager können Gott eine Trösterrolle von Versagern andichten. Ein Produzent, der die meisten seiner Produkte ins Feuer wirft, macht bald Bankrott. Ein Unternehmer, der die Unfähigkeit oder die Missetaten seiner Söhne mit Geld und guten Worten zu begleichen sucht, ist gewiß eine traurige Gestalt. Ein Vater, der seinen Kindern keine Freiheit läßt, sie nicht zur Selbständigkeit erzieht und der nicht froh ist, wenn sie weniger Fehler machen und mehr leisten als er, wenn sie sich von ihm emanzipieren, um ihr eigenes Leben zu leben, ist ein armseliger Mann. Nein: Die Evolution und auch das dritte Jahrtausend nach Jesus von Nazareth fordern gebieterisch neue, der Situation des homo sapiens angemessene Leitbilder. Dann bekommen String- und Chaostheorien, Mathematik und Physik, Philosophie und Wissenschaft auch wieder einen vernünftigen, humanen Sinn, Wunschträume verwandeln sich nicht mehr in Alpträume und Visionen nicht mehr in Seifenblasen. Was die Evolution zeigt, ist, daß unsere Begriffe von Wissen und Wissenschaft nicht länger funktionieren, sie aber nicht durch traditionelle Theologeme und Dogmen zu ersetzen sind, sondern durch ein neues Wissen nach Umfunktionierung der terrestrischen »Darwin-Maschinen« in wahrhaft intelligente Wesen, die den erhöhten Ansprüchen einer Existenz im Universum genügen. Solange dies nicht geschieht, solange der homo sapiens nicht die Chance seiner kosmischen Mission ergreift und sich der Herausforderung seines neuen Leitbildes stellt, wird es weder eine neue Mathematik noch eine neue Physik, weder ein neues Wissen noch irgendeine nennenswerte Erneuerung der Wissenschaften geben. All dies setzt nämlich einen neuen Menschen voraus, der, an einem Wendepunkt seiner Geschichte angekommen, fähig und bereit ist, das Steuer der biologischen Evolution zu übernehmen, sich an extraterrestrische Bedingungen anzupassen, der autonom ist, genügend Selbstvertrauen besitzt und der sich nicht mehr von Schamanen, Parasiten und Demagogen gängeln läßt. Solange dies nicht der Fall ist, behält Einstein recht, wenn er die Irreversibilität (Unumkehrbarkeit) für eine Illusion hält.[81] Solange werden auch Prigogines und die Träume seiner Anhänger Wunschträume bleiben, die gelegentlich, wie bei Asimov, in Alpträume umschlagen. Die einzige Möglichkeit, Träume, Wünsche und Visionen zu realisieren, ist, mindestens seit Vico, das Machen, Tun, die Handlung. Was wir brauchen, sind nicht neue Fluten von immer moderneren String- und Chaostheorien, sondern eher eine neue Metaphysik, Theologie und Religion, dann aber, last, not least, einen neuen Menschen. Danach wird es auch wieder lohnende Ziele für Mathematiker, Physiker, für Philosophen, Künstler und Wissenschaftler geben, die heute nicht selten um ihr Überleben bangen, von Untergangsvisionen geplagt werden oder gar ihr Ende selbst herbeireden, wie auf der Konferenz der Nobelpreisträger von 1989 am Gustavus Adolphus College in St. Peter, Minnesota, die dem Thema ›Das Ende der Naturwissenschaften‹ gewidmet war:

> Das Gefühl breitet sich aus, daß. . .Naturwissenschaft als universelles, vereinheitlichendes, objektives Unternehmen ihr Ende erreicht hat . . . Wenn die Naturwissenschaft nicht mehr von überzeitlichen, universellen Gesetzen spricht, sondern statt dessen zeitliche, soziale oder lokale Bezüge herstellt, dann kann man nicht mehr von etwas Wirklichem hinter der Naturwissenschaft sprechen, das sich in ihr ausdrückt.[82]

Wenn die Religionen unter der Regie von unbelehrbaren Kirchenfürsten verkommen und versagen, bleibt dem modernen Wissenschaftler, der den Freiheitsraum der Gesellschaft beansprucht und nutzt, keine andere Wahl, als sich selbst Ziele zu setzen. Sollte er dazu unfähig sein, muß er sich um Kontakte mit der Philosophie bemühen, der dann wohl auch keine andere Wahl bleibt, als die Herausforderung anzunehmen, ihren elfenbeinernen Turm zu verlassen und dem Vorbild ihres Archegeten Platon zu folgen: Selbstorganisation im orientierungslosen Chaos.

Mit obsoleten Ordnungsbegriffen und Tabus schließt sich der Mensch dagegen selbst vom Reich der Freiheit aus. Extreme Ordnung hat den gleichen Effekt wie extremes Chaos. Beide heben sich selbst auf, vernichten Kreativität, Initiative und Leben und treffen sich im Nichts, ein Fall von coincidentia oppositorum (Zusammenfall der Gegensätze). Es ist einfach vermessen, Ordnung eo ipso für den besseren Zustand zu halten, ebenso die Komplexität. Ordnung heißt lediglich, daß der ordentliche Gegenstand für das Erkenntnisvermögen terrestrischer Intelligenz erkennbar ist, harmonisch wirkt, schön und symmetrisch aussieht. Der Natur Streben zur Ordnung zuzuschreiben ist ebenso ungereimt, wie dem Universum Kreativität und Drang zur Komplexität zu unterstellen. Nicht das Universum als solches ist kreativ, sondern hin und wieder der Mensch. Den Elementarteilchen, Atomen und Molekülen ist es völlig einerlei, ob sie im All herumschwirren, in Sternen schmoren oder sich in Zellen und lebendigen Gebilden aufhalten. Vielleicht gefällt ihnen diese Einkerkerung aber auch gar nicht besonders, sonst würden sie es wohl länger in der Zwangsjacke der ›höheren‹ Ordnung aushalten. Wie dem auch sei: Ein Anthropomorphismus ist nicht besser als der andere. Wer sagt eigentlich, daß die Natur den Zustand, den der Mensch Ordnung nennt, dem angeblich ungeordneten vorzieht? Die Natur steht den Begriffen Ordnung und Unordnung indifferent gegenüber, nur daß die unordentlichen, chaotischen Zustände bei weitem überwiegen. ›Höhere‹ Ordnung und Komplexität sind auf Planeten beschränkt und sehr niedrige Temperaturbereiche, ein wenig über dem absoluten Nullpunkt. Überall sonst, im All und in den

Sternen herrschen Bedingungen, die gar keine ›höhere‹ Komplexität zulassen. Es ist ein faustdicker Anthropomorphismus, die Randbedingungen auf Planeten für die eigentlichen, wesentlichen und wichtigen Zustände des Universums zu halten. Solange der Mensch sich diese selbstherrliche, egozentrische und narzißtische Auslegung der Natur leistet, wird er weder bei der Erforschung des Universums noch mit seiner Supertheorie viel weiter kommen. Strings, Quarks, Leptonen, Baryonen, Atomen und Molekülen geht es wahrscheinlich nicht viel anders als Leuten, die auf verschiedenen Etagen eines Hochhauses für ganz verschiedene Firmen arbeiten: Niemand aus der 10. kennt jemanden aus der 20. Etage, es sei denn durch Zufall, im Aufzug oder so. In der Natur geht es viel unpersönlicher und sachlicher zu, als sich einige unbelehrbare, stolze und eitle Besserwisser einbilden.

Das hochtrabende Gerede von den ewigen Naturgesetzen gehört auch hierher. Was ist der menschliche Erkenntnisapparat anderes als ein Provisorium zur Orientierung, notdürftig terrestrischen Bedingungen angepaßt, dem Überleben dienend, mit höchst fragwürdigen Abbreviaturen (Begriffen) der Wirklichkeit operierend, die oft versagen und nur einen mühsam tastenden Fortschritt erlauben? Erst wenn der Mensch von seinem hohen Roß herabsteigt und der Realität des Universums erkennend und handelnd gerecht wird, wird er die Größe der Herausforderung an ihn ermessen, sich ihr stellen, die von der Evolution geschenkte Chance seiner Existenz begreifen und nutzen können.

Das wahre Land der unbegrenzten Möglichkeiten, das Universum, hat der Mensch noch lange nicht erkannt. Wie sich in dem jetzt so genannten Land der unbegrenzten Möglichkeiten, in den USA, ein Kind aus dem Slum einer Großstadt zum Bürgermeister seiner Heimatstadt, zum Gouverneur seines Staates, zum Senator oder sogar zum Präsidenten des freisten Landes der Erde emporarbeiten kann, so kann sich auch der homo sapiens, vom Planeten Erde in einem abgelegenen Sonnensystem am Rande einer relativ unbedeutenden Galaxis kommend, im Universum emporarbeiten, zumal er sich die Erde bereits untertan machte, kann seinen Weg weitergehen und, wenn er nur will, sich zum Chef des Sonnensystems, der Galaxis und am Ende des

Universums entwickeln. In der Sprache der Religion: wenn der Mensch seiner Mission treu bleibt, seine Talente nicht vergräbt und sich seines Schöpfers würdig erweist; in der Sprache der Evolution: wenn er die Herausforderung des Universums annimmt, evolviert und auch weiterhin ein Musterschüler der Evolution bleibt. Sein größtes Hindernis auf dem Weg nach oben, zur Freiheit oder zu Gott, ist er selbst: seine Ängste, Zwänge, Tabus, Prinzipien, ›ewigen Wahrheiten‹, ›Ordnungen‹, ›Naturgesetze‹ und sonstige Vorurteile. Luther hatte recht, wenn er die Ordnung mit Schuhen verglich, die man wegwirft, wenn sie abgetragen sind, und durch ein neues Paar ersetzt: eine Neuordnung.

Die Bibel, das ›Buch der Bücher‹, enthält für beide eine Moral, für den Ängstlichen und für den Mutigen. Angewandt auf die Situation des homo sapiens, heißt das: Der Mutige wird die Herausforderung des Universums annehmen und in das Land der wahrhaft unbegrenzten Möglichkeiten aufbrechen, der Ängstliche dagegen zuhause bleiben, an der Erde kleben und über kurz oder lang im eigenen Unrat ersticken, sich selbst in Kriegen den Garaus machen oder sonstwie zur Hölle fahren. Die Selektion (›Prüfung‹) auf der Erde hat der homo sapiens bisher erfolgreich bestanden, warum soll er, ausgerechnet an der Schwelle zum dritten Jahrtausend, vielleicht erst seinem dritten Lebensjahr, aufgeben, aussteigen und nicht, wie ein Fußballverein, der etwas auf sich hält und an die Tabellenspitze zu gelangen sucht, seine Chance wahrnehmen und in die nächste Selektionsrunde, die Galaktiker-Runde, einsteigen? Einstieg oder Ausstieg, Aufstieg oder Abstieg, mit oder ohne den homo sapiens: das Spiel um die Weltmeisterschaft aller Weltmeisterschaften geht so oder so weiter.

7. Integratives Weltverständnis

Die großen geistigen Integrationsfiguren des 20. Jahrhunderts, zu denen Albert Einstein, Sigmund Freud, Bertrand Russell, Albert Schweitzer und Pierre Teilhard de Chardin ebenso gehören wie Shri Aurobindo, Mahatma Gandhi, Sarvapalli Radhakrishnan, Rabindranath Tagore und Svami Vivekananda, zeichnen sich samt und sonders durch ein integratives Weltverständnis aus, in dem das Verhältnis des Menschen zur Welt auf globaler Ebene reflektiert wird. Die Quintessenz ihrer Überlegungen läßt sich in der Formel zusammenfassen: kein Weltverständnis ohne Selbsterkenntnis des Menschen, aber auch keine Selbsterkenntnis ohne Weltverständnis. Weder die bloße Beherrschung der Welt noch die reine Meditation genügen zur Erfahrung der Wirklichkeit, die sich in geschichtlichen Prozessen und in der Entwicklung des Bewußtseins manifestiert. Beide Faktoren verhalten sich komplementär zueinander, wechselwirken miteinander und induzieren sich gegenseitig, wobei das Bewußtsein eine kybernetische Funktion hat und sich zusätzlich selbst induziert: *Geschichtsbewußtsein durch Bewußtseinsgeschichte*.

Am Anfang steht die hinduistische Identitätsthese atman = brahman. Sie läßt sich prozessual als Weg der Welt- und Menschheitsgeschichte interpretieren, wobei das Bewußtsein zwar zunimmt, das Ziel aber nicht gegeben, sondern aufgegeben ist. Indem der Mensch die Herausforderungen der Welt, der Natur und des Universums denkend, handelnd und schaffend annimmt, befreit er sich selbst von Unwissenheit, Untätigkeit und Hilflosigkeit, setzt sich autonom Nah- wie Fernziele und nähert sich schrittweise dem Reich der Freiheit, das für ihn Glückseligkeit, Vollkommenheit und Erlösung bedeutet: er evolviert.

So erforschte Einstein die Außenwelt, den Makrokosmos, Freud die Innenwelt, die Seele oder den Mikrokosmos. Russell verstand sich zwar primär als Analytiker und untersuchte die Welt der Begriffe, Zeichen und Theorien, war aber auch, schon durch die Universalität seines Problembewußtseins und seiner

Interessen, ein großer Synthetiker. Schweitzer war Theoretiker und Praktiker in einer Person, wenn auch das Handeln bei ihm überwog. Er betätigte sich als Wohltäter der Menschheit und trug dadurch zu ihrer Vereinigung bei. Teilhard de Chardin suchte nach einer Synthese von Glauben und Wissen, Sein und Evolution, Religion und Wissenschaft.

Aurobindo, der Lehrer des ›integralen Yoga‹, erfuhr im Kerker die große Erleuchtung, die ihn zu einem Vorkämpfer der Selbstbefreiung machte, gründete in Pondicherry eine weltberühmte Yogaschule, die zu einem Zentrum geistiger Erneuerung wurde, und arbeitete an einer Synthese indischen und abendländischen Weltverständnisses. Gandhi betonte immer wieder, daß der Hinduismus keine ausschließende Religion sei, allen Religionsstiftern und Propheten Verehrung entgegenbringe, jedem den eigenen Weg zum Glauben gestatte und mit allen übrigen Religionen in Frieden zusammenleben wolle. Seine Bedenken gegenüber dem Christentum und der westlichen Lebenspraxis lassen sich in sieben Thesen zusammenfassen:

1. Jesus von Nazareth war weder eine Inkarnation Gottes noch dessen Sohn.
2. Jesus wollte weder die Menschheit von ihren Sünden erlösen noch konnte er dies, denn große und edle Taten sind nicht übertragbar.
3. Das Neue Testament enthält keine Rechtfertigung von Kriegen, und nicht jedes Wort darin ist Gottes Wort.
4. Gott interessiert nicht, was wir glauben, sondern was wir tun.
5. Europa ist derzeit nur dem Namen nach christlich, tatsächlich betet es den Mammon an.
6. Im Gegensatz zur Lehre Jesu orientieren die meisten Christen ihren moralischen Fortschritt am materiellen Besitz.
7. Gott ist weder eine Person noch eine Persönlichkeit, sondern das Gesetz, die Wahrheit.

Jeder Theologe und Christ, aber auch jeder andere Bürger der westlichen Welt, täte gut daran, diese Kritik ernst zu nehmen. Darüber hinaus dürfte sich die Wahrheit mehr als jede Personifikation zum Leitwert eines integralen Weltverständnisses eignen. Auf der gleichen Linie liegen Radhakrishnans Thesen zu einer globalen ›Gemeinschaft des Geistes‹, zur geistigen Freiheit und zur Befreiung von Ritualen, Tabus und Konventionen, zur Öffnung des endlichen Geistes für die Unendlichkeit, zur Welt- und Selbsttranszendenz, zur Ablehnung von Absolutheitsansprüchen und zur permanenten Arbeit an sich selbst. Tagore vertieft diese Darlegungen durch seinen Appell, den ›Ichstolz‹, also den Egozentrismus, Egoismus, Narzißmus und Anthropomorphismus zu überwinden.

Buddhas Lehre war, Tagore zufolge, in erster Linie eine Anleitung zur Befreiung von Unwissenheit, Stolz und Habgier. Mit Platon deckt sich Tagores Auffassung von der Selbstsucht als Quelle alles Bösen, mit dem Neuen Testament die Weigerung, den Sinn des Lebens in der Befriedigung materieller Bedürfnisse zu sehen, und mit dem sokratischen Grundanliegen die Forderung von Selbsterkenntnis.

Vivekananda, ein früh verstorbener Asket und Schüler Ramakrishnas, zog sich in die Bergwelt des Himalaya zurück, meditierte dort mehrere Jahre und nahm 1893 an der Tagung des ›Weltparlaments der Religionen‹ in Chicago teil. Er glaubte fest daran, daß die Religionen sich im Grunde nicht widersprechen, bejahte daher ihre Vielfalt und forderte, den individuellen religiösen Erfahrungen Rechnung zu tragen. Absolutheitsansprüche, Dogmen und Orthodoxien lehnte er ab und verglich den Dogmatiker mit einem Mann, der mit einem kleinen Käfig durch die Welt zieht: »Gott und der Elefant und jedermann muß hier hereingehn. Selbst wenn wir den Elefanten in Stücke schneiden müssen, muß er hier herein!«[1] Es sei ein Zeichen von Arroganz, wenn eine Sekte glaube, die ganze Wahrheit zu kennen, denn menschliches Denken sei nicht unfehlbar. Der Mensch solle sein Herz für die Zukunft offenhalten, denn Gottes Buch scheint alles andere als abgeschlossen. Die Bibel, der Koran und die Lehren anderer heiliger Schriften seien nur Seiten in diesem Buche Gottes. Ebenso sei Offenheit und Toleranz gegenüber anderen Religionen geboten:

> Ich gehe in die Moscheen der Mohammedaner und knie vor dem Kruzifix in der christlichen Kirche, ich nehme im buddhistischen

> Tempel meine Zuflucht zu dem Buddha und seiner Lehre. Ich gehe in den Wald und meditiere mit dem Hindu, der dort das Licht zu sehen sucht, das das Herz von allem erleuchtet.[2]

Die beispiellose integrative Kraft der hinduistischen Religion, Philosophie und Weltanschauung, ihr Sinn für evolutionäre Vielfalt, individuelle Frömmigkeit und ihre Offenheit für die Zukunft stehen dem modernen Weltverständnis näher als das starre Dogmensystem des Christentums und der Traditionalismus des Islam und können daher wegweisend für eine religiöse Erneuerung der Menschheit sein.

Wie das im vorigen Kapitel erwähnte Beispiel des Mathematikers Shafarevitch zeigt, der von der Religion Ziele für die Wissenschaft erhoffte, sieht sich die Wissenschaft vor ähnliche Probleme gestellt wie seinerzeit die Weltreligionen, als sie sich der ausufernden Bildervielfalt der Mythologen gegenübersahen. Die Weltreligionen haben durch selektive Prozesse, so können wir aus der Bewußtseinsgeschichte lernen, diese Probleme, so gut sie konnten, gelöst. Das Ergebnis war ein gewaltiger Schritt vorwärts zur Integration der Menschheit. Mit zunehmender dogmatischer, ritueller und zeremonieller Erstarrung haben dann aber Christentum und Islam im Westen, Konfuzianismus und Buddhismus im Osten ihre Fähigkeit zur Selbsterneuerung weitgehend verloren. Die hinduistische Kraft der Erneuerung setzte sich jedoch in Aurobindo und Radhakrishnan gegen Shankaras Monismus und die Erstarrung der Vedanta-Philosophie durch. Heute sieht das orthodoxe christliche Establishment in der religiösen Vielfalt des Hinduismus eine große Gefahr, prangert die Sektenbildung an und übersieht dabei, daß das Christentum selbst als eine heterodoxe jüdische Sekte begann, daß jede Orthodoxie eo ipso und mit der Zeit zur Heterodoxie wird und daß sich das Christentum selbst in eine Unzahl von Sekten aufspaltete (Schismata), seitdem es die religiöse Vielfalt unterdrückte und abzuwürgen suchte.

Was der christlichen Orthodoxie also derzeit höchst unangenehm ist, die Vielfalt, erscheint der Wissenschaftsgesellschaft gerade angenehm, denn das Wissen neigt von Natur aus zur Vielfalt, was wiederum, wie wir auch bereits im vorigen Kapitel sahen, die Gefahr der Desintegration heraufbeschwört. Aus dieser Sicht erscheint nun das Problem der Integration und der Komplexität oder der Einheit und Vielfalt komplexer, als es auf den ersten Blick den Anschein hat. Aus der Bewußtseinsgeschichte können wir wiederum lernen, daß die Philosophie auf begrifflicher Ebene mit ähnlichen Problemen zu schaffen hatte, was in der Vielfalt philosophischer, einander widersprechender Systeme, in den berüchtigten Ismen seinen weithin sichtbaren Ausdruck fand.

Auf der Ebene der künstlerischen Visionen siegte dann, jedenfalls in der modernen Kunst, die Vielfalt (Individualstil). Die Wissenschaft schloß sich diesem Trend an, wie die Fülle der Quanten-, String-, Superstring- und Chaostheorien sowie das Beispiel Prigogines zeigen, der, eher philosophisch als wissenschaftlich, in seinem Buch ›Vom Sein zum Werden‹ (1985) den platonischen Trend zur Ontologie umkehrt. In der Entwicklung der Modelle haben wir das gleiche Bild: Es gab nicht nur inflationäre Weltmodelle, sondern auch eine Inflation von Weltmodellen. Aus der Vielfalt kristallisierten sich dann schließlich das Bohrsche Atommodell und das kosmologische Standardmodell als zukunftweisende Typen heraus.

Philosophen, denen es nicht um Parteinahme in diesem Streit um Einheit oder Vielfalt geht, sondern um die Analyse der Probleme, werden sich zu fragen haben, was mit Prigogines Trendwende, dem Wechsel von einem Extrem zum anderen gewonnen ist.

Zunächst einmal wird die Ambivalenz des Begriffs der Integration deutlich. Vom Standpunkt der Evolution sind nicht die Sekten, Heterodoxien und der Dissens die eigentlichen Probleme, sondern der Konsens, die Orthodoxien und die Dogmen, vom Standpunkt traditionsorientierter Religionen dagegen der Individualismus, Partikularismus und Pluralismus. Für sie geht die Welt unter, wenn jeder Mensch seine Religion hat, den eigenen Weg zum Heil wählt und selbst bestimmt, was er glaubt. Ihre Parole ist: Einheit, Einigkeit und Geschlossenheit. Für den problemorientierten Denker stellt sich danach das Problem der Integration weniger als Alternative, als Einheit *oder* Vielfalt denn als Einheit *und* Vielfalt. Integration heißt für ihn nicht übergestülpte, erzwungene Einheit, systematische Ordnung um jeden Preis, sondern eben noch vermiedene Desintegration, maximale Freiheit, aber gewahrte Stabilität. Ein solcher Begriff der Integration erscheint den Mechanismen der Evolution angemessener als der holistische, da sie zu einem guten Teil aus dem Gleichgewicht von Kräften besteht, einer Gratwanderung gleicht und selbst ein Ergebnis von Trial and Error ist.

Das Grundproblem ist, ob man Einheit, Ordnung und Ganzheit aus der Freiheit ableitet oder Freiheit, Bewegung und Vielfalt aus der Einheit. Entsprechend erhält man ein dynamisch-genetisch-evolutionäres Modell oder ein statisch-systematisch-holistisches. Letztlich muß man sich also zwischen einem ontologischen und einem evolutionären Konzept entscheiden, und hier kann wiederum die Bewußtseinsgeschichte weiterhelfen: Da alle holistischen Konzepte, religiöse, ideologische, philosophische und wissenschaftliche, gescheitert sind, bleibt dem geschichtsbewußten homo sapiens gar keine andere Wahl als die Freiheit, das offene System, die evolutionäre Integration, verstanden als vermiedene Desintegration und Reintegration (Erneuerung). Der homo sapiens, der bewußtseinsgeschichtlich vom homo faber zum homo religiosus, cogitans, creativus, sciens (wissenden) et faciens (machenden) evolvierte, vollendet sich erst als homo transcendens, indem er verabsolutierte Grenzen überschreitet, den Weg der Abstraktion, Emanzipation und Individuation, der Selbsterkenntnis, Selbstbefreiung und Selbstverantwortung weiter geht, nicht nur auf die Vergangenheit reflektiert und sich an der Gegenwart orientiert, sondern in die Zukunft blickt, sich selbst kurzfristige, mittelfristige und langfristige Ziele setzt, ohne sich von irgendwelchen selbsternannten Psychagogen und Demagogen vorschreiben zu lassen, was er zu denken, zu sagen und zu tun hat.

Was der homo sapiens als homo transcendens benötigt, sind weder ewige Wahrheiten noch unumstößliche Naturgesetze, sondern Faktoren- und Systemanalysen, korrigierbare Konzepte, Extrapolationen, Trendanalysen, prospektive und prognostische Kalküle, also ein integratives, hinreichend dimensioniertes, ausgewogenes, wissenschaftliches und offenes Weltverständnis, integrativ, sofern es Makrokosmos und Mikrokosmos, kosmologische, physikalische, chemische, biologische, psychonoetische und soziokulturelle Evolution umfaßt, hinreichend dimensioniert, sofern es die Welt nicht auf Außen- und Mitwelt verkürzt, sondern auch, wie im Altertum und Mittelalter, Über- und Unterwelt (Himmel und Hölle) berücksichtigt, Um- und Innenwelt, Vor- und vor allem die Nachwelt einbezieht, ein Geschichtsbewußtsein und eine angemessene Zukunftsorientierung entwickelt, ausgewogen, insofern es ein Gleichgewicht von Spekulation und Theorie einerseits, Beobachtung und Experiment andererseits herstellt, wissenschaftlich, sofern es an den Standards der Rationalität, Widerspruchsfreiheit und Überprüfbarkeit festhält, und offen, sofern es zukunftsweisende Konzeptionen ermöglicht sowie nicht phantastische, sondern prognostische Utopien fördert.

Insgesamt erscheint die europäisch-neuzeitliche Orientierung an Besitz und Macht korrekturbedürftig. Hier können wir von außereuropäischen Kritikern wie Aurobindo, Gandhi oder Radhakrishnan lernen. Metaphern, wie ›Globales Dorf‹ oder ›Raumschiff Erde‹, verlieren ihren Sinn, wenn weiter, im Gegensatz zu Buddha, Sokrates und Christus, der Mammon zum Maß aller Dinge erhoben wird: ›Du bist, was du hast‹. Diese Umkehrung der Wahrheit, Perversion der Natur und Schande der Kultur muß korrigiert und dem alten, wahren und bewährten Satz wieder Geltung verschafft werden: ›Du hast, was du bist‹, denn nur das, was einer ist, gibt ihm letztlich Halt, Selbstachtung und Wert, und nur das Sein schafft Identität, Besitz ist dagegen nur Mittel zum Zweck, kein Selbstzweck. Entsprechendes gilt für das größte unbewältigte Problem der Neuzeit: die Macht. Im Zeitalter der ABC-Waffen ist keine Regierung, weder eine demokratische noch eine nichtdemokratische, befugt, Kriege zu beschließen und zu führen, denn noch so viele Repräsentanten welches Volkes oder welcher Völker auch immer haben nicht das Recht, über das Schicksal ihrer Kinder und Enkel, über Sein oder Nichtsein der Menschheit, über die Zukunft des homo sapiens für alle Zeit zu entscheiden. Schon die Bereitschaft dazu ist vor Gott, der Natur und der Geschichte eine ungeheuerliche Anmaßung, ein unermeßlicher Frevel und ein unsühnbares Verbrechen, auch wenn die Paranoiker, die solches beschließen oder ausführen, ihren eigenen Untergang mit herbeiführen würden. Daher muß solchen Leuten, ebenso denen, die vom Rüstungswahnsinn, Waffenhandel und Kriegführen profitieren, schnell und gründlich das Handwerk gelegt werden, wie sehr sie auch ihr frevelhaftes Vorhaben verschleiern und mit pseudomoralischen Gründen tarnen, wie mit der Erhaltung von Arbeitsplätzen, mit der Sorge für Wohlstand und Sicherheit oder mit der Übernahme von ›Verantwortung‹: eine abgründige Verhöhnung moralischer Wertbegriffe und eine penetrante semantische Verschmutzung der Innenwelt. Nichts führt im Zeitalter Freuds an der Einsicht vorbei, daß militärische Befehlsgewalt von der Lust am legalisierten Töten lebt. Machtpolitik im Sinne des 19. Jahrhunderts muß daher grundsätzlich geächtet, Macht höchstens als ein notwendiges Übel zur zeitlich begrenzten Abwehr von Gewaltakten angesehen und Machtmißbrauch als eines der schwersten Verbrechen überhaupt behandelt werden.

Angesichts der Situation des homo sapiens auf diesem Planeten an der Schwelle zum dritten Jahrtausend haben andere Probleme als Militär, Macht, Hegemonie und Prestige Priorität: Bevölkerungszunahme, Umwelt, Energie, Ressourcen, Besitzanhäufung und Arbeitslosigkeit. Zu bewältigen sind diese Probleme nur durch eine konsequente, zügige und globale Umgestaltung der Industrie- in eine Informations- oder Wissenschaftsgesellschaft, im einzelnen durch eine entschiedene und großzügige Förderung der Raumfahrt, Teilchenphysik, Kernenergie, Molekularbiologie, Gentechnologie, Kommunikationstechnologie, Grundlagenforschung, Informatik und Kybernetik sowie der Künstlichen Intelligenz.

All dies setzt einen grundlegenden Wandel im Welt- und Selbstverständnis des homo sapiens voraus, aber nicht nur die Fähigkeit zum Umdenken, sondern auch den Willen zur Erneuerung und, last, not least, zum Überleben. Daß ein solches Programm keineswegs utopisch, phantastisch oder unrealistisch ist, soll im Folgenden anhand von zwanzig beispielhaften Denkansätzen gezeigt werden, denen die Suche nach einem globalen, zukunftsorientierten und integrativen Weltverständnis gemeinsam ist. Im Aufstieg von den Synopsen, Synthesen und Systemen zu wegweisenden Konzeptionen und zukunftsträchtigen Modellkonstruktionen kehrt, mutatis mutandis, die bewußtseinsgeschichtliche Evolution des homo sapiens vom Mythos, über Religion, Philosophie und Kunst, zur modernen Wissenschaft wieder.

Auf der elementarsten Ebene der Orientierung dominieren die Synopsen, die Zusammenschau, Bestandsaufnahme, Übersicht, das Weltbild, der Aufbau der realen Welt und die augenscheinliche Anordnung ihrer Teile.

Hier haben Shri Aurobindo, N. Hartmann, Teilhard de Chardin und B. Rensch vorzügliche Arbeit geleistet. Auf der Ebene der Synthesen geht es einmal um generelles Umdenken in den Prinzipien, zum anderen um die Herausarbeitung einer umfassenden Perspektive, die den allgemeinen Erkenntniszuwachs berücksichtigt. Zur synchronen, räumlichen Vernetzung tritt die diachrone, geschichtliche. Hier sind u. a. zu nennen: C. Sagan, St. J. Gould, E. Jantsch und H. Kessler. Auf der Ebene nicht der traditionellen philosophischen, sondern der modernen, wissenschaftlichen Systematik, die synchrone und diachrone Komponenten, Quer- und Längsschnitte, Musterbildung und evolutionäre Komplexität zu vereinigen sucht, ragen M. Gell-Mann, P. Waloschek, K. Popper und I. Prigogine hervor.

Auf der Ebene künstlerisch-visionärer Neuorientierung spielen weitreichende Antizipationen (Vorwegnahmen), kühne Konzeptionen und weiterführende Konzepte eine Rolle. Hierher gehören u. a. St. Weinberg, Chr. de Duve, W. Calvin und R. Sheldrake. Auf der Ebene der »Meisterarchitekten« oder der genialen Ideen und erfahrungsfundierten Konstruktionen treffen sich schließlich Intuition und Abstraktion, Instinkt und Intellekt, Induktion und Meditation: L. Lederman, St. Hawking, F. Crick, neben J. Watson und M. Wilkins, M. Eigen.

Synopsen

In Shri Aurobindo (1872-1950), der im gleichen Jahr wie Bertrand Russell geboren wurde, tritt uns auf geistigem Gebiet ein Gigant entgegen. Schon die Titel seiner Werke verdeutlichen sein Anliegen: ›Das Ideal der menschlichen Einheit‹, ›Das göttliche Leben‹, ›Das Rätsel der Welt‹, ›Die Manifestation des Überbewußten auf der Erde‹, ›Die Synthese des Yoga‹. Die Begegnung zwischen Ost und West spielt in Aurobindos Leben und Denken eine fundamentale Rolle. In Kalkutta geboren, in England erzogen (1879-93), nach Indien zurückgekehrt, als Beamter tätig, aber wegen revolutionärer Bestrebungen eingekerkert, fand er durch Yoga seinen Weg, wirkte als Schulgründer, Erzieher, Dichter und Philosoph in Pondicherry, ähnlich wie Platon in Athen.

Er lehrte die Fähigkeit des menschlichen Bewußtseins zur Selbsttranszendenz, zur Öffnung der Innenwelt für die Überwelt oder, auf dem Wege des ›integralen Yoga‹, der mentalen für die supramentale, göttliche Sphäre, wodurch ihm nicht nur ein innerer Wandel des Menschen, sondern auch eine Vergeistigung der ganzen Welt möglich schien.

Im Gegensatz zum westlichen Weltverständnis und Weltverhalten, die sich in der raumzeitlichen Erkundung, Erschließung, Durchdringung und Beherrschung der Außenwelt verwirklichen und darin ihre Selbstbefreiung erfahren, geht es Aurobindo weniger um konkreten Erkenntniszuwachs als um die Integration der Welt in die Superwelt, des individuellen in das kosmische Bewußtsein, um einen mentalen, seelischen und physischen Zustand zu erreichen, in dem Innen- und Außenwelt, atman und brahman koinzidieren und der Mensch sich durch Meditation selbst befreit, erlöst und so Ruhe, Harmonie und Glückseligkeit findet.

Zum Gipfel seiner Existenz auf der Erde gelangt der Mensch, indem er den mentalen Bereich transzendiert und die Identität mit dem Absoluten auf dem Wege des integralen Yoga herstellt.[3] Für Aurobindo besteht der ›Quantensprung‹ menschlichen Daseins nicht, wie für N. Armstrong, im Betreten eines außerirdischen Himmelskörpers, sondern in der Transformation des mentalen in das supramentale Bewußtsein, wodurch auch die terrestrische Existenz des Menschen einen fundamentalen Wandel erfährt.

Daß es sich hier um eine legitime Form des integralen Weltverständnisses handelt, dürfte außer Frage stehen. In Frage steht dagegen ihre Effizienz. Für westliche Begriffe reicht diese Form der Weltbewältigung kaum aus. Das läßt sich an zwei typisch westlichen Formen des Weltverhaltens aufzeigen: dem Eiger- und dem Mt. Everest-Modell. Beim Mt. Everest folgte auf Träume und Meditationen die Mathematik in Form einer präzisen Vermessung und ihr die Technik, die räumliche und zeitliche Aktion, Operation und Besteigung. Nachdem vor allem die Engländer zwischen den beiden Weltkriegen von Norden (Tibet) her vergeblich versucht hatten, den Mt. Everest zu besteigen, gelang dies bekanntlich einer englischen Expedition nach dem Zweiten Weltkrieg von Süden (Nepal) her. Auf die Besteigung via Südroute folgten Besteigungen über die West-, Südwest- und Nordroute sowie zahlreiche Wiederholungen der Südroute. Nur die Ostflanke blieb einstweilen ein ungelöstes Problem. Auf die Besteigung mit Hilfe zusätzlichen Sauerstoffs folgten andere, von Experten fast ausnahmslos für unmöglich gehaltene Besteigungen ohne Sauerstoffgeräte und schließlich auch der Alleingang Reinhold Messners. Der Berg, der von niemandem erobert oder besiegt wurde, wurde auch nicht auf mentalem, supramentalem oder geistigem Weg bezwungen, sondern auf operationalem, und zwar mit Hilfe von Erfahrungen, die zuvor im Westen gesammelt, und Techniken, die in den Alpen (Alpinistik) entwikkelt worden waren. So wurde aus dem unbezwingbaren ›Thron der Götter‹ ein ganz normaler, wenn auch der höchste, aber lange nicht der schwierigste Berg der Erde, der inzwischen von mehr als hundert Bergsteigern und Bergsteigerinnen erklommen wurde.

In den Alpen waren es vor allem drei Berge, an denen die besten Kletterer ihren Mut und ihr Geschick erprobten: Der Walkerpfeiler, die Matterhorn- und die Eiger-Nordwand. Nur von letzterer sei hier die Rede, denn sie zeigt am deutlichsten, worauf es uns ankommt.

Der Gipfel des Eiger wurde erstmals 1858 auf der ›Normalroute‹ von Mr. Charles Barrington erreicht, durch die Nordwand 1938 von vier Bergsteigern in ca. drei Tagen unter Leitung von Andreas Heckmair. Nachdem die Eiger- Nordwand in den Jahren zuvor zahlreiche Opfer gefordert hatte, waren dem erneuten Versuch heftige Kontroversen über den Sinn des Unternehmens vorausgegangen. Anfangs galt die Wand, auch unter

Experten, als unbezwingbar. Wiederholte, teilweise tragische Mißerfolge schienen diese Meinung zu bestätigen. Zeitungen und Rundfunk bemächtigten sich des ›Falles Eigerwand‹, und Schaulustige heizten die Sensationslust an. Von der ›Eiger-Mordwand‹ und vom ›Eigerbazillus‹ war sogar die Rede, Bergsteiger wurden als Gladiatoren oder Selbstmörder beschimpft oder für wahnsinnig erklärt, von anderen als Helden gefeiert,[4] ›Eigerfieber‹ und ›Anti-Eigerfieber‹ wetteiferten miteinander, die Landesregierung in Bern erließ ein Eigerverbot, hob es aber wegen Unwirksamkeit wieder auf, die öffentliche Meinung neigte der herrschenden Expertenmeinung zu und verurteilte die ›verantwortungslosen Abenteurer‹. Besonnenere Naturen erkannten, daß der Entdeckertrieb des homo sapiens nicht zu unterdrücken ist, daß es sich bei der Eiger-Nordwand nur um eine Stufe menschlicher Entwicklung handelte, und sie behielten recht.

Als die Wand durchstiegen war, war von Unmöglichkeit, Bazillen und Geisteskrankheit keine Rede mehr, und alle hatten im Grunde gewußt, daß es so kommen würde.

Aber es kam noch ganz anders: 1966 wurde die Eiger-Nordwand im Winter und in der Direttissima durchstiegen (›John-Harlin-Climb‹), ein Unternehmen, dem Heckmair noch ablehnend gegenüberstand. Der Climb dauerte 30 Tage, R. Messner schaffte es im Sommer 1974 in zehn Stunden und Th. Bubendorfer, ein Spezialist im Eisklettern, sogar am 27. 7. 1983 in vier Stunden und fünfzig Minuten. Ob seine Rekordzeit inzwischen unterboten ist, interessiert uns hier nicht weiter. Mit der ›Entgötzung der Eigerwand‹ hatte ein Mythos sein Ende gefunden. Im Vergleich mit den riesigen Wänden des Aconcagua in den Anden, der Lohtse-Südwand und des Nanga Parbat im Himalaya verzwergte die Eiger-Nordwand sogar ein wenig, und heute ist sie mindestens so oft durchstiegen wie der Mt. Everest bestiegen.

Was können wir aus diesem Vergleich östlicher und westlicher ›Mentalität‹ lernen?

Aurobindos Weltverständnis ist meditativ und mental, sein Weltverhalten quietistisch, westliches Weltverständnis ist operational und westliches Weltverhalten prometheisch.

Beide Wege, der an der Innenwelt wie der an der Außenwelt

orientierte, sind in ihrer auf Welterfahrung gerichteten Grundtendenz integrativ, legitim und, jeder auf seine Weise, erfolgreich.

Der gleichen Generation wie Aurobindo und Russell gehörte auch der Jesuitenpater Pierre Teilhard de Chardin (1881-1955) aus Sarcenat in der Auvergne an. Als der Orden 1902 in Frankreich verboten wurde, fand der Pater in Großbritannien eine Zuflucht und ließ sich auf der Insel Jersey nieder, wo sein frühes philosophisches Interesse für die Natur, das Universum und die Evolution neue Nahrung fand. Nach einem Aufenthalt in Kairo studierte er in England Theologie (1908-12) und wurde in London zum Priester geweiht. Wie Aurobindo versuchte auch Teilhard in innerweltlicher Zusammenschau die Welt und den Menschen, Physik und Metaphysik, Wissenschaft, Philosophie und Theologie zu verbinden. Im Ersten Weltkrieg, in einer Welt des Hasses, der Feindschaft und der Verbrechen gegen die Menschlichkeit, gelangte Teilhard zu einem integrativen, globalen Verständnis der Menschheit und ihrer Probleme. In den Schützengräben vor Reims entwarf Teilhard die Grundzüge seiner Dissertation in Geologie.[5] Nachdem ihm der Lehrstuhl für Geologie am Institut catholique entzogen war, begab sich Teilhard 1923 nach China, das ihn für 23 Jahre beanspruchen und prägen sollte. Der 24.12.1929, als der Sinanthropus (homo Pekinensis) entdeckt wurde, wurde zu einem Schlüsseldatum der geistigen Entwicklung des Paläontologen Teilhard, der häufig mit amerikanischen Wissenschaftlern zusammenarbeitete und dabei die Vereinigten Staaten kennen und schätzen lernte. Weitere Reisen führten ihn nach Java, Indien, in den Himalaya und nach Zentralasien. In China erlebte Teilhard den Ausbruch des japanisch-chinesischen Krieges und des Zweiten Weltkrieges, gewann aber auch in Pater Pierre Leroy einen unzertrennlichen Freund und Gefährten. Der zunehmend integrative Zug seines Denkens äußert sich an zahlreichen Stellen seiner immer bedeutenderen Werke:

> Die Zukunft des Menschen wird von seinem Mut und der Art und Weise bestimmt, wie er die Kräfte der Isolierung überwindet ... Den kommenden Epochen wird unsere Zeit ohne Zweifel mehr und mehr als Ende und als Beginn einer neuen Welt erscheinen.[6]

In mehr als einer Hinsicht erinnern Thematik und Thesen seiner Arbeiten an die Werke Aurobindos: ›Das menschliche Phänomen‹, ›Das Auftreten des Menschen‹, ›Die Schau der Vergangenheit‹, ›Das göttliche Milieu‹, ›Die Zukunft des Menschen‹. Beide Denker sind Synoptiker, orientieren sich an der Innen- bzw. Überwelt, streben nach einer Erneuerung des Menschen und stehen dem Gedanken der Evolution aufgeschlossen gegenüber. Beide Denker verdanken aber auch ihrem Aufenthalt in Großbritannien wesentliche geistige Impulse und wurden in ihren Heimatländern von den Orthodoxen schlecht behandelt.

Zwei Begriffe, Bewußtsein und Noosphäre (von Leroy übernommene Neuschöpfung Teilhards), zeigen besonders deutlich den integrativen Charakter von Teilhards Denken und seine geistige Nähe zu Aurobindo.

> Noosphäre bezeichnet die denkende Decke der Menschheit, welche die Erde bedeckt. Es ist die Energiehülle, die durch jegliche Gehirntätigkeit der Menschen auf der ganzen Welt gebildet wird. Dieses gewaltige Netz geistiger Energie geht letztlich zurück auf das Auftreten der ersten Menschen, das heißt der reflektierenden Denktätigkeit überhaupt. Die Dichte dieses Netzes nimmt ständig zu im Zusammenhang mit der steigenden Zahl der Menschen und der Denkqualität.[7]

Die Ausdehnung der noetischen Sphäre ins Kosmische erinnert an Aurobindos These vom Supramentalen. Natürlich entbehrt die These der Ausbreitung geistiger Energie nach Art der Bildung von Sauerstoff in der Atmosphäre durch Mikroorganismen jeglicher wissenschaftlicher Grundlage. Die Begriffe Netz, Energiehülle und Gehirntätigkeit verraten indessen den Einfluß naturwissenschaftlichen Denkens, ebenso die quantifizierende und lokalisierende Betrachtungsweise.

Mit ausdrücklichem Bezug auf Einsteins Energiebegriff spiritualisiert Teilhard diese Konzeption und unterscheidet zwischen tangentieller und radialer Energie. Unter tangentieller Energie versteht er die Bindekräfte zwischen den Teilchen im Bereich des Anorganischen, unter radialer die morphogenetischen (formbildenden) Kräfte im Bereich des Psychischen. Nähert er sich hiermit Leibnizens Monadenbegriff, so auch in seiner Auffassung des Bewußtseins:

> Für Teilhard zeigt sich das psychische Phänomen noch auf der Ebene der Partikeln der Materie, wo es sich in der radialen Energie ausdrückt und der Faktor der Integration und Zentrierung ist. Psychisches Phänomen in der Materie, animalisches Bewußtsein und reflektierendes Bewußtsein des Menschen stellen für Teilhard de Chardin ein einziges Phänomen dar, das sich im Verlauf der Evolution entwickelt.[8]

Weder bei Leibniz noch bei Teilhard finden sich wissenschaftlich haltbare Argumente für ihre Rückprojektion des Psychischen in den Bereich des Anorganischen. In beiden Fällen handelt es sich um vorwissenschaftliche Mystifikationen aufgrund von Theologemen, ähnlich wie bei Aurobindo.

Wissenschaftlicher, wenn auch nicht weniger integrativ, erscheinen die Weltbilder zweier anderer Synoptiker, die als Denker einer anderen Generation angehören: Nicolai Hartmann (1882-1950) und Bernhard Rensch (1900-90). Hartmann, der ziemlich alle Gebiete der Philosophie bearbeitete, ging es um eine »makroskopische Gesamtschau«[9] der Welt, die er aus der Sicht des Ontologen interpretierte. Hartmanns Schwenk vom Neukantianismus zur platonisch orientierten Ontologie kommt schon im Titel seines Frühwerks zum Ausdruck: ›Platos Logik des Seins‹ (1909). Ihm folgten u. a. 1925 die ›Grundzüge einer Metaphysik der Erkenntnis‹, 1926 die monumentale ›Ethik‹, 1933 ›Das Problem des geistigen Seins‹, 1935 ›Zur Grundlegung der Ontologie‹, 1938 ›Möglichkeit und Wirklichkeit‹, 1940 ›Der Aufbau der realen Welt‹, 1950 die ›Philosophie der Natur‹, 1951 ›Teleologisches Denken‹ sowie 1953 (postum) die ›Ästhetik‹.

Hartmanns Leben verlief weniger turbulent als das Teilhards oder Aurobindos und gleicht, abgesehen von den Kriegserlebnissen, eher einem ruhigen Gelehrtendasein im Stil antiker Scholarchen. Allerdings fand Hartmann keine große Schülerschar, denn die Zeichen der Zeit standen ungünstig für die Ontologie: ›Vom Sein zum Werden‹. Ungeachtet seiner Unzeitgemäßheit bleibt es Hartmanns Verdienst, durch minuziöse Einzeluntersuchungen das philosophische Problembewußtsein bereichert und geschärft zu haben, ohne deshalb die Idee einer philosophia perennis aufzugeben. Ein anderes Ideal, an dem Hartmann festhielt, ist die Universalität, die er mit seinem Gesamtwerk fast erreichte. Sein Weltverständnis ist nicht eigentlich evolutionär, genetisch, dynamisch, diachron, sondern eher systematisch, statisch, synchron, eben ontologisch, wenn auch seiner Ontologie Ansätze zum evolutionären Denken nicht fehlen, so die Schichtentheorie der Seinsstufen, in der sich Hartmann an Aristoteles anschließt: anorganisches, organisches, psychisches und geistiges Sein, wobei die Seinsschichten gesetzmäßig miteinander verbunden sind und jede Schicht ein ihr spezifisches Novum aufweist. Heute spricht man, eher diachron, von Emergenz.

Hartmanns Aufbau des Seins ist sorgfältig durchdacht, durch die philosophische Tradition breit fundiert und vermittelt auf seine Art ein Bewußtsein kosmischer Geborgenheit, das wenigstens in seiner Intention und Tendenz zur Rehabilitierung der Natur mit dem modernen naturwissenschaftlichen Weltverständnis kompatibel ist.

Einen wesentlichen Schritt weiter in der Orientierung des philosophischen am naturwissenschaftlichen, evolutionären Denken führt ›Das universale Weltbild‹ von Rensch, der mit Hartmann den universalen Denkansatz gemeinsam hat, aber sein ›Weltbild‹ ungleich dynamischer gestaltet.

Von der Evolution des Universums, der Galaxien und des Sonnensystems ausgehend, gelangt Rensch zum Leben auf der Erde. In minuziösen und wissenschaftlich gut fundierten Einzeluntersuchungen steigt er, ähnlich wie Hartmann, nur dynamischer, von der biologischen Sphäre zu den Bereichen der psychischen und geistigen Phänomene auf und führt den Leser über die Stammesgeschichte, Menschwerdung und die soziokulturelle Evolution zu den Grundproblemen der Evolutionstheorie: Psychogenese, Leib-Seele-Problem, Determinationsformen, erkenntnistheoretische Probleme. Im Schlußteil seines ebenso informativen wie glänzend aufgebauten Hauptwerkes integriert Rensch die Ergebnisse seiner naturwissenschaftlichen Forschungen in einen umfassenden Rahmen: ›Das evolutionäre und philosophische Gesamtbild‹, und geht auch auf die Konsequenzen dieser Synopse für die Praxis ein, für Lebensführung und Rechtsprechung sowie für die Fragen nach der Willensfreiheit, dem Sinn des Lebens und für religiöse Probleme. Wiederum ähnlich wie bei N. Hartmann weckt die gelungene Zusammenschau ein Gefühl kosmischer Geborgenheit:

> Man kann den Begriff ›Weltgesetzlichkeit‹ auch durch ›Gott‹ ersetzen, denn so wie Gott ist auch die nicht weiter erklärbare und insofern irrationale Weltgesetzlichkeit ›unerschaffen‹, ›selbst schaffend‹, ›allmächtig‹, ›allgegenwärtig‹, und sie führt aufgrund der universalen logischen Gesetzlichkeit zu Erkenntnis und ›Wahrheit‹. Zudem werden die Beziehungen des evolutionären Weltbildes durch den von mir vertretenen panpsychistischen Identismus, dem zufolge alles sogenannte ›Materielle‹ protopsychisch ist, noch enger. Und schließlich vermag das Wissen um das unentrinnbare Eingefügtsein in eine universale Gesetzlichkeit allen Geschehens ein Gefühl der Erhabenheit, aber auch einer Geborgenheit unseres Daseins in ähnlicher Weise zu erzeugen wie ein religiöser Glaube.[10]

Nimmt man frühere Veröffentlichungen Renschs hinzu: ›Neuere Probleme der Abstammungslehre‹ (1947), ›Homo sapiens. Vom Tier zum Halbgott‹ (1959), ›Biophilosophie auf erkenntnistheoretischer Grundlage‹ (1968) und ›Gedächtnis, Begriffsbildung und Planhandlungen bei Tieren‹ (1973), so rundet sich das Bild ab und man kann F. M. Wuketits Urteil im Vorwort von ›Das universale Weltbild‹ zustimmen: »Nur wenige Biologen des 20. Jahrhunderts haben ein so breites Spektrum von Problemen ihrer Wissenschaft behandelt wie Rensch. Er war einer der letzten ›Universalisten‹ der Biologie, er verstand sich sowohl aufs Experimentieren als auch auf die Behandlung theoretischer Probleme.«[11]

Bis auf die an Aurobindo und Teilhard erinnernde Hypothese vom ›Protopsychischen‹ kann wohl auch ein hartgesottener Skeptiker mit Renschs moderater Metaphysik leben, die, ähnlich wie bei Einstein, zeigt, daß Naturwissenschaft und Religiosität sich nicht auszuschließen brauchen.

Synthesen

In der Geschichte der Philosophie gelten Platon und Leibniz als Synthetiker großen Stils. Ihre synthetische Kraft bewährte sich in der Verschmelzung von Traditionssträngen, heterogenen Standpunkten und Denkrichtungen, woraus eine neue Perspektive der Wirklichkeit entstand. Platon verschmolz ionische Naturphilosophie mit attischer Begriffsphilosophie, und dabei entstand seine Ideenphilosophie. Leibniz versuchte, antikes, mittelalterliches und neuzeitliches, rationales und mystisches Denken zu vereinigen, verzichtete aber auf ein System. Demgegenüber waren Aristoteles, Kant und Hegel, wenn auch in verschiedenem Grade, Systematiker. Auf den ersten Blick unterscheiden sich Synthesen von Synopsen und Systeme wiederum von Synthesen durch einen höheren Grad von Widerspruchsfreiheit und ihre Wissenschaftsnähe. Zudem sind Synthesen im allgemeinen dynamischer als Synopsen. Moderne, wissenschaftliche Systeme sind wiederum dynamischer als die traditionellen philosophischen Systeme. Platons dialogische Philosophie ist dynamischer als die Mehrzahl der klassischen Systeme der indischen Philosophie, Prigogines offenes System wiederum dynamischer als alle philosophischen Synthesen und Systeme vor ihm. Im einzelnen ist es sehr schwierig, Synopsen, Synthesen und Systeme zu unterscheiden, denn jedes System hat auch synoptische und synthetische Züge, wie auch Synopsen Vorstufen von Synthesen und diese wieder Vorstufen von Systemen sind. Klassisches Beispiel: von Platon zu Aristoteles. In gewisser Weise wiederholt sich im Aufstieg von der Synopse zum System der bewußtseinsgeschichtliche Weg von der Ebene der mythischen Bildervielfalt zur Ebene der religiösen Weltanschauung und von dieser zur Ebene der philosophischen Weltbegriffe. Im Folgenden entsprechen dann den Konzeptionen die künstlerischen Weltvisionen und den Konstruktionen die wissenschaftlichen Weltmodelle. Diese Zuordnung gilt jedoch nur annähernd und nicht unbedingt.

Bei dem Professor für Astronomie und Träger des Pulitzer-Preises für Literatur (1978), Carl Sagan, besteht die integrativ-synthetische Kraft vor allem in der Einbeziehung einer Fülle von wissenschaftlichen Erkenntnissen aus den verschiedensten Disziplinen in den eigenen Denkansatz sowie in der Umsetzung nahezu flächendeckenden Wissens in eine Serie von spannenden Gedankenschritten, in optische Eindrücke, vermittelt durch die Fernsehfolge: ›Unser Kosmos. Eine Reise durch das Weltall‹.[12] In der ›Schöpfung auf Raten‹[13] findet das didaktisch hervorragende Werk, das in der Originalausgabe den Titel: ›Shadows of Forgotten Ancestors‹ trägt, eine würdige Ergänzung. Die Reise durch den Kosmos beginnt an den ›Ufern des kosmischen Ozeans‹ und endet auf der Erde. Kapitelüberschriften wie: ›Eine Stimme in der kosmischen Fuge‹, ›Die Harmonie der Welten‹, ›Himmel und Hölle‹ und ›Am Rande der Ewigkeit‹ lassen den geistesgeschichtlichen Hintergrund erkennen, der sowohl griechische als auch jüdisch-christliche Elemente enthält. Die Moderne kommt in den ›Blues für einen roten Planeten‹ zu ihrem Recht, die Wissenschaft in der ›galaktischen Enzyklopädie‹, die Geschichte in den ›Reiseberichten‹ und die Anschaulichkeit in dem ›Leben der Sterne‹. Sagan hat damit bewiesen, daß Wissenschaft durchaus nicht trocken, unverständlich und langweilig zu sein braucht.

Der homo sapiens hat, da es in der Evolution keinen Stillstand gibt, nur zwischen Selbstzerstörung und Expansion in den Kosmos zu wählen:

> Früher oder später aber werden wir, sofern wir uns nicht selbst vernichten, zweifelsohne solche Missionen in Angriff nehmen, denn ein Verharren im selben Zustand gibt es für eine Gesellschaft nicht. Auch Einstellungen und Verhaltensweisen pflegen sich nach Art von Zins und Zinseszins zu summieren, so daß bereits eine gelinde Abkehr, eine geringfügige Vernachlässigung der Raumforschung über Generationen hin einen spürbaren Niedergang nach sich zieht. Konzentrieren wir hingegen auch nur einen kleinen Teil unserer Kräfte auf außerirdische Abenteuer, auf das ›Sternenwagnis‹, wie wir in Erinnerung an Kolumbus sagen könnten, schaffen wir im Verlauf von Generationen Grundlagen für eine Präsenz des Menschen auf anderen Welten, für seine freudige Teilhabe am Kosmos.[14]

Angesichts der beiden Weltkriege in diesem Jahrhundert sollte man sich eher fragen, ob wir unser Konto schon soweit geplündert und überzogen haben, daß eine Teilhabe am Leben im Kosmos bereits unmöglich geworden ist, und ob wir den point of no return, den Punkt ohne Umkehr schon überschritten haben, in der Sprache der Gläubigen, ob Gott uns von seiner Liste der Galaktiker bereits gestrichen und uns verdammt hat, mit diesem Planeten unterzugehen. Eine Spezies, die den Krieg von der Erde in den Kosmos trägt, andere Planeten und ihre Zivilisationen ausrottet wie die Arten auf der Erde, ergibt wenig Sinn. Aber auch Atheisten, sofern sie nicht dem feudalistischen Grundsatz: ›Nach uns die Sintflut‹ huldigen, dürfte die Frage kosmischer Existenz interessieren. Man braucht die Raumfahrt gar nicht primär unter dem Gesichtspunkt des Abenteuers zu betrachten, sondern viel elementarer, nicht als Lebens-, vielmehr als Überlebensversicherung und Daseinsvorsorge für künftige Generationen, dann wird aus dem letzten Problem das wichtigste und erste. Das dumme Gerede vom Weltuntergang hat das eigentliche Problem, das nicht nur in den Religionen, sondern auch in der Geschichte des Lebens eine fundamentale Rolle spielt, ins Lächerliche gezogen und damit fast unsichtbar gemacht. Ungeachtet allen dummen pseudotheologischen Geschwätzes läßt sich die Tatsache nicht aus der Welt schaffen, daß unser Dasein auf der Erde alles andere als selbstverständlich ist. Man braucht nicht einmal an Eiszeiten, Meteore, Kometen oder andere kosmische Katastrophen zu denken, sondern nur an von Menschen verursachte, um zu erkennen, daß nicht einmal der Krieg oder der Umweltkollaps als solcher das gravierendste Problem ist, sondern die durch solche Ereignisse zunehmende Unfähigkeit, Raumfahrtprogramme überhaupt noch zu finanzieren, was die Aussteiger bereits jetzt für überflüssig halten.

Unverkennbar verläuft die Front nicht mehr zwischen Wissenschaft und Religion, sondern zwischen denen in beiden Lagern, die den Untergang der Menschheit auf diesem Planeten bereits beschlossen haben und durch ihr Verhalten todsicher herbeiführen, denn am Ende dieses Planeten und seiner Sonne führt kein Weg vorbei, und jenen, die ihn für vermeidbar halten und daher rechtzeitig eine ›Arche Noah‹ bauen, was angesichts der immensen Entfernungen im All gewiß nicht leicht sein dürfte und Jahrhunderte oder sogar Jahrtausende zur Ausführung benötigt. Wenn Erde und Sonne untergehen, geht die Welt, das Universum noch lange nicht unter. Wenn die Menschheit langfristig überleben will, muß sie sich auf mehr als einen Wechsel des Planeten einstellen. Es fragt sich nur, ob der homo sapiens zu den Überlebenden im Kosmos gehören *will* oder nicht, ob Gott ihn nicht nur berufen, sondern auch zum ›ewigen Leben‹ im ›Himmel‹ (Kosmos) auserwählt hat, ob er die Evolution verleugnet oder weiterhin ihr Musterschüler bleibt, ob er aus seiner Geschichte auf diesem Planeten gelernt hat oder nicht. Wer ›Ohren hat zu hören‹, wird vernehmen können, daß die frohe Botschaft der Religion der Prognose der Wissenschaft nicht zu widersprechen braucht. Beiden geht es um das Heil des homo sapiens, der Religion in einer vorwissenschaftlichen, der Wissenschaft in einer dem modernen Bewußtsein angemessenen Sprache. Jene spricht von Erlösung, Rettung und Verdammnis, Himmel und Hölle, diese von Selbsterhaltung, Selbstbefreiung und Selbstzerstörung, Überleben und Artensterben. Zwischen lebensbejahenden Hoffenden, an die Rettung Glaubenden und das ewige Leben Liebenden einerseits, lebensmüden Pessimisten, die Rettung verschmähenden ›Verdammten‹ und lebensfeindlichen Weltverächtern, Aussteigern und Nihilisten andererseits verläuft in beiden Lagern die Grenze.

Allerdings besteht zwischen der Wissenschaft und der traditionellen Religion immer noch ein wesentlicher Unterschied: Lehrt jene den Fürsorge-Gott, so diese die Eigenverantwortung. Der Glaube an einen Gott, der die Menschheit ungeachtet aller ›Sünden‹ rettet, die Fehler der Menschen rückgängig macht, ihnen aus allen Nöten hilft und schließlich alles zum Besten wendet, ist nicht nur obsolet, sondern definitiv widerlegt. Nach heutigem Wissen ist höher organisiertes Leben auf der Erde mehrmals durch kosmische Katastrophen nur knapp der Auslöschung entgangen, und das zu einer Zeit, da es noch keine Lebewesen gab, die ›sündigen‹ konnten.[15] Mit anderen Worten: Die Existenz des homo sapiens auf diesem Planeten hing, hängt und wird stets an einem seidenen Faden hängen, an blinden

Zufällen und unkalkulierbaren Ereignissen. In dieser Situation über Warnungen vor dem ›Weltuntergang‹ spotten heißt soviel wie Brandschutzvorrichtungen in Gebäuden vernachlässigen, weil es in deren Umkreis noch niemals gebrannt hat, ähnlich wie jenes Kino in China, dessen Notausgänge man zugemauert hatte, so daß, als tatsächlich ein Feuer ausbrach, viele Kinogänger darin umkamen.

Mit Sicherheit wird sich die Situation der Menschheit bei der nächsten Eiszeit oder irgendeiner anderen kosmischen oder selbst herbeigeführten Katastrophe grundlegend von der vor der letzten unterscheiden. Als die letzte Eiszeit kam, war die Erde hauchdünn von Menschen besiedelt, die praktisch unbegrenzte Ausweichmöglichkeiten hatten. Die nächste Eiszeit wird dagegen eine übervölkerte Erde treffen, ohne neue Kontinente und weiteren Lebensraum, es sei denn auf anderen Planeten, die aber erst entdeckt, erreicht, erkundet und erschlossen werden müssen, was seine Zeit dauert. Glich die Situation der Menschheit bei der letzten Eiszeit einem Kino, in dem nur ein paar Zuschauer waren, gleicht sie bei der nächsten höchst wahrscheinlich einem überfüllten Zuschauerraum, mit all den Folgen im Fall einer Notsituation, die man sich leicht vorstellen kann.

Die Stifter und Propheten der großen Religionen hatten völlig recht, wenn sie vor der Verfallenheit an die Welt, an das Diesseits und an irdische Güter warnten, die Aufmerksamkeit der Menschen auf das Jenseits lenkten, auf ein neues, besseres Leben, auf das Heil ihrer Seelen und die ewige Seligkeit, nur konnten sie damals noch nicht wissen, was uns, im modernen Zeitalter der Wissenschaft, fast selbstverständlich geworden ist: Größe, Umfang, Gestalt und Alter der Erde, des Kosmos und des Universums. Ihre Welt, ihr Horizont und ihre Erfahrung waren viel kleiner, enger und geringer als unser Wissen, Weitblick und Weltverständnis, was nicht heißt, daß sie nicht auch schon Wesentliches ahnten. Heute wissen wir, daß sie sich in der Naherwartung des Weltunterganges täuschten, aber was ist im Zeitalter der Relativitätstheorie nah, was fern?

Der moderne Wissenschaftler, mehr Prognostiker als Prophet, sollte an der Jenseitsorientierung der großen Religionsstifter festhalten, statt sie zu belächeln oder zu verhöhnen, denn sie verrät mehr Sinn für die Notwendigkeit menschlicher Selbsttranszendenz als sämtliche sozialistischen Utopien und die Ideologie des materialistisch orientierten Kapitalismus unserer Zeit. Nur sollten wir die Jenseitsorientierung unserer Vorfahren neu interpretieren, nicht als kurz bevorstehenden, gottgewollten Weltuntergang, als Auslöschung der Menschheit, Aussterben unserer Art und Auszug aus dem Kosmos, sondern als Umzug in eine neue Welt, zu neuen Planeten und Lebensräumen, die vielleicht größer und besser sind als alles, was wir von der Erde her kennen. Die alten Germanen glaubten an eine neue Erde, eine bessere Welt und waren somit viel optimistischer als ihre ängstlichen, verhätschelten und verwöhnten Nachkommen mit ihrem Materialismus, ihrem Wohlstandsidol, ihren Spießeridealen, ihrer Konsumgesellschaft und ihrem Kirchturmhorizont. Wikinger entdeckten eine neue Welt, nicht Schlemmer und Schlaraffen, Nonkonformisten besiedelten sie, nicht subalterne Naturen und schäbige Konformisten, und heute sucht die alte Welt bei der neuen Schutz und Hilfe bei der Lösung ihrer eigenen Probleme.

Sozialismus und Kapitalismus haben beide versagt und die Alternative zu ihren Utopien und Ideologien selbst heraufbeschworen, denn die Fixierung auf die terrestrischen Verhältnisse: Überbevölkerung, Umweltkollaps, Energiemangel und Ressourcenknappheit, läßt schon kurzfristig gar keine andere Alternative zu als einen erbarmungslosen, grausamen und infernalischen Kampf ums Überleben, ein Ende im Morast oder im Feuer, eine Wiederkehr von Sodom und Gomorrha, ja, man kann zwanglos sowohl den Weg des Sozialismus als auch den des Kapitalismus als Versuche eines natürlich vergeblichen Eskapismus vor den Herausforderungen der Evolution, der Geschichte, der Natur oder auch Gottes verstehen, als Ausweichen vor dem nächsten Quantensprung – ins Universum.

An die Stelle der Naherwartung setzen wir also besser die Fernerwartung, an die Stelle des Auszugs aus dem Kosmos den Umzug innerhalb des Universums, sobald er nötig wird, und an die Stelle des Kapitalismus einen neuen Humanismus. Die Wendung zum ›Jenseits‹, die Bejahung der Selbsttranszendenz, das Ja zur bemannten Raumfahrt und der Mut zur Gründung einer neuen Welt schließen die Erhaltung, Kultivierung und Neugestaltung der Erde keineswegs aus, im Gegenteil: vom Druck der Übervölkerung befreit, wird sich die entlastete Erde bald erholen, und da es jedem frei steht, auszuwandern oder dazubleiben, können der Heimatplanet und die neuen Welten mit einem friedlichen ›Wettkampf der Systeme‹ beginnen. Der ›Krieg der Sterne‹ gehört dann endgültig der Vergangenheit an.

Wer die bemannte Raumfahrt negiert, negiert das Überleben des homo sapiens, und zwar nicht nur langfristig. Das oft gehörte Argument, daß es mit der Raumfahrt noch lange Zeit habe, ist schlicht und einfach falsch, da nicht einmal feststeht, ob die Menschheit das 21. Jahrhundert noch übersteht. Wenn die nächste Eiszeit früher als erwartet eintreten sollte, oder wenn nur ein Bruchteil der Kometentrümmer, die vor kurzem den Jupiter trafen, auf die Erde niedergegangen wäre, wäre es vermutlich mit allem Sozialismus und Kapitalismus auf Erden bald oder längst vorbei.

Was weite Teile der Menschheit hindert, sich ihre Ausgesetztheit auf diesem Planeten hinreichend bewußt zu machen, ist die Scheinsicherheit eines Glaubens, der sich entweder auf Gottes Ratschluß beruft, in Wirklichkeit aber auf einem letalen Fatalismus beruht, oder aber ebenso unbegründet hofft, daß Gott schon die Meteore an der Erde vorbeilenken wird, wenn er sie nicht treffen will. Solche Argumente sind nicht nur obsolet und falsch, sondern verführen zur Mißachtung realer Gefahren und bereiten mit Hilfe pseudoreligiösen Aberglaubens indirekt den Untergang der Menschheit vor, ja, beschwören ihn herauf. Eine derartige ›Religion‹ ist nicht nur hoffnungslos veraltet, sondern auch radikal lebensfeindlich. Sie wurzelt in dem gleichen Haß auf das Leben, in der gleichen Menschenverachtung und Mißachtung der ›Schöpfung‹ und in dem gleichen Unverständnis gegenüber der Natur, der Evolution und der Wissenschaft wie sie bei den Militaristen zu beobachten sind, die den Wert einer Erfindung einzig und allein an ihrer Kapazität bemessen, Menschenleben auszulöschen. Kein Wunder, daß diese beiden Arten der Gleichgültigkeit gegenüber allem Lebendigen, speziell dem menschlichen Leben, so oft in der Geschichte ein mit pseudomoralischem Etikettenschwindel getarntes, hohes und heiliges Bündnis eingegangen sind.

Auch in dieser Hinsicht finden wir in Sagans sorgfältiger Synthese weiterführender Aspekte der Schöpfungslehre und der Evolution ein integrales, modernes Weltverständnis, das mehr natürliche Frömmigkeit in Gestalt einer tiefen Dankbarkeit verrät als die hehren Klischees welt- und lebensfeindlicher ›Religionen‹:

> Der Stammbaum eines jeden von uns wird durch zahlreiche große Erfinder veredelt: durch alle jene Wesen, die als erste die Selbstvervielfältigung ausprobierten, die Herstellung von Werkzeugmaschinen aus Proteinen, die Zellbildung, die Zusammenarbeit, das Raubverhalten, die Symbiose, die Photosynthese, das Atmen von Sauerstoff, die Geschlechtlichkeit, die Hormone, die Gehirne und alles übrige – Erfindungen, die wir manchmal Minute für Minute benutzen, ohne uns jemals darüber Gedanken zu machen, wer sie entwarf und wieviel wir diesen unbekannten Wohltätern in einer Daseinskette mit hundert Milliarden Kettengliedern verdanken.[16]

Wissenschaftlich fundierte Frömmigkeit kann zum Indikator echter Religiosität dienen, nicht nur im Hinblick auf den Autor selbst, sondern auch kritisch und selektiv gegenüber herkömmlichen Theologemen.

Eine neue Seite im Buch integralen Weltverständnisses hat St. J. Gould aufgeschlagen, der nicht, wie Sagan, auf breiter Ebene zu einem integrativen, universalistischen Weltverständnis gelangt, sondern durch interpretierende Vertiefung einer einzigen Großtat der Paläontologie, indem er die Funde des Burgess Shale[17] minuziös untersuchte, akribisch rekonstruierte und evolutionstheoretisch revolutionär auswertete. Dabei gelangte er zu einer neuen Geschichtsperspektive, die das Wunderbare mit dem Vernünftigen versöhnt: ›Wonderful Life: The Burgess Shale and the Nature of History‹.[18] Gould, und darin besteht die überdisziplinäre, integrative Leistung seiner analytischen Synthese, falsifiziert nicht nur eine religiöse, vielmehr auch eine wissenschaftliche »Ikonographie«: die religiöse Anthropozentrik und den naiven wissenschaftlichen Fortschrittsglauben. Zunächst die religiöse Desillusionierung:

> Physik und Astronomie verbannten unsere Erde in einen Winkel des Kosmos, und die Biologie beraubte uns der Stellung als Ebenbild Gottes und machte uns zu einem nackten, aufrecht gehenden Affen ... Die Hauptfolgerung, die sich aus dieser schönen neuen Welt ergibt, ist für uns unerträglich. Wenn es stimmt, daß die Menschheit erst gestern als ein winziges Zweiglein aus dem einzigen Ast eines üppigen Baumes hervorging, dann kann das Leben eigentlich in keinerlei Hinsicht für uns oder unseretwegen existieren. Vielleicht sind wir bloß ein nachträglicher Einfall, so etwas wie ein kosmischer Zufall, nur eine nichtige Verzierung am Weihnachtsbaum der Evolution.[19]

Bis jetzt war eigentlich jede ›Kopernikanische Wende‹ der neuzeitlichen Wissenschaften ein Keulenschlag gegen die menschliche Eitelkeit, und das nimmt viele Leute gegen die Wissenschaft ein, statt ihr für die Reinigung von einem Laster dankbar zu sein. In Wirklichkeit aktiviert die Wissenschaft, indem sie desillusioniert, die Kraft des homo sapiens, die bisher sein Überleben sicherte und seine Überlegenheit über alle anderen Arten auf diesem Planeten begründete: seine Fähigkeit und Bereitschaft, Herausforderungen der Umwelt anzunehmen und auf sie zu reagieren. Pseudoreligiöser Egozentrismus und eitler Narzißmus schläfern dagegen diese Urkraft ein und wirken wie Drogen. In dieser Hinsicht haben Marx und Freud ganz richtig gesehen. Desillusionierung auf religiösem Gebiet nützt aber nur dann, wenn sie nicht mit wissenschaftlichem oder ideologischem Illusionismus verbunden wird. Hiergegen finden wir jedoch bei selbstkritischen Wissenschaftlern wie Gould wirksame Abwehrmechanismen. Seine Kritik an simplifizierenden wissenschaftlichen Modellen liefert dafür ein treffliches Beispiel.

> Den größten Trost würde uns die altehrwürdige Kette des Seins bieten, doch wissen wir heute, daß die ›einfacheren‹ Geschöpfe in ihrer überwältigenden Mehrheit keine Vorläufer oder auch nur Prototypen des Menschen sind, sondern nichts anderes als benachbarte Zweige am Stammbaum des Lebens. Deshalb wird der Kegel des wachsenden Fortschritts und der zunehmenden Vielfalt zu

> unserer bevorzugten Ikonographie. Der Kegel impliziert eine vorhersagbare Entwicklung vom Einfachen zum Komplexen, von Weniger zu Mehr. *Homo sapiens* mag nur ein Zweiglein sein, doch wenn das Leben, und sei es auch sprunghaft, zu größerer Komplexität und höheren geistigen Fähigkeiten fortschreitet, dann könnte die letztendliche Entstehung einer selbstbewußten Intelligenz in allem Vorhergegangenen impliziert sein. Kurz, unser fortgesetztes Festhalten an den offenkundig falschen Ikonographien der Leiter und des Kegels ist für mich nur zu verstehen als ein verzweifelter Griff nach dem Schutzwall einer kosmisch begründeten Hoffnung und Anmaßung.[20]

Die »altehrwürdige Kette des Seins« ist ein Motiv, das auf eine Idee in Platons Dialog ›Timaios‹ zurückgeht: die Annahme, daß alle Seinsmöglichkeiten in der langen Reihe der Seinskette verwirklicht werden. A. Lovejoy griff in seinem Werk ›The Great Chain of Being‹ (1936) diese Idee Platons auf. Eine grundlegende Einsicht Goulds ist nun, daß die Natur offensichtlich wenig Rücksicht darauf nimmt, was für den Menschen erträglich und tröstlich ist oder seinem Selbstwertgefühl schmeichelt. So unterliegen auch die Ikonographien der Wissenschaft einem schonungslosen Ausleseprozeß ebenso wie die Theologeme, Philosopheme und Ideologeme von jeher. Der moderne Mensch, der kein Opium mehr braucht, läßt sich durch ernüchternde Tatsachen nicht aus der Fassung bringen oder gar deprimieren, denn er weiß, daß jede angenommene Herausforderung neuen Lebensmut und jede Desillusionierung neue Freiheitsgrade schafft:

> Wir sind das Ergebnis von Geschichte, und wir müssen selbst unsere Wege festlegen in diesem vielfältigsten und interessantesten aller denkbaren Universen, einem Universum, das gleichgültig ist gegen unser Leiden und uns daher die größte Freiheit gewährt, zu gedeihen oder zu scheitern auf die Weise, die wir gewählt haben.[21]

Neue Wege integrativen Weltverständnisses beschritten der Astrophysiker und Mitbegründer des ›Club of Rome‹, E. Jantsch (1929-80), und der Präsident der Humboldt-Gesellschaft, H. Kessler (geb. 1918). In seinem Buch ›Die Selbstorganisation des Universums. Vom Urknall bis zum menschlichen Geist‹[22] hat Jantsch neue Maßstäbe für wissenschaftliche Synthesen gesetzt:

> Das Buch ist so vielschichtig wie sein Thema: eine konzentrierte Geschichte des Universums vom Urknall bis zur Entfaltung der menschlichen Vernunft und Emotionalität, eine umfassende Synthese der aktuellsten naturwissenschaftlichen Denkmodelle, eine auf- und anregende Extrapolation bis in die Bereiche der avantgardistischen Kunst. Es ist überdies ein Plädoyer für das Recht auf freie Entfaltung aller persönlichen und kollektiven Kräfte.[23]

Jantsch, der die neuesten Forschungsergebnisse in Kosmologie, Physik, Chemie, Biologie und Ökologie sowie einer Reihe anderer Disziplinen auswertete und interpretierte, gelangte nicht nur zu einer eindrucksvollen Synthese, sondern auch zu einem neuen Verständnis der Menschenwelt, ihrer Geschichte und ihres Sinnes. Aus der Sicht einer erweiterten und umfassenden Evolutionstheorie erscheint die Selbstorganisation als kreatives Grundprinzip natürlicher wie geistiger Entwicklung.

Im ersten Teil seines Werkes beschreibt Jantsch die Dynamik natürlicher Systeme: Makroskopische Ordnung, dissipative Strukturen oder Autopoiese (Selbstgestaltung), Ordnung durch Fluktuation oder Systemevolution sowie Modellstudien selbstorganisierender Systeme. Im zweiten Teil befaßt er sich mit der Koevolution von Makro- und Mikrokosmos oder der Naturgeschichte in Symmetriebrüchen. In diesem Teil werden auch Soziobiologie, Ökologie und die soziokulturelle Evolution berücksichtigt. Im dritten Teil kommt Jantsch zum Kern seiner These, der Selbsttranszendenz oder den Systembedingungen der Evolution. Der vierte Teil ist der Kreativität gewidmet oder der Selbstorganisation der Menschenwelt: Evolution und Revolution; Ethik, Moral und Systemmangement; Energie, Wirtschaft und Technik; der schöpferische Prozeß; die Dimension der Offenheit. Die Bilanz von These und Synthese lautet dann:

> Naturgeschichte, unter Einschluß der Menschengeschichte, kann als Geschichte der Organisation von Materie und Energie verstanden werden. Sie kann aber auch als Organisation von Information in Komplexität aufgefaßt werden. Vor allem aber kann sie als Evolution von Bewußtsein – das heißt von Autonomie und Emanzipation – und von Geist aufgefaßt werden. Geist erscheint nun als Selbstorganisations-Dynamik auf vielen Ebenen, als eine Dynamik,

> die selbst evolviert. In dieser Hinsicht ist Naturgeschichte immer auch Geistesgeschichte. Selbsttranszendenz, die Evolution evolutionärer Prozesse, ist geistige Evolution. Sie spielt sich nicht im Vakuum ab, sondern manifestiert sich in der Selbstorganisation materieller, energetischer und informationeller Prozesse. Damit wird jeder Dualismus zwischen Geist und Materie aufgehoben, der das westliche Denken in seinen Hauptströmungen mehr als zwei Jahrtausende lang geprägt hat.[24]

Jantsch bleibt nicht bei seiner These und Synthese stehen, sondern transzendiert die Grenzen wissenschaftlicher Betrachtungsweise und öffnet sich für die Philosophie, die ihrerseits zur Stellungnahme und damit zur Evolution herausgefordert wird. Jantsch stellt zwei Jahrtausende philosophischer Tradition auf den Prüfstand der Selbstkritik und erweist sich damit selbst als Denker von Rang. Bis jetzt ist die Philosophie, soweit sie sich selbst in den elfenbeinernen Turm sprachanalytischer oder fundamentalontologischer Nabelschau einsperrte, die Antwort schuldig geblieben, aber das muß nicht so bleiben. Schon Husserl forderte bekanntlich mit Recht die Rückkehr zu den Gegenständen und Inhalten der ›Lebenswelt‹.

Jantschs Orientierung des Bewußtseins an Autonomie und Emanzipation ist ebenfalls wegweisend und schlägt die Brücke von der Philosophie des Bewußtseins zur Philosophie der Freiheit, desgleichen von der Naturgeschichte zur Menschheitsgeschichte, die sich aus dieser umfassenden Sicht zwanglos als Selbstbefreiungsprozeß verstehen läßt.

Allerdings bedarf das Verhältnis der informationellen zu den energetischen Prozessen weiterer Klärung. Das liegt aber nicht in erster Linie an Jantsch, sondern an der Verwirrung der Begriffe in den einschlägigen Wissenschaften.

Kesslers eindrucksvolle Synthese, die auch in der Form (Meditationen) neue, aber doch nicht unbekannte Wege beschreitet, schließt sich schon vom Thema her: ›Die Welt des Menschen‹[25] in nahezu idealer Weise an die Ausführungen von Jantsch an. Wie bei ihm bestechen auch bei Kessler der universale Ansatz, der weite Horizont, das breite, solide wissenschaftliche Fundament, die philosophische Perspektive und außerdem eine heute kaum mehr anzutreffende Gelehrsamkeit, die, ungeachtet ihrer minuziösen Sorgfalt und Belesenheit, alles andere als trocken und langweilig erscheint, vielmehr künstlerisch, kreativ und unbestechlich in der Urteilskraft. Hier entfaltet sich das Universum gleichsam von innen her, aus der Innenwelt, der Monade, dem Mikrokosmos heraus, der mit dem Makrokosmos optimal kommuniziert: Esoterik im besten Sinn des Wortes.

In der ersten Meditation (Polarität) führt der Weg von der Philosophie zur Wissenschaft, vom Makro- zum Mikrokosmos und vom Monismus über den Polarismus zur Polarität als Prozeßordnung. Die zweite Meditation (Der Geist angesichts der Natur) beginnt mit dem Bild und der Wirklichkeit der Natur, leitet vom physikalischen Universum und von der physikalischen Weltordnung zur Einheit und Vielheit über, wendet sich dem Lebendigen, dem Organismus und der Biologie, zu und endet mit der Erkenntnis: Die Natur ist reicher als die Naturwissenschaft. In der dritten Meditation (Der Geist angesichts der Kultur) ist von der geistig-sittlichen Weltordnung die Rede, vom Geist in seiner Leiblichkeit, von der Gesellung und der Sprache, vom tätigen Umgang mit der Welt, von Institutionen und Organisationen sowie von der Kultur in den Kulturen. Die vierte Meditation (Der personale Geist) befaßt sich mit Berufen, dem seelischen Leben, der personalen Psychologie, der Subjektivität und dem Selbstbewußtsein, der Wendung vom Ich zum Du, den Organen des Ich-Selbst und dem unteilbaren Menschen. Die fünfte Meditation (Das All-Eine) umfaßt die Topoi: Sein und Existenz, Transzendenz, kosmische Religiosität, der eine Gott und das Göttliche, Vernunft und Offenbarung, Entdeckungsreisen, Religionsformen. Die sechste Meditation (Weltentzweiung) geht von der Weltidee aus, behandelt das Endliche in der Welteinheit, die Weltverfassung, die Weltübel, Gut und Böse, den Selbsteinsatz, das Ethos, die Verantwortlichkeit, Trennung und Vereinigung. Die siebte Meditation (Weltgestaltung) beginnt mit der Kunst und dem Schönen, wendet sich dann dem Vorschein einer besseren Welt zu, der Naturgeschichte, dem zivilisatorischen Prozeß, den Gestaltern und Zerstörern, den Grenzen und Kräften menschlicher Weltgestaltung.

Das Buch, das von dem Kant-Zitat: ›Der bestirnte Himmel über mir und das moralische Gesetz in mir‹ ausgeht, endet mit einem Bekenntnis zum Dialog: »Ich habe dieses Buch geschrieben, weil ich ein passionierter Leser bin, im Dialog mit Denkern. In der Sprache ist der Mensch mit seiner Welt eins.«[26] Wenn auf irgend jemanden, so trifft auf den Humanisten Kessler das Motto des geistigen Aristokraten zu: Optimis placuisse (den Besten gefallen zu haben).

Systeme

Wenn die Zuordnung von Synopsen, Synthesen und Systemen zu den Ebenen der Bilder, Vorstellungen und Begriffe zutrifft und wenn diese aufsteigende Folge bewußtseinsgeschichtlich unumkehrbar ist, müßte der Systematiker die kombinatorischen Fähigkeiten des Synthetikers und des Synoptikers in sich vereinigen und außerdem noch über ein qualitatives Novum verfügen, das wesentlich in höherer Abstraktion, Widerspruchsfreiheit und Geschlossenheit bestehen würde. Das ideale System, das alle seine Prinzipien aus einem Grundprinzip ableitet und die gesamte Wirklichkeit umfaßt, war von jeher der Wunschtraum der philosophischen Systematiker, die aber stets scheiterten. Der Systemanspruch kann sich aber auch schädlich auswirken, indem er zu der Selbsttäuschung verführt, das allumfassende System bereits zu besitzen, ferner zur Verabsolutierung dieses Systems mit all den schrecklichen Folgen, die sich in der Praxis daraus ergeben, speziell in der geschlossenen Gesellschaft, im totalitären Staat und in der allein seligmachenden Kirche.

Im Vergleich mit dem Synoptiker erscheint der Systematiker arm, im Vergleich mit dem Synthetiker schwach.

In der Geschichte der abendländischen Philosophie folgte bewußtseinsgeschichtlich auf den Synoptiker Parmenides der Synthetiker Platon und auf ihn der Systematiker Aristoteles. In der deutschen Philosophie folgte, so gesehen, auf den Synoptiker Meister Eckehart der Synthetiker Leibniz und auf ihn der Systematiker Kant. Im Deutschen Idealismus uferte die Systematik aus und hob sich in ihren Verabsolutierungen selbst auf (Hegel). Danach ist die Begriffsebene die eigentliche Heimat der philosophischen Systematiker, was zu den Kategorialanalysen des Aristoteles, der Urteilstafel Kants und der Begriffsphilosophie Hegels ganz gut zu passen scheint.

Aber auch bei den Wissenschaftlern lassen sich Schwerpunkte in der Anschauung, Phantasie oder Begrifflichkeit feststellen, wobei die Begrifflichkeit immer ein gewisses Maß von synthetischer Kraft und diese wiederum synoptische Qualitäten impliziert, nicht aber, wenigstens in dem Maß, umgekehrt. Die Begrifflichkeit des Parmenides ist, verglichen mit der des Aristoteles, bis hin zum Materialismus mit Anschauung gesättigt und konnte daher auch von Platon zur Fundierung seiner Ideenlehre herangezogen werden, die gegenüber der Abstraktions*stärke* des Parmenides fast schwach und fade erscheint. In der Abstraktions*höhe* kann Parmenides natürlich weder mit dieser noch mit der Begrifflichkeit des Aristoteles konkurrieren. Unter den systematisch orientierten Denkern oder (und) Wissenschaftlern ragen im Hinblick auf unsere Fragestellung hervor: M. Gell-Mann (geb. 1929), P. Waloschek (geb. 1929), K. Popper (1902-94) und I. Prigogine (geb. 1917).

Gell-Mann erhielt 1969 den Nobelpreis (Physik) für seine Arbeiten zur Klassifikation der Elementarteilchen. Er war es auch, der den Begriff Quark zur Bezeichnung hypothetischer Bestandteile der Protonen und Neutronen einführte und 1984 bei der Gründung des Santa-Fe-Instituts mitwirkte, das auf interdisziplinärer Grundlage komplexe Systeme erforscht. Mit dem bewußt willkürlich gewählten Terminus ›Quark‹ zur Bezeichnung hypothetischer Subteilchen schloß sich Gell-Mann an einen Ausdruck in dem Roman ›Finnegans Wake‹ von J. Joyce an: »Three quarks for Muster Mark«.

Gell-Mann besitzt einen ausgeprägten Sinn für Vielfalt und Synthesen, außerdem, wie schon aus der Begründung für die Verleihung des Nobelpreises zu ersehen ist, die Gabe zur Systematisierung der Vielfalt unter evolutionären Gesichtspunkten. Daß Systematik synthetische Arbeit voraussetzt, zeigt schon die Charakteristik des Santa-Fé-Instituts:

> Eine der Tugenden des Santa Fé Institute ist es, ein intellektuelles Klima geschaffen zu haben, in dem Gelehrte und Wissenschaftler sich von den Ideen der anderen angezogen fühlen und vermutlich in

> weit höherem Maße als an ihren Heimatinstituten nach Möglichkeiten suchen, diese Ideen miteinander zu versöhnen und zu einer nutzbringenden Synthese zusammenzuschließen, wenn dies angezeigt scheint.[27]

Wie Heisenberg das Verhältnis des Ganzen zum Teil besonders interessierte, so Gell-Mann das damit verwandte Problem der Komplexität, »das wichtigste Paradigma des 21. Jahrhunderts«[28]

Im ersten Teil seines ideenreichen Werkes behandelt Gell-Mann das Einfache und das Komplexe, im zweiten das Quantenuniversum, im dritten Auslese und Eignung und im vierten Vielfalt und Bewahrung.

Von der sträflichen Vernachlässigung integrativen Denkens ausgehend, sucht Gell-Mann in dem globalen Projekt 2050, das ökonomische, ökologische, politische, militärische, soziale und ideologische Faktoren berücksichtigt, diesem Mangel systematisch abzuhelfen und fordert ähnliche Bestrebungen weltweit:

> Eine der größten Herausforderungen der Menschheit liegt darin, vereinheitlichende Faktoren wie Wissenschaft, Technologie, Rationalität und Gedankenfreiheit mit trennenden Faktoren wie lokalen Traditionen und Glaubensvorstellungen, zu denen sich schlicht die Unterschiede im Temperament, im Beruf und des geographischen Standorts gesellen, zu versöhnen.[29]

Erforschung des Universums und Studium soziokultureller Komplexität können sich gegenseitig erhellen und der Menschheit helfen, sich über ihre Situation am ›Rand des Chaos‹ klarer zu werden. Die Erforschung des Universums weist naturgemäß in zwei Richtungen, zum Makro- und zum Mikrokosmos. In beiden Sektoren lassen sich die Grundannahmen auf einige wenige reduzieren. Auch hier bewährt sich Gell-Manns konsequente Systematik. Für die Elementarteilchen gibt es drei Lösungsansätze: Die Materie besteht tatsächlich aus elementaren, kleinsten, aber bisher noch nicht entdeckten Teilchen (Demokrit), oder sie ist ins Unendliche teilbar (Anaxagoras), oder die Zahl der Elementarteilchen ist unendlich (Superstring-Theorie).[30] Angesichts des Makrokosmos interessiert uns besonders die Frage, ob unsere Existenzform einmalig im All ist:

> Voraussichtlich existieren auf zahlreichen im Universum verstreuten Planeten komplexe adaptive Systeme, von denen zumindest einige vieles mit der biologischen Evolution und den daraus entstandenen Lebensformen auf der Erde gemeinsam haben. Nach wie vor umstritten ist allerdings, ob die Biochemie des Lebens einzigartig – beziehungsweise fast einzigartig – oder nur eine von sehr vielen verschiedenen Möglichkeiten ist. Mit anderen Worten: Es ist noch nicht sicher, ob Leben hauptsächlich durch Physik bestimmt ist oder seine Eigenheit großteils der Geschichte verdankt.[31]

Mit dieser grundsätzlichen Fragestellung mündet Gell-Mann wieder in den allgemeinen Meinungsstreit um den Stellenwert der biologischen und der soziokulturellen Evolution ein, der, je nach der weltanschaulichen Ausrichtung der Kontrahenten, in der einen oder in der anderen Weise entschieden wird.

P. Waloschek, seit 1968 am DESY in Hamburg tätig, hat Gell-Manns Quark-Modell auf dem Prüfstand der experimentellen Physik testen können. In zahlreichen wissenschaftlichen und populärwissenschaftlichen Veröffentlichungen, die sich durch ihre ungewöhnliche Systematik und Klarheit auszeichnen, trug er wesentlich zur Erhellung und Verbreitung der neusten in der Teilchenphysik gewonnenen Erkenntnisse bei. Hier interessieren in erster Linie die für unsere Fragestellung im Hinblick auf ein integratives Weltverständnis relevanten Arbeiten Waloscheks: ›Die Welt der kleinsten Teilchen‹ (1988),[32] ›Neuere Teilchenphysik – einfach dargestellt‹ (1991), ›Reise ins Innerste der Materie‹ (1991) und ›Als die Teilchen laufen lernten‹ (1993).

Das ebenso informative wie systematisch aufgebaute Werk über die Welt der Teilchen beginnt mit einer Einführung in die Arbeit der Physiker am Deutschen Elektronen-Synchrotron (DESY), entfaltet dann die atomare Welt, zeichnet den geschichtlichen Verlauf der mit Hilfe der Quantentheorie gelungenen Erforschung der Atomhüllen und der Atomkerne nach, um sich dann der Subnuklearphsyik zuzuwenden, der Revolution der Teilchenphysik seit 1974, der Neuen Physik und dem Standardmodell. Am Schluß des auch didaktisch ausgezeichneten Werkes lenkt sein Autor mit einem ›Blick in die Zukunft‹ die Aufmerksamkeit des Lesers auf die offenen Fragen, die neuen

Beschleuniger und die nächsten Experimentieranlagen. Ganz nebenbei kommt auch die Geschichte der Physik von Demokrit bis zur Gegenwart, explizit wie implizit, zu ihrem Recht.

Die Größenverhältnisse der Objekte im Mikrokosmos und Makrokosmos sind in Waloscheks Skala in 16 Schritten, die je um den Faktor Tausend differieren, klassifizierbar, angefangen von den Quarks bis »zu den nicht mehr erfaßbaren Dimensionen des Kosmos.«[33] In der vereinheitlichenden Systematik und der dimensionalen Überschaubarkeit bewährt sich nicht zuletzt das Standardmodell, zu dem sich Waloschek in allen seinen Werken bekennt:

> Zusammenfassend dürfen wir sagen, daß man mit dem Standardmodell die für unser heutiges Leben wichtigen physikalischen Tatsachen verstehen kann. Damit meinen wir hier natürlich als erstes den Elektromagnetismus, die Grundlage für unsere heutige Chemie, die Elektrotechnik, die Elektronik, die Nachrichtenübertragung. Dann kommen die Kernkräfte, die im Prinzip verstanden werden können, und die radioaktiven Erscheinungen, also die Folgen der starken Quarkkräfte und der schwachen Kräfte. Für den Physiker ist noch wichtig, daß mit dem Standardmodell die Ordnung der vielen beobachteten Teilchen, ihre Entstehung und ihr Zerfall zufriedenstellend beschrieben werden … Ganz offensichtlich ist der nächste Schritt bei der Erforschung der Struktur der Materie eng verbunden mit der technisch erreichbaren Energie der Beschleuniger. Es besteht heute kein Zweifel, daß die Schlüssel zum Verständnis der Naturkräfte in den Untersuchungen bei viel höheren Energien gesucht werden müssen … Die große Vereinheitlichung der Naturkräfte, das Verständnis der Struktur der Urteilchen, die Existenz der Higgs-Teilchen und der höheren, durch ›Symmetriebrechung‹ entstehenden hypothetischen Teilchen mit exotischen Namen werden auch dann vielleicht noch Gesprächsthema sein. Die Menschen aber, die an diesen gewaltigen Abenteuern des Geistes mitarbeiten, sind Bürger wie alle anderen. Sie fühlen sich verpflichtet, ihr Wissen zu vergrößern zum Wohl der Menschen künftiger Generationen und zur Warnung vor möglichem Unheil. Aber sie fühlen sich auch verpflichtet, dieses Wissen ihren Zeitgenossen zu vermitteln, es ihnen verständlich zu machen.

In der ›Neueren Teilchenphysik‹ behandelt Waloschek im ersten Kapitel Elektronen und Quarks, im zweiten den Weg zum Standardmodell, im dritten die Wechselwirkungen und im vierten die experimentellen Grundlagen. Was hier in systematischer Form dargeboten wird, wird in der ›Reise ins Innerste der Materie‹ in komplementärer Weise genetisch dargestellt, vertieft und vervollständigt, u. a.: Noch viele offene Fragen; der lange Weg zu HERA (Hadron-Elektron-Ring-Anlage, im Forschungszentrum DESY); Protonenring und Mustermagnete; Künstler am Werk; woher die Teilchen kommen; Aufbau und Betrieb der Experimente.

Das naturwissenschaftlich ebenso wie historisch faszinierende Buch ›Als die Teilchen laufen lernten‹ ist dem Leben und Werk des Großvaters der modernen Teilchenbeschleuniger, R. Wideröe aus Oslo, gewidmet, der nicht nur als Pionier, Theoretiker und Praktiker in die Geschichte der Beschleuniger einging, sondern auch bis ins hohe Alter sich die Fähigkeit der Zukunftsvision bewahrte.[34]

Zu den einflußreichsten modernen Systematisierungsversuchen gehört Poppers Denkansatz der drei Welten, die kurz Welt 1, 2 und 3 genannt werden. Die Einteilung der Wirklichkeit in Schichten, Sphären, Stufen oder Bereiche ist alles andere als neu. Platon unterschied das Reich der Ideen als Wirklichkeit schlechthin vom Reich des Werdens. Seine Theorie ging als Zweiweltenlehre in die Ideengeschichte ein. Aristoteles unterschied anorganisches Sein von organischem, Materie von Leben, vom Leben wiederum den Nous oder Geist, den er in einen sterblichen (pathetikos) und einen unsterblichen (poietikos) einteilte. Diese klassische Dreiteilung hat unter christlicher Herrschaft die längste Zeit dominiert. Ihr folgte wieder ein Dualismus, wobei Descartes zwischen einer res extensa, einer ausgedehnten Wirklichkeit, und einer res cogitans, einer geistigen Welt unterschied. Der mittlere Bereich des Biologischen und Psychischen wurde aufgeteilt. Über den Vorrang monistischer, dualistischer, triadischer oder pluralistischer Metaphysik läßt sich endlos streiten. Descartes war in jedem Fall einen Schritt weiter auf dem Weg vom Essentialismus zum Existentialismus, von der idea zur res gegangen. Ihm folgten in der Neuzeit vermittelnde oder radikalisierende Positionen, denen aber die metaphysische Orientierung gemeinsam war. Die Philosophie erschien mehr und mehr als das eigentliche Feld der Systeme, auf dem gleichsam alle möglichen Varianten der Systematisierung durchgespielt wurden, am radikalsten im deutschen Idealismus. N. Hartmanns Wende vom Neukantianismus zur Ontologie war geistesgeschichtlich insofern ein bedeutungsvoller Schritt, als er den Bankrott des deutschen Idealismus deutlich macht. Etwa gleichzeitig mit Hartmann erfolgte in Großbritannien und in den USA die Abkehr vom deutschen Idealismus und, ebenfalls parallel zu Hartmann, die Entwicklung eines kritischen Realismus, der bis heute vorherrschenden Grundorientierung im Bereich der Ismen.

Poppers triadische Aufteilung der Welt in eine physische, psychische und eine Welt der geistigen ›Artefakte‹ war also weder neu noch besonders subtil. Die Lehre von den drei Welten finden wir bereits bei R. Reininger (1869–1955), der eine empirische, physikalische und eine metaphysische Welt unterschied. Hartmanns Lehre vom Aufbau der realen Welt und vom geistigen Sein, das Weltverständnis von Jaspers und Wittgensteins Theorie der Welt sind weitaus subtiler und differenzierter als Poppers schematische Einteilung. Poppers Versuch, Platons Ideenlehre als »Vorwegnahme«[35] seiner Welt 3 zu vereinnahmen, erscheint beispielsweise ebenso abwegig wie sein Versuch, Platon zum Archegeten des Totalitarismus abzustempeln. Platons Kritik an der Demokratie hat der Evolution der Demokratie wahrscheinlich mehr genutzt als Poppers demokratische Ideologie, die er als Theorie der offenen Gesellschaft ausgab.

Aber ganz abgesehen von der Anmaßung, den Ungereimtheiten und dem Opportunismus Poppers, enthält seine Art der Systematik doch gewisse Vorzüge: neben der Einfachheit einen weiteren Schritt auf dem Wege vom essentialistischen zum existentialistischen Weltverständnis, die grundsätzliche Ablehnung der metaphysischen Orientierung und damit der Ismen (Materialismus, Idealismus, Positivismus), die Ausdehnung des Kriteriums der Realität auch auf seine Welt 3 und den Gedanken der Wechselwirkung oder Vernetzung der Welten untereinander, der das philosophische mit dem naturwissenschaftlichen Weltverständnis auch terminologisch verknüpft. Außerdem wird, wenn man Poppers ›Theorie‹ der offenen Gesellschaft hinzunimmt, die Abhängigkeit des Weltverständnisses von soziologischen Faktoren deutlich, denn Poppers triadische ›Welttheorie‹ läßt sich auch als Chiffre für den gesellschaftlichen Öffnungsprozeß und die demokratische Weltrevolution im 20. Jahrhundert verstehen, wenn sie auch zweifellos nicht in der Chiffrefunktion aufgeht.[36] An Poppers Öffnungstendenz schließt sich Prigogines Grundtendenz vom Sein zum Werden und zur Systemöffnung folgerichtig an. Die Welt 3 erscheint tatsächlich als »eine offene Welt, eine Welt der potentiellen Freiheit und der Entwicklung.« Bis zu einem gewissen Grade versöhnt also Poppers ›Welttheorie‹ Kants Konzeption des Reichs der Freiheit mit Sartres existentialistischer Freiheit und die Evolutionstheorie mit der Systematik und Ontologie: eine Theorie, mit der Philosophen und Wissenschaftler leben und arbeiten können.

Der Nobelpreisträger (Chemie) I. Prigogine glaubt, das Weltverständnis revolutioniert zu haben, indem er den platonischen Trend vom Werden zum Sein umkehrte. In Wirklichkeit verlieh er eher der auch von Popper erkannten, weitverbreiteten Tendenz zur Systemöffnung in schwungvoller Weise Ausdruck. Wenn wir auch den weitreichenden Folgerungen Prigogines aus seinem Ansatz kaum folgen können, so ist mit seiner Sicht doch eine nützliche Kritik traditionellen Systemdenkens verbunden: ein Klärungsprozeß, keine Revolution.

In Prigogines Weltverständnis spielen vier Begriffe eine wesentliche Rolle: Dissipation (Auseinanderstreuung, Verbreitung), Fließgleichgewicht, Entropie und Information. Dissipative sind nichtlineare (ungleichmäßig anwachsende), rückgekoppelte Prozesse, die zu Musterbildungen führen können. Aus der stabilen Gleichgewichtslage geht ein System bei solchen Prozessen in einen instabileren Zustand, das Fließgleichgewicht, über und kompensiert die Entropie, das Maß zunehmender Energieabgabe, Destabilisierung und Nivellierung von Strukturen, durch Energiezufuhr von außen. Im biologischen Bereich hängt alles Leben letztlich von der Zufuhr von Sonnenenergie ab. Prigogine interpretiert »Entropie als Informationsmaß«[37], als ein Maß unseres Wissens vom Zustand der Wirklichkeit, wobei strukturierte Wirklichkeit als Ordnung von nicht strukturierter Wirklichkeit als Unordnung unterschieden wird und somit als Informationsmaß verstanden werden kann. Prigogines weltanschauliche ›Revolution‹ besteht nun in der Anwendung dieser im biologischen Bereich plausiblen Systematik auf die Kosmologie und Physik insgesamt und damit auf das Weltverständnis überhaupt. Die Gefahr einer solchen Verabsolutierung der Maßstäbe liegt jedoch auf der Hand.

Logisch bedeutet die Erweiterung des ursprünglich streng mathematischen Informationsbegriffs auf die Entropie, den Genetischen Code usw. ein hysteron proteron, d.h. das Spätere, die Information, wird in genetisch frühere Prozesse zurückprojiziert: ein Anthropomorphismus, wenn auch ein verständlicher. Entsprechendes gilt für den Ordnungsbegriff. Die Natur gibt der ›Ordnung‹ keinerlei Vorrang vor der ›Unordnung‹, gerade dies impliziert aber Prigogines erkenntnistheoretische Wende, die im Grunde eine metaphysische ist. Wie aus dem Anhang II von Prigogines Buch: ›Dialog mit der Natur‹ zu ersehen ist, wurzeln seine wissenschaftliche ›Revolution‹, seine Komplexitätstheorie und sein ›neuer‹ Systembegriff, abgesehen vom Zeitgeist, in der Problematik der Zeit, die auch er nicht löst:

> Die Frage des Augustinus nach dem Wesen der Zeit wird keine Wissenschaft jemals direkt beantworten, aber das Studium der Zeitfrage als ein zentrales Problem der Wissenschaft, die dort den Begriff eines Vorganges einführt – mit endlichem Gedächtnis seiner eigenen Vergangenheit und zugleich offen auf die Zukunft hin –, gibt der Denkweise unserer Wissenschaft die philosophische Dimension zurück, die ihr rechtmäßig zukommt.[38]

Das Glaubensbekenntnis eines Nobelpreisträgers in Ehren, aber weder die Berufung auf Augustinus noch das Ignorabimus (wir werden nicht wissen) kann dem philosophischen Eros genügen, sofern er Zeit nicht mit Zeitgeist verwechselt. Der Anspruch Prigogines auf ein neues Weltverständnis wird verständlicher, wenn man den Hintergrund der ›Weltrevolution‹ der Ideen und die Kontroversen um Einsteins Weltsicht einbezieht, die das geistige Klima des 20. Jahrhundert wesentlich mitgeprägt haben und Prigogines revolutionäres Pathos mitbestimmt haben dürften. Immer wieder kommt Prigogine in seinem ›Dialog mit der Natur‹ auf Einstein und dessen Weltverständnis zurück, das seinen Intentionen offensichtlich von Grund aus zuwiderläuft. Einstein: »Für uns gläubige Physiker hat die Scheidung von Vergangenheit, Gegenwart und Zukunft nur die Bedeutung einer wenn auch hartnäckigen Illusion.«[39] Es geht dabei um ein fundamentales Problem: Reversibilität (Umkehrbarkeit) oder Irreversibilität (Unumkehrbarkeit) des Weltgeschehens, das ist hier die Frage. Natürlich können Prigogine und seine Anhänger in peripheren Bereichen des Universums, genauer: auf Planeten mit entsprechenden Rahmenbedingungen für chemische, biologische, psychische und geistige Prozesse Irreversibilität konstatieren und Entropie als Informationsgröße interpretieren, aber die Ausdehnung dieser Betrachtungsweise auf das gesamte Universum ist durch nichts gerechtfertigt, im Gegenteil: Die überwiegende Menge aller kosmischen Prozesse, Entstehen und Vergehen von Sternen, Galaxien und Galaxienhaufen, verlaufen eindeutig reversibel. Irreversible Prozesse sind und bleiben, kosmisch gesehen, zeitlich eng limitierte Randphänomene, die nur auf der Basis von Reversibilität erst möglich werden. Die Interpretation unseres Universums als einen irreversiblen Prozeß erscheint angesichts modernster Überlegungen (Hawking, Linde) als reichlich parochial, anthropozentrisch und anthropomorph. Extrapolierend wird man, da sich bisher alle Anthropomorphismen als falsch erwiesen haben, annehmen dürfen, daß das auch diesmal der Fall sein wird und Einstein mit seiner These vom illusionären Charakter der Irreversibilität recht behält. Philosophisch läßt sich dazu bemerken, daß die Zeitwahrnehmung bisher nur auf dem Erkenntnisvermögen terrestrischer Intelligenzen beruht. Kant sah in Raum und Zeit weiter nichts als Anschauungsformen, also Ordnungsfaktoren, die auf einer bestimmten Evolutionsstufe der Intelligenz ihre relative Gültigkeit haben. Im Prinzip stimmen also Kant und Einstein, Philosophie und moderne Physik überein und können der Weiterentwicklung der Wissenschaft und allen ›Weltrevolutionen‹ des Weltverständnisses gelassen entgegensehen. Neben der Geschichte der wahren Fortschritte in Philosophie und Wissenschaft gibt es natürlich in beiden auch eine Geschichte der Illusionen.

Konzeptionen

Der bewußtseinsgeschichtlichen Ebene der künstlerischen Weltvisionen entsprechen, wenn unser Denkansatz zutrifft, im Bereich integrativen Weltverständnisses nicht mehr irgendwelche Synopsen, Synthesen oder Systeme, sondern übergreifende, wegweisende und zukunftsbezogene Konzeptionen divinatorischen (seherisch-meditativen) Inhalts. An erster Stelle steht hier St. Weinbergs ›Dream of a Final Theory‹, sein ›Traum von der Einheit des Universums‹, denn das Universum ist nun einmal der umfassendste Rahmen integrativen Weltverständnisses. Der Nobelpreisträger Weinberg wurde weiteren Kreisen kosmologisch interessierter Laien durch sein bereits zitiertes Buch: ›Die ersten drei Minuten‹ bekannt, das in der Originalausgabe den Untertitel trägt: ›A Modern View of the Origin of the Universe‹. Weinberg erhielt bekanntlich 1979, zusammen mit S. Glashow und A. Salam, den Nobelpreis (Physik) für ein integratives Modell, das es erlaubte, die elektromagnetische und die schwache Wechselwirkung zur elektroschwachen zusammenzufassen. Weinberg hat außerdem, neben zahlreichen fachwissenschaftlichen Publikationen, ein Buch über Gravitation und Kosmologie verfaßt, in dem er sich mit Prinzipien und Anwendungen der Allgemeinen Relativitätstheorie befaßt (1972). In seinem ›Traum von der Einheit des Universums‹ geht Weinberg auf zahlreiche, meistens fachübergreifende Fragen ein: Reduktionismus, Unbehagen an der Quantenmechanik, Verhältnis von Theorie und Experiment, ›Schöne Theorien‹, Kritik an der Philosophie, Melancholie des 20. Jahrhunderts und die Frage nach Gott. Der große Traum wird speziell in den Kapiteln IX-XI über ›die Gestalt einer endgültigen Theorie‹ und ›Vor der Endgültigkeit‹ behandelt. Das Grundproblem ist die Integration von Teilchenphysik und Kosmologie in ein übergreifendes, umfassendes Konzept des Weltverständnisses.

Wie Weinberg im letzten Kapitel seines Werkes überzeugend darlegt, steht und fällt diese Konzeption mit der Einrichtung von Versuchsanlagen angemessener Größenordnung, wie des ›Super Colliders‹ in Ellis County (Texas).

Es ist wohl kaum ein Zufall, daß, neben dem ›Super Collider‹, die Weltraumstation zur Zielscheibe einer regelrechten journalistischen Hexenjagd gegen technische Großprojekte wurde.

> Am 17. Juni 1992 beschloß das Repräsentantenhaus mit 232 Ja-Stimmen gegen 181 Nein-Stimmen, die Finanzierung des ›Super Colliders‹ sofort einzustellen. Während ich diese Zeilen schreibe, kann das Projekt vielleicht noch gerettet werden, aber nach dieser Abstimmung ist klar, daß wir Physiker es nicht geschafft haben, dem Kongreß und der Öffentlichkeit die Bedeutung der wissenschaftlichen Ziele des ›Super Collider‹ zu vermitteln. Sollte das ›Super Collider‹-Projekt wirklich gestorben sein, so können wir nur hoffen, daß die Suche nach einer endgültigen Theorie an neuen Beschleunigern in Europa oder Japan weitergehen wird ... Es ist nicht ausgeschlossen, daß die jahrhundertelange Suche nach den Grundlagen der Physik in den letzten Jahren des zwanzigsten Jahrhunderts zum Stillstand kommt und daß es viele Jahre dauern wird, bis sie wieder aufgenommen wird.[40]

Hier wäre es die Aufgabe der Philosophie, der Physik Hilfestellung zu geben, aber weder in den USA noch in Europa oder Japan ist eine Philosophie, die das vermöchte, in Sicht. Statt dessen werden, wie im Zeitalter der Scholastik, in Sprachanalyse und Wissenschaftstheorie endlose Debatten, oft über Trivialitäten geführt, während die großen Fragen der Zeit auf der Strecke bleiben. Zu Wittgenstein treffend St. Hawking: »›Alle Philosophie ist ›Sprachkritik‹ ... [ihr] Zweck ist die logische Klärung von Gedanken‹. Was für ein Niedergang für die große philosophische Tradition von Aristoteles bis Kant!«[41]

Das ist nicht etwa die Meinung ›nur eines Physikers‹, vielmehr hat bekanntlich schon Seneca die Spitzfindigkeit der theoretisierenden Philosophen seiner Zeit gerügt.[42]

Nimmt dagegen ein Philosoph die Herausforderungen seines Zeitalters ernst und betreibt fruchtbare Wissenschaftstheorie, so bleibt ihm gar keine andere Wahl, als zum Dilemma Weinbergs Stellung zu beziehen, denn hier steht buchstäblich das Schicksal der homo sapiens auf dem Spiel. Verweigern sich Politiker, Gesellschaft, Medien und Öffentlichkeit den Aufgaben der Raumfahrt und Teilchenphysik, verurteilen sie ihre eigenen Nachkommen zum Tode, denn das Überleben der Menschheit im Kosmos wird nicht irgendwann in einem der nächsten Jahrhunderte oder Jahrtausende entschieden, sondern hic et nunc, wahrscheinlich noch vor dem Jahre 2000.

Hier kann der Philosoph mit Sinn für ein integratives Weltverständnis sehr wohl weiterhelfen, indem er beispielsweise daran erinnert, daß ohne Homer kein Heraklit (als Homer-Kritiker) möglich gewesen wäre, ohne Heraklit kein Sokrates, ohne Sokrates kein Aristoteles, ohne Aristoteles kein Alexander der Große, ohne diesen kein Caesar, ohne Caesar, den »Wegbereiter Europas«[43], kein Kolumbus, ohne Kolumbus kein Beethoven, der die Einheit des Menschengeschlechts hätte besingen können, und ohne Beethoven kein N. Armstrong, der von einem Sprung (leap) der Menschheit sprechen konnte, als er am 21.7.1969 n. Chr., 03.56 MEZ als erster Mensch einen fremden Himmelskörper betrat. Ähnliches ließe sich über die Reihe der großen Religionsstifter und Heiligen sagen, von Buddha, Konfuzius, Jesus und Mohammed bis zu Franz von Assisi, Thomas von Aquin und Mahatma Gandhi, die allesamt mindestens einem gemeinsamen, großen Anliegen dienten: die Selbsterhaltung des homo sapiens und seine soziokulturelle Evolution zu ermöglichen. All dies, was hunderte von Generationen geschaffen, woran die edelsten Naturen der Menschheit gearbeitet und wofür Millionen Menschenleben geopfert wurden, soll im 20. Jahrhundert von Regierungen, die Billionen Dollar für Rüstungen und Kriege verschwenden, von Medien, die Informationen, Wissen und Wissenschaft, Kreativität und Leistung rücksichtslos vermarkten, und von Massen, die jahraus, jahrein mehr Geld für Bier, Pornographie und billigstes Amüsement ausgeben[44] als für irgendein Raumschiff oder irgendeinen Beschleuniger, vergeudet und verpraßt werden?

Hier müßten die Philosophen der ganzen Welt wie ein Mann aufstehen, zusammenstehen, den Kampf gegen die Arroganz der Macht erneuern und ihr Veto gegen ein derart schändliches Treiben der Machteliten und der ihnen hörigen Helfershelfer einlegen, aber nichts geschieht, von einigen rühmlichen Ausnahmen wie derzeit von dem Philosophen B. Russell und dem Physiker J. Rotblat, der 1995 spät, aber hoffentlich nicht zu spät, den Friedensnobelpreis erhielt, abgesehen.

Im Zeitalter des religiösen Fundamentalismus, des Rüstungswahnsinns und der weltweiten Ohnmacht gegenüber der Macht wird die Philosophie mehr denn je in ihrer Geschichte herausgefordert. Die Kritik von Hawking, v. Puttkamer,[45] Weinberg[46] und anderen an der Philosophie erweist sich nach wie vor als gerechtfertigt.

Worin besteht nun Weinbergs Konzeption, für die es einzutreten gilt? Letztlich ist es die sapientia des homo sapiens, das existentielle Kriterium des Menschseins, um das es in der Physik wie in der Philosophie, in der Religion wie in der Politik geht. Weinbergs Auffassungen zu diesem Thema lassen sich in zwölf Thesen zusammenfassen:

1. »Entmystifizierung des Himmels«.
2. »Entmystifizierung des Lebens«.
3. Keine weitere Theodizee (Rechtfertigungsversuch Gottes): »Wenn ich an den Holocaust denke, kann ich für Versuche, Gottes Umgang mit den Menschen zu rechtfertigen, kein Verständnis aufbringen.«
4. Keine Instrumentalisierung Gottes für menschliche Interessen: »Alles, was wir im Laufe der Wissenschaftsgeschichte erfahren haben, hat in die entgegengesetzte Richtung gedeutet, auf eine eiskalte Unpersönlichkeit der Naturgesetze.«
5. »Echte Rätsel werden uns heute nur noch in der Kosmologie und in der Elementarteilchenphysik aufgegeben. Der Rückzug der Religion aus den von der Wissenschaft besetzten Bereichen ist nahezu abgeschlossen.«
6. »Je fundamentaler die von uns entdeckten physikalischen Prinzipien wurden, desto weniger schienen sie mit uns zu tun zu haben.«
7. »Zwischen der Bedeutung, die *irgend etwas* für uns hat, und seiner Bedeutung in den Naturgesetzen hat noch niemand einen Zusammenhang feststellen können.«
8. Die Theologie profitiert vom Wunschdenken. »Jahrtausende theologischen Denkens haben uns einem gemeinsamen Verständnis der Lehren religiöser Offenbarung nicht nähergebracht.«
9. »Je mehr wir an unserem Gottesbegriff herumtüfteln, um ihn plausibel zu machen, desto nichtssagender wird er.«

10. »Die intellektuelle Verschwommenheit des religiösen Liberalismus mag man abstoßend finden, doch wirklich gefährlich ist die konservative dogmatische Religion.«
11. »Wenn wir eine vernünftige Welt behalten wollen, werden wir uns vielleicht wieder auf den Einfluß der Wissenschaft verlassen müssen. Nicht die Gewißheit der wissenschaftlichen Erkenntnis macht sie für diese Rolle geeignet, sondern ihre *Ungewißheit.*«
12. »Ich sehe keinen wissenschaftlichen oder logischen Grund, der uns hindern könnte, durch Änderung unserer Glaubensüberzeugungen Trost zu suchen – nur einen moralischen Grund: die Ehre.«[47]

Weinbergs Weltverständnis deckt sich teilweise mit Platons, teilweise mit Einsteins Konzeption, läßt sich aber weder auf die eine noch auf die andere reduzieren, sondern stellt eine selbständige, authentische und legitime Version moderner Weltsicht dar, die in ihrer Geschlossenheit und Konsistenz ihresgleichen sucht. Sie stützt sich auf die Vergangenheit, trägt aber auch der Zukunft Rechnung, ohne dabei das Problembewußtsein der Gegenwart zu vernachlässigen. Sie vereinigt in idealer Weise kritische und konstruktive Komponenten, umfaßt religiöse, philosophische und wissenschaftliche Argumente und erinnert in ihrer Einstellung zur Theologie an das integrative Weltverständnis der Stoiker, die die Theologie als einen Zweig der Physik ansahen.

Chr. de Duve erhielt 1974 den Nobelpreis (Medizin) für seine »Entdeckungen zur strukturellen und funktionellen Organisation der Zelle«. Sein 1995 erschienenes Buch ›Vital Dust. Life as a Cosmic Imperative‹, ›Aus Staub geboren. Leben als kosmische Zwangsläufigkeit‹[48], ist dem Leben gewidmet und will eine Geschichte des Lebens vorlegen. Es ist in sieben Teile gegliedert und behandelt die Zeitalter der Chemie, Information, Protozelle, Einzeller, Vielzeller, des Geistes und des Unbekannten. Ähnlich wie die Werke von Weinberg ist auch Duves Buch, von seiner hohen wissenschaftlichen Qualität ganz abgesehen, in der Form, in Aufbau und Methode, Stil und Sprache ein Meisterwerk, ein literarischer Leckerbissen. An Weinberg erinnert ferner die integrative Tendenz, der Wille, das »große Ganze«[49] zu betrachten und darzustellen, der visionäre Zug, der in einem »naiven

Traum« zum Ausdruck kommt, der Duves Lebenswerk zugrunde lag, und schließlich auch das Bekenntnis zum Geist Einsteins, das schon im Motto des Vorworts deutlich wird. Im Unterschied zu Weinberg befaßt sich Duve jedoch nicht mit der Außen-, sondern mit der Lebenswelt: ›per vivum ad verum‹, ›durch das Lebende zum Wahren‹. Während Weinbergs Universum gegenüber dem Leben, wenn nicht feindlich, so doch indifferent erscheint, erscheint Duves Universum geradezu prädestiniert für das Leben. Dort das Universum des Physikers, hier das des Biologen und Mediziners. Wenn es noch eines weiteren Beweises für den projektiven Charakter von Weltbildern, Weltvorstellungen, Weltbegriffen und Weltvisionen bedarf, Weinbergs und Duves Konzeptionen des Universums liefern ihn und bestätigen damit unsere These von den Weltanschauungen als Chiffren subjektiver Neigungen, individuellen Weltverständnisses, soziokultureller Faktoren, zu denen auch die fachliche Orientierung der Wissenschaften gehört, wenn auch die Welterkenntnis nicht in ihrer Chiffre-Funktion aufgeht, sondern stets auch objektive Inhalte vermittelt. Die indische Weltformel: atman ist brahman bewährt sich auch in diesem Fall.

Duve schließt von vornherein drei Ismen aus, den Vitalismus (Driesch), Finalismus (Weltteleologie) und Kreationismus oder das Festhalten am wörtlichen Verständnis des biblischen Schöpfungsberichtes. Komplexität und Kreativität erscheinen als Wesensmerkmale des Kosmos. Interessant ist die Idee der »Reaktionsspirale« organischer Moleküle auf der Urerde, zudem die Unterscheidung eines chemischen Protostoffwechsels vom späteren Stoffwechsel der lebenden Organismen. Im Zeitalter der Information und zunehmenden Selbstorganisation kommen die »molekulare Komplementarität« hinzu, das »Schlüssel-Schloß-Prinzip als universeller biologischer Erkennungsmechanismus«[50], die von Crick und Watson entdeckte Basenpaarung als Bedingung für die Doppelhelixstruktur und andere ›Erfindungen‹ der Natur. Duve lockert die starre Alternative von Zufall und Notwendigkeit (Monod) durch die Einführung seines Begriffs vom »eingeschränkten Zufall« auf, der sich wie ein roter Faden durch seine Darstellung der Evolution des Lebens auf der Erde zieht. In der langen Ära der Protozelle bildete sich der

Organismus als Prototyp heutiger Lebensformen heraus, im Zeitalter der Einzeller gelang einigen Organismen die Photosynthese oder die Nutzung der Sonnenenergie zur Spaltung von Wassermolekülen, deren Wasserstoff für den Zellaufbau verwendet wurde und deren Sauerstoff zur Anreicherung der Atmosphäre mit Sauerstoff führte, was für die anaeroben, nicht an Sauerstoff gewöhnten Organismen tödlich war und eine ›Sauerstoffkatastrophe‹ herbeiführte. Außerdem erfolgte in diesem Zeitraum der Übergang von den Pro- zu den Eukaryoten, die Entwicklung von den Urbakterienzellen zu komplexeren Zellformen.

Mit der Ära der Vielzeller, welche die drei Milliarden Jahre währende Herrschaft der unsichtbaren Mikroorganismen ablöste, siegten Vielfalt und Komplexität der Lebensformen, nicht zuletzt dank der Erfindung neuer Mechanismen zur Vermehrung, vor allem der sexuellen Fortpflanzung, über Uniformität und Simplizität.

In der Ära des Geistes entwickelte sich aus Neuronen das Gehirn, ursprünglich ein Nebenprodukt tierischer Evolution, und daraus das Bewußtsein. Damit war der Sieg des homo sapiens über alle anderen Spezies dieser Erde gleichsam vorprogrammiert. Das Problem der Menschheit ist danach weniger die Überkompensation von Unterlegenheit als die Gefahr ihres globalen Erfolgs in Form einer »Hydra« von selbstverursachten, katastrophenträchtigen Prozessen: Bevölkerungsexplosion, Umweltverschmutzung, Bodenzerstörung, Wüstenbildung, Wasservergiftung, Luftverpestung, Waldsterben, Artensterben, Treibhauseffekt, schwindende Ozonschicht, Mangel an Ressourcen und Energie, Mülldeponien und nukleare Entsorgung. Wird der homo sapiens das Opfer seines Erfolgs?

Duves zukunftweisende Ideen lassen sich, wie bei Weinberg, in zwölf Thesen zusammenfassen:

1. »Die natürliche Selektion ist entgleist, aber nicht zum Stillstand gekommen.«
2. »Die Atomangst läßt sich nicht mit nüchternen Zahlen heilen. Dazu ist überzeugende Ingenieurarbeit notwendig.«
3. »Wenn es uns nicht gelingt, das Bevölkerungswachstum mit vernünftiger Vorsicht zu begrenzen, *wird die natürli-*

che Selektion uns diese Aufgabe mit brutaler Härte abnehmen«.

4. Das Ungleichgewicht von Arm und Reich zwischen den unterentwickelten Ländern und den Industrienationen wird langfristig entsetzliche Folgen haben: »Wir haben uns nicht geändert. Immer noch nicht.«
5. »Es gibt keinen Weg, um die Errungenschaften von Wissenschaft und Technik auszuradieren.«
6. »Der Weg zum Überleben heißt nicht weniger Wissenschaft, sondern mehr Weisheit.«
7. »Die Wahrheit wird uns einholen, was wir auch tun mögen, um sie zu leugnen oder zu ignorieren.«
8. »Das Leben wird erhalten bleiben, solange es auf der Erde eine ökologische Nische gibt, die das ermöglicht.«
9. »Leben ist ein integraler Bestandteil des Universums; es ist sogar, soweit wir wissen, sein komplexester und bedeutsamster Teil ... Das Universum ist eine Brutstätte des Lebens.«
10. »Das Universum ist nicht der teilnahmslose Kosmos der Physiker mit einer Prise Leben zum Ausgleich. Das Universum *ist* Leben, mit der erforderlichen Infrastruktur drumherum; es besteht zuallererst aus Billionen Biosphären, die vom übrigen Universum erschaffen und erhalten werden.«
11. »Bewußtes Denken gehört zum kosmologischen Weltbild, und zwar nicht als seltsame Randerscheinung, die eine Besonderheit unserer Biosphäre darstellt, sondern als grundlegende Erscheinungsform der Materie. Hervorgebracht und erhalten wird das Denken vom Leben, das seinerseits vom Kosmos hervorgebracht und erhalten wird.«
12. »Nach den Vorhersagen über die Lebensdauer der Sonne hat die denkende Biosphäre allein auf unserem Planeten noch fünf Milliarden Jahre Zeit, das Tausendfache des Weges vom Affen zum Menschen. Wir müssen uns in das Geheimnis fügen.«[51]

So gewiß man Duves Thesen 1-8 zustimmen wird, erscheinen die Thesen 9-12 als zweifelhaft, denn hier spricht mehr fachorientierte Erfahrung als distanzierte Selbstkritik. Abgesehen davon, daß beispielsweise der renommierte Historiker A. Toynbee der Menschheit für soziokulturelle Evolution höchstens zwei, nicht fünf Milliarden Jahre Zeit läßt, abgesehen auch von der Vernachlässigung äußerer Einflüsse, wie kosmischer Katastrophen, Meteore, Klimaverschlechterung (Eiszeiten) usw., ist Duves Konzept auch immanent nicht schlüssig und gleicht eher einer Milchmädchen-Rechnung, insofern seine Liste unbewältigter Probleme alles andere als ermutigend im Hinblick auf eine langfristig erfolgreiche Evolution der Menschheit erscheint. Gesetzt auch den unwahrscheinlichen Fall einer von außen störungsfreien Weiterentwicklung der Menschheit über lange Zeiträume, sind doch die Selbstbehinderungen so gravierend, daß ein längerer Aufschub der anstehenden Aufgaben nicht vertretbar ist, erst recht nicht die Vertröstung auf Neuansätze der Evolution, die dann zu besseren Ergebnissen führen müßten. Es ist unzulässig, einerseits die Freiheit, Mündigkeit und Verantwortlichkeit der Menschheit für ihre Geschicke anzumahnen, andererseits, im Fall des Mißlingens, einen deus ex machina zu bemühen. Die Konzeption Duves ist in sich widersprüchlich und greift im Hinblick auf die Zukunft wohl kaum.

Geht man davon aus, daß von der Entdeckung der Neuen Welt bis zu ihrer Erschließung und Zivilisierung 500 Jahre vergingen, kann man diese Zahl, angesichts der Schwierigkeit der zu lösenden Probleme bei einer Expansion in den Kosmos, ruhig mit dem Faktor 10 multiplizieren, und man hätte, was die Erschließung der Planeten unseres Sonnensystems betrifft, wohl immer noch reichlich zu tun. Multiplizierte man ihn dann mit dem Faktor 100, käme man vielleicht an galaktische Dimensionen heran, dürfte aber immer noch weit von einer Sicherung der Existenz menschlichen Lebens auf den Planeten anderer Sonnensysteme entfernt sein. Selbst bei optimaler Entwicklung und äußerster Anspannung aller Kräfte der gesamten Menschheit erscheint, aus heutiger Sicht, ein Zeitraum von einer Million Jahre als das kaum zu unterbietende Minimum für den Erfolg eines Unternehmens ›Arche Noah‹. Daß die Entwicklung der Menschheit aber über eine Million Jahre von außen und innen reibungslos weiterginge, wäre, da man nicht mit dem Glück rechnen kann, eine reichlich illusorische Annahme. Der einzig realistische und erfolgversprechende Weg ist demnach, auch so weitreichende und langfristige Probleme schon heute mit voller

Energie anzupacken, sobald sie einmal im Bewußtseinshorizont aufgetaucht sind, und das ist seit der Naherwartung des Reiches Gottes der Fall, also seit etwa zweitausend Jahren. Die nächste Eiszeit kommt so bestimmt wie der nächste Meteor oder Komet und wie das Verglühen der Sonne. Nach neueren Berechnungen[52] kann es bis zur nächsten Eiszeit, am Maßstab der Evolution gemessen, gar nicht mehr so lange dauern, so daß die einzige Chance für ein kosmisches Überleben des homo sapiens in der möglichst schnellen Vorbereitung des Projektes ›Arche Noah‹ besteht, denn die Hoffnung, daß im Ernstfall die *internen*, d. h. selbstverursachten Probleme der Menschheit noch in den Griff zu bekommen wären, ist, bei der Lage der Dinge auf diesem Planeten, vor allem der Überbevölkerung, mehr als illusorisch. Mithin hat der homo sapiens gar keine andere Wahl, als Vorsorge zu treffen, seiner sapientia mehr als je zuvor gerecht zu werden und sich schleunigst an den Bau der ›Arche Noah‹ zu machen, was in der Praxis eine unvergleichlich intensivere Förderung der bemannten Raumfahrt und der einschlägigen Technologien bedeutet. Tut er dies nicht, gleicht er jemandem, der beim Hausbau den Brandschutz mit der Begründung vernachlässigt, in diesem Stadtteil habe es noch nie gebrannt.

Vielleicht ist das letzte Motiv für die rasante Entwicklung der Technik die unbewußte Angst vor der Wiederkehr der Eiszeit und der damit verbundenen katastrophalen Verschlechterung der Lebensbedingungen auf der Erde, und wir haben nur noch nicht bemerkt, daß wir uns bereits in einem unentrinnbaren Wettlauf mit der Zeit um Sein oder Nichtsein befinden, daß der homo sapiens buchstäblich um sein Leben läuft und jede verpaßte Chance, jede versäumte Gelegenheit, jeder Akt der Technik-, Fortschritts-, Vernunft- und Wissenschaftsfeindlichkeit ihn in diesem Rennen weiter zurückwirft.

In den beiden bereits zitierten Werken vom ›Strom, der bergauf fließt‹ und von der ›Symphonie des Denkens‹ ist der Neurophysiologe W. H. Calvin diesem Motiv nachgegangen und hat das enorme Gehirnwachstum beim Menschen mit den wiederkehrenden Eiszeiten in Verbindung gebracht. Das zuerst genannte Buch, das den Untertitel ›Eine Reise durch die Evolution‹ trägt, verbindet, literarisch gekonnt, Naturerlebnisse bei einer

Bootsfahrt auf dem Colorado River durch den Grand Canyon mit den Ergebnissen der modernen Evolutionstheorie und erzielt dabei ein hohes Maß von integrativem, retrospektivem wie prospektivem Weltverständnis. Auch hier dominiert, wie bei Duve, die Perspektive des Lebens, der Sonnenenergie und Entropie, von den Anfängen des Lebens hinauftransformiert bis zu den feinsten Verästelungen des menschlichen Gehirns, des subtilsten Instruments zum Überleben, das wir kennen. Wenn auch Calvin künstlerische Betätigungen wie das Musizieren nicht auf Überlebensprogramme zurückführt, geht er doch davon aus, »daß die Musik eine Freizeitnutzung von neuralen Mechanismen ist, die eine wichtige primäre Funktion besitzen.«[53] Auf diese Weise gelingt ihm eine großartige Integration der soziokulturellen in das Gesamtkonzept der Evolution. Schon in der antiken Kunsttheorie sind ja Nutzen (prodesse) und Freude (delectare) die Pfeiler der Dichtkunst. Erfreulich an der Kunst sind für den Rezipienten Kunsterlebnis und -verständnis, für den Ausübenden die Perfektion der Darbietung und der Erfolg in der Vermittlung des Kunsterlebens. So werden im Kunstgenuß Künstler, Kunstwerk und Publikum eins. Nützlich ist die (wahre) Kunst für alle Beteiligten, insofern sie Erinnerungen an Siege des homo sapiens (Helden) wachhält und die Aussichten auf die eigene Weltbewältigung steigert, also Lebenshilfe bietet, konditioniert, aufbaut.

Direkt zukunftweisend ist Calvins Konzeption dort, wo sie die Überwindung der »Darwin-Maschinen« in Aussicht stellt:

> Ich denke, daß wir in der Tat eine andere denkende, aber nicht biologische Form fühlenden Lebens schaffen könnten. Wir sollten in der Lage sein, durch sukzessive Selektion unter neuralen Sequenzierern, die sich mechanisch durch die Darwin-Maschinen darstellen lassen, nichtbiologische Maschinen zu schaffen, die nicht nur einen Willen haben und eine Wahl treffen, sondern auch nachdenken, Maschinen, die weitgehend besitzen, was wir Bewußtsein nennen. Sie könnten die Vergangenheit bedauern und aus ihren Fehlern lernen. Sie könnten sich selbständig entwickeln, vielleicht sogar ohne weitere Planungshilfe unsererseits, und es könnte möglicherweise recht bald intelligente Roboter geben, mit denen wir uns unterhalten könnten, mit denen wir Meinungen über das

> Universum austauschen könnten ... Wenn wir schon versuchen, Übermenschen herzustellen, warum dann nicht Nägel mit Köpfen machen und die Intelligenz von dieser gefährlichen Abhängigkeit von den grünen Maschinen befreien? Demnach wäre es also möglich, aus unseren Köpfen davonzufliegen, dem Gefängnis unserer menschlichen Form zu entrinnen? *Silico sapiens* und dergleichen? ... In diesem ganzen Universum können wir nicht leben, nur auf einem einzigen zerbrechlichen grünen Planeten. Irgendwann einmal wird ein wirklich großer Brocken auf die Erde treffen – und wenn die Menschheit bis dahin nicht gelernt hat, die Atmosphäre zu waschen, wird die Erde für eine Weile ein ziemlich unbewohnbarer Ort sein. Die Menschheit hat große Aussichten, schließlich den Weg der Dinosaurier zu gehen – falls wir uns bis dahin nicht anderswo niedergelassen haben.[54]

Neurale Sequenzierer sind nervliche Netzwerke der linken Gehirnhälfte, die Bewegungsfolgen regeln. Wahrscheinlich wurde diese Errungenschaft der linken Gehirnhälfte im Kampf ums Dasein ausgebildet (Strategien). Die Sequenzierer aber »können in ihrer Freizeit für Musik genutzt werden.«[55]

Genau besehen beinhaltet Calvins Konzeption nicht mehr und nicht weniger als das, was auch in der traditionellen Philosophie thematisiert wurde: der Übermensch bei Goethe und Nietzsche, die Gefangenschaft der Seele im Körper bei Platon. Das Motiv, aus den Köpfen davonzufliegen, bezieht sich auf ein Gedicht von A. Sexton, ›The Poet of Ignorance‹.[56] Die Grenzen von Wissenschaft, Kunst und Science-fiction sind nicht immer genau zu ziehen, aber auf den gedanklichen Gehalt kommt es wohl mehr an als auf Klassifizierung, und in der kühnen Verknüpfung von Machbarem und Imaginärem ist Calvin kaum zu übertreffen.

Man sollte daher meinen, daß mit Weinbergs ›Traum von einer endgültigen Theorie‹, Duves Traum vom ›großen Ganzen‹ und Calvins Traum vom ›Silico sapiens‹ das Repertoire wissenschaftlich vertretbarer Varianten eines integrativ-imaginären Weltverständnisses ausgeschöpft ist, aber das ist nicht der Fall. In seinem Buch ›The Presence of the Past‹, ›Das Gedächtnis der Natur. Das Geheimnis der Entstehung der Formen in der Natur‹[57], geht R. Sheldrake noch einen Schritt weiter über die Grenzen herkömmlicher Denkgewohnheiten hinaus und wurde deshalb wohl zu Recht im ›New Scientist‹ zu den »visionären Entdeckern« gezählt, die früher neue Kontinente entdeckten. Mindestens hat Sheldrake bei seinem Studienaufenthalt in Indien die Denkweise einer anderen Kultur entdecken können, was seinem Denkansatz gewiß nicht geschadet hat. Integrativ ist sein Ansatz, insofern er die Formentstehung von der kosmologischen bis zur soziokulturellen Evolution umfaßt und mit dem Weltverständnis ein Selbstverständnis des Menschen verbindet. In seinem Bestreben, Grenzen des Wissens und Denkgewohnheiten zu transzendieren, wird er zu einem R. Messner der Wissenschaft, der ja auch gegen die überwältigende Meinung von ›Experten‹ und Laien den Beweis führte, daß der Mt. Everest ohne zusätzlichen Sauerstoff besteigbar ist.

Sheldrake fing dort zu denken an, wo die meisten und besten Wissenschaftler aufhörten. Diese sind sich zwar einig, daß Formen und platonische Ideen nicht für sich existieren, aber sie halten eisern an unveränderlichen, ewigen Naturgesetzen fest, die sogar dem Universum vorausgegangen sein sollen. Nicht so Sheldrake, der nur konsequenter als seine Zunftgenossen den Evolutionsbegriff auch auf Informationen, Ideen und Naturgesetze anwandte und zu dem Ergebnis kam, daß auch sie nur feldabhängige Denkgewohnheiten der Natur sind. Mit seiner Wiederaufnahme des Feldbegriffs setzte Sheldrake genau dort ein, wo Einstein aufgehört, aufgegeben hatte oder gescheitert war: bei seinem Feldbegriff und seiner Feldtheorie.[58] Sheldrake zufolge gibt es nicht nur morphogenetische Felder, wie sie die Entwicklungsbiologie seit den zwanziger Jahren zwar kannte, aber nicht erklären konnte, sondern auch morphische Felder, welche die Natur von der anorganischen bis zur mentalen Ebene durchziehen, auf morphischer Resonanz mit früheren Feldern beruhen, eine kumulative Erinnerung erzeugen und zu stabilisierendem Verhalten tendieren, ferner ›Spezialfelder‹ und schließlich das Ur-Feld des Universums. Mit seiner erweiterten ›Feldtheorie‹ gelingt es Sheldrake, wesentliche Komponenten der Komplexitätstheorie in eine umfassendere Konzeption einzubringen und außerdem zentrale Motive der traditionellen Philosophie einzubeziehen: neben der Weisheit der indischen, prozessual orientierten Philosophie die Lehre der Pythagoreer vom

Begrenzten (peras) und Unbegrenzten (apeiron), woraus das Eine entstand, daraus wieder die Zahlen, die der Urgrund aller Dinge sind. Genial ist nun Sheldrakes Verbindung der pythagoreischen Konzeption mit der Einsteins, wobei ihm die Tatsache zu Hilfe kam, daß auch Einstein von den Pythagoreern motiviert und inspiriert war. So schlug er, der alle Brücken traditionellen Weltverständnisses hinter sich abgebrochen hatte, eine Brücke zwischen der philosophischen Zahlenmystik der Pythagoreer und der modernen Kosmologie: eine ›morphische Resonanz‹? Aber auch andere zentrale Lehren der griechischen Philosophie erscheinen bei Sheldrake, rehabilitiert, in einem neuen Licht, so die von den meisten Historikern der Philosophie für unvereinbar gehaltenen Lehren Platons von den Ideen und von der Weltseele, die oft kritisierte und für antiquiert gehaltene Lehre des Aristoteles von der Entelechie sowie wesentliche Gedanken aus der spekulativen Philosophie Plotins (203-69 n. Chr.). Das eigentlich Weiterführende an Sheldrakes Konzeption ist aber weder seine Theorie vom Gedächtnis der Natur noch die Erhellung von Philosophemen, vielmehr die Einsicht in die Selbsttranszendenz jeder weiterführenden Theorie. Gerade daß Sheldrake nicht den beliebten Ausweg benutzt, den Kategorien Materie und Energie die der Information überzustülpen, daß er den Informationsbegriff nicht unkritisch übernimmt, daß er nicht, wie Weinberg, an die Symmetrie, die Ästhetik und auf ethischem Gebiet an die Ehre glaubt, oder, wie Duve und Calvin, Gesetze, Ideen und Informationen unbesehen voraussetzt, gerade daß sich Sheldrake damit nicht begnügt, macht den Reiz seiner radikal evolutionären Sicht aus, die buchstäblich vor nichts Halt macht, kein Tabu übrigläßt und eine ungewöhnliche Herausforderung für jede Art von Wissenschaft darstellt, was natürlich einigen bequemeren Naturen gar nicht gefällt. Auch Wittgensteins Redeverbot oder Gebot zu schweigen, kann hier nicht mehr überzeugen, denn Sheldrake zeigt zwischen endgültiger Theorie und Mystik noch einen dritten Weg auf, bei dem die Sprache selbst zu einer sublimen Metaphorik wird. Nama und rupa, Name und Form, sind die beiden Begriffe, die in der indischen Philosophie die Welt der Strukturen und die der Zeichen, Bezeichnungen und

Symbole umfassen und relativieren, ohne dadurch die beiden Welten auszulöschen, zu ignorieren oder zu annullieren.

Wie man die Zeichen einer unbekannten Sprache nach und nach dechiffriert, so verweisen auch Formen, Funktionen und Felder auf Transzendentes, das nicht nichts ist, sondern Schritt für Schritt erschlossen wird. Sheldrake deutet allerdings diesen Weg mehr an als ihn ausführlich zu beschreiben. Es ist der Weg der Veränderung des Unveränderlichen, der Möglichkeit des Unmöglichen und der Relativität des Absoluten. Charakteristisch für diesen Weg ist, daß er beschritten werden muß und nicht a priori verstanden werden kann. Der homo sapiens hat das Universum erst verstanden, wenn er es erforscht, durchmessen hat und machen kann, ebenso sich selbst. Er weiß erst dann, warum es das Universum, warum es ihn selbst gibt, wenn er sich und das Universum transzendiert hat, wenn er begriffen hat, daß das Endliche eine Manifestation des Unendlichen ist, daß die Welt der Strukturen wie die der Zeichen nur Hinweise sind auf etwas, das weder Struktur noch Zeichen ist. Folgt man dem Gedankengang Sheldrakes etwas freier, ergibt sich ein wundervoller, dynamischer Zusammenhang, der in aufsteigender Linie von den Feldern über die Funktionen zu den Formen führt: Feld – Energie – Funktion – Struktur – Form. Hier könnte eine moderne Ontologie bzw. Metaphysik ansetzen.

Ein Blick in die Geschichte der Physik, ja sogar der Mathematikbücher kann zeigen, daß auch ihre ›ewigen Wahrheiten‹ dem Wandel unterliegen. Die Frage, ob andere Wesen als wir, die möglicherweise im Universum existieren, auch eine andere Physik haben, ist berechtigt. Wahrscheinlich ist sie nicht völlig anders als unsere, aber in anderen Symbolen verfaßt, die entweder rückständiger oder fortschrittlicher im Weltverständnis sind als unsere Symbole. Aber gelten die einmal gewonnenen Erkenntnisse der Physik, wie die Newtons, nicht ewig? Nein, sondern nur solange wie das Universum existiert, das sie beschreiben: Welches Universum oder welcher Teil, welche Region des Universums besteht aber ewig? Einstweilen wird unser Denken noch von gewaltigen Tabus beherrscht: Einheit und Vielheit, der Teil und das Ganze, Werden und Sein, Körper und Geist sind einige davon. Erst die Begegnung mit anderen Wesen als

Menschen kann uns von unseren Tabus befreien. Noch befinden wir uns, wie die Höhlenbewohner in Platons ›Staat‹, im Kerker unserer Vorurteile, Tabus und Denkgewohnheiten, aber das muß nicht so bleiben. Platon gelang der Durchbruch, Sheldrake wagte den Schritt über Grenzen und erschloß mit seiner Auffassung von der Natur neue Möglichkeiten des Weltverständnisses, wie ungewohnt sie auch sein mögen.

Wenn Sheldrake aber auch nur auf den Widerspruch zwischen der Behandlung platonischer Ideen und der ›ewigen‹ Naturgesetze hingewiesen haben sollte, wenn er nur daran erinnert hätte, daß die Wissenschaft nicht aus einem Kabinett ›ewiger‹ Wahrheiten besteht, sondern, wie alles in der Welt, ein Prozeß ist, wäre das schon viel.

> Natürlich können wir den Ursprung des Universums und das Wirken des Schöpferischen in ihm einfach als ein ewiges Mysterium betrachten und uns damit zufriedengeben. Fragen wir aber weiter, so geraten wir auf das Terrain uralter Denktraditionen, in denen der schöpferische Urgrund die verschiedensten Namen trägt: das Eine, Brahman, die Leere, das Tao, die ewige Vereinigung von Shiva und Shakti, die Heilige Dreieinigkeit. In all diesen Traditionen erreichen wir früher oder später die Grenzen des begrifflichen Denkens und das Gewahrsein dieser Grenzen. Nur Glaube, Liebe, mystische Kontemplation, Erleuchtung oder göttliche Gnade geben uns die Möglichkeit, diese Grenzen zu überschreiten.[59]

Was Sheldrake hier zusammenfassend schildert, ist die Selbsttranszendenz des philosophierenden Wissenschaftlers auf seinem Weg des Weltverstehens, der Selbsterkenntnis und der Selbstbefreiung. Natürlich lassen sich auch gegen Sheldrakes Weltverständnis Einwände erheben, z. B. gegen seinen Feldbegriff. Die Unterscheidung so vieler Arten von Feldern wird überflüssig, wenn man nur von Umfeldern und Umfeldfaktoren spricht, da das Welt-Feld oder das Ur-Feld als Ganzes nie vollständig gegeben ist und überblickt, erlebt oder erfahren werden kann. Das würde auch der relativierenden Tendenz Einsteins mehr entsprechen. Ähnliches gilt für Sheldrakes ›Attraktoren‹, womit Zustände gemeint sind, auf die hin sich dynamische Systeme bewegen, oder seine ›Holarchie‹: die Verschachtelung verschiedenartiger morphischer Felder zu einem Ganzen. Die Fragwürdigkeit solcher Begriffe wird deutlich, sobald man sie, wie Sheldrake, auf soziale oder kulturelle Systeme bezieht, ohne die Wechselwirkungen der Faktoren im einzelnen abzugrenzen und genau zu analysieren. Aber Sheldrakes Stärke liegt weder in der Analyse noch in der Definition, eher in der Befreiung von solchen Beschränkungen, die aber unerläßlich erscheinen, wenn man die Theorie testen will.

Konstruktionen

Mit ›Konstruktionen‹ sind hier nicht irgendwelche realitätsferne Gedankengebilde gemeint, sondern teilweise bereits realisierte, geprüfte und bewährte konstruktive Theorien, die ein überdurchschnittliches Maß an integrativem Weltverständnis aufweisen und damit am ehesten bewußtseinsgeschichtlich der Stufe der im vorigen Kapitel behandelten wissenschaftlichen Weltmodelle entsprechen.

Hier ist von zwei Physikern, einem Chemiker und einem Mediziner die Rede. Drei von ihnen sind Nobelpreisträger. Wir ordnen sie paarweise so an, daß in jeder Gruppe einer mehr die praktische, der andere mehr die theoretische Seite der Wissenschaft vertritt, und beginnen mit dem schon zitierten Experimentalphysiker Lederman und seinem Buch über ›das schöpferische Teilchen‹, das auf Schritt und Tritt ein hohes Maß an integrativem Weltverständnis, Sinn für philosophische Fragen, künstlerischer Gestaltungskraft und souveräner Beherrschung des Stoffes verrät.

Lederman führt als Dramatis Personae ein: Demokrits Atomos oder A-tom, ein Quark, Elektron, Neutrino, Myon und Tau, Photonen, Gravitonen, die W+-, W– und Zo-Familie, Gluonen, die Leere, den Äther und je einen Beschleuniger, Experimentator und Theoretiker. Das schöpferische Teilchen wird als Higgs-Teilchen oder Higgs-Boson eingeführt.

Im ersten Akt (›Der unsichtbare Fußball‹) dominiert Demokrit: Es gibt nur Atome und die Leere, den leeren Raum, das Vakuum, alles andere ist Meinung. In diesem Akt oder Kapitel kommen, neben dem ›unsichtbaren‹ Fußball und ›Leons Verführung‹ weitere, philosophisch, wissenschaftlich und gesellschaftlich interessante Themen zur Sprache: ›Wie funktioniert das Universum?‹, ›Der Anfang der Wissenschaft‹, ›Die Bibliothek der Materie‹, ›Die Quarks und der Papst‹, ›Die Pyramide der Wissenschaften‹, ›Experimentatoren und Theoretiker: Bauern, Schweine und Trüffel‹, ›das ultimative T-Shirt‹, ein Abschnitt über die Mathematik und den geheimnisvollen Mr. Higgs sowie eine Kurzfassung der Genesis 11, 1-9: ›Der Turm und der Beschleuniger‹ und ›Das Ganz Neue Testament 11,1‹.

Der zweite Akt (›Der erste Teilchenphysiker‹) enthält hauptsächlich einen Dialog zwischen Demokrit und Lederman. Sie sprechen über die dynamische Konzeption des Kosmos von Empedokles, die Ontologie des Parmenides, Demokrits Atombegriff, das Vakuum und das Standardmodell. Die Kapitel drei und vier befassen sich mit der Suche nach dem Atom. Hier wird Grundwissen vermittelt und über die Mechaniker, Chemiker und Elektriker gesprochen. In den folgenden drei Kapiteln, die von zwei Zwischenspielen unterbrochen werden, beherrschen das Atom und der Beschleuniger die Szene, dann folgen zwei Kapitel über ›das schöpferische Teilchen‹ und ›die Welt der Teilchen, den Weltraum und die Zeit vor der Zeit‹, die das auch literarisch glänzende Werk beschließen.

Von Faradays Entdeckung des Feldbegriffs führt der Weg über die Entdeckung des Elektrons, Plancks Strahlungsgesetz, Einsteins Relativitätstheorien und die Quantentheorien, Heisenbergs Unschärferelation und Paulis Ausschließungsprinzip zum Aufstieg der Teilchenbeschleuniger in der Nachkriegszeit. Von all dem ist in den früheren Kapiteln dieses Buches die Rede gewesen, so daß wir nicht noch einmal darauf zurückzukommen brauchen, was die höchst informative Lektüre des Ledermanschen Buches natürlich keineswegs ausschließt, ersetzen oder überflüssig erscheinen lassen soll.

Uns interessieren hier aber weniger die historischen Details als die weltanschaulichen Aspekte des Buches, und die erlauben den Blick in eine Forscherseele, die in wissenschaftlicher Hinsicht an Newton, in moralischer an Kant erinnert. Lederman sucht zwischen Russells und Weinbergs schroffer Ablehnung des anthropischen Prinzips, des Glaubens, daß der Mensch einen mehr oder weniger geplanten und wichtigen Platz im Kosmos einnimmt, und entgegengesetzten Ansichten zu vermitteln:

> Einige Philosophen dieses Schlages behaupten sogar, die Welt sei ein Produkt der Konstruktionen des menschlichen Geistes; andere sind ein bißchen bescheidener und erklären, die bloße Existenz unseres Geistes, und sei es auch nur auf dem verschwindend kleinen Staubkorn eines gewöhnlichen Planeten, müsse ein wesentlicher Bestandteil des großen Plans sein. Wozu ich mir die ganz leise Bemerkung erlaube, daß es nett ist, wenn man gebraucht wird.[60]

Offensichtlich braucht der Mensch nicht nur Information, sondern auch Motivation. Die Theologen und die von ihnen abhängigen Philosophen haben das von jeher besser begriffen als redliche Naturen wie Russell, Weinberg oder Lederman. Menschen, die Jahrhunderte hindurch bevormundet, zur Unselbständigkeit und zum Herdendasein erzogen wurden, ziehen nun einmal die scheinbare Gewißheit der unscheinbaren Ungewißheit vor. Mit dem sogenannten anthropischen Prinzip scheint es sich ähnlich zu verhalten wie mit der Weltteleologie oder mit dem Gott der Theologen, die weniger an der Frage interessiert sind, ob Gott existiert oder nicht, als daran, daß möglichst viele Leute es glauben. Beim Papst verhalten sich Wahrheitsanspruch und Wahrheitsgehalt seiner ›unfehlbaren‹ Sprüche meistens umgekehrt proportional, aber wen stört das, wenn fast alle ein gestörtes Verhältnis zur Wahrheit haben?

Der *Glaube* an Gott, an den Sinn des Lebens und an die Zweckmäßigkeit der Welt inspiriert, ermutigt und motiviert den Menschen, nicht die wissenschaftliche, objektive Wahrheit, die darüber gar nichts sagen kann. Schlau, skrupellos und machtgierig, wie die meisten Theologen nun einmal sind, spalteten sie den Wahrheitsbegriff, unterschieden zwischen Glaubens- und Vernunftwahrheiten, ordneten diese jenen unter und profitierten von den Illusionen, Ängsten und Hoffnungen der Menschen: eine wunderbare, nie versiegende Geldquelle, ein ewig blühendes, einträgliches Geschäft, bei dem man nicht nur nichts zu wissen und zu können braucht, sondern bei dem Wissen und Können sogar unerwünscht und hinderlich sind. Wenn es nach dieser Spezies ginge, könnte dieses Geschäft bis zum Jüngsten Tag so weitergehen, und noch sieht es so aus. Hitler konnte mehr Menschen motivieren als Einstein, und die Kirchen können immer noch weit mehr Menschen mobilisieren als Russell oder Weinberg, auch wenn die Theologen noch so weit von der Wahrheit entfernt sind.

Lederman beschließt sein Buch mit einer faszinierenden Schlußszene voller Symbolik wie Platons Höhlengleichnis:

> Der Held ist der Präsident der Astrophysikalischen Vereinigung, der einzige Mensch, der drei Nobelpreise gewonnen hat. Er steht breitbeinig am Strand und schüttelt seine Faust gegen den sternenübersäten Nachthimmel. Von seiner Menschheit gesalbt und im Bewußtsein der überaus machtvollen Errungenschaften des Menschen, ruft er, die brausenden Wogen übertönend, dem Universum zu: ›Ich habe dich erschaffen. Du bist das Produkt meines Geistes – meine Vision und meine Erfindung. Ich bin es, der dir Vernunft, Sinn und Schönheit verleiht. Welchen Sinn hättest du, wenn nicht mein Bewußtsein und meine Konstruktionen dich geoffenbart hätten?‹ Ein verschwommenes wirbelndes Licht erscheint am Himmel, und ein heller Strahl fällt auf unseren Mann am Strand. Zu den feierlichen, sich steigernden Klängen von Bachs h-Moll-Messe, vielleicht auch zum Piccolo-Solo aus Strawinskys *Sacre du printemps*, verwandelt sich das Licht am Himmel allmählich in Ihr Antlitz, lächelnd, aber mit einem Ausdruck unendlicher süßer Trauer. *Ausblenden. Abspann auf dunklem Hintergrund.*[61]

Ob hier mit ›Sie‹ eine imaginäre oder historische Person, eine Göttin, die Leere, die Natur oder die Supersymmetrie (Susy), gemeint ist, bleibt in der Schwebe. Auch Experimentalphysiker haben ihre schwachen Stunden und enthüllen sich dann bisweilen als zarte Poeten, Künstler, Philosophen, einsame Menschen, nicht aber als Supermänner oder Herrgötter.

Was den Experimentalphysiker Lederman mit dem theoretischen Physiker Hawking verbindet, ist nicht zuletzt die Frage: Was ist Zeit? Im letzten Teil seines genannten Werkes kommt Lederman auf die Frage nach der Zeit vor der Zeit zu sprechen, und Hawking hat dieser Frage ein ganzes, schon im ersten Kapitel zitiertes Buch gewidmet. Außerdem hat das Problem der Zeit die Philosophen von alters her beschäftigt: Heraklit, Platon, Aristoteles, Augustin, Kant.

Hier stehen sich heute zwei Parteien wie beim Tauziehen gegenüber, die Einsteinianer und die Anhänger Prigogines. Erstere versuchen die Zeitstufen als Illusion zu entlarven und damit die Reversibilität (Umkehrbarkeit) des Naturgeschehens durchgehend zu retten, letztere wollen die Irreversibilität auch auf anorganische Bereiche ausdehnen. Wir haben versucht, durch die Unterscheidung von vier Zeitarten: Realzeit, Lebenszeit, Erlebniszeit und Zeitbewußtsein, etwas mehr ›Ordnung‹ in die Begriffe zu bringen, wonach ein unumkehrbares Fundierungsverhältnis von der Realzeit ab ›aufwärts‹ besteht. Die Realzeit ist für uns schwer zugänglich, das Zeitbewußtsein abstrahiert von den übrigen Zeitarten und bleibt als solches fast leer, und nur Lebenszeit und Erlebniszeit können uns bei der Welterkenntnis wirklich weiterhelfen.

Lederman und Hawking kommen zu ähnlichen Ergebnissen, nur von anderen Richtungen her. Mit der Frage nach der Zeit vor der Zeit begibt sich auch der Physiker, wie Lederman zutreffend bemerkt, auf das Feld der Philosophie (S. 542). Während die Frage, wann etwas geschieht, in der Quantenwelt keinen Sinn ergibt, gibt die Frage, wann der Urknall stattfand, in unserer Menschenwelt einen Sinn. Zeitbestimmungen setzen mindestens zwei Ereignisse oder Fakten voraus, die mit Hilfe eines Bezugssystems zueinander in eine Zeitrelation gebracht werden können. Da wir uns eine absolut leere Zeit, in der nichts ist und nichts geschieht, nicht vorstellen können, bleibt auch Lederman kein anderer Weg als die Metapher vom Felsblock am äußersten Rand einer Klippe, der durch quantenmechanische Vorgänge (Tunneleffekt) ins Wanken kommt und herabstürzt. »Das große Ereignis, der Urknall, ein ungeheures Geschehen, schuf neben anderen Dingen auch die Zeit« (ebd.), womit wir, was die Zeit betrifft, wieder bei Augustin sind. Lederman: »Hier hat die Wissenschaft einfach nichts mehr zu sagen.« (S. 543).

Hawking geht das Problem theoretischer an. Er schlägt vor, die Zeit nicht mit realen, sondern mit imaginären Zahlen zu messen (i i = -1; 2i 2i = -4 usw.). Wie die Erdoberfläche, endlich in ihrer Ausdehnung, dennoch keine Grenze hat, hat auch das

Universum keine Grenze, wäre weder erschaffen noch zerstörbar und würde einfach *sein* (S. 173). Nach Hawking ist es sinnlos, danach zu fragen, was die reale oder die imaginäre Zeit wirklich ist, sondern die Nützlichkeit entscheidet. Realität wird ebenso zur Metapher wie das Reich des Imaginären. Damit ist mehr Raum für die Spekulation gewonnen als bei Lederman. In der imaginären Zeit gibt es kein Vorwärts und Rückwärts, keine Singularität, mithin auch keinen Urknall. Hawking unterscheidet mindestens drei Zeitpfeile, den thermodynamischen, psychologischen und den kosmologischen. Der erste weist in die Richtung zunehmender Entropie, der zweite entspricht unserem Zeitempfinden, der dritte der Ausdehnung (nicht Zusammenziehung) des Universums (S. 183). Nur wenn alle drei Pfeile in die gleiche Richtung zeigen, können sich intelligente Lebewesen entwickeln. Der Vorzug dieser Konstruktion ist der universale integrative Ansatz, der Nachteil die Verkürzung der Lebenswelt auf das Psychologische, »daß der psychologische Pfeil durch den thermodynamischen bestimmt wird« (ebd.). Das führt zu einer Überrepräsentation der physikalischen Komponenten, und es ist schwer einzusehen, was dann noch von der menschlichen Freiheit übrigbleibt. In ›Einsteins Traum‹ wird das noch deutlicher, und Hawking bleibt nur der verzweifelte Ausweg:

»Ist alles vorherbestimmt? Die Antwort lautet ja. Doch sie könnte genausogut nein lauten, weil wir niemals wissen können, was vorherbestimmt ist.«[62] Gemessen an Plancks subtiler Analyse der Willensfreiheit erscheint Hawkings ›Lösung‹ fast trivial. Was die Keine-Grenzen-Hypothese betrifft, sind wir auch nicht viel weiter als Anaximander, die Pythagoreer oder Kant und mit dem *sein* wieder bei Parmenides, und dabei wollte Hawking so hoch hinaus: »Eine vollständige, widerspruchsfreie einheitliche Theorie ist nur der erste Schritt: Unser Ziel ist ein vollständiges *Verständnis* der Ereignisse, die uns umgeben, und unserer Existenz.«[63] Mangelhafte Kenntnis oder Vernachlässigung der Geschichte der Philosophie kann man Lederman nicht, wohl aber Hawking vorwerfen, die (physikalische) Kopflastigkeit der Konstruktionen indessen beiden. Während aber Lederman solche Mängel sehr geschickt hinter der literarischen Perfektion und Metaphorik versteckt, treten sie bei Hawking unverhüllt in

Erscheinung, so wenn er Astronauten durch ›Wurmlöcher‹ in andere Universen wegtauchen läßt[64], Zeitreisen in Aussicht stellt oder Raumschiffe in Baby-Universen versetzt.[65] Geschenkt: Man kann es heute auch seriösen Physikern nicht verdenken, wenn sie sich von Science-fiction-Autoren inspirieren lassen, denn die Grenzen sind auch hier unscharf geworden. Immerhin werden bei Hawking Trends deutlich, die vielversprechend sind: verstärktes Streben nach einem integrativen Weltverständnis, Öffnung für neue Ideen, Überwindung von Grenzen, Selbsttranszendenz und Einsicht, wenn nicht in die geschichtliche Problematik der Selbstbefreiung und die evolutionäre der Selbsttransformation, so doch in die ethisch-moralische Notwendigkeit des Umdenkens und der Erneuerung:

> Gelingt es uns nicht, unsere Intelligenz zur Kontrolle unserer Aggression einzusetzen, stehen die Chancen für die Menschheit schlecht. Doch solange es Leben gibt, gibt es auch Hoffnung. Wenn wir die nächsten hundert Jahre überleben, werden wir unseren Lebensraum auf andere Planeten und möglicherweise andere Sterne ausgedehnt haben. Dadurch wird sich die Wahrscheinlichkeit verringern, daß die gesamte Menschheit durch ein Unheil wie einen Atomkrieg ausgelöscht werden könnte.[66]

Verglichen mit der deterministischen und nicht allzu lebensfreundlichen Grundtendenz Hawkings, mutet der Gedanke, unseren Lebensraum sogar auf Sterne auszudehnen, ein wenig phantastisch an, ebenso der unerwartete Salto mortale in das Reich der Hoffnung, aber vielleicht soll diese Widersprüchlichkeit gerade zum Nachdenken herausfordern. Wir hoffen es für Hawking. Am Schluß des Buches steigert sich der Widerspruch zwischen berechtigten Hoffnungen auf ein universales, integratives Weltverständnis und dem utopischen Ansinnen, den »Plan Gottes« zu erkennen, zu einem eindrucksvollen Finale:

> Wenn wir jedoch eine vollständige Theorie entdecken, dürfte sie nach einer gewissen Zeit in ihren Grundzügen für jedermann verständlich sein, nicht nur für eine Handvoll Spezialisten. Dann werden wir uns alle – Philosophen, Naturwissenschaftler und Laien – mit der Frage auseinandersetzen können, warum es uns und das Universum gibt. Wenn wir die Antwort auf diese Frage fänden,

> wäre das der endgültige Triumph der menschlichen Vernunft – dann würden wir Gottes Plan kennen.[67]

Was den Experimentalphysiker Lederman mit dem theoretischen Physiker Hawking verbindet, ist die Suche nach den letzten Gründen des Universums und der menschlichen Vernunft, nach dem Zusammenhang von brahman und atman, also ein philosophisches Problem. Nicht anders, meinen wir, verhält es sich mit den beiden Naturwissenschaftlern, denen wir uns nun zuwenden wollen.

Während Lederman und Hawking primär anorganische Strukturen der Außenwelt erforschen, erforschen Crick (geb. 1916) und Eigen (geb. 1927) in erster Linie organische Strukturen der Innenwelt. Dominierte in der ersten Hälfte des 20. Jahrhunderts im Bereich der Naturwissenschaften eindeutig die Physik, so holten in der zweiten Hälfte die Biowissenschaften mächtig auf. Erscheint die Erfindung der Relativitätstheorie auf dem Gebiet der Physik als das Jahrhundertwerk, so auf dem Gebiet der Biowissenschaften die Entdeckung, Nachbildung und Konstruktion der Doppelhelix. Das Bindeglied zwischen der Teilchenphysik und der Molekularbiologie ist nach wie vor der Atombegriff Demokrits. Die spiralförmige Doppelhelix mit entgegengesetzt verlaufenden Ketten ist unzertrennlich mit den Namen von F. Crick, J. Watson und M. Wilkins verbunden, die 1953 die Doppelhelix-Struktur der Desoxyribonukleinsäure (DNA) entdeckten und dafür 1962 den Nobelpreis (Medizin) mit dem Kommentar erhielten, daß ihr Beitrag »keine unmittelbare praktische Nutzanwendung« habe.[68]

Auf den ersten Blick könnte es scheinen, als sei diese Entdekkung eine fachspezifische Angelegenheit und habe wenig mit integrativem Weltverständnis, mit Synopsen, Synthesen, Systemen, Konzeptionen und Konstruktionen zu tun, aber dem ist nicht so. Crick, mit dem wir es hier hauptsächlich zu tun haben, läßt sich schon fachlich schwer einordnen. Von Haus aus war er Physiker, wechselte erst, als er schon über dreißig Jahre alt war, zur Biologie über, arbeitete noch mit 35 Jahren, zur Zeit seiner großen Entdeckung, an seiner Dissertation und erhielt, wie gesagt, den Nobelpreis für Medizin. Seine Karriere, wenn auch nicht ganz so bewegt, erinnert etwas an die Hubbles. Immerhin hatte auch Crick mehrere Berufe ausgeübt, bevor er 1947 wieder nach Cambridge ging. Dort arbeitete er zwei Jahre am Strangeways Loboratory für Gewebezüchtung und dann an dem berühmten Cavendish Physiklabor, wo »man die Existenz des Neutrons vorhergesagt, die Eigenschaften des Elektrons gemessen und die ersten Versuche der Atomzertrümmerung durchgeführt«[69] hatte. Um 1977 wechselte er zum Salk- Institute für biologische Forschung in La Jolla (Kalifornien) über, wo er ein neues Interessengebiet, die Gehirnforschung, gefunden hatte.

Crick war nicht nur in der Theorie, sondern auch in der Praxis vielseitig, verlor aber nie das »große Ganze« darüber aus den Augen. Sein Buch ›Ein irres Unternehmen‹, an dessen Ende er, ebenso gelehrt wie allgemeinverständlich, einen ›kurzen Abriß der klassischen Molekularbiologie‹ als Anhang beifügte, ist wissenschaftstheoretisch ein Juwel und bietet mehr als manche voluminösen Bände philosophischer Wissenschaftstheorie. Zwanzig Beispiele, Kostproben von den Methoden und Ergebnissen der Arbeit Cricks, können das bezeugen:

1. Das Erfolgsgeheimnis wissenschaftlicher Arbeit ist, wie im religiösen Leben, ein leidenschaftlicher Glaube, außerdem ein hohes Maß an Hingabe und Engagement (S.33).
2. Zur Effizienz biologischer Organisation bedarf es weder einer planenden obersten Instanz noch besonders vieler Zufälle. Die natürliche Selektion erfolgt vorwiegend aufgrund des Selektionsdrucks der Umwelt (S. 50).
3. »In der Forschung verläuft die Frontlinie fast immer in dichtem Nebel.« (S. 57).
4. In der Forschung ist das Spiel sehr wichtig, aber man sollte auf den Zufall vorbereitet sein (S. 95).
5. Es ist ungeheuer wichtig, sich nicht in irrige Ideen zu verrennen (S. 101).
6. »Die Durchsetzung des Modells der Doppelhelix könnte als eine nützliche Fallgeschichte dienen, da sie ein Beispiel für die komplizierte Art und Weise darstellt, wie aus Theorien ›Fakten‹ werden.« (S. 106).
7. »Jede Generation will ihre neue Theorie« (S. 106).
8. »Innovation ist dann am erfolgreichsten, wenn sie zumin-

dest teilweise auf der existierenden Tradition aufbaut.« (S. 106).

9. Der genetische Code der Molekularbiologie läßt sich nur bedingt mit dem Periodischen System der Elemente in der Chemie vergleichen: »Wenn in anderen Welten Leben existiert, und selbst wenn dieses Leben auf Nucleinsäuren und Proteinen basiert – was alles andere als sicher ist –, scheint es doch sehr wahrscheinlich, daß der Code dort ganz anders aussehen würde. Es gibt ja sogar bei einigen Organismen hier auf unserer Erde kleinere Abweichungen. Der genetische Code ist, wie das Leben selbst, nicht ein Aspekt der ewigen Erscheinungsform der Dinge, sondern, zumindest teilweise, ein Produkt des Zufalls.« (S. 141).
10. »Ein gutes Beispiel ist mehr wert als ein ganzer Sack voll theoretischer Argumente.« (S. 148).
11. »In fast allen Fällen ist es einem Theoretiker praktisch unmöglich, durch Denken allein die richtige Lösung für einen bestimmten Komplex von biologischen Problemen zu finden.« (S. 151).
12. »Es ist wichtig, nicht allzu fest an seine eigenen Behauptungen zu glauben. Dies gilt vor allem für *negative* Behauptungen.« (S. 153).
13. »Es ist nur zu leicht, von einigen plausiblen, vereinfachenden Annahmen auszugehen, einige raffinierte mathematische Berechnungen anzustellen, die annähernd zu zumindest einigen experimentellen Daten zu passen scheinen, und nun zu glauben, etwas erreicht zu haben. Die Chancen, daß bei einem solchen Vorgehen irgend etwas Nützliches herauskommt – außer ein paar Streicheleinheiten für das Ego des Theoretikers –, sind ziemlich gering; dies gilt ganz besonders in der Biologie. Darüber hinaus habe ich, zu meiner Überraschung, festgestellt, daß die meisten Theoretiker den Unterschied zwischen einem Modell und einer Demonstration nicht wirklich kennen und oft beides miteinander verwechseln.« (S. 156).
14. »Biologen dürfen nie vergessen, daß das, was sie sehen, nicht erdacht und geplant worden ist, sondern sich entwickelt hat.« (S. 188).

15. »Die Aufgabe der Theoretiker, gerade in der Biologie, besteht darin, neue Experimente vorzuschlagen. Eine gute Theorie macht nicht nur Voraussagen, sondern sie macht überraschende Voraussagen, die sich schließlich und endlich als richtig erweisen.« (S. 192).
16. »Wenn du die Funktion verstehen willst, untersuche die Struktur.« (S. 204).
17. »Das visuelle System wurde entwickelt, um die vielen Aspekte der realen Welt aufzuspüren, die im Verlauf der Evolution für das Überleben wichtig waren.« (S. 210).
18. Die Evolution erscheint vielfach als ein »Flickschuster«. (S. 212).
19. »Ich habe das Gefühl, daß viele ›Modelle‹ des Gehirns, die man uns vor die Nase setzt, hauptsächlich deswegen zusammengebastelt werden, weil ihre Urheber gerne mit Computern spielen und Computerprogramme schreiben, und daß sie sich einfach mitreißen lassen, wenn ein Programm ein hübsches Ergebnis produziert.« (S. 158).
20. Neben die Molekularbiologie wird wohl bald eine ›Molekular-Psychologie‹ treten (S. 221).

Während Crick die Evolution eher für einen Flickschuster als für den Ausdruck göttlicher Vollkommenheit und Vorsehung hält, sah der Maler Salvador Dalí in der Doppelhelix einen Beweis für die Existenz Gottes.[70] Tatsache ist, daß auch eine geniale kreative Leistung, bei Einstein wie bei Crick, gut vorbereitet sein muß: »Die Bühne war gerichtet für Watson und Crick«[71]. Zu den Wegbereitern der Jahrhundertentdeckung gehörte eine ganze Schar mehr oder weniger illustrer Forscher, angefangen von dem österreichischen Mönch und Vererbungsforscher G. Mendel (1822-84), über Th. H. Morgan aus New York, der mit seiner Gruppe die Rolle der Gene und Chromosomen untersuchte; T. D. Lyssenko, der, wie J.-B. de Lamarck, an die Erblichkeit erworbener Eigenschaften glaubte, A. J. Oparin, der, wie J. B. S. Haldane, die These der Urzeugung vertrat, O. Avery, der das Transformationsprinzip befürwortete und das Erbgut (Gene) von Bakterien zu verändern suchte, St. Miller und H. Urey, denen es gelang, mit Hilfe eines berühmten Experiments einige Bausteine des Lebens synthetisch zu gewinnen, bis zu L. Pauling, der auch an den Problemen wie Watson und Crick arbeitete und eine gefürchtete Konkurrenz darstellte, sowie dem Physiker E. Schrödinger, dessen Buch ›Was ist Leben?‹ Crick nicht weniger beeindruckte als Lord E. D. Adrians Büchlein über das Gehirn.

Aus dem näheren Umfeld sind noch zu nennen: L. Orgel, der in Kalifornien Nucleinsäuren untersuchte, mit Crick einen Artikel über Panspermie, die Verbreitung von Mikroorganismen im Kosmos, geschrieben hatte und der Erforschung der DNA eher skeptisch gegenüberstand; H. J. Muller aus der Forschergruppe Morgan, der den Vorrang des Protoplasmas vor den Genen verfocht, eine noch abwechslungsreichere Karriere als Crick durchlief, die ihn von den USA nach Deutschland, Rußland und wieder zurück in die USA führte, und der 1946 für seine Erforschung des Einflusses von Röntgenstrahlen auf Mutationen den Nobelpreis erhielt; E. Chargaff, der den wenig beachteten Entdecker der Nucleinsäure (1869), den Schweizer Chemiker F. Miescher, anläßlich der hundertjährigen Wiederkehr der Entdeckung ehrte und der, obwohl er selbst Erkenntnisse über die Zusammensetzung der DNA gewonnen hatte, die für Crick und Watson wichtig waren, deren Arbeit geringschätzte; J. Kendrew und M. Perutz, Kollegen von Crick und Watson, die im gleichen Gebäude wie diese arbeiteten und 1662 den Nobelpreis erhielten; F. Sanger, der gewiß eine ernstzunehmende Konkurrenz gewesen wäre, wenn er sich nicht viel mehr für Proteine als für Nucleinsäuren interessiert hätte; last, not least R. Franklin, eine Chemikerin und Kollegin von M. Wilkins, die sich aber mit ihm nicht vertragen konnte, ihn dadurch Crick und Watson in die Arme trieb und die sonst vielleicht statt ihres Kollegen am Nobelpreis partizipiert hätte, wenn sie nicht zuvor an Krebs gestorben wäre.

Crick und Watson hatten nicht nur Ort und Zeit ihres Vorhabens bestens gewählt, hervorragende Wegbereiter und Kollegen gehabt, sondern auch die Schwächen der Konkurrenz, deren Antipathien gegen sie und die Unterschätzung ihrer Fähigkeiten, ihrer Ausdauer und ihres Arbeitswillens zu ihrem Vorteil genutzt:

> Die physikalische Wissenschaft und die Genetik hatten gemeinsam das tiefste Geheimnis der Vererbung aufgedeckt. Die Bühne war natürlich perfekt gewählt. Der damalige Forschungsstand auf beiden Gebieten hätte nicht idealer sein können. Auch die beiden beteiligten Personen hätte man nicht besser aussuchen können: intelligent, ehrgeizig und wißbegierig, der eine der Ausbildung nach ein Genetiker, der andere ein Physiker.[72]

Cricks und Watsons Methode, um nicht zu sagen Strategie, hatte sich bewährt: das beste Problem im Bereich der Biowissenschaften, der beste Ort, die beste Zeit, die beste Vorarbeit, die beste Technik, das beste Team und – die Vermeidung der von anderen sehr guten Forschern, wie L. Pauling, gemachten Fehler, und doch war es eine Pionier- und Meisterleistung sowohl Watsons, der die Doppelhelixstruktur beobachtete, als auch Cricks, der seine ›Weltformel‹ aufstellte: »DNA (Desoxyribonucleinsäure) macht RNA (Ribonucleinsäure) macht Protein«, oder: Ein Bote (Ribosom) überbringt die codierte Botschaft von der DNA zur RNA, welche die Proteine, submikroskopische Wirkstoffe, Eiweißkörper, aktiviert. Die Botschaft fließt normalerweise nur in einer Richtung. Vielleicht kann man den Vorgang mit einem Bauplan des Architekten oder des Konstruktionsbüros vergleichen, der kopiert, die Kopie an den Polier auf einer Baustelle geschickt wird, der dann alles weitere veranlaßt. Die Entwicklung des Lebens verlief umgekehrt zu dieser Konstruktionsanweisung und führte vom Protein zur RNA und von ihr zur DNA.[73] Die Einzelheiten hierzu sind so oft dargestellt und leicht in Handbüchern nachzulesen, daß wir sie uns ersparen können. Für uns ist die Arbeitsweise der Entdecker wichtiger:

> Nachdem sich Watson und Crick erst kurz kannten, beschlossen sie, gemeinsam ein DNA-Modell zu konstruieren. Ihre Vorgehensweise war denkbar einfach: Sie wollten versuchen, es nach dem Vorbild von Pauling als Spirale zu bauen. Jede andere Lösung würde zu lange dauern. Natürlich konnten sie dies nicht allein mit ihrem Verstand tun, selbst wenn die Werkstatt des Cavendish die notwendigen Stäbe, Zwingen und Platten lieferte. Glücklicherweise waren sie an einem idealen Ort, um die benötigten Informationen zu sammeln. Die chemische Struktur der DNA war in

> derselben Stadt bestimmt worden. Trotz dieses Vorteils beeinträchtigten irrtümliche chemische Vorstellungen ihren Modellbau fast bis zum Ende. Im letzten Augenblick wurden sie von einem Kollegen gerettet, der sie in einem beiläufigen Gespräch auf den richtigen Weg brachte.[74]

Die Natur belohnte die unentwegte, geduldige Suche, den schonungslosen Einsatz und die Liebe zur Wahrheit, indem sie ein weiteres Geheimnis preisgab, ihren Bauplan des Lebens aufdekken ließ, aber mit diesem ›Quantensprung‹ in der Geschichte menschlicher Erkenntnis war das Werk noch keineswegs abgeschlossen. F. Sanger in England und W. Gilbert in den Vereinigten Staaten entwickelten Methoden, die uns nun erlauben, Seite für Seite des Buchs aller Bücher der Natur zu entziffern. Das »größte Forschungsunternehmen am Ende des Jahrtausends« konnte beginnen, die Dechiffrierung des Bauplans des Menschen, das Genom-Projekt. Hatte Großbritannien im 19. Jahrhundert der Menschheit den bisher größten Biologen geschenkt, so, von Watson und Wilkins einmal abgesehen, im 20. Jahrhundert wieder den größten Entdecker auf dem Gebiet der Biowissenschaften.

Durch eine terminologische Ungeschicklichkeit Cricks hätte das große Werk allerdings nachträglich beinahe etwas von seinem Glanz eingebüßt, da dieser die oben genannte Formel als ein »zentrales Dogma« (der Molekularbiologie) bezeichnet hatte, um es gegenüber vagen Hypothesen als eine grundlegende abzugrenzen.[75] Damit war also nicht ein (nicht anzuzweifelndes) Dogma im Sinne der Kirchen gemeint, denn weder Crick noch Watson teilten den Kirchenglauben und seine starren Formeln. Crick hatte einfach die Begriffe Dogma und Hypothese verwechselt: »Sonst hätte ich es zentrale Hypothese genannt, dann hätte kein Mensch so ein Theater gemacht.«[76] Crick war auch ein Theoretiker, aber kein Dialektiker, sondern ein Forscher, der Theorien und Begriffe als Werkzeuge aus der Praxis für die Praxis ansah.

Von seiner hohen Einschätzung tatsachenorientierter, humanistischer Philosophie zeugt eigentlich sein ganzes Werk, seine subtilen erkenntnistheoretischen Reflexionen ebenso wie sein

Sinn für kosmologische Fragen, aber auch eine Bemerkung gegenüber positivistischer Arroganz. Die metaphysischen Fragen nach dem Ursprung nicht nur des Lebens, sondern auch des Universums, nach den Arten des Lebens und der Arbeitsweise des Bewußtseins haben ihn zeitlebens interessiert: »Kein Interesse an diesen Themen zu zeigen ist ein Zeichen echter Unbildung.«[77]

Ein klassisches Beispiel, das zugleich den integrativen wie den philosophischen und visionären Einschlag in Cricks Denken zeigt und den Kreis zu unserer mit Lederman und Hawking begonnenen Thematik schließt, mag das Bild abrunden: der Gedanke der Panspermie, dem Allsamengemisch, eine altehrwürdige Lehre, die wieder einmal zu Demokrit zurückführt, der damit die Gruppe von Atomen bezeichnete, die das Leben verursachen. Später hat der französische Naturforscher G. L. L. Buffon (1707-88) die Lehre weiterentwickelt, bis der schwedische Nobelpreisträger (Chemie) S. Arrhenius (1859-1927) sie weiter aufwertete und dem modernen Weltverständnis anpaßte.

In seinem Buch ›Das Leben selbst‹ hat Crick das Motiv aufgegriffen und, wie Hawking, ein Paradigma seriöser, wissenschaftlich fundierter Science-fiction geliefert:

In einem fernen Sonnensystem fand ein ähnlicher Evolutionsprozeß zu Leben und Intelligenz statt wie auf der Erde, nur lange vor der irdischen Evolution. Da die Bewohner auf einem der Planeten jenes weit entfernten Sonnensystems wußten, daß ihre Sonne und damit auch ihr Planet nicht ewig existieren würden, sahen sie sich, sobald der Stand ihrer Technik es erlaubte, nach Überlebensmöglichkeiten auf den Planeten anderer Sonnensysteme um, die für sie geeignete Rahmenbedingungen besaßen. Als ihre Raumsonden entsprechende Planeten gefunden hatten, die zwar ein Gemisch aus organischen Molekülen, aber noch kein Leben aufwiesen, waren diese jedoch für ihre Raumfahrzeuge zu weit entfernt. Da man erkannte, daß die eigene Zivilisation nicht auf direktem Wege zu retten war, wollte man wenigstens das Leben erhalten und baute daher spezielle Raumschiffe, die tiefgefrorene Bakterien in großen Mengen über lange Strekken befördern und über geeigneten Planeten abwerfen konnten. Eines der Raumschiffe fand auch die frisch entstandene Erde mit geeigneten Bedingungen für Lebewesen und warf darüber einen Teil seiner bakteriellen Fracht ab, die auf der Erde prächtig gedieh und eine Evolution des Lebens bewirkte, deren letztes Produkt der homo sapiens ist, ein Nachkomme jener inzwischen untergegangenen Zivilisation in einer fernen Region des Universums.

Cricks Paradigma fand besonders bei Kosmologen begeisterte Aufnahme, so bei dem Astronomen C. Sagan. Der langjährige Freund und Kollege Cricks, L. Orgel, veröffentlichte 1973 in einer Weltraumzeitschrift einen Beitrag zur ›Gelenkten Panspermie‹. Crick selbst besaß genügend Selbstkritik, um seine Theorie nicht als Tatsache auszugeben:

> Das Wohlwollendste, was man über die gelenkte Panspermie sagen kann, ist demnach, einzuräumen, daß es sich tatsächlich um eine gültige wissenschaftliche Theorie handelt, die aber noch unausgereift ist.[78]

Gefallen an Cricks Vision und Konstruktion fanden auch die Astrophysiker Sir F. Hoyle, der Mitbegründer des von uns bereits erwähnten Steady-State-Modells, und sein Kollege Chandra Wickramasinghe, die in ihrer Theorie vom lebenstragenden kosmischen Staub weiter gingen als Crick und in ihrer fast religiösen Ausgestaltung des Gedankens gefährlich nahe an die Grenze wissenschaftlich vertretbarer Science-fiction herankamen. Heute wissen wir, nicht zuletzt durch Forscher wie Duve, daß manches für Hoyles Idee spricht. Wissenschaftlichen Boden verlassen wir dagegen, wenn wir Th. Golds scherzhafte Bemerkung ernst nehmen, außerirdische Wesen hätten vielleicht bei einem Picknick auf unserem Planeten mit Bakterien versehene Kuchenkrümel verstreut, aus denen sich dann auf der Erde das Leben entwickelt habe.[79] Einstweilen erscheint es indessen ratsam, sich in der Frage, ob das Leben auf diesem Planeten autochthon entstand oder wie auch immer importiert ist, M. Eigens vorsichtiger Stellungnahme anzuschließen:

> Es spricht sehr viel für die Schlußfolgerung, daß das Leben auf *unserem* Planeten, dessen Alter ungefähr 4,7 Milliarden Jahre beträgt, entstanden ist. Jedenfalls besteht aufgrund der genannten Ergebnisse kein Anlaß zu der Annahme, die Existenzzeit unseres

> Planeten habe für eine Selbstorganisation reproduktionsfähiger Molekülsysteme nicht ausgereicht.[80]

Schließlich hat Cricks Paradigma nicht nur eine retrospektive, sondern auch eine prospektive, erzieherische, wenn nicht religiöse, so doch auf Selbsttranszendenz beruhende und abzielende Komponente. Um mit der letzteren zu beginnen: Biblische Geschichten wie das Motiv der ›Arche Noah‹ oder des ›Sündenfalls‹ sind zwanglos kompatibel mit dem modernen Weltverständnis, das den ›Sündenfall‹ weniger als Erbschuld auf Adams und Evas Ungehorsam zurückführen kann als auf Friedensunfähigkeit und die Sintflut sowie die Rettungsaktion ›Arche Noah‹ weniger auf das Sündenregister eines obersten Buchhalter-Gottes als auf mangelnde Voraussicht. Die Geschichten bekommen einen sehr modernen, auf das kosmische Überleben des homo sapiens gerichteten Sinn, wenn man sie nicht moralisierend mißversteht, sondern als Bewährung und Warnung: Wenn der Mensch wegen Friedensbruch aus einer friedfertigen, fernen Zivilisation auf diese Erde verbannt wurde, so hat er hier die Chance, sich zu bewähren, den ›Weltfrieden‹ nach erfolgreicher Vermeidung von ›Weltkriegen‹ zurückzugewinnen und wieder in die kosmische Gemeinschaft der Galaktiker aufgenommen zu werden. Die Geschichte von der ›Arche Noah‹ kann auch als eine ernste Warnung an den homo sapiens verstanden werden, wenn er es versäumt, sich rechtzeitig nach Überlebensmöglichkeiten im Universum umzusehen.

Erzieherisch hoch bedeutsam erscheinen diese, wie manche anderen biblischen Geschichten und Cricks Paradigma, insofern sie dem homo sapiens Ziele setzen und Chancen andeuten, diese Ziele auf den Wegen des Weltverständnisses und der Selbsterkenntnis zu erreichen. Prospektiv sind Paradigma und Geschichten in ihrem Appell, Leben auch über die irdischen Grenzen des Diesseits hinaus ins ›Jenseits‹ zu retten. Cricks Paradigma und die erwähnten biblischen Geschichten stimmen darin überein, daß sie den Prozeß der Selbstbefreiung der Menschheit fördern.

So sehr Crick für eine neue, wissenschaftlich begründete religiöse Ehrfurcht vor den Rätseln des Universums und des Lebens plädiert, so scharf ist seine Kritik an theologischer und philosophischer Arroganz. In seinem 1994 erschienenen Buch ›Was die Seele wirklich ist‹ sagt er Treffendes zu diesem Thema und grenzt seine in sokratischem Geist gehaltenen Ausführungen von den traditionellen theologischen Dogmen und von der theoretisierenden Philosophie ab. Cricks Botschaft lautet:

Nachdem die Erörterung des Bewußtseinsproblems auf vorwissenschaftlicher, rein begrifflicher Ebene so gut wie abgeschlossen ist, muß nunmehr auf empirischer Ebene, auf der Basis der Neuronen-Forschung, die naturwissenschaftliche Behandlung des Problems erfolgen. Seinen konstruktiven Beitrag hierzu bezeichnet Crick, wie gewöhnlich untertreibend, als »Erstaunliche Hypothese«. Die bewußtseinsgeschichtliche Orientierung unserer Studie kann als eine Vorarbeit zur Klärung des Bewußtseinsproblems im Sinne Cricks angesehen werden:

> Die Erstaunliche Hypothese besagt, daß *alle* Aspekte des Verhaltens des Hirns auf die Aktivitäten der Neuronen zurückzuführen sind ... Die Feststellung, daß unser Verhalten auf einer riesigen, interagierenden Ansammlung von Neuronen beruht, sollte unser Selbstbild nicht abwerten, sondern gewaltig verbessern ... Nur wissenschaftliche Gewißheit (mit all ihren Begrenzungen) kann uns auf lange Sicht von den abergläubischen Auffassungen unserer Vorfahren befreien ... Wenn Religionen mit einer Offenbarung jemals etwas offenbart haben, dann den Umstand, daß sie gewöhnlich unrecht haben ... Die Bilanz der Erfolge religiöser Überzeugungen bei der Erklärung wissenschaftlicher Phänomene war in der Vergangenheit derart armselig, daß es wenig Grund zu der Annahme gibt, die konventionellen Religionen würden künftig viel besser abschneiden ... Die Bilanz der Philosophen in den letzten zweitausend Jahren ist derart armselig, daß ihnen eine gewisse Bescheidenheit besser anstünde als die hochtrabende Überheblichkeit, die sie gewöhnlich an den Tag legen.[81]

Alle Theologen und Philosophen, die es angeht, sollten sich diese Sätze, die von mehr echter Frömmigkeit und Wahrheitsliebe zeugen, als in allen Dogmen und Systemen der traditionellen Theologie und theologisch orientierten Philosophie zusammen enthalten ist, sehr gut merken. Cricks Auffassungen in diesen Fragen konvergieren weitgehend mit denen Calvins, Ledermans und vieler anderer ausgewiesener Naturwissenschaftler.

Ähnlich wie sich auf dem Gebiet der Physik der Experimentalphysiker Lederman in Ansatz und Methode von dem theoretischen Physiker Hawking unterscheidet, unterscheiden sich auf dem Gebiet der Biowissenschaften (Chemie, Biologie, Medizin) Crick und Eigen, von dem bereits mehrfach die Rede war. Während Crick, der angelsächsischen Tradition entsprechend, eher empirisch, praktisch und experimentell vorgeht, scheint Eigen mehr dem französischen Wissenschaftsbegriff zu entsprechen, der rational, mathematisch und theoretisch orientiert ist. Der fachübergreifende, integrative Charakter seines Weltverständnisses läßt sich ohne weiteres aus dem Themenspektrum ersehen, das in seinen Werken sichtbar wird: Spiel, Ideologie, Grundlagenforschung, Kunst, Sprache, Universität, Genialität, Energie, Industrie, Ökologie und Ökonomie. Diese geradezu platonische Themenvielfalt hebt den Nobelpreisträger (1967, Chemie) weit über den Verdacht reiner Fachwissenschaftlichkeit hinaus und zeugt eher von einem sowohl nach Einheit als auch nach Universalität strebenden philosophischen Bemühen.

Aus seinem fachlichen Umfeld interessieren hier besonders die Begriffe Autokatalyse, Selbstorganisation, Hyperzyklus und Quasispezies. Autokatalyse: »Das Produkt der Reaktion ist selbst Katalysator der Reaktion.«[82] Im Gegensatz zu manchen Fachkollegen, Philosophen und Kritikern ist sich Eigen der Herkunft des Konzepts der Autopoiese oder Selbstorganisation bewußt. In der anorganischen Chemie entdeckten die Forscher B. Belusow und A. Zhabotinsky nämlich in den sechziger Jahren die nach ihnen benannte Belusow-Zhabotinsky-Reaktion, eine spontane Musterbildung infolge einer anorganischen chemischen Reaktion.[83] Ganz abgesehen davon, ob man das Prinzip der Selbstorganisation als beschreibendes oder erklärendes Paradigma versteht, wurzelt es in der Natur und kann daher nicht als bloßes Sprachspiel abgestempelt werden.[84] Eigen gehört zu den nicht gerade häufigen Forschern, die ihre Begriffe präzise definieren, z. B. Selbstorganisation (der Materie) »als die aus definierten Wechselwirkungen und Verknüpfungen bei strikter Einhaltung gegebener Randbedingungen resultierende Fähigkeit spezieller Materieformen, selbstreproduktive Strukturen hervorzubringen.«[85] Nicht weniger klar und unmißverständlich lautet seine Definition des Hyperzyklus: »Wir bezeichnen einen Reaktionszyklus mit überlagerter Schlaufe als einen Hyperzyklus ... Der Hyperzyklus stellt eine Organisationsform dar, die sich – ähnlich wie die Quasispezies – durch signifikante, neue Qualitäten ausweist.«[86] Auch die Quasispezies wird klar definiert:

»Die Quasispezies stellt eine durch Selektionswerte gewichtete Verteilung von Mutanten dar, die auf eine oder mehrere Mastersequenzen zentriert ist. Sie ersetzt den Wildtyp, den man in der klassischen Interpretation als Zielscheibe der Selektion ansah.«[87]

Unter Mastersequenz versteht Eigen »die aus einer Ausrichtung von verschiedenen analogen Sequenzen resultierende Sequenz. Sie ist in jeder Position mit dem am häufigsten auftretenden Baustein besetzt (Consensus-Sequenz),«[88], unter Wildtyp den »Genotyp (und damit auch Phänotyp) einer unter natürlichen Umweltbedingungen lebenden und die Mehrheit ihrer Individuen kennzeichnenden Art.«[89] Aus diesen und anderen ebenso exakt definierten Begriffen hat Eigen auf elegante Weise die Frühphase der Evolution des Lebens durch immer weitere sorgfältige Eingrenzung der Phänomene, Probleme und Begriffe so überzeugend rekonstruiert, daß seine Konstruktion internationale Anerkennung fand.[90]

Wie bei Crick sind auch bei Eigen integrative Tendenzen und Selbsttranszendenz Grundmerkmale ihres Weltverständnisses. Beispielhaft dafür sind Eigens Darlegungen in seinem bereits zitierten Werk über das Spiel, aber auch in seinem Buch ›Jenseits von Ideologien und Wunschdenken‹.[91] Kehrt er mit seiner Spieltheorie letztlich zur philosophischen Konzeption Heraklits zurück, zeigen seine Ausführungen hier wie in dem Buch über die Ideologien viel Sinn für Philosophie und Kunst, großes Einfühlungsvermögen in die soziokulturellen Probleme unseres Zeitalters, treffende Kritik, aber auch einleuchtende konstruktive Ansätze, von denen hier jedoch nur einige wenige zur Sprache kommen können, vor allem seine Darlegungen zur genetischen Manipulation, zur Kernenergie, zu Ethik und Politik sowie zur Lage der Menschheit. Wie von Crick wollen wir auch von Eigen, neben den vier Grundbegriffen seines Weltkonzepts, zwanzig Beispiele anführen, die von seinem umfassenden Problembewußtsein und seinem integrativen Weltverständnis zeugen. Schließlich gibt es ja auch bei den Nucleinsäuren vier und bei den Proteinen zwanzig ›Seitengruppen‹.[92]

Die Beispiele stammen aus dem Buch über das Spiel:

1. »Alles Geschehen in unserer Welt gleicht einem großen Spiel, in dem von vornherein nichts als die Regeln festliegen. Ausschließlich diese sind objektiver Erkenntnis zugänglich.« (S. 11).
2. »Wir sehen das Spiel als das Naturphänomen, das in seiner Dichotomie von Zufall und Notwendigkeit allem Geschehen zugrunde liegt.« (S. 11).
3. »Die Einheit der Natur äußert sich in den Gesetzmäßigkeiten, das heißt, in den Beziehungen *zwischen* den Strukturen, weniger in den Strukturen selbst.« (S. 13).
4. »Der Mensch ist Teilnehmer an einem großen Spiel, dessen Ausgang für ihn offen ist. Er muß seine Fähigkeiten voll entfalten, um sich als Spieler zu behaupten und nicht Spielball des Zufalls zu werden.« (S. 14).
5. »Wachsender Wohlstand für die Allgemeinheit ist innerhalb der Industrienationen nur noch durch höhere Leistung aller, dagegen kaum durch Umverteilung der Vermögen zu erzielen.« (S. 156).
6. »›Gerechte Ordnung‹ in der Gesellschaft läßt sich auf alternativen Wegen verwirklichen. Der Anspruch, ein alleinseligmachendes Konzept zu besitzen, entbehrt angesichts historischer Erfahrungen jeglicher Grundlage.« (S. 162).
7. »Wir möchten, daß wir notwendig sind, daß unsere Existenz unvermeidbar und seit allen Zeiten beschlossen ist. Alle Religionen, fast alle Philosophien und zum Teil sogar die Wissenschaft zeugen von der unermüdlichen, heroischen Anstrengung der Menschheit, verzweifelt ihre eigene Zufälligkeit zu verleugnen.« (S. 187).
8. »Francis Crick bezeichnete die Verankerung von Darwins Prinzip in den Gesetzen der Physik als ›foundation of certainty‹, als Fundament der Gewißheit. Es ist die Grundlage aller biologischen Selbstorganisation, von der Evolution

über die Morphogenese bis zu den Gedächtnisleistungen des Zentralnervensystems.« (S. 189).

9. »Eine Ethik – sosehr sie mit Objektivität und Erkenntnis im Einklang sein muß – sollte sich eher an den Bedürfnissen der Menschheit als am Verhalten der Materie orientieren. Auch glauben wir nicht, daß eine ethische Ordnung absolut sein kann.« (S. 197).
10. »Die ›gerechte‹ menschliche Ordnung bedarf zu ihrer Verwirklichung nicht nur der objektiven – stets aber unvollkommenen – Erkenntnis, sondern auch eines auf Hoffnung, Barmherzigkeit und Liebe bauenden Humanismus.« (S. 198).
11. Man kann sich vorstellen, »daß durch Kombination von Genmaterial verschiedenartigen Ursprungs vollkommen neue Arten von Lebewesen aus Evolutionsexperimenten hervorgehen. Wir denken hier weniger an ›Science- fiction-Monster‹ als vielmehr an ›Proteinfabriken‹ oder andere nutzbringende Anwendungen. Unsere Phantasie reicht vermutlich nicht aus, sich diese ›Zukunft‹ auch nur auszumalen.« (S. 210).
12. »Der aus dem Paradies vertriebene Mensch ist gezwungen, sich ›vom Baum der Erkenntnis zu nähren‹. Neue Erkenntnis setzt neue Maßstäbe der Ethik und Moral.« (S. 214).
13. »In der Welt, in der wir leben, gibt es keine unbegrenzten Räume. Die Grenzen unseres Planeten sind – zumindest auf nicht absehbare Zeit – auch die Grenzen unseres Lebensraumes. Würde die Erdbevölkerung mit der gegenwärtigen Geschwindigkeit weiter zunehmen, so stünde in fünfhundert bis sechshundert Jahren jedem Menschen nur noch ein Quadratmeter Lebensraum zur Verfügung.« (S. 246).
14. Hinsichtlich der Atomenergie befürwortet Eigen indessen sogar den ›faustischen Pakt‹. Es ist zu fragen: »Welche Gefahren werden heraufbeschworen, wenn wir die Entwicklung und Erprobung von Atomkraftwerken zurückstellen oder gar unterlassen? Es geht nicht darum, *ob* es ein Risiko gibt, sondern *welches Risiko größer* ist: das zu handeln, oder das, *nicht* zu handeln ... *eine absolut risikofreie Zukunft wird es niemals geben.*« (S. 277f.).

15. »Es läßt sich ja auch nicht ausschließen, daß die Erde noch einmal von einem riesigen Meteor getroffen und dadurch in eine Katastrophe vom Ausmaß eines Atomkriegs gerissen wird.« (S. 278).
16. Die Menschen müssen einsehen, »wie wenig damit geholfen ist, mit Schlagworten auf der Bühne der Politik zu erscheinen, ständig Begrenzungen zu fordern, ohne zu wissen, wo der Hebel sachgerecht anzusetzen ist, und damit die Stabilität des gesamten menschlichen Öko- und Sozialsystems leichtfertig aufs Spiel zu setzen.« (S. 278).
17. »Auch bei totalem Stop des Bevölkerungswachstums blieben wir eine Mangelgesellschaft. Im gegenwärtigen Zeitpunkt könnte sich die menschliche Gesellschaft in ihrer Gesamtheit keinesfalls einen Investitionsstopp oder gar eine Reduzierung des Energieverbrauchs leisten.« (S. 279).
18. »Eine Mangelgesellschaft kann aber allenfalls ihre Klassen*einteilung* ändern – denn sie wird weiterhin Leistungsgesellschaft bleiben müssen.« (S. 280).
19. »Demokratie gründet nicht auf der Überzeugung, daß ihre Entscheidungen die besten aller möglichen sind, sondern auf der Disziplin, die aus der Einsicht resultiert, daß *subjektives* menschliches Beurteilungsvermögen *objektiv begrenzt* ist. Beim Machtstreben ist es gerade umgekehrt. Macht ist vor allem deshalb autokatalytisch, weil ihre Adepten subjektiv von der Lauterkeit ihrer Motive überzeugt sind – unabhängig davon, ob diese objektiv gut oder schlecht sind.« (S. 280).
20. »Die Kirche steht den Erkenntnissen der modernen Biologie zwar argwöhnisch, doch indifferent gegenüber. Sie hat ihre seit eh und je fixierte Auffassung vom *Leben*. Teilhard de Chardin ist vielleicht der einzige, der den Versuch einer Integration wissenschaftlicher Erkenntnis in das Weltbild des christlichen Glaubens unternommen hat.« (S. 290).

Im Vergleich zu der sonst eher optimistischen Einstellung Eigens überrascht seine pessimistische Beurteilung der Möglichkeiten, welche die Raumfahrt eröffnet, ein wenig, aber hier stößt er wohl auf die Grenzen seines Weltverständnisses, und es wäre unnatürlich, wenn es nicht auch für ihn solche gäbe. Von der

Entdeckung des amerikanischen Kontinents bis zum heutigen Stand ihrer Zivilisation benötigte die Menschheit etwas mehr als 500 Jahre. Warum sollte sie nicht auch den Mars in 500 Jahren erkundet, erschlossen und besiedelt haben? Allerdings würde dies eine aufgeschlossenere Haltung der Regierungen dieses Planeten gegenüber der Raumfahrt erfordern. Von deren Haltung wird es nicht zuletzt (J. F. Kennedy!) abhängen, ob diese für die ganze Menschheit optimale Chance, die anstehenden Probleme zu lösen, genutzt wird, ob Rüstungswahnsinn und Weltkriege das Szenarium des 21. Jahrhunderts bestimmen werden, Eigens restriktives oder das expansive Programm des Papstes.

Was die von Eigen nicht ausgeschlossene Kollision mit einem Riesenmeteor betrifft, ist es vielleicht kein Zufall, daß drei zukunftsorientierte, hochangesehene Wissenschaftler, Crick, Eigen und Calvin, genau die drei Gefahren erkannten, die der Menschheit von außen drohen: endgültiger Sonnenuntergang, Meteoriten und Eiszeiten. Nur eine entschieden stärkere Förderung der Raumfahrt, Teilchenphysik, Kernfusion, Gentechnologie und anderer einschlägiger Technologien könnten diesen Gefahren wirksam vorbeugen, die, abgesehen von einem Krieg mit ABC-Waffen, wohl das endgültige Aus für den homo sapiens bedeuten würden.

8. Ausblick

Wenn diese bewußtseinsgeschichtliche Studie, die vom Mythos zum Logos und vom Logos zur Ratio, von Weltbildern zu Weltbegriffen und von ihnen zu Weltmodellen führte, eines gezeigt hat, so dieses: Aus der Sicht der Geschichte erscheint der homo sapiens als Greis, aus der Sicht der Evolution als Baby. Vielleicht hat sie aber auch gezeigt, wie sich ein umfassendes Weltverständnis aus vielen einzelnen Dimensionen zusammensetzt, angefangen von der Außenwelt, über die Um- und Mitwelt bis hin zur Eigen- oder Innenwelt, nicht zu vergessen die Über- und Unter-, Vor- und Nachwelt. Bei den Vorsokratikern oder Kosmologen dominierte, wie wir sahen, das Interesse für die Außenwelt, bei den Sokratikern das Interesse für die Innen- und Mitwelt, in der christlichen Religion die Hinwendung zur Überwelt, aber auch die Angst vor der Unterwelt (Himmel und Hölle). Das Interesse für die Vorwelt oder für die Nachwelt erschien unterschiedlich entwickelt. Im Zeitalter der Romantik und Geschichtsschreibung vertiefte man sich gern in frühere Zeiten, im Zeitalter der Entdeckungen und im Jahrhundert der Ökologie dachte bzw. denkt man wieder mehr an die Zukunft. Ein integratives Weltverständnis ist nach wie vor ein Hochziel für alle, die überhaupt an einem umfassenden, ganzheitlichen Verständnis der Welt, ihrer selbst und der Geschichte interessiert sind.

Und was kommt nach dem integrativen Weltverständnis?

Das hängt ganz davon ab, ob der homo sapiens die nächste Herausforderung seiner Geschichte annimmt und meistert, den nächsten ›Quantensprung‹ zum universalen Weltverständnis schafft und die weiteren, die ihm vielleicht folgen. Auf dem Gebiet der Physik hieße das: Entdeckung des Higgs-Bosons, Aufstellung der heiß ersehnten GUT (Grand Unified Theory) oder sogar der TOE (Theory of Everything), also die Verwirklichung von Einsteins Traum, der Feldtheorie oder Quantenfeldtheorie, auf dem Gebiet der Biologie: Entdeckung des Quantensprungs zum Leben, die Genom-Formel und die Konstruktion nicht des Homunculus, sondern des ›silico sapiens‹ und damit die Überwindung der Grenzen zwischen Physik und Biologie, danach: erfolgreiche Marsexpedition (solare Ära), Vorstoß in die Galaxis (galaktische Ära) und in ferne Regionen des Universums (intergalaktische Ära), aber all dies nur auf der Grundlage neuer Quantensprünge, Transformationen und Selbsttransformationen des homo silico: Entdeckung der Antimaterie, Äquivalenz und wechselseitige Umkehrbarkeit von Materie und Antimaterie, Zeitumkehr, Zeitreisen im imaginären Feld, Unabhängigkeit von der Lichtgeschwindigkeit, Schrumpfung des Universums wie bei der Entdeckung der Kugelgestalt der Erde und deren Umrundung (Gaia-System), Entdeckung und Nutzung von Schwarzen Löchern und Wurmlöchern, Vorstoß in andere, zuvor unerreichbare Teile des Universums, zu anderen Universen oder ins Megauniversum, Begegnung mit Gott, der sich als Eigenprojektion des Menschen ins Überdimensionale entpuppt, dem homo sapiens, silico, transcendens milde und verständnisvoll zulächelt: ›Du Narr, tat tvam asi‹ (das bist du), und, von seinem Gottsein erlöst, im Nebel des Nichts verschwindet, Apotheose, Neubeginn und Neuschöpfung, wie im Mythos der alten Germanen, wobei aus dem Schöpfergott Gottschöpfung durch ein erneuertes All-Wesen wird, das die Evolutionsstufen des homo sapiens, silico, transcendens und theos (Gott) erfolgreich durchlief, um nun eine bessere als Leibnizens beste Welt zu schaffen. Alles dies ist natürlich heute Utopie, Science-fiction, unvorstellbar und ewig unerreichbar, aber auch morgen noch, wenn es ein Morgen, Übermorgen und Überübermorgen gibt? – Doch zurück zu den Tatsachen!

Zu einem umfassenden, integrativen Weltverständnis gehört auch ein Verständnis für den zeitlichen Aspekt der Entwicklung, den Aufstieg vom magischen zum mythischen Bewußtsein, darauf oder auch daneben vom mythischen zum religiösen (Weltreligionen) und von ihm zum logischen, philosophischen, künstlerischen, visionären und zum modernen wissenschaftlichen Bewußtsein, von der Synopsis zur Synthese und Systematik und weiter zu den Konzeptionen und Konstruktionen. Ein adäquates Geschichtsbewußtsein kann jedoch, wie sich herausstellte, nur eine evolutionsorientierte Bewußtseinsgeschichte vermitteln. Sie kann die ›Quantensprünge‹ und Transformationen aufzeigen, die sich aus den Wechselwirkungen von Weltverständnis und Selbsterkenntnis auf dem Wege menschlicher Selbsttranszendenz und Selbstbefreiung ergeben. Der letzte ›Quantensprung‹ auf dem Gebiet der Physik erfolgte durch Plancks Entdeckung des Wirkungsquantums und Einsteins Relativitätstheorien, auf dem Gebiet der Biologie durch Darwins Entdeckung der Evolution und Cricks sowie Watsons Entdeckung der Doppelhelix.

Wie das Beispiel N. Armstrongs zeigt, sind Quantensprünge des Wissens auch Quantensprünge in der Evolution der Menschheit, die gegenwärtig an einem kritischen Punkt angelangt ist: Wird der homo sapiens, wie unter den Spezies auf dem Planeten Erde, auch weiterhin der Musterschüler der Evolution bleiben und die großen Herausforderungen seiner Geschichte annehmen, oder wird er versuchen, aus seiner Evolution auszusteigen, seine Geschichte zu verleugnen und sich seiner Verantwortung zu entziehen, um die Früchte seiner Erfolge in Ruhe bis ans Ende seiner Tage zu genießen, die dann allerdings gezählt wären. Im einen Fall winken ihm eine große Zukunft, weitere Erfolge, die alle seine bisherigen ›Siege‹ in den Schatten stellen und seine kühnsten Vorstellungen, Träume, Visionen und Wünsche übersteigen, im anderen Fall deuten Bevölkerungsexplosionen, Weltkriege, Umweltzerstörung, Arbeitslosigkeit, Kriminalität und Terrorismus das Ende von Verweigerern großer Herausforderungen, Verrätern der Evolution und Aussteigern aus der Geschichte unverkennbar an.

An der Schwelle zum dritten Jahrtausend stellen sich unabweisbar und unentrinnbar die Fragen: Wird der homo sapiens evolvieren oder versagen? Wird er die Chancen, die ihm Gott, die Natur, die Evolution und die Geschichte bieten, nutzen oder verspielen? Will er leben oder sterben, sein oder nicht sein, sich bewähren oder verenden? Wird er Weiterentwicklung, Erlösung und Befreiung verfehlen, oder wird er die Hand Gottes, die Gunst der Natur, die Chance der Evolution und den Sinn der Geschichte ergreifen, begreifen und seine Bestimmung erfüllen?

Wie Homer den Helden, die ihre Aufgabe erfüllten, unsterblichen Ruhm in Aussicht stellte, wie das Christentum den Liebenden, Glaubenden und Hoffenden die ewige Seligkeit versprach, wie die Evolution die verwegensten Erwartungen ihrer Getreuen in der Wirklichkeit noch übertraf und wie die Geschichte die Unbelehrbaren bestrafte, die Belehrbaren belohnte, so wird auch den homo sapiens erwarten, was kein menschliches Auge je sah, wenn er sich selbst treu bleibt und seinem besseren Ich folgt. Nicht Ruhe, Genuß, Wohlleben, Üppigkeit und Luxus haben ihn vom homo furens und necans (Rasenden und Töter) zum homo amans und creans (Liebenden und Schöpfer) gemacht, sondern Selbstüberwindung und Tugend, Maß und Freiheit, Bewegung und Tätigkeit, Kampf und Arbeit, Mühe und Anstrengung, Liebe und Lernen. Herkules am Scheidewege ist ein zeitloses Paradigma der conditio humana und bedeutet soviel wie homo sapiens am Scheidewege.

Zwei Prognosen, die eines Genforschers und die eines Pioniers der Raumfahrt, können zeigen, worum es zur Zeit geht. R. Shapiro, Professor für Chemie an der New York University und Mitwirkender am Genom-Projekt, dem größten Forschungsvorhaben seit dem Apollo-Projekt, und ein langjähriger Weggefährte Wernher v. Brauns, Jesco Frhr. v. Puttkamer, der an leitender Stelle wesentlich zum Gelingen des Apollo-Projektes und vieler anderer Unternehmungen beitrug, blicken hoffnungsvoll in das dritte Jahrtausend, in das globale Zeitalter und in die Zukunft des homo sapiens:

> In den kommenden Jahrhunderten und Jahrtausenden wird die Menschheit die Gelegenheit haben, sich über die Begrenzungen unseres Planeten hinaus auszudehnen und Teile des Universums zu kolonisieren. Langfristig wird vielleicht eine Vielzahl von Welten verfügbar, um die zahlreichen menschlichen Möglichkeiten für die Zukunft aufzunehmen. Es mag nur ein Zufall sein, daß der Zeitpunkt, da Lebewesen auf der Erde zum erstenmal nach Milliarden Jahren ihren eigenen genetischen Text lesen können, nicht einmal zehn Jahre nach demjenigen erfolgte, da sie erstmals den Fuß auf eine andere Welt setzten. Selbst wenn diese Ereignisse nur zufällig zusammentrafen, enthalten sie möglicherweise das Wesentliche der Zukunft des Menschen.[1]

Was die ›Zufälligkeit‹ der Ereignisse betrifft, sei hier an die fast gleichzeitige Erstbesteigung des Mt. Everest (1953) und an den erstmaligen Flug eines Menschen ins All (1961) erinnert. Mit dem folgenden Zitat aus v. Puttkamers ›Rückkehr zur Zukunft‹, einem Buch, dessen Lektüre allen, besonders aber den deutschen Politikern, die so gern über die Arbeitslosigkeit lamentieren, ans Herz gelegt sei, beschließen wir unseren Ausblick:

> Wenn die Raumfahrt heute noch hauptsächlich das Ressort von Ingenieuren und bestimmten Naturwissenschaftlern ist, so bietet der Weltraum in Zukunft als Karrierefeld für nichttechnische Berufe eine kaum übersehbare Vielzahl neuer Möglichkeiten, und junge, erdgebundene Berufstätige werden ihn im 21. Jahrhundert als neue Arena zur Entwicklung ihrer Karrieren betrachten: Raumärzte und medizinische Forscher, welche die physiologischen Auswirkungen der langzeitlichen Mikrogravitation auf den menschlichen Körper als Aufgabe sehen, Psychologen und Ökologen, die die Anpassung des Menschen an fremde Welten und Umgebungszustände studieren, Raumarchitekten, Umweltingenieure und Humanfaktortechniker, die gemeinsam an Entwürfen weit entfernter Lebens- und Arbeitsquartiere arbeiten. Die Künste erhalten neue unerhörte Dimensionen. Buchstäblich jeder Beruf und jede Disziplin wird mehr oder weniger am Weltraumgeschehen teilhaben, von der Geburtshilfe bis zum Versicherungsgewerbe.[2]

Anmerkungen

Einleitung

1 So schon Protagoras in Platons ›Protagoras‹ 302 C ff. Übers. O. Apelt, 3. Aufl. Hamburg 1956, S. 97 ff.
2 Vgl. William H. Calvin, Der Strom, der bergauf fließt. Eine Reise durch die Evolution. Dt. v. F. Griese, München 1994, S. 19 ff.
3 A. Toynbee, Menschheit und Mutter Erde. Die Geschichte der großen Zivilisationen. Dt. v. K. Berisch, Düsseldorf 1988, S. 46.
4 Friedrich Nietzsche, Werke (K. Schlechta) III, München 1956, S. 271.
5 Joh. 8, 32.
6 Platon, ›Phaidros‹ 229 E 5 ff. Der Delphische Spruch lautete: ›Erkenne dich selbst!‹. Typhon ist ein mythisches, drachenartiges Fabelwesen, ein Symbol des Chaos im Gegensatz zur kosmischen Weltordnung des Zeus.
7 Vgl. hierzu: W. Kaufmann, Jenseits von Schuld und Gerechtigkeit. Von der Entscheidungsangst zur Autonomie. Dt. v. H. Vetter, Hamburg 1974, S. 11 ff.
8 Vgl. hierzu: E. R. Sandvoss, Philosophie im globalen Zeitalter. Eine Tetralogie. Darmstadt 1994, S. 3.
9 H. Diels u. W. Kranz, Fragmente der Vorsokratiker I, Berlin 1951, S. 171 (B 89).
10 G. Binnig, Aus dem Nichts. Über die Kreativität von Natur und Mensch, München 1992, S. 147, 16.
11 R. P. Feynman, Sie belieben wohl zu scherzen, Mr. Feynman! Dt. v. H.-J. Metzger, München 1993, S. 8, 92, 369 ff.
12 St. Weinberg, Der Traum von der Einheit des Universums. Dt. v. F. Griese, München 1993, S. 173 ff.
13 Binnig, a. a. O., S. 183 ff.
14 Ebd.
15 In: Jürgen vom Scheidt, Konzepte für die Zukunft, Bonn 1990, S. 159.
16 Titel eines nach wie vor aktuellen Buches von F. Sieburg. Reinbek 1963.
17 Epigrammata 12, 51, 2.
18 Calvin, a. a. O., S. 49.
19 Frhr. v. Puttkamer, Auf dem Weg ins dritte Jahrtausend, in: ›Todtmooser Gespräche‹ 1983 (unveröffentlicht).

1. Die Welt als Herausforderung des Menschen

1 Vgl. hierzu: K. Löwith, Gott, Mensch und Welt in der Metaphysik von Descartes bis zu Nietzsche, Göttingen 1967, S. 9 ff.

2 Cosmol. § 48.

3 KrV. S. 348.

4 Horaz, Epistulae 1,10,24.

5 Vgl. hierzu: Sandvoss, a. a. O., S. 69 ff.

6 A. a. O., S. 413 ff. 451 ff. 456 ff. 462 f. 520.

7 v. Puttkamer, Rückkehr zur Zukunft. Bilanz der Raumfahrt nach Challenger, Frankfurt a. M. 1989, S. 288.

8 A. a. O. II, S. 323.

9 Vgl. hierzu: Sandvoss, a. a. O., S. 106 ff.

10 Calvin, a. a. O., S. 535 f.

11 Vgl. hierzu: Calvin, a. a. O., S. 216 ff., u. ders., Die Symphonie des Denkens. Dt. v. F. Griese, München 1993, S. 221 ff.

12 R. Jockel, Die großen Mythen der Menschheit, Augsburg 1990, S. 509.

13 C. Sagan, Unser Kosmos. Dt. v. S. Summerer u. G. Kurz, München 1980, S. 271.

14 Jockel, a. a. O., S. 173.

15 Ders., a. a. O., S. 213 f.

16 Ders., a. a. O., S. 224 f.

17 K. Taube, Aztekische und Maya-Mythen. Dt. v. X. Engel, Stuttgart 1994, S. 12.

18 Jockel, a. a. O., S. 511.

19 Ders., a. a. O., S. 534.

20 Ders., a. a. O., S. 37.

21 Ders., a. a. O., S. 91.

22 Ders., a. a. O., S. 360f.

23 A 22. Diels u. Kranz, a. a. O., S. 79.

24 H. Höfling, Dem Kosmos auf der Spur, Reutlingen 1976, S. 7.

25 Stephen W. Hawking, Eine kurze Geschichte der Zeit, Reinbek 1989, S. 23.

26 H. v. Ditfurth, Im Anfang war der Wasserstoff, München, Zürich 1972.

27 Vgl. M. Gell-Mann, Das Quark und der Jaguar, München, Zürich 1994, S. 286 ff.

28 Titel eines Buches von E. Jantsch, München, 3. Aufl. 1986.

29 Jockel, a. a. O., S. 16.

30 Ders., a. a. O., S. 413 f.

31 Vgl. M. Eigen u. R. Winkler, Das Spiel. Naturgesetze steuern den Zufall, München, Zürich, 8. Aufl. 1987, S. 306.

32 Jockel, a. a. O., S. 512.
33 L. De Marchi, Der Urschock. Unsere Psyche, die Kultur und der Tod, Darmstadt 1988, S. 20 ff.
34 E. Canetti, Masse und Macht, Frankfurt a. M. 1981, S. 498. 504.
35 Bei Calvin, Der Strom, a. a. O., S. 368.
36 Vgl. R. Shapiro, Der Bauplan des Menschen. Das Genom-Projekt. Die Genforschung enträtselt den Code des Lebens, Bern, München, Wien 1992.
37 Vgl. F. J. Tipler, Die Physik der Unsterblichkeit. Moderne Kosmologie, Gott und die Auferstehung der Toten, München 1994.
38 Vgl. hierzu: Club of Rome, Die erste globale Revolution. Dt. v. K. Krieger, München 1993.
39 M. J. Greene, Keltische Mythen. Dt. v. M. Müller, Stuttgart 1994, S. 139 f.
40 N. Elias, Studien über die Deutschen, Frankfurt a. M. 1989, S. 521. 552.
41 Vgl. R. Dawkins, The Selfish Gene, Oxford 1976.
42 L. M. Ledermann u. D. N. Schramm, Vom Quark zum Kosmos. Teilchenphysik als Schlüssel zum Universum. Dt. v. D. Meenenga, Heidelberg 1990, S. 230 f.
43 v. Puttkamer, a. a. O., S. 334.
44 Vgl. B. Harenberg (Hrsg.), Die Bilanz des 20. Jahrhunderts, Dortmund 1991, S. 150 f.
45 W. Stein, Der große Kulturfahrplan, München, Berlin 1990, S. 1703.
46 Vgl. hierzu: N. Eldredge, Wendezeiten des Lebens, Heidelberg 1994, S. 18.
47 Nietzsche, a. a. O. II, S. 323. 336. 211.

2. *Mythische Weltbilder*

1 Vgl. H. Goenner, Einführung in die Kosmologie, Heidelberg, Berlin, Oxford 1994, S. 186.
2 A. a. O., S. 451.
3 Der Ursprung des Menschen, Frankfurt a. M. 1992, S. 149 ff.
4 Vgl. Atlantis, Die Völker der Welt. Afrika, Zürich 1974, S. 7 ff., 131 ff.
5 A. a. O., S. 109.
6 A. a. O., S. 124 u. 129.
7 A. a. O., S. 144. Vgl. 138 u. 147.
8 A. a. O., S. 182 f.
9 A. a. O., S. 195.
10 Ebd. S. 196.

11 A. a. O., S. 234 f.
12 George Hart, Ägyptische Mythen. Dt. von X. Engel, Stuttgart 1993, S. 7.
13 Vgl. W. Durant, Kulturgeschichte der Menschheit I, Frankfurt, Berlin, Wien 1981, S. 145.
14 Vgl. hierzu: Hart, a. a. O., S. 27 ff.
15 Vgl. die Zusammenstellung bei H. McCall, Mesopotamische Mythen. Dt. v. M. Müller, Stuttgart 1993, S. 30 f.
16 Jockel, a. a. O., S. 60.
17 V. S. Curtis, Persische Mythen. Dt. v. M. Müller, Stuttgart 1994, S. 29.
18 Vgl. hierzu: Jockel, a. a. O., S. 233 ff.
19 Atlantis, Vorderasien und Nordafrika, a. a. O., S. 77.
20 Vgl. hierzu und zum Folgenden: A. a. O., S. 113 u. 120 ff.
21 A. a. O., S. 127 u. 129.
22 Jockel, a. a. O., S. 90 f.
23 Atlantis, Südasien und Ostasien, a. a. O., S. 63.
24 Vgl. hierzu und zum Folgenden: A. a. O., S. 101 ff.
25 Atlantis, Südostasien, a. a. O., S. 203.
26 A. a. O., S. 217.
27 A. a. O., S. 21.
28 A. a. O., S. 36.
29 A. a. O., S. 113 u. 123.
30 Philosophie der Mythologie, Stuttgart 1857, S. 521.
31 A. a. O., S. 15.
32 Jockel, a. a. O., S. 194.
33 Atlantis. Südasien und Ostasien. A. a. O., S. 195.
34 Jockel, a. a. O., S. 216.
35 Vgl. hierzu: R. Breuer (Hg.), Immer Ärger mit dem Urknall, Reinbek 1993, S. 163 ff.
36 Atlantis, a. a. O., S. 169.
37 F. Naab (Hg.), Die großen Rätsel und Mythen der Menschheit, Augsburg 1993, S. 18, ferner: H. J. Rose, Griechische Mythologie, München, 7. Aufl. 1988, S. 16 ff.
38 Freie Wiedergabe nach Rösch, in: Naab, a. a. O., S. 22 ff.
39 M. J. Greene, a. a. O., S. 140 ff.
40 R. I. Page, Nordische Mythen. Dt. v. I. Rein, Stuttgart 1993, S. 103 f.
41 Jockel, a. a. O., S. 548.
42 A. a. O., S. 264. Mit »ihm da droben« ist wohl Sednas Vater gemeint.
43 A. a. O., S. 291 f.
44 Taube, a. a. O., S. 18 ff.
45 Atlantis, Südamerika, a. a. O., S. 206 f.
46 A. a. O., S. 207.

3. Religiöse Weltvorstellungen

1 München 1991.
2 G. Mensching, Die Religion. Erscheinungsformen, Strukturtypen und Lebensgesetze, München o. J., S. 15.
3 H.-J. Schoeps, Religionen, Gütersloh o. J., S. 13.
4 F. Spiegelberg, Die lebenden Weltreligionen. Dt. v. D. Fischer-Barnicol, Frankfurt a. M. 1977, S. 37.
5 Vgl. hierzu: S. Landmann, Jesus und die Juden, München, Berlin 1987, S. 67 ff.
6 W. Nestle, Vom Mythos zum Logos, 2. Aufl., Stuttgart 1956.
7 Vgl. hierzu: A. Jülicher, Die Gleichnisse Jesu, Darmstadt 1976, u. W. Harnisch (Hg.), Gleichnisse Jesu, Darmstadt 1982.
8 A. a. O., III, S. 602.
9 R. Brüllmann, Lexikon der Martin-Luther-Zitate, Wiesbaden o. J., S. 131.
10 Die Verantwortung der Naturwissenschaften, München 1965, S. 183.
11 Vgl. Sandvoss, Geschichte der Philosophie I, München 1989, S. 68 f.
12 Vgl. a. a. O., S. 48 ff. u. 183 ff.
13 Ders., Philosophie im globalen Zeitalter, a. a. O., S. 191.
14 Nietzsche, a. a. O., II, S. 431.
15 A. a. O., S. 1179.
16 A. a. O., S. 135.
17 Landmann, a. a. O., S. 69.
18 A. a. O., S. 106.
19 Projekt Weltethos, 4. Aufl., München, Zürich 1990, S. 13. Vgl. auch ders. u. K.-J. Kuschel, Erklärung zum Weltethos, München, Zürich 1993.
20 Vgl. hierzu: H. Waldenfels (Hg.), Lexikon der Religionen, Freiburg, Basel, Wien 1992, S. 359 ff.
21 Nietzsche, a. a. O., I, S. 140.
22 T. S. Eliot, Zum Begriff der Kultur, Reinbek 1961, S. 44 u. 30.
23 W. E. Mühlmann, Umrisse und Probleme einer Kulturanthropologie, in: Homo, Bd. 6,1, Göttingen 1955, S. 153.
24 Gell-Mann, a. a. O., S. 471.
25 Vgl. W. L. Bühl, Kulturwandel, Darmstadt 1987, S. 154 ff., u. F. Köhler, Die Idee der Weltreligion, in: Päd. Magazin, Heft 643, Langensalza 1917.
26 Bühl, a. a. O., S. 155.
27 P. G. Zimbardo, Psychologie, 4. Aufl., Berlin, Heidelberg, New York, Tokio 1983, S. 338.

28 R. Hernegger, Wahrnehmung u. Bewußtsein, Berlin, Heidelberg, Oxford 1995, S. 21.

29 Calvin, a. a. O., S. 509.

30 Vgl. P. Bieri, Was macht Bewußtsein zu einem Rätsel?, in: Spektrum der Wissenschaft, Heidelberg 1994, S. 172 ff.

4. *Philosophische Weltbegriffe*

1 Sagan, a. a. O., S. 270.

2 Einführung in den Buddhismus, dt. v. Chr. Spitz, Freiburg i. Br., 3. Aufl. 1993, S. 46 ff.

3 Vgl. Sandvoss, Geschichte der Philosophie, a. a. O., I, S. 203 f.

4 Vgl. H. v. Glasenapp, Die nichtchristlichen Religionen, Frankfurt a. M. 1957, S. 219 f.

5 A. a. O., S. 183.

6 Vgl. L. Ciompi, Außenwelt – Innenwelt. Die Entstehung von Zeit, Raum und psychischen Strukturen, Göttingen 1988, S. 79. 97.

7 Nietzsche, a. a. O., II, S. 115.

8 Nietzsche I, Pfullingen 1961, S. 350.

9 Leonardo da Vinci, Prophezeiungen, Dt. v. K. Weirich, Weissach im Tal 1988, S. 64.

10 P. Mongré, in: R. Eisler, Wörterbuch der Philosophie, 4. Aufl., Berlin 1930, unter ›Welt‹.

11 F. J. Tipler, a. a. O., S. 15.

12 Calvin, Die Symphonie, a. a. O., S. 332 f.

13 M. Kaku u. J. Trainer, Jenseits von Einstein. Die Suche nach der Theorie des Universums, dt. v. I. D. Schauer, Frankfurt a. M. 1993, S. 205 ff.

14 A. a. O., S. 147 f.

15 ›Bild‹, 22. 8. 95, S. 10.

16 A. Linde, Elementarteilchen und inflationärer Kosmos, Heidelberg, Berlin, Oxford 1993, S. 284. 280.

17 T. Goldman u.a., Schwerkraft und Antimaterie, in: Kosmologie und Teilchenphysik, Spektrum d. Wissenschaft, Heidelberg 1990, S. 141.

18 J. Gleick, Richard Feynman, dt. v. D. Gerstner u. Sh. Khan, München 1993, S. 569 f.

19 Zur Eigenständigkeit des Bewußtseins vgl. jetzt auch R. Penrose, Schatten des Geistes. Wege zu einer neuen Physik des Bewußtseins, dt. v. A. Ehlers. Heidelberg, Berlin, Oxford 1995, S. 510 ff.

5. *Künstlerische Weltvisionen*

1 R. M. Durling, Das Ideal vom Epos, in: Propyläen Geschichte der Literatur III, Berlin 1988, S. 525.

2 R. Wilhelm, Konfuzius und der Konfuzianismus, Berlin 1988, S. 102.

3 Platon, ›Staat‹ 473 cf.

4 Hávamál, So sprachen die Wikinger, Dt. v. H. Hinrichsen, Island (Gudrun) 1993, S. 87. 63. 27.

5 Zum ewigen Frieden, Anhang, in: W. Weischedel (Hg.), Immanuel Kant, Werke, Bd. VI. Frankfurt a. M. 1964, S. 251.

6 Vgl. hierzu und zum Folgenden: R. Simek, Erde und Kosmos im Mittelalter, München 1992, S. 16.

7 P. Dronke, Mittelalterliche Rhetorik, in: Propyläen Geschichte der Literatur II, Berlin 1988, S. 196.

8 A. Vitale-Brovarone, in: A. a. O., II, S. 363.

9 Vgl. J. Milton, Das verlorene Paradies, dt. v. H. Meier, Stuttgart 1990, S. 418.

10 Vgl. hierzu und zum Folgenden: Historisches Wörterbuch der Philosophie, Bd. 4. Darmstadt 1976, S. 1357 ff.

11 Vgl. hierzu: F. Nietzsche, a. a. O., II, S. 845 f.

12 Historisches Wörterbuch, a. a. O., S. 1382.

13 W. Swaan, Die großen Kathedralen, Köln 1984, S. 13f.

14 P. Cézanne, Über die Kunst. Gespräche mit Gasquet, Hamburg 1957, S. 28.

15 Vgl. L. Goldscheider, Rembrandt, London, 2. Aufl. 1964, S. 168. 171.

16 Cézanne, a. a. O., S. 23.

17 A. a. O., S. 10.

18 A. a. O., S. 13.

19 A. a. O., S. 9.

20 A. a. O., S. 15.

21 A. a. O., S. 16. 20.

22 A. a. O., S. 40.

23 A. a. O., S. 40. Vgl. S. 83.

24 A. a. O., S. 9. 22.

25 A. a. O., S. 66.

26 A. a. O., S. 80.

27 Paul Cézanne, Köln, 7. Aufl., 1983, S. 30.

28 Vgl. hierzu und zum Folgenden: S. Lloyd u. H. W. Müller, Weltgeschichte der Architektur. Ägypten und Vorderasien, Stuttgart 1987, S. 9. 14. 28. 104.

29 Vgl. hierzu und zum Folgenden: M. Bussagli, in: A. a. O., Indien, Indonesien, Indochina, Stuttgart 1985, S. 10 ff.

30 Lloyd, a. a. O., S. 98.
31 Bussagli, a. a. O., S. 6.
32 A. a. O., S. 62.
33 A. a. O., S. 137 f.
34 J. Vogel, Geweihte Stätten. Dt. v. Dr. M. Netter, Lausanne 1967, S. 82f.
35 A. a. O., S. 91.
36 Bussagli, in: A. a. O., Japan, Korea, Himalaya, Stuttgart 1985, S. 127.
37 P. Gendrop u. D. Heyden, in: A. a. O., Mittelamerika. Die alten Kulturen, Stuttgart 1988, S. 8.
38 W. Zschietzschmann, Kunstgeschichte der Griechen und Römer, Stuttgart 1955, S. 81. 127. 152.
39 A. a. O., S. 26.
40 A. a. O., S. 102.
41 W. Durant, Kulturgeschichte der Menschheit, Bd. 6. Dt. v. E. Schneider, Frankfurt, Berlin, Wien 1981, S. 284.
42 H. L. C. Jaffé (Hg.), 20 000 Jahre Malerei der Welt. Von der Höhlenmalerei bis zur Moderne. Dt. v. R. Klett u.a., Herrsching 1985, S. 291.
43 A. a. O., S. 16.
44 A. a. O., S. 122.
45 A. a. O., S. 156.
46 Ein von B. Castiglione (1478-1529) geprägter Begriff für die umfassend gebildete Persönlichkeit, das Ideal der Humanisten.
47 A. a. O., S. 160.
48 A. a. O., S. 208.
49 A. a. O., S. 222.
50 A. a. O., S. 290.
51 Vgl. hierzu und zum Folgenden: U. Michels, dtv-Atlas zur Musik, Bd. 1. München 1986, S. 92 ff. 178 ff. 184 ff. 228 ff. Bd. 2., S. 300 ff. 366 ff. 434 ff. 518 ff.
52 V. Weisskopf, Mein Leben, Bern, München, Wien 1991, S. 347 f.
53 G. R. Marek, Ludwig van Beethoven, München 1970, S. 339.
54 Vgl. hierzu: M. Levey, Leben und Sterben des Wolfgang Amadé Mozart, München 1980, S. 239. 251. 288.
55 A. a. O., S. 239.
56 A. a. O., S. 310.
57 A. a. O., S. 246.
58 A. a. O., S. 324.
59 A. a. O., S. 251.
60 Weisskopf, a. a. O., S. 347 f.
61 M. Hürlimann, Beethoven. Briefe und Gespräche, Zürich 1946, S. 239.
62 A. a. O., S. 39.

63 A. a. O., S. 58.
64 A. a. O., S. 59.
65 A. a. O., S. 79.
66 A. a. O., S. 114.
67 A. a. O., S. 122 f.
68 A. a. O., S. 129.
69 A. a. O., S. 146 f.
70 A. a. O., S. 201.
71 A. a. O., S. 227.
72 A. a. O., S. 232.
73 R. Benz, Beethovens Denkmal im Wort, München 1950, S. 48.
74 A. a. O., S. 38.
75 A. a. O., S. 32.
76 A. a. O., S. 13.
77 A. a. O., S. 53 f.
78 4. Aufl. Zürich, Freiburg 1953.
79 Zum Begriff der Kultur. Dt. v. G. Hensch, Frankfurt a. M. 1961, S. 125.
80 B. Harenberg (Hg.), Die Bilanz des 20. Jahrhunderts, Dortmund 1991, S. 308.
81 Ebd.
82 A. a. O., S. 328 f.
83 A. a. O., S. 346.
84 A. a. O., S. 354.

6. Wissenschaftliche Weltmodelle

1 Weisskopf, a. a. O., S. 364.
2 E. Segré, Die großen Physiker und ihre Entdeckungen, Bd. 1. Dt. v. H. Kober, München, Zürich 1990, S. 384 f.
3 A. a. O., Bd. 2. Dt. v. S. Summerer u. G. Kurz, S. 80.
4 W. Heisenberg, Ges. Werke, Bd. III, München 1985, S. 88.
5 Segré, a. a. O., S. 168.
6 E. Schrödinger, Mein Leben, meine Weltansicht, Zürich 1969, S. 69 ff.
7 R. P. Feynman, a. a. O., S. 332. Vgl. S. 343 ff. 424 ff.
8 Eigen/Winkler, a. a. O., S. 14.
9 Die Verantwortung des Naturwissenschaftlers, München 1965, S. 183.
10 Vgl. J. R. Oppenheimer, Wissenschaft und allgemeines Denken, Hamburg 1955, S. 118.
11 Vgl. Heisenberg, a. a. O., S. 117 ff.

12 Vgl. hierzu: Sandvoss, Philosophie im globalen Zeitalter, a. a. O., S. 314 ff.
13 Titel eines Buches von M. Murphy. Dt. v. M. Miethe, Wessobrunn 1994. Untertitel: Ein Blick in die Entfaltung des menschlichen Potentials im 21. Jahrhundert.
14 N. Hartmann, Ethik, Berlin, 4. Aufl., 1962, S. 204.
15 B. Kanitscheider, Von der mechanistischen Welt zum kreativen Universum, Darmstadt 1993, S. 7.
16 Heisenberg, a. a. O., S. 122.
17 H. Sachsse, Kausalität – Gesetzlichkeit – Wahrscheinlichkeit. Die Geschichte von Grundkategorien zur Auseinandersetzung des Menschen mit der Welt, Darmstadt, 2. Aufl., 1987, S. 13.
18 Ebd.
19 Hist. Wb. d. Philos., a. a. O., Bd. 4. Darmstadt 1976, S. 798.
20 E. Mach, Analyse der Empfindungen, Darmstadt 1991, S. 74.
21 Sachsse, a. a. O., S. 21.
22 Vgl. Sachsse, a. a. O., S. 76.
23 A. Hellemans u. B. Bunch, Fahrplan der Naturwissenschaft. Dt. v. Dr. G. Kirchberger u. Dr. S. Schmitz, München 1990, S. 230.
24 A. a. O., S. 245.
25 A. a. O., S. 289.
26 A. a. O., S. 464.
27 Vgl. hierzu: W. Wieser (Hg.), Die Evolution der Evolutionstheorie. Von Darwin zur DNA, Heidelberg, Berlin, Oxford 1994; F. M. Wuketits, Grundriß der Evolutionstheorie, Darmstadt, 2. Aufl. 1989; ders., Evolutionstheorien, Darmstadt 1988.
28 Kanitscheider, a. a. O., S. 21.
29 Hartmann, a. a. O., S. 198.
30 Vgl. Sandvoss, a. a. O., S. 106 ff.
31 H. Hiller, Die Evolution des Universums. Eine Geschichte der Kosmologie, Frankfurt a. M. 1989.
32 G. Bylinsky, Evolution im Weltall. Dt. v. B. Pinkerneil u. O. Rehlinger, Königstein 1982.
33 Bei H. Küng, Existiert Gott? München, Zürich 1978, S. 205.
34 Segré, a. a. O., Bd. 1, S. 386.
35 Vgl. Sachsse, a. a. O., S. 142.
36 Isotropie: »Die dem Universum zugeschriebene Eigenschaft, daß es für einen typischen Beobachter nach allen Richtungen hin gleich aussieht.« Homogenität: »Die dem Universum zugeschriebene Eigenschaft, daß es zu einem gegebenen Zeitpunkt allen typischen Beobachtern, wo immer sie sich auch befinden mögen, gleich erscheint.« St. Weinberg, Die ersten

drei Minuten. Der Ursprung des Universums, München, Zürich 1978, S. 222f.
37 Vgl. hierzu: J. D. Barrow u. J. Silk, Die asymmetrische Schöpfung. Dt. v. G. Kurz u. S. Summerer, München, Zürich 1986, S. 181.
38 L. Lederman u. D. Teresi, Das schöpferische Teilchen. Der Grundbaustein des Universums. Dt. v. F. Griese, München 1993, S. 39.
39 A. a. O., S. 548. 551.
40 Die Evolution der Physik, a. a. O., S. 162 f.
41 Segré, a. a. O., Bd. 2, S. 108 f.
42 A. a. O., S. 27.
43 A. a. O., S. 17f.
44 A. a. O., S. 307.
45 R. Moore, Niels Bohr. Ein Mann und sein Werk verändern die Welt. Dt. v. F. A. Thorn, München 1970, S. 11 f.
46 Lederman, a. a. O., S. 469.
47 Weisskopf, a. a. O., S. 250 f.
48 Segrè, a. a. O., S. 117.
49 A. a. O., S. LV.
50 Weinberg, Der Traum, a. a. O., S. 32.
51 Hellemans, a. a. O., S. 578 u. sonst.
52 Hiller, a. a. O., S. 101 f.
53 Lederman, a. a. O., S. 492.
54 A. a. O., S. 551.
55 A. a. O., S. 540 f. Fermilab: Fermi National Accelerator Laboratory. Lederman entwarf den Plan zum Bau eines ›Superconducting Super Collider‹, des modernsten Teilchenbeschleunigers. Pisa spielt auf Galilei an, und Pauli ist mit dem bereits erwähnten W. Pauli identisch.
56 Linde, a. a. O., S 229 ff.
57 A. a. O., S. 232.
58 Vgl. hierzu: R. Breuer, Immer Ärger mit dem Urknall, Reinbek 1993, S. 232 ff.
59 A. a. O., S. 314 ff.
60 Linde, a. a. O., S. 242.
61 A. a. O., S. 289.
62 Breuer, a. a. O., S. 320.
63 Vgl. hierzu: P. Davies u. J. R. Brown (Hg.), Superstrings. Eine Allumfassende Theorie der Natur in der Diskussion. Dt. v. H.-P. Herbert, München 1992, S. 95 ff.
64 A. a. O., S. 104. Graviton: Hypothetisches Austauschteilchen der Gravitation.
65 A. a. O., S. 202.

66 A. a. O., S. 252.

67 A. a. O., S. 225. Th. Kaluza u. O. Klein stellten in den 20er Jahren eine Theorie auf, die mehr als vier Dimensionen (Raumzeit) voraussetzt. Die restlichen Dimensionen sollen sich bei der Entstehung des Universums eingerollt haben.

68 A. a. O., S. 228.

69 Vgl. F. Schillers Gedicht von 1795: ›Das verschleierte Bild von Sais‹, das motivgeschichtlich auf Plutarch zurückführt.

70 Vgl. P. Davies u. J. Gribbin, Auf dem Weg zur Weltformel. Dt. v. W. Rhiel, München 1995, S. 11 ff.

71 Vgl. hierzu: O. Mayr, Uhrwerk und Waage. Autorität, Freiheit und technische Systeme in der frühen Neuzeit, München 1987, S. 143 f.

72 A. a. O., S. 102.

73 A. a. O., S. 193.

74 Jantsch, a. a. O., S. 34 f. Vgl. I. Prigogine u. I. Stengers, Dialog mit der Natur. Neue Wege naturwissenschaftlichen Denkens, München, 6. Aufl. 1990, S. 276 ff.

75 D. L. u. D. H. Meadows, Das globale Gleichgewicht. Modellstudien zur Wachstumskrise, Stuttgart 1974, S. 235.

76 ›Über die Kunst‹, a. a. O., S. 12.

77 M. Planck, Vorträge und Erinnerungen, Darmstadt 1950, S. 301 ff.

78 H. Haken, Synergetik. Dt. v. A. Wunderlin, Berlin, Heidelberg, New York, 3. Aufl. 1990, S. 207 ff. 235 ff. 275 ff. 307 ff. 370 f.

79 P. Coveney u. R. Highfield, Anti-Chaos. Der Pfeil der Zeit in der Selbstorganisation des Lebens. Dt. v. K. Henning, Reinbek 1992, S. 11 f. I. Asimov (geb. 1920), ein Biochemiker, hat zahlreiche populärwissenschaftliche Bücher verfaßt. Entropie ist »eine fundamentale Größe der statistischen Mechanik, die mit dem Grad der Unordnung eines physikalischen Systems zusammenhängt. In jedem Prozeß, in dem das thermische Gleichgewicht ständig aufrechterhalten wird, bleibt die Entropie erhalten. Nach dem Zweiten Hauptsatz der Thermodynamik gibt es keine Reaktion, durch welche der Gesamtbetrag der Entropie abnimmt.« Weinberg, Die ersten drei Minuten, a. a. O., S. 220.

80 Bei F. Cramer, Chaos und Ordnung. Die komplexe Struktur des Lebendigen, Frankfurt a. M., 1993, S. 303.

81 Vgl. Prigogine, a. a. O., S. 286.

82 Coveney, a. a. O., S. 10.

7. Integratives Weltverständnis

1 H. v. Glasenapp, Indische Geisteswelt, Baden-Baden o. J., S. 295.
2 Ebd.
3 Ch. A. Moore, in: A Source Book in Indian Philosophy, ed. by S. Radhakrishnan and Ch. A. Moore, Princeton, N. J., 5. Aufl. 1973, S. 575.
4 Vgl. hierzu und zum Folgenden: H. Harrer, Die weiße Spinne. Frankfurt a. M., Berlin, Wien 1981, S. 40ff.
5 Vgl. G. Magloire u. H. Cuypers, Leben und Denken P. Teilhard de Chardins. Dt. v. H. u. K. Bergner u. v. Dr. K. Schmitz-Moormann, West-Berlin 1967, S. 15.
6 A. a. O., S. 4.
7 A. a. O., S. 165.
8 A. a. O., S. 162.
9 W. Stegmüller, Hauptströmungen der Gegenwartsphilosophie, Stuttgart, 4. Aufl. 1969, S. 281.
10 B. Rensch, Das universale Weltbild. Evolution und Naturphilosophie, Darmstadt 1991, S. 269.
11 A. a. O., S. XI.
12 Vgl. Kap. 1, A. 13.
13 C. Sagan u. A. Druyan, Schöpfung auf Raten. Neue Erkenntnisse zur Entwicklungsgeschichte des Menschen. Dt. v. H. M. Stadler, München 1993.
14 Sagan, Unser Kosmos, a. a. O., S. 357.
15 Vgl. hierzu: M. Zanot, Die Welt ging dreimal unter. Dt. v. H. Linnert, Augsburg 1992, u. R. J. Lifton, Das Ende Welt. Dt. v. H. G. Holl, Stuttgart 1994.
16 Sagan, Schöpfung, a. a. O., S. 521.
17 Einzigartige Fossilien-Fundstätte in den kanadischen Rocky Mountains, im Yoho National Park an der östlichen Grenze von Britisch-Kolumbien. Hier wurden Fossilien von Meerestieren gefunden, die vor 530 Mio. Jahren durch einen plötzlichen Erdrutsch ums Leben kamen, gut erhalten sind und einen einmaligen Einblick in die Entstehung von Tierarten bei der sog. kambrischen Explosion gewähren.
18 New York 1989. Dt. v. F. Griese, Zufall Mensch. Das Wunder des Lebens als Spiel der Natur, München 1991.
19 A. a. O., S. 42.
20 A. a. O., S. 43.
21 A. a. O., S. 365.
22 3. Aufl., München 1986.
23 A. a. O., S. 1.

24 A. a. O., S. 411.
25 Sankt Augustin 1992.
26 A. a. O., S. 424. Vgl. S. 3.
27 A. a. O., S. 344.
28 Vgl. Das Quark und der Jaguar, a. a. O., (Klappentext).
29 A. a. O., S. 471.
30 A. a. O., S. 284 f.
31 A. a. O., S. 514 f.
32 Zusammen mit dem inzwischen verstorbenen Physiker und Mathematiker O. Höfling.
33 Höfling/Waloschek, a. a. O., S. 453. 456. 471. 487.
34 Als die Teilchen, a. a. O., S. 153.
35 K. Popper u. J. C. Eccles, Das Ich und sein Gehirn, 9. Aufl. München 1990, S. 69.
36 Vgl. Kessler, a. a. O., S. 113.
37 Eigen, a. a. O., S. 179.
38 I. Prigogine, a. a. O., S. 326.
39 A. a. O., S. 286.
40 Weinberg, Der Traum, a. a. O., S. 283 u. 12.
41 Hawking, a. a. O., S. 217.
42 Seneca d. J., Epistulae morales ad Lucilium 49,5.
43 Vgl. H. Oppermann, Caesar, Wegbereiter Europas, Göttingen, 2. Aufl. 1963.
44 Vgl. hierzu die mahnenden Worte des NASA-Administrators D. S. Goldin auf dem Symposion (18./19.7.94): What is the Value of Space Exploration?
45 J. v. Puttkamer, Rückkehr zur Zukunft, Frankfurt a. M. 1989, S. 327.
46 Weinberg, a. a. O., S. 173 ff.
47 A. a. O., S. 255 f. 259 f. 263 ff. 267. 269.
48 Dt. v. S. Vogel, Heidelberg, Berlin, Oxford (Spektrum).
49 A. a. O., S. 15.
50 A. a. O., S. 18 f.
51 A. a. O., S. 414. 424. 427. 429 f. 443. 445. 454. 457.
52 Vgl. hierzu: Calvin, Der Strom, a. a. O., S. 19. 341 f. 347. 423 f. 426 f. 482. 575 ff. 582 f.
53 Die Symphonie, a. a. O., S. 247.
54 A. a. O., S. 332 f.
55 A. a. O., S. 68.
56 A. a. O., S. 322 u. 370.
57 Dt. v. J. Eggert, Bern, München, Wien 1992.
58 Vgl. a. a. O., S. 18. 37. 49 ff. 130. 153 ff.

59 A. a. O., S. 391.
60 Lederman, a. a. O., S. 553.
61 A. a. O., S. 554.
62 St. Hawking, Einsteins Traum. Expeditionen an die Grenzen der Raumzeit. Dt. v. H. Kober, Reinbek 1994, S. 133 ff.
63 Eine kurze Geschichte, a. a. O., S. 212.
64 A. a. O., S. 116 f.
65 Einsteins Traum, a. a. O., S. 120 ff.
66 A. a. O., S. 138.
67 Eine kurze Geschichte, a. a. O., S. 218.
68 Shapiro, a. a. O., S. 93.
69 A. a. O., S. 73.
70 A. a. O., S. 85.
71 Shapiro, Schöpfung und Zufall. Dt. v. W. Rhiel, München 1987, S. 149.
72 Shapiro, Der Bauplan, a. a. O., S. 68.
73 Ders., Schöpfung, a. a. O., S. 302.
74 Ders., Der Bauplan, a. a. O., S. 77.
75 Crick, Ein irres Unternehmen, a. a. O., S. 227 f.
76 Shapiro, Schöpfung, a. a. O., S. 312.
77 Ders., a. a. O., S. 335.
78 Ders., a. a. O., S. 242.
79 Ebd.
80 M. Eigen, Stufen zum Leben. Die frühe Evolution im Visier der Molekularbiologie, München, Zürich 1993, S. 30. Mit den Ergebnissen sind u. a. die Resultate der radioaktiven Altersbestimmung von Fossilien, der Sequenzanalyse und der Paläontologie gemeint.
81 F. Crick, Was die Seele wirklich ist. Die naturwissenschaftliche Erforschung des Bewußtseins. Dt. v. H. P. Gavagai, München, Zürich 1994, S. 317. 320. 316 f.
82 Eigen, a. a. O., S. 279.
83 Ders., Das Spiel, a. a. O., S. 117.
84 Vgl. hierzu: H. R. Fischer, in: Grundprinzipien der Selbstorganisation. Hg. K. W. Kratky u. F. Wallner, Darmstadt 1990, S. 156 ff. 172 ff. 176 ff.
85 Eigen, a. a. O., S. 197.
86 Ders., Stufen, a. a. O., S. 228.
87 Ders., a. a. O., S. 294.
88 Ders., a. a. O., S. 289.
89 Ders., a. a. O., S. 301 f.
90 Vgl. hierzu: Shapiro, a. a. O., S. 173 ff. 183 ff., u. Gell-Mann, a. a. O., S. 27.

91 Eigen, Jenseits von Ideologien und Wunschdenken, München 1991.
92 Crick, a. a. O., S. 225.

8. Ausblick

1 R. Shapiro, Der Bauplan, a. a. O., S. 383.
2 J. v. Puttkamer, Rückkehr zur Zukunft, a. a. O., S. 208.

Literatur

Abel, G., Interpretationswelten, Frankfurt 1993.
Alonso-Núñez, J. M., Geschichtsbild und Geschichtsdenken im Altertum, Darmstadt 1991.
Arber, W. (Hg.), Weltbild und Weltgestaltung im Wandel der Zeit, Basel – Frankfurt 1987.
Arendt, H. The Human Condition, Chicago 1959.
Atkins, K. R., Physik. Die Grundlagen des physikalischen Weltbildes, Berlin – New York ²1986.
Atkins, P. W., Quanta. Handbook of Concepts, Oxford 1974.
– Physical Chemistry, Oxford ²1982.
– Schöpfung ohne Schöpfer. Was war vor dem Urknall?, Reinbek 1991.
– Atoms, Electrons, and Change, New York 1991.
Atlantis. Die Völker der Welt, 10 Bde., Wiesbaden 1974 ff.
Audretsch, J., Mainzer, K., Vom Anfang der Welt, München 1990.
Axelrod, R., Die Evolution der Kooperation, München 1991.
Baade, W., Evolution of Stars and Galaxies, Cambridge/Mass. 1975.
Bagger, J., Wess, J., Supersymmetry and Supergravity, Princeton 1983.
Balzer, W., Pearce, D. A., Schmidt, H.-J. (Hg.), Reduction in Science. Structure, Examples, Philosophical Problems, Dordrecht 1984.
Banchoff, Th. F., Dimensionen. Figuren und Körper in geometrischen Räumen, Heidelberg – Berlin – New York 1991.
Bar-Hillel, Y., Informationen über Information, Hamburg 1969.
Barrow, J. D., Silk, J., Die asymmetrische Schöpfung, München – Zürich 1986.
–, Tipler, F. J., The Anthropic Cosmological Principle, Oxford 1986.
– The World within the World, Oxford 1988.
– Theorien für Alles, Reinbek 1994.
– Ein Himmel voller Zahlen, Heidelberg – Berlin – Oxford 1994.
Bartels, H.-P., Logik und Weltbild, Opladen 1992.
Barthes, R., Im Reich der Zeichen, Frankfurt a. M. 1981.
Bärwolf, A., Die Mars-Fabrik. Aufbruch zum roten Planeten, München 1995.
Bateson, G., Geist und Natur, Frankfurt a. M. ⁴1984.
Baumann, K., Sexl, R., Die Deutungen der Quantentheorie, Braunschweig 1984.
Beck, U., Risikogesellschaft, Frankfurt a. M. 1986.
Beckermann, A., Flohr, H., Kim, J. (Hg.), Emergence or Reduction?, Berlin 1992.
Bell, G., The Masterpiece of Nature, The Evolution and Genetics of Sexuality, Berkeley 1982.

Bergh, S. van den, Hesser, E., Die Entstehung des Milchstraßensystems, Heidelberg 1993.
Bernstein, J., Kinetic Theory in the Expanding Universe, Cambridge 1988.
Bertalanffy, L. v., General System Theory – Foundations, Development, Applications, New York 1968.
– Aber vom Menschen wissen wir nichts, Düsseldorf 1970.
Bertaux, P., Mutation der Menschheit, Frankfurt a. M. 1979.
Bertotti, B. u. a., Modern Cosmology in Retrospect, Cambridge 1990.
Bethge, K., Schröder, E., Elementarteilchen und ihre Wechselwirkungen, Darmstadt ^{2}1991.
Bialas, V., Erdgestalt, Kosmologie und Weltanschauung, Stuttgart 1982.
Bild der Wissenschaft, dva Stuttgart.
Binnig, G., Aus dem Nichts, München ^{4}1992.
Birell, N. D., Davies, P. C. W., Quantum Fields in Curved Space, Cambridge 1982.
Bischof, N., Das Rätsel des Ödipus. Die biologischen Wurzeln des Urkonflikts von Intimität und Autonomie, München – Zürich ^{3}1991.
Boerner, G., The Early Universe, Heidelberg 1988.
Bohm, D., Die implizite Ordnung. Grundlagen eines dynamischen Holismus, München 1985.
Böhme, W. (Hg.), Was ist das: Natur?, Karlsruhe 1987.
Bohr, N., Atomphysik und menschliche Erkenntnis, Wiesbaden 1986.
Bondi, H., Mythen und Annahmen in der Physik, Göttingen 1971.
Born, M., Die Relativitätstheorie Einsteins, Berlin ^{4}1964.
Boslough, J., Jenseits des Ereignishorizonts, Reinbek 1985.
Bresch, C., Zwischenstufe Leben. Evolution ohne Ziel?, München 1977.
Breuer, R., Die Pfeile der Zeit, Frankfurt a. M. – Berlin 1987.
– Ein Anfang und kein Ende. Das neue Bild vom Kosmos, Hamburg (GEO) 1988.
– (Hg.), Der Flügelschlag des Schmetterlings. Ein neues Weltbild durch die Chaosforschung, Stuttgart 1993.
– (Hg.), Immer Ärger mit dem Urknall. Das kosmologische Standardmodell in der Krise, Reinbek 1993.
Brillouin, L., Science and Information Theory, New York 1963.
Budeler, W., Faszinierendes Weltall, Stuttgart 1981.
Bultmann, R., History and Eschatology, New York 1962.
Bunge, M., Model, Matter, and Method, Dordrecht 1973.
– Ontology I, The Furniture of the World, Dordrecht 1977.
Burckhardt, G., Ursprünge menschlicher Weltanschauung, Tübingen 1922.
Bylinsky, G., Evolution im Weltall, Königstein/TS. 1982.

Cairns-Smith, J., Biologische Botschaften: eine Detektivgeschichte der Evolution, Frankfurt a. M. 1990.
Callahan, J. F., Four Views of Time in Ancient Philosophy, New York 1968.
Campbell, L., Garnett, W., The Life of James Clerk Maxwell, London 1982.
Capra, F., Wendezeit, Bern – München 1983.
– Das Tao der Physik, Bern – München 1984.
Casti, J., Szenarien der Zukunft, Stuttgart 1992.
Cesana, A., Geschichte als Entwicklung, Berlin 1988.
Chandrasekhar, S., Truth and Beauty, Aesthetics and Motivations in Science, Chicago 1987.
Charon, J., Geschichte der Kosmologie, München 1970.
– Der Sündenfall der Evolution, Frankfurt a. M. – Berlin 1989.
Chartier, R., Die unvollendete Vergangenheit. Geschichte und die Macht der Weltauslegung, Frankfurt a. M. 1992.
Churchland, P. S., Neurophilosophy. Towards a Unified Science of the Mind-Brain, Cambridge/Mass. – London 1986.
Club of Rome, Die erste globale Revolution. Bericht zur Lage der Welt, Frankfurt a. M. 1992.
Coveney, P., Highfield, R., Anti-Chaos. Der Pfeil der Zeit in der Selbstorganisation des Lebens, Reinbek 1992.
Craig, W., The Cosmological Argument from Plato to Leibniz, New York 1980.
Cramer, F, Chaos und Ordnung. Die komplexe Struktur des Lebendigen, Frankfurt a. M. – Leipzig 1993.
Crick, F., Das Leben selbst, München 1983.
Crombie, A. C., Von Augustinus bis Galilei, Köln – Berlin 1969.
Darwin, Ch., Die Entstehung der Arten, Stuttgart 1984.
Dautcourt, G., Relativistische Astrophysik, Berlin 1972.
Davies, P., The Physics of Time Asymmetry, Los Angeles 1974/77.
– Space, Time, and Modern Universe, Cambridge 1977.
– Am Ende ein neuer Anfang, Düsseldorf – Köln 1979.
– The Search for Gravity Waves, Cambridge 1980.
– Mehrfachwelten, Düsseldorf – Köln 1981.
– The Edge of Infinity, London 1981.
– The Accidental Universe, Cambridge 1982.
– Gott und die moderne Physik, München 1987.
– Die Urkraft, Hamburg 1987.
– Prinzip Chaos: die neue Ordnung, München 1988.
–, Brown, J., Der Geist im Atom, Basel 1988 und Frankfurt a. M. (it 1499).
– (Hg.), The New Physics, New York 1989.

– The Mind of God, New York 1991, dt.: Der Plan Gottes. Das Rätsel unserer Existenz und die Wissenschaft, Frankfurt a. M. 1995.
–, Brown, J. R. (Hg.), Superstrings. Eine Allumfassende Theorie der Natur in der Diskussion, München [2]1992.
–, Gribbin, J., Auf dem Weg zur Weltformel, München 1995.
Davis, P., Reuben, H., Erfahrung Mathematik, Basel 1986.
–, Hersh, R., Descartes' Traum: Über die Mathematisierung von Raum und Zeit, Frankfurt a. M. 1988.
Dawkins, R., Das egoistische Gen, Berlin 1978.
– Der blinde Uhrmacher: Ein neues Plädoyer für den Darwinismus, München 1990.
DeWitt, B. S., Graham, N., The Many-Worlds Interpretation of Quantum Mechanics, Princeton 1973.
Diederich, W. (Hg.), Theorien der Wissenschaftsgeschichte, Frankfurt a. M. 1974.
Diner, D., Weltordnungen, Frankfurt a. M. 1993.
Dirac, P. A. M., Lectures on Quantum Mechanics, New York 1964.
Ditfurth, H. v., Der Geist fiel nicht vom Himmel, Hamburg 1976.
– Im Anfang war der Wasserstoff, München 1979.
– Wir sind nicht nur von dieser Welt, Hamburg 1981.
– Das Erbe des Neandertalers. Weltbild zwischen Wissenschaft und Glaube, München 1994.
Drees, W. B., Beyond the Big Bang, Quantum Cosmology and God, Groningen 1989.
Duff, M., Isham, C. J., Quantum Structure of Space-Time, Cambridge 1983.
Duhem, P., Ziel und Struktur der physikalischen Theorie, Hamburg 1978.
Duhm, D., Synthese der Wissenschaft: Der werdende Mensch, Heidelberg 1979.
– Der Aufbruch zur neuen Kultur, München 1982.
Duve, Chr. de, Die Zelle. Expedition in die Grundstruktur des Lebens, Heidelberg – Berlin – New York 1992.
– Ursprung des Lebens. Präbiotische Evolution und die Entstehung der Zelle, Heidelberg – Berlin – Oxford 1994.
Dux, G., Die Logik der Weltbilder, Frankfurt a. M. 1982.
– Die Zeit in der Geschichte, Frankfurt a. M. 1992.
Eccles, J. C., Wie das Selbst sein Gehirn steuert, München 1994.
Eckermann, W. (Hg.), Der Mensch und die Natur, Vechta 1986.
Eddington, A. S., The Nature of the Physical World, London 1932.
– The Philosophy of Physical Science, Cambridge 1939.
– Fundamental Theory, Cambridge 1946.
– The Expanding Universe, Cambridge 1952.
– Space, Time, and Gravitation, Cambridge 1959.

Edelman, G. M., The Remembered Present: A Biological Theory of Consciousness, New York 1987.
–, Gall, W. E., Cowan, W. M. (Hg.), Signal and Sense: Local and Global Order in Perception Maps, New York 1990.
– Göttliche Luft, vernichtendes Feuer, München – Zürich 1995.
Eibl-Eibesfeldt, I., Fallgruben der Evolution, Wien 1991.
Eigen, M., Schuster, P., The Hypercycle. A Principle of Natural Selforganization, Berlin 1979.
Einstein, A., Über die spezielle und die allgemeine Relativitätstheorie, Wiesbaden 1979.
Eldredge, N., Wendezeiten des Lebens. Katastrophen in Erdgeschichte und Evolution, Heidelberg – Berlin – Oxford 1994.
Eliade, M., Kosmos und Geschichte, Hamburg 1966.
– Geschichte der religiösen Ideen, 5 Bde., Freiburg – Basel – Wien [2]1994.
Elias, N., Über die Zeit, Frankfurt a. M. [3]1987.
Elsässer, H., Weltall im Wandel, Reinbek 1989.
Elvee, R. Q. (Hg.), The End of Science, Lanham/Minn. 1992.
Emmeche, C., Das lebende Spiel. Wie die Natur Formen erzeugt, Reinbek 1994.
Erben, H. K., Die Entwicklung der Lebewesen, München 1988.
Erforschter Weltraum. Ein Sachbuch der modernen Astronomie, Freiburg (Herder) 1975.
Eugster, K., Die Befreiung vom anthropozentrischen Weltbild, Bonn 1989.
Fang, L. Z., Ruffini, R., Quantum Cosmology, Singapur 1987.
Feinberg, G., What is the World Made of?, New York 1977.
–, Shapiro, R., Life Beyond Earth, New York 1980.
Fellmann, F., Das Vico-Axiom: Der Mensch macht die Geschichte, Freiburg – München 1976.
Ferguson, K., Das Universum des Stephen Hawking, Düsseldorf 1992.
Ferris, T., Galaxien, Basel – Boston – Stuttgart [5]1987.
– Die rote Grenze. Auf der Suche nach dem Rand des Universums, Basel – Boston – Stuttgart 1982.
– Kinder der Milchstraße, Basel 1989.
– Das intelligente Universum, München 1992.
Feyerabend, P., Wider den Methodenzwang, Frankfurt a. M. 1976.
Feynman, R. P., QED. Die seltsame Theorie des Lichts und der Materie, München [3]1990.
Finkelstein, D., Rodriguez, E., Quantum Time-Space and Gravity, Oxford 1986.
Flechtheim, O. K., Futurologie – Möglichkeiten und Grenzen, Frankfurt a. M. 1968.

Flechtner, H.-J., Grundbegriffe der Kybernetik, München 1984.
Folberth, O. G., Hackl, C. (Hg.), Der Informationsbegriff in Technik und Wissenschaft, München – Wien 1986.
Folse, H., The Philosophy of Niels Bohr, Amsterdam 1985.
Fraenkel, H., Die Zeitauffassung in der frühgriechischen Literatur, in: Wege und Formen frühgriechischen Denkens, München 1968, S. 1 bis 22.
Fraser, J. T., The Voices of Time, London 1968.
– u.a. (Hg.), The Study of Time, Bd. I-III, New York 1972/75/78.
– The Genesis and Evolution of Time, Amherst 1982.
Freudenthal, G., Atom und Individuum im Zeitalter Newtons, Frankfurt a. M. 1982.
Frey, D., Kunstwissenschaftliche Grundfragen, Darmstadt 1992.
Fritzsch, H., Vom Urknall zum Zerfall, München 1983.
– Quarks, Urstoff unserer Welt, München – Zürich 1984.
– Eine Formel verändert die Welt. Newton, Einstein und die Relativitätstheorie, München ³1990.
Fromm, E., Haben oder Sein, München 1979.
Gal-Or, B., Cosmology, Physics, and Philosophy, New York 1981.
Gamow, G., The Creation of the Universe, New York 1952.
Gehlen, A., Der Mensch. Seine Natur und seine Stellung in der Welt, Frankfurt a. M. ⁸1966.
Genz, H., Die Entdeckung des Nichts, München – Wien 1994.
Gerok, W. (Hg.), Ordnung und Chaos in der belebten und unbelebten Natur, Stuttgart 1989.
Gerthsen, Chr., Vogel, H., Physik, Berlin – Heidelberg – New York u. a. ¹⁸1996.
Gibbons, G. W., Hawking, St. W., Siklos, S. (Hg.), The Very Early Universe, Cambridge 1983.
Gierer, A., Die Physik, das Leben und die Seele, München 1988.
Gillespie, J. H., The Causes of Molecular Evolution, Oxford 1991.
Glansdorff, P., Prigogine, I., Thermodynamic Theory of Structure, Stability, and Fluctuations, New York 1971.
Gleich, S. v., Die Wahrheit als Gesamtumfang aller Weltansichten, Stuttgart ²1989.
Gleick, J., Chaos, die Ordnung des Universums, München 1990.
Global 2000. Frankfurt a. M. 1980.
Goodman, N., Tatsache, Fiktion, Voraussage, Frankfurt a. M. 1975.
– Weisen der Welterzeugung, Frankfurt a. M. 1984.
Gorman, B. S., Wessman, A. E. (Hg.), The Personal Experience of Time, New York 1977.

Gould, St. J., Ontogeny and Phylogeny, Cambridge/Mass. 1977.
– Darwin nach Darwin, Frankfurt a. M. 1984.
– Die Entdeckung der Tiefenzeit, München – Wien 1990.
Grant, E., Das physikalische Weltbild des Mittelalters, Zürich 1980.
Graumann, C. F. (Hg.), Denken, Köln – Berlin 1965.
Graves, R., Griechische Mythologie, Reinbek 1976.
Green, M. B., Schwarz, J. H., Witten, E., Superstring Theory, Cambridge 1987.
Gribbin, J., Auf der Suche nach dem Omegapunkt, München 1990.
Groh, R., Groh, D., Weltbild und Naturaneignung. Zur Kulturgeschichte der Natur, Frankfurt a. M. 1991.
Grönbach, W., Kultur und Religion der Germanen, 2 Bde., Darmstadt [11]1991.
Grünbaum, A., Philosophical Problems of Space and Time, New York 1963.
Gumin, H., Meier, H. (Hg.), Die Zeit. Dauer und Augenblick, München [3]1992.
Gurjewitsch, A. J., Das Weltbild des mittelalterlichen Menschen, München 1986.
Gutberlet, V., Komplexität und Komplementarität, Frankfurt a. M. 1984.
Haken, H., Erfolgsgeheimnisse der Natur, Stuttgart 1981.
–, Haken-Krell, M., Entstehung von biologischer Information und Ordnung, Darmstadt 1989.
– Synergetik, Berlin – Heidelberg – New York [3]1990.
–, Wunderlin, A., Die Selbststrukturierung der Materie. Synergetik in der unbelebten Welt, Braunschweig 1991.
Harman, W., Bewußt-Sein im Wandel, Freiburg 1989.
Harrison, E. R., Kosmologie, Darmstadt 1983.
Hassenstein, B., Instinkt, Lernen, Spielen, Einsicht, München 1988.
Haugeland, J., Künstliche Intelligenz – Programmierte Vernunft?, Hamburg 1987.
Hawking, St. W., Ellis, G. F. R., The Large-Scale Structure of Space-Time, Cambridge 1973.
–, Israel, W., General Relativity, Cambridge 1979.
–, –, 300 Years of Gravitation, Cambridge 1987.
Hayward, J. W., Die Erforschung der Innenwelt, Bern – München 1990.
Healey, R. (Hg.), Time, Reduction, and Reality, Cambridge 1981.
Heckmann, O., Sterne – Kosmos – Weltmodelle, München – Zürich, 1977.
Heinemann, G., Zeitbegriffe, Freiburg 1986.
Heisenberg, W., Die physikalischen Prinzipien der Quantentheorie, Stuttgart 1958.
– Das Naturbild der heutigen Physik, Reinbek 1960.

–, Bohr, N., Die Kopenhagener Deutung der Quantentheorie, Stuttgart 1963.
– Der Teil und das Ganze, München 1972.
– Schritte über Grenzen, München 1976.
– Physik und Philosophie, Stuttgart [4]1984.
Held, K., Heraklit, Parmenides und der Anfang von Philosophie und Wissenschaft, Berlin 1980.
Hellwig, B., Raum und Zeit im homerischen Epos, Hildesheim 1964.
Hemminger, H., Hemminger, W., Jenseits der Weltbilder, Stuttgart 1991.
Hempel, C. G., Philosophie der Naturwissenschaften, München 1974.
Henderson, J. B., The Development and Decline of Chinese Cosmology, New York 1984.
Hernegger, R., Wahrnehmung und Bewußtsein, Heidelberg – Berlin – Oxford 1995.
Hofbauer, J., Sigmund, K., Dynamische Systeme und die Evolutionstheorie, Hamburg – Berlin 1984.
Hofkirchner, W. (Hg.), Weltbild – Weltordnung, Münster 1994.
Hofstadter, D. R., Gödel, Bach, Escher, Stuttgart 1984.
–, Dennett, D. C., Einsicht ins Ich, Stuttgart 1986.
Holton, G., Thematische Analyse der Wissenschaft, Frankfurt a. M. 1981.
Hoyle, F., Wickramasinghe, Ch., Lifecloud, London 1978.
Huber, J., Technikbilder. Weltanschauliche Weichenstellungen der Technologie- und Umweltpolitik, Opladen 1989.
Huizinga, J., Homo ludens, München 1956.
Hund, F., Geschichte der physikalischen Begriffe, Mannheim 1972.
Hundert, E. M., Philosophy, Psychology, and Neuroscience: Three Approaches to the Mind, Oxford 1989.
Hunold, G. W., Korff, W. (Hg.), Die Welt für morgen, München 1986.
Huxley, J., Der evolutionäre Humanismus, München 1964.
Iltis, H., Gregor Johann Mendel: Leben, Werk und Wirkung, Berlin 1924.
Jammer, M., Das Problem des Raumes, Darmstadt 1980.
Janssen, P., Grundlagen der wissenschaftlichen Welterkenntnis, Frankfurt a. M. 1977.
– The Philosophy of Quantum Mechanics, New York 1974.
Jastrow, R., Until the Sun Dies, London 1977.
Johnson-Laird, P. N., The Computer and the Mind, Cambridge/Mass. 1988.
Jones, St., Die Botschaft der Gene. Evolution als Erblast und Chance, München 1995.
Judson, H.F., Der 8. Tag der Schöpfung. Sternstunden der neuen Biologie, Wien 1980.

Jung, C. G. u. a., Der Mensch und seine Symbole, Solothurn – Düsseldorf ^{13}1993.

Kafka, P., Das Grundgesetz vom Aufstieg, München 1989.

Kanitscheider, B., Vom absoluten Raum zur dynamischen Geometrie, Mannheim 1976.

– Materie – Leben – Geist, Berlin 1979.

– Philosophie und moderne Physik, Darmstadt 1979.

– Kosmologie, Stuttgart 1984.

Kaplan, R., Der Ursprung des Lebens, Stuttgart 1972.

Kaufmann, W. J., The Cosmic Frontiers of General Relativity, Boston 1977.

– Galaxies and Quasars, San Francisco 1979.

Kautz, W. H., Branon, M., Globale Transformation, München 1989.

Keidel, W. D., Biokybernetik des Menschen, Darmstadt 1989.

Keith, Th., Vergangenheit, Zukunft, Lebensalter. Zeitvorstellungen im England der frühen Neuzeit, Berlin 1988.

Kerényi, K., Die Eröffnung des Zugangs zum Mythos, Darmstadt ^{4}1989.

Kevles, D. J., Hood, L., Der Supercode. Die genetische Karte des Menschen, München 1993 und Frankfurt a. M. (it 1721).

Kilmeister, C. W., Schrödinger, Centenary Celebration of a Polymath, Cambridge 1987.

Kippenhahn, R., Möllenhoff, C., Elementare Plasmaphysik, Mannheim – Wien – Zürich 1975.

– 100 Milliarden Sonnen, München – Zürich 1980.

– Licht am Rande der Welt, Stuttgart 1989.

Klingholz, R., Wahnsinn Wachstum. Wieviel Mensch erträgt die Erde?, Hamburg (GEO) 1994.

Kobbert, M. J., Kunstpsychologie, Darmstadt 1986.

Koestler, A. (Hg.), Das neue Menschenbild, Wien 1970.

– Der Mensch, Irrläufer der Evolution, Bern 1978.

Kolakowski, L., Die Gegenwärtigkeit des Mythos, München 1974.

Kolb, B., Whishaw, Q., Neuropsychologie, Heidelberg – Berlin – Oxford 1993.

Kolb, E. W., Turner, M. S., The Early Universe, Redwood City 1990.

Kourilsky, Ph., Genetik, Gentechnik, Genmanipulation, München – Zürich 1989.

Koyré, A., Von der geschlossenen Welt zum unendlichen Universum, Frankfurt a. M. 1980.

Kraatz, R. (Hg.), Die Dynamik der Erde, Heidelberg 1988.

Krohn, W., Küppers, G. (Hg.), Selbstorganisation. Aspekte einer wissenschaftlichen Revolution, Braunschweig – Wiesbaden 1990.

Krueger, F. R., Physik und Evolution. Physikalische Ansätze zu einer Einheit der Naturwissenschaften auf evolutionärer Grundlage, Berlin 1984.
Kuhlenbeck, H., Gehirn, Bewußtsein und Wirklichkeit, Darmstadt 1986.
Kühnle, G. R., Leben und Töten. Mythos zur Jahrtausendwende: Ökologische Ethik verändert die Welt, München – Bonn 1989.
Kultermann, U., Kleine Geschichte der Kunsttheorie, Darmstadt 1987.
Küppers, B.-O., Der Ursprung biologischer Information, München – Zürich ²1990.
Kurzweil, R., Das Zeitalter der Künstlichen Intelligenz, München 1993.
Laing, R. D., Die Stimme der Erfahrung, München 1985.
Landau, L. D., Lifshitz, E. M., Klassische Feldtheorie, Berlin 1992.
Landsberg, P. T., Evans, D. A., Mathematical Cosmology, Oxford 1977.
Lang, K. R., Gingerich, O., A Sourcebook in Astronomy and Astrophysics 1900–1975, Cambridge/Mass. 1979.
Laszlo, E., Global denken. Die Neu-Gestaltung der vernetzten Welt, Rosenheim 1989.
Leakey, R., Lewin, R., Der Ursprung des Menschen, Frankfurt a. M. 1993.
Lederman, L. M., Schramm, D. N., Vom Quark zum Kosmos. Teilchenphysik als Schlüssel zum Universum, Heidelberg 1990.
Lehninger, A. L., Bioenergetik, Stuttgart 1970.
– Biochemie, Weinheim ²1979.
León-Portilla, M., Time and Reality in the Thought of the Maya, Boston 1968.
Lévy-Bruhl, L., Die geistige Welt der Primitiven, Darmstadt 1966.
Lévy-Strauss, C., La mentalité primitive, Paris 1922.
Lewin, K., Feldtheorien in den Sozialwissenschaften, Bern 1963.
Lewin, R., Spuren der Menschwerdung: Die Evolution des homo sapiens, Heidelberg 1992.
– Die Komplexitätstheorie, Hamburg 1993.
Lexikon der Religionen. Phänomene, Geschichte, Ideen, Freiburg – Basel – Wien 1987.
Liesenfeld, C., Philosophische Weltbilder des 20. Jahrhunderts, Würzburg 1992.
Lifton, R. J., Das Ende der Welt. Über das Selbst, den Tod und die Unsterblichkeit, Stuttgart 1994.
Linde, A. D., Nonsingular Regenerating Inflationary Universe, Cambridge 1982.
Löbl, R., Demokrits Atomphysik, Darmstadt 1987.
Lorenz, K., Über tierisches und menschliches Verhalten, München 1965.
– Die acht Todsünden der zivilisierten Menschheit, München 1973.
–, Wuketits, F. M. (Hg.), Die Evolution des Denkens, München 1983.

– Denkwege, München – Zürich 1992.
Lovejoy, A. O., Die große Kette der Wesen, Frankfurt a. M. 1985.
Lovell, B., Das unendliche Weltall, München 1988.
Lovelock, J., Das Gaia-Prinzip, Zürich 1990 und Frankfurt a. M. (it 1542).
Löwith, K., Weltgeschichte und Heilsgeschehen, Stuttgart [2]1953.
– Der Weltbegriff der neuzeitlichen Philosophie, Heidelberg [2]1968.
Luhmann, N., Ökologische Kommunikation, Opladen 1986.
Lutz, R., Bewußtseins(R)evolution, Heidelberg 1983.
Mach, E., Die Analyse der Empfindungen und das Verhältnis des Physischen zum Psychischen, Jena [3]1902.
– Die Mechanik. Historisch-kritisch dargestellt, Leipzig 1933.
– Erkenntnis und Irrtum, Darmstadt 1987.
– Die Mechanik in ihrer Entwicklung, Darmstadt 1988.
Mandelbrot, B. B., Die fraktale Geometrie der Natur, Basel 1989.
Marcel, A. J., Beisach, A. (Hg.), Consciousness in Contemporary Science, Oxford 1988.
Markl, H., Wissenschaft im Widerstreit, Weinheim – New York – Basel – Cambridge (VCH) 1990.
– Natur als Kulturaufgabe, München 1991.
Marr, D., Visions, San Francisco 1982.
Maturana, H. R., Erkennen: Die Organisation und Verkörperung von Wirklichkeit, Braunschweig 1982.
–, Varela, F. J., Der Baum der Erkenntnis. Die biologischen Wurzeln des menschlichen Erkennens, Bern – München – Wien 1987.
Maurois, A., Illusions, New York 1968.
Maxwell, J. C., Über physikalische Kraftlinien, Darmstadt 1976.
Mayr, E., Die Entwicklung der biologischen Gedankenwelt. Vielfalt, Evolution und Vererbung, Berlin – Heidelberg 1984.
McCrea, W., Rees, M. J. (Hg.), The Constants of Physics, London 1983.
Mehra, J. (Hg.), The Physicist's Conception of Nature, Dordrecht 1973.
Melsen, A. G. v., From Atomos to Atom, New York 1960.
Merbold, U., Flug ins All, Bergisch Gladbach 1986.
Messiah, A., Quantenmechanik, 2 Bde., Berlin – New York 1990/91.
Metzler, R., Herausforderung Weltraum. Die Entwicklung der bemannten Raumfahrt, Stuttgart 1991.
Meyer, R. (Hg.), Studien zum Zeitproblem in der Philosophie des 20. Jahrhunderts, Freiburg 1982.
Michel, P., Das Weltbild der Yoga-Meister, Forstinning/München 1982.
Miller, S. L., Orgel, L., The Origins of Life on Earth, Englewood Cliffs 1974.
Minsky, M., The Society of Mind, New York 1987.

Misner, C. W., Thorne, K. S., Wheeler, J. A., Gravitation, San Francisco 1973.
Mittelstaedt, P., Philosophische Probleme der modernen Physik, Mannheim 1976.
Mittelstraß, J., Leonardo-Welt, Frankfurt a. M. 1992.
Mitton, S., Die Erforschung der Galaxien, Berlin – Heidelberg – New York 1976.
Monod, J., Zufall und Notwendigkeit. Philosophische Fragen der modernen Biologie, München 1971.
Morrison, Ph. u. a., Zehn^{hoch}. Dimensionen zwischen Quarks und Galaxien, Heidelberg (Spektrum 1) 1991.
Mumford, L., Mythos der Maschine, Wien 1974.
Munitz, M. (Hg.), Theories of the Universe – From Babylonian Myth to Modern Science, New York 1957.
Nagl, W., Gentechnologie und Grenzen der Biologie, Darmstadt 1987.
Naturwissenschaften (Die), Springer, Berlin – Heidelberg – New York.
Naisbitt, J., Megatrends, Bayreuth 1984.
NASA (National Aeronautics and Space Administration): Planetary Exploration Through the Year 2000: A Core Program, Washington D.C. 1983.
– A Program for Global Change, Washington D.C. 1986.
– International Space Policy for the 1990s and Beyond, Washington D.C. 1987.
– From Pattern to Process: The Strategy of the Earth Observing System, Washington D.C. 1987.
– Exploring the Living Universe – A Strategy for Space Life Science, Washington D.C. 1988.
Needham, J., Human Law and the Laws of Nature in China and the West, London 1951.
– Wissenschaftlicher Universalismus, Frankfurt a. M. 1979.
Neumann, J. v., Mathematische Grundlagen der Quantenmechanik, Berlin 1932.
– Die Rechenmaschine und das Gehirn, München 1960.
Neuser, W. (Hg.), Newtons Universum. Materialien zur Geschichte des Kraftbegriffs, Heidelberg 1990.
Nicolis, G., Prigogine, I., Die Erforschung des Komplexen, München 1987.
Nitschke, A., Die Zukunft in der Vergangenheit, München – Zürich 1994.
North, J. D., The Measure of the Universe: A History of Modern Cosmology, Oxford 1965.
NRC (National Research Council): A Strategy for Space Biology and Medical Science for the 1980s and 1990s, Washington D.C. 1987.

– Space-Science in the Twenty-First Century: Imperatives for the Decades 1995–2015, Washington D.C. 1988.
Oeser, E., Begriff und Systematik der Abstraktion, Wien – München 1969.
– System, Klassifikation, Evolution, Wien – Stuttgart 1974.
– Wissenschaft und Information, 3 Bde., Wien – München 1976.
– Psychozoikum. Evolution und Mechanismus der menschlichen Erkenntnisfähigkeit, Berlin – Hamburg 1987.
– Das Abenteuer der kollektiven Vernunft. Evolution und Involution der Wissenschaft, Berlin – Hamburg 1987.
–, Seitelberger, F., Gehirn, Bewußtsein und Erkenntnis, Darmstadt 1988.
Okun, L. B., Leptons and Quarks, Amsterdam 1982.
Opitz, P. J., Sebba, G. (Hg.), The Philosophy of Order, Stuttgart 1981.
Ott, J. A., Wagner, G. P., Wuketits, F. M. (Hg.), Evolution, Ordnung und Erkenntnis, Berlin – Hamburg 1985.
Pagel, B. E. J., Baryonic Dark Matter, Dordrecht 1989.
Pagels, H., The Dreams of Reason, New York 1988.
Pais, A., Raffiniert ist der Herrgott. Albert Einstein. Eine wissenschaftliche Biographie, Braunschweig 1986.
Panofsky, E., Aufsätze zu Grundfragen der Kunstwissenschaft, Berlin 1974.
Pauli, W., Physik und Erkenntnistheorie, Braunschweig 1984.
Peacock, J., The Nature of Compact Objects in Active Galactic Nuclei, in: ›Nato Advanced Studies Institute‹, Cambridge 1992.
Peat, F. D., Superstrings, Hamburg 1989.
– Der Stein der Weisen. Chaos und verborgene Weltordnung, München 1994.
Peebles, P. J. E., Physical Cosmology, Princeton 1971.
– The Large-Scale Structure of the Universe, Princeton 1980.
Penrose, R., General Relativity: An Einstein Centenary Survey, Cambridge 1979.
– The Emperors New Mind, Oxford 1989.
– Computerdenken, Heidelberg 1991.
– Schatten des Geistes. Wege zu einer neuen Physik des Bewußtseins, Heidelberg – Berlin – Oxford 1995.
Penzias, A., Phantasie und Information, Stuttgart 1991.
Petzold, L. (Hg.), Magie und Religion, Darmstadt 1978.
Piaget, J., Das Weltbild des Kindes, Stuttgart 1978.
– Weisheit und Illusionen der Philosophie, Frankfurt a. M. 1985.
Pianka, E. R., Evolutionary Ecology, New York 1978.
Planck, M., Das Weltbild der neuen Physik, Leipzig [14]1958.
Pöppel, E., Grenzen des Bewußtseins. Über Wirklichkeit und Welterfahrung, Stuttgart 1985.

Pointner, J., Mit dem Raumgleiter ins 21. Jahrhundert, Koblenz 1991.
Polyakow, A. M., Gauge Fields and Strings, London 1987.
Prigogine, I., Stengers, I., Order out of Chaos, London 1984, dt.: Die Gesetze des Chaos. München 1995.
Primas, H., Chemistry, Quantum Mechanics, and Reductionism, Berlin ^{2}1983.
Puttkamer, J. v., Der erste Tag der neuen Welt, Frankfurt a. M. ^{2}1981.
– Der zweite Tag der neuen Welt. Die Raumfahrt auf dem Weg ins 3. Jahrtausend, Frankfurt a. M. 1985.
– Der Mensch im Weltraum – eine Notwendigkeit, Frankfurt a. M. 1987.
– Rückkehr zur Zukunft, Frankfurt a. M. 1989.
Queiser, H. R., Nachrichten aus der Eiszeit, Hamburg 1988.
Rae, A., Quantum Physics: Illusion or Reality?, New York 1986.
Rafelski, J., Müller, B., Die Struktur des Vakuums, Freiburg 1985.
Redfield, R., The Primitive World and Its Transformations, Ithaca ^{7}1965.
Reichenbach, H., Die Philosophie der Raum-Zeit-Lehre, Berlin 1928.
– Philosophische Grundlagen der Quantentheorie, Basel 1949.
Reichholf, J. H., Der schöpferische Impuls. Eine neue Sicht der Evolution, Stuttgart 1992.
Richards, R. J., Darwin and the Emergence of Evolutionary Theories of Mind and Behavior, Chicago 1987.
Rifkin, J., Entropie. Ein neues Weltbild, Hamburg 1982.
Rogge, K. E., Physiologische Psychologie, München 1981.
Rood, R., Trefil, J. S., Sind wir allein im Universum? Basel – Boston – Stuttgart 1982.
Rosen, J., Symmetry Discovered, Cambridge 1975.
Rosenberger, F., Isaac Newton und seine Physikalischen Prinzipien, Darmstadt 1987.
Roszak, Th., Mensch und Erde auf dem Weg zur Einheit, Soyen 1982.
Rowe, W., The Cosmological Argument, Princeton 1975.
Rozental, I. L., Big Bang and Big Bounce: How Particles and Fields Drive Cosmic Evolution, Berlin 1988.
Russell, B., Das ABC der Relativitätstheorie, Reinbek 1972.
– Human Knowledge: Its Scope and Limits, London 1948.
Russell, P., Der menschliche Computer, München 1982.
Ryan, P., Pesek, L., Das Sonnensystem, München 1981.
Sachsse, H., Naturerkenntnis und Wirklichkeit, Braunschweig 1967.
– Ökologische Philosophie, Darmstadt 1984.
Sagan, C., Communication with Extraterrestrial Intelligence, Cambridge 1973.
–, Agol, J., Nachbarn im Kosmos, München 1975.

– Die Drachen von Eden, München – Zürich 1980.
– Signale der Erde. Unser Planet stellt sich vor, München – Zürich 1980.
– Unser Kosmos, München 1989.
Sahm, P. R., Keller, M. H., Schiewe, B. (Hg.), Research in Space. The German Spacelab Missions, Köln 1993.
Salenting, F., 6000 Jahre Naturkatastrophen, Zürich 1978.
Sambursky, S., Das physikalische Weltbild der Antike, Zürich 1975.
Sandkühler, H. J., Wissenschaftliche Weltbilder (Zentrum Philosophische Grundlagen der Wissenschaften, Bd. 10), Bremen o.J.
Sato, K., Ardouze, J. (Hg.), Primordial Nucleosynthesis and Evolution of the Early Universe, Dordrecht 1991.
Schaifers, K., Traving, G., Meyers Handbuch über das Weltall, Mannheim – Wien – Zürich 1973.
Schefe, P. u. a., Informatik und Philosophie, Mannheim – Leipzig – Wien – Zürich 1993.
Scheffczyk, L., Der Mensch als Bild Gottes, Darmstadt 1969.
Scheler, M., Philosophische Weltanschauung, Bern – München [3]1968.
– Die Stellung des Menschen im Kosmos, Bern 1976.
Scherer, G., Welt – Natur oder Schöpfung?, Darmstadt 1990.
Scherer, K. R., Stahnke, A., Psychobiologie, München 1987.
Schilpp, P. A. (Hg.), Albert Einstein als Philosoph und Naturforscher, Stuttgart 1955.
Schlagel, R., From Myth to the Modern Mind, New York 1985.
Schlosser, W., Fenster zum All, Darmstadt 1990.
Schmidt-Biggemann, W., Sinn-Welten, Welten-Sinn, Frankfurt a. M. 1992.
Schneider, H., Das griechische Technikverständnis, Darmstadt 1989.
Schneider, I., Die Entwicklung der Wahrscheinlichkeitstheorie von den Anfängen bis 1933, Darmstadt 1988.
Schöpfungsmythen (Die), Darmstadt 1980.
Schopper, H., Materie und Antimaterie. Teilchenbeschleuniger und der Vorstoß zum unendlich Kleinen, München 1989.
Schrödinger, E., Expanding Universes, Cambridge 1957.
– Was ist ein Naturgesetz?, München 1962.
– Die Struktur der Raum-Zeit, Darmstadt 1987.
Schumpeter, J. A., Capitalism, Socialism, and Democracy, New York [3]1950.
Schütz, A., Luckmann, Th., Strukturen der Lebenswelt, Frankfurt a. M. 1984.
Schwarzschild, M., Structures and Evolution of the Stars, Princeton 1958.
Sciama, D. W., Modern Cosmology, Cambridge 1971.
– The Physical Foundation of General Relativity, London 1972.

Searle, J., Geist, Gehirn und Wissenschaft, Frankfurt a. M. 1986.
Seielstad, G. A., Der Mensch als Ziel. Die unvermeidliche Entstehung intelligenten Lebens, Frankfurt a. M. 1990.
Seitelberger, F., Gehirn, Bewußtsein und Erkenntnis, Darmstadt 1988.
Selleri, F., Die Debatte um die Quantentheorie, Braunschweig 1983.
Sexl, R. U., Schmidt, H. K., Raum – Zeit – Relativität, Hamburg 1978.
– Weiße Zwerge – Schwarze Löcher, Braunschweig – Wiesbaden [2]1979.
– Was die Welt zusammenhält, Stuttgart [4]1984.
Sgalambro, M., Vom Tod der Sonne, München 1988.
Shannon, C. E., Weaver, W., Mathematische Grundlagen der Informationstheorie, München – Wien 1976.
Shapley, H., Galaxies, Cambridge/Mass. 1972.
Shipman, L., Black Holes, Quasars, and the Universe, Boston 1976.
Shoemaker, S., Self-Knowledge and Self-Identity, London 1963.
Sieferle, R. P., Die Krise der menschlichen Natur. Zur Geschichte eines Konzepts, Frankfurt a. M. 1989.
Sigmund, K., Spielpläne. Zufall, Chaos und die Strategien der Evolution, Hamburg 1995.
Silk, J., The Big Bang: The Creation and Evolution of the Universe, San Francisco 1980.
Simpson, G. G., The Meaning of Evolution, New Haven [7]1960.
Sitte, P. (Hg.), Horizonte der Biologie, Weinheim 1993.
Skinner, B. F., Wissenschaft und menschliches Verhalten, München 1973.
Sklar, L., Space, Time and Spacetime, Chicago 1974.
Smith, H. E., Principles of Holography, London 1969.
Snow, Ch. P., Die Zwei Kulturen. Literarische und naturwissenschaftliche Intelligenz, Stuttgart 1967.
Spektrum der Wissenschaft. Verlag Spektrum der Wissenschaft, Heidelberg.
– Die Entstehung der Sterne, 1986.
– Teilchen, Felder, Symmetrien, [4]1988.
– Evolution, 1988.
– Gravitation, [3]1989
– Chaos und Fraktale, 1989.
– Newtons Universum, 1990.
– Kosmologie und Teilchenphysik, 1990.
– Elementare Materie, Vakuum und Felder, [2]1994.
– Gehirn und Bewußtsein, 1994.
Sproul, B. D., Primal Myths: Creating the World, New York 1979.
Stadter, E., Evolution zur Freiheit, Stuttgart 1971.

Stanesby, D., Science, Reason, and Religion, London 1985.
Stanley, St. M., Krisen der Evolution. Artensterben in der Erdgeschichte, Heidelberg (Spektrum 18) ²1989.
– Historische Geologie, Heidelberg – Berlin – Oxford 1994.
Stein, R. F., Cameron, A. G. W. (Hg.), Stellar Evolution, New York 1966.
Steinbuch, K., Automat und Mensch. Auf dem Weg zu einer kybernetischen Anthropologie, Berlin 1971.
– Die desinformierte Gesellschaft, Herford 1989.
Steinmüller, W., Informationstechnologie und Gesellschaft, Darmstadt 1993.
Steinvorth, U., Freiheitstheorien in der Philosophie der Neuzeit, Darmstadt 1987.
Stephenson, G., Leben und Tod in den Religionen. Symbol und Wirklichkeit, Darmstadt ²1980.
Sterne & Weltraum. Verlag Sterne & Weltraum, Düsseldorf.
Stewart, I., Spielt Gott Roulette?, Basel 1990.
Sticker, B., Bau und Bildung des Weltalls, Freiburg – Basel – Wien 1967.
Straaß, V., Spielregeln der Natur, München – Wien – Zürich 1990.
Stryer, L., Biochemie, Heidelberg 1990.
Stuhlinger, E., Wernher von Braun, München 1992.
Sullivan, W., Am Rande des Raums, am Ende der Zeit, Schwarze Löcher, Frankfurt a. M. 1979.
Taylor, J. C., Gauge Theories of Weak Interactions, Cambridge 1976.
Teilhard de Chardin, Der Mensch im Kosmos, München ⁵1988.
Theissing, H., Die Zeit im Bild, Darmstadt 1987.
Thompson, R. F., Das Gehirn. Von der Nervenzelle zur Verhaltenssteuerung, Heidelberg – Berlin – Oxford ²1994.
Thorpe, W., Purpose in a World of Chance: A Biologist's View, Oxford 1978.
Toffler, A., Der Zukunftsschock, Stuttgart 1972.
– Die dritte Welle. Zukunftschance. Perspektiven für die Gesellschaft des 21. Jahrhunderts, München 1983.
– Machtbeben. Wissen, Wohlstand und Macht im 21. Jahrhundert = Powershift, Düsseldorf – Wien – New York 1990.
– Überleben im 21. Jahrhundert, Stuttgart 1994.
Toynbee, A. J., Religion in a Secular Age, New York 1968.
– Der Gang der Weltgeschichte, Zürich ⁷1979.
– Menschheit und Mutter Erde, Düsseldorf 1988.
Trefil, J. S., Sind wir allein im Universum? Basel – Boston – Stuttgart 1982.

– Reise ins Innerste der Dinge. Vom Abenteuer des physikalischen Sehens, Basel – Boston – Stuttgart 1984.
– Im Augenblick der Schöpfung. Physik des Urknalls, von der Planck-Zeit bis heute, Basel – Boston – Stuttgart 1984.
– Fünf Gründe, warum es die Welt nicht geben kann. Die Astrophysik der Dunklen Materie, Reinbek 1994.
Tulku, T., Raum, Zeit und Erkenntnis, Bern 1983.
Uexküll, J. v., Kriszat, G., Streifzüge durch die Umwelten von Tieren und Menschen, Hamburg [13]1956.
Umschau (Die), Umschauverlag, Frankfurt a. M.
Unsöld, A., Baschek, B., Der neue Kosmos, Berlin – Heidelberg – New York 1981.
– Evolution kosmischer, biologischer und geistiger Strukturen, Stuttgart [2]1983.
Vester, F., Das kybernetische Zeitalter, Frankfurt a. M. 1974.
– Denken, Lernen, Vergessen, Stuttgart 1975.
– Unsere Welt – ein vernetztes System, Stuttgart 1978.
– Neuland des Denkens, München [3]1985.
Völker (Die) der Erde. Kulturen und Nationalitäten von A – Z, Gütersloh/München 1992.
Vogel, H., Probleme aus der Physik, Berlin u. a. 1991.
Vogel, S., Lexikon Gentechnik, Reinbek 1992.
Vollmer, G., Evolutionäre Erkenntnistheorie, Stuttgart 1987.
– Was können wir wissen?, 2 Bde., Stuttgart 1988.
Vossler, O., Geschichte als Sinn, Frankfurt a. M. 1979.
Waldrop, M. M., Inseln im Chaos. Die Erforschung komplexer Systeme, Reinbek 1993.
Watson, J., Molecular Biology of the Gene, New York 1970.
– Rekombinierte DNA, Heidelberg – Berlin – Oxford [2]1993.
Watts, A., Die Illusion des Ich, München 1980.
Watzlawik, P., Einführung in den Konstruktivismus, München 1985.
Wehler, J., Grundriß eines rationalen Weltbildes, Stuttgart 1990.
Weick, K., Der Prozeß des Organisierens, Frankfurt a. M. 1988.
Weinberg, St., Gravitation and Cosmology, New York 1972.
– The Discovery of Subatomic Particles, New York 1983.
Weingarten, M., Evolutionäre Erkenntnistheorie und neue Weltbilder, Frankfurt a. M. [2]1989.
Welsch, U., Evolution. Tatsachen und Probleme der Abstammungslehre, München 1973.
Wendorff, R., Zeit und Kultur, Opladen [3]1985.
Werlen, I., Sprache, Mensch und Welt, Darmstadt 1989.

Werth, R., Bewußtsein. Psychologische, neurobiologische und wissenschaftstheoretische Aspekte, Berlin – Heidelberg – New York – Tokio 1983.
Weyl, H., Raum – Zeit – Materie, Berlin [5]1923.
– Philosophie der Mathematik und Naturwissenschaft, München 1990.
– Was ist Materie?, Darmstadt 1963.
Wheeler, J. A., Einsteins Vision, Berlin 1968.
– Gravitation und Raumzeit, Heidelberg – Berlin – New York 1992.
–, Zurek, W. H., Quantum Theory and Measurement, Princeton 1983.
White, F., The Overview Effect – Space Exploration and Human Evolution, Boston 1987. Dt. München 1993.
Whitehead, A. N., Essays in Science and Philosophy, New York 1947.
– Philosophie und Mathematik, Wien 1949.
– Wissenschaft und moderne Welt, Zürich 1949.
– Abenteuer der Ideen, Frankfurt a. M. 1971.
– Prozeß und Realität. Entwurf einer Kosmologie, Frankfurt a. M. 1979.
Whithrow, G. J., The Structure and Evolution of the Universe, London 1959.
– The Natural Philosophy of Time, London [2]1963.
Whittaker, E. T., From Euclid to Eddington: A Study of the External World, Cambridge 1949.
Whorf, B. L., Sprache, Denken, Wirklichkeit, Reinbek 1964.
Wiener, N. u. a., Progress in Biocybernetics, New York 1964.
– Kybernetik. Regelung und Nachrichtenübertragung in Lebewesen und Maschine, Hamburg 1968.
Wieser, W. (Hg.), Die Evolution der Evolutionstheorie. Von Darwin zur DNA, Heidelberg – Berlin – Oxford 1994.
Wilber, K., Das Spektrum des Bewußtseins, München 1987.
– Das holographische Weltbild, München 1988.
– Die drei Augen der Erkenntnis. Auf dem Weg zu einem neuen Weltbild, München 1988.
Wilford, J. N., Mars – Unser geheimnisvoller Nachbar, Basel 1992.
Winkler, Th. H., Ziegler, P. (Hg.), The World of Tomorrow, Die Welt von morgen, Le monde de demain, Bern – Stuttgart – Wien 1994.
Winnacker, E.-L., Am Faden des Lebens. Warum wir die Gentechnik brauchen, München – Zürich 1993.
Wolf, J. (Hg.), Menschen der Urzeit. 2 Bde., Augsburg 1990.
Wuketits, F. M., Evolutionstheorien, Darmstadt 1988.
– Grundriß der Evolutionstheorie, Darmstadt [2]1989.
Young, A., Der kreative Kosmos, München 1987.

Yourgrau, W., Breck, A. D. (Hg.), Cosmology, History, and Theology, New York 1977.

Zanot, M., Die Welt ging dreimal unter. Kometen, Sintflutmythen und Bibel-Archäologie, Augsburg 1992.

Zee, A., Magische Symmetrie, Basel 1990 und Frankfurt a. M. (it 1501).

Zeh, H. D., The Physical Basis of the Direction of Time, Heidelberg 1992.

Zeilik, M., Astronomy: The Evolving Universe, New York 1979.

Zeleny, M., Autopoiesis, Dissipative Structures and Spontaneous Social Orders, Boulder 1980.

Zett, R. A., Das Gen-Zeitalter. Menschen, Mächte, Moleküle, Stuttgart 1990.

Zimmermann, J. (Hg.), Das Naturbild des Menschen, München 1982.

Register